프로테스탄티즘

혁명의 태동

프로테스탄티즘
혁명의 태동

S. 오즈맹 지음 | 박은구 옮김

혜안

지은이의 말

16세기를 경과하면서 수십만 명의 가톨릭 신자들이 프로테스탄트 교도가 되었다. 이는 16세기가 경험한 가장 극적이고 의미 깊은 사건이었다. 새로운 복음주의 교회들이 북유럽 전역에 걸쳐 형성되었으며, 이는 서유럽 그리스도교 세계를 항구적으로 분리시켰다. 또한 종교개혁은 16세기의 정치적 사회적 역사를 새롭고도 어지러운 방향으로 이끌어 갔다. 종교개혁은 새로운 신앙의 시대를 낳았을 뿐만 아니라, 전례 없던 종교전쟁의 세기도 열었던 것이다.

400여 년이 지난 오늘날에 와서 종교개혁이 파생시킨 현대 세계를 볼 때, 우리는 교회와 종파들이 당혹스러울 정도로 많다는 사실을 지적하지 않을 수 없다. 프로테스탄트 교단들 가운데 한쪽 끝에는 고전적 프로테스탄트 교회들 즉 루터파 교회, 캘빈파 교회 그리고 영국 국교회파 등이 있다. 이들은 비록 신도수가 줄고 있기는 하지마는, 여전히 프로테스탄트 신앙의 핵심을 명백히 대변하고 있다. 이들은 현대 문화에 정통할 뿐만 아니라 교회일치주의적 정서도 가장 많이 가진 프로테스탄트들이다. 그리하여 역설적이게도 이들 가운데 상당수는 오늘날 로마 가톨릭 교회로 되돌아가고 있다. 사실 가톨릭 교회는 오늘날에도 가장 강력하고 신도수가 많은 교회로 유지되고 있다.

프로테스탄트 교단들의 다른 한쪽 끝에는 후터파 교회,[1] 메노나이트파[2]

그리고 아미쉬파3) 등이 있는데, 이들의 기원은 16세기 스위스와 독일 지역에 있었던 재세례파로 거슬러 올라갈 것이다. '재세례 받은 자들'(rebaptizers)이라는 이름이 가리키고 있듯이, 이들은 유아세례를 비성서적이라고 거부하고, 스스로 신앙을 고백하는 성인에 대해서만 세례를 행하였다. 주요 프로테스탄트 교단들로부터 조소와 박해를 받았음에도 불구하고, 이들은 나름의 독특한 종파 즉 분리주의적이고도 평화주의적인 교단을 형성하였다. 오늘날도 이를 추종하는 신도들은 여전히 격리되어 '성서적' 삶을 영위하고 있는데, 이는 마치 400년 이전의 시간대에 그대로 멈춘 듯한 세상을 연상시키고 있다.

이들 두 집단 사이에 국가 교회들로부터 분리되었던 저파 교회의 복음주의자들이 흩어져 있다. 예를 든다면, 17세기의 침례파 교회, 회중 교회, 장로파 교회 그리고 18세기의 모라비아 교회, 감리 교회 및 경건주의 공동체들, 그리고 19세기에 영국과 미국에서 일어났던 복음주의 재각성 운동이 파생시켰던 다양한 개인주의적 감성중심적 종파들 등이 모두 여기에 속할 것이다. 이 종파들은 대부분 고전적 프로테스탄트 이념과는 아무런 직접적 관련이 없다. 그러나 이들은 오늘날 다른 어떤 프로테스탄트 집단보다도 현대 세계에서도 여전히 살아 움직이는 종교적 수사를 통해서 로마 교회에 대한 원래의 프로테스탄트적 선전을 강력하게 구사하고 있다. 이들은 현대 프로테스탄트들 가운데서도 매우 전투적인 집단들로서 일반 민들의 영혼의 문제를 놓고 대중적 가톨리시즘과 가장 첨예하게 경쟁을

---

1) J. Hutter(†1536)의 지휘 하에 모라비아 지방에 정착한 재세례파(Anabatist)의 일파. 재산공유제에 입각한 공동체적 사회 조직의 특징이다.
2) M. Simns(1496~1561)의 추종자들을 가리키는 데서 비롯되었다. 성인 세례, 무저항주의 등을 특징으로 하는 이들은 오늘날도 전 세계적으로 약 90만여 명의 추종자가 있다.
3) J. Ammann(1656~1730)을 추종했던 재세례파의 일파. 알자스 및 스위스 지역에 거주했던 이들은 오늘날 대부분 북아메리카로 이주했다. 오늘날의 신도 수는 대략 35,000명 정도로 추정된다.

벌이는 프로테스탄트 집단을 형성하게 되었다.

　오늘날 우리들에게 충격적으로 보이는 프로테스탄트 종파들의 내부 분열은 종교개혁이 성공을 거두기 시작했던 최초의 단계에서부터 이미 그 맹아가 싹트고 있었다. 루터는 그 이후 널리 알려지게 될 반박문을 1517년 10월 31일 비텐베르그의 캐슬 교회(Castle Church) 정문에 붙였다. 그런데 이 일이 있은 지 10년도 채 지나지 않아서, 루터는 재세례파, 영성주의자, 츠빙글리파 등과 같은 강력한 경쟁자들에 직면하게 되었다. 이들 모두가 루터의 운동에 의해 고무되었음에도 불구하고, 루터파의 타락을 비난하고 이로부터의 독립을 선언하였던 것이다. 이를 계기로 종교개혁이 낳은 이른바 끊이지 않는 개혁가들의 계보가 시작되었다. 왜냐하면 이제 모든 개혁가들은 성서에 대한 진정한 해석이라는 주장이 각각 곁들여진 프로테스탄티즘의 원형 및 나름의 변형들에 의해 끊임없이 도전받게 되었기 때문이다. 루터의 항의가 있은 이후 수백 개의 교단과 종파가 출현하여 오늘날에 이르고 있으며, 지금도 새로운 종파들이 계속해서 출현하고 있다. 로마 가톨릭 교회와의 최초의 근본적 분리는 단지 그 이후에 계속될 분열의 시작에 불과했다. 프로테스탄트 내부의 분열 역시 로마 교회와의 분리 못지않게 운명적 지속적인 것임이 드러나게 되었던 것이다.

　서구 그리스도교 세계의 분열이 증폭되자 이를 치유하기 위한 교회 일치운동 역시 16세기에 일어났다. 그러나 그것은 1960년대 초엽의 제2차 바티칸 공의회 및 오늘날의 영국 국교회와 루터파의 노력과는 달랐다. 당시의 교회 일치운동은 그 성공이 너무나 제한적이었기 때문에, 여기에 참여했던 모든 종파들은 실망감을 가지게 되었고, 급기야 1540년대 초엽에는 종교전쟁을 준비하기에 이르렀다. 그러나 16세기가 끝나갈 즈음에는 상당수의 프로테스탄트들이 가톨릭 교회 측으로 복귀하였다. 비록 이 같은 복귀가 개인들의 자유로운 양심에 의한 것이라기보다는 정치적 강제에 의한 것이 더욱 많았다고는 하더라도 말이다.

현대 서유럽의 종교적 상황과는 달리 16세기 여건은 프로테스탄트들에게 명확한 정체성 인식을 유지하도록 요구하였고, 또한 프로테스탄트들이 서로 연대해야 할 절박한 이유들도 제기하고 있었다. 당시 이들은 강력하고 결의에 찬 공통의 적에 직면해 있었다. 로마 교황은 천국의 열쇠를 가진 자였을 뿐만 아니라, 이 땅의 무시무시한 통치자이기도 했다. 그는 인간 영혼의 구원과 저주에 영향을 미칠 뿐만 아니라, 생명, 재산, 부 등을 능히 주거나 앗아갈 수 있는 인물이었다. 이러한 시기에 종교적으로 다른 견해를 갖는다는 것은 극히 위험한 일이었다. 당시 사람들에게는 종교적 관용 및 교회와 국가의 분리 등에 대한 인식이 거의 존재하지 않았기 때문이다. 한 지역의 통치자가 가톨릭 교도인 경우, 그 지역에서 가톨릭적인 종교적 관행이 시행되리라는 사실을 의심하는 사람은 아무도 없었다. 이에 대해 대중들이 택할 수 있는 유일한 대안은 오직 자발적인 유랑 내지 박해를 감수하는 일뿐이었다. 서로 다른 신앙 형태가 인접 지역에서 공존하는 경우에는, 지역에 따라 합법적인 신앙 형태가 엄격히 구분되었다. 예를 들어, 가톨릭 신도가 루터파 도시인 뉘른베르그에 사는 경우, 그는 미사에 참석하기 위해서 도시 밖으로 나갈 수밖에 없었다. 마찬가지로 가톨릭 도시였던 쾰른의 프로테스탄트 신도인 경우에는, 캘빈주의 설교를 듣기 위해서 도시 밖으로 나가야만 했다. 다양한 신조 집단들이 공동체 내에서 서로를 존중하고 조화롭게 이웃하며 살아간다는 개념은 당시 가톨릭이나 프로테스탄트 성직자들에게만 생경했던 것이 아니었다. 이 점은 당시의 세속 통치자들에게도 마찬가지였다. 세속 통치자로서는 충성스러운 신민들인 도시 정무관과 제후들이 자신의 신조를 공유하지 않을 수도 있다는 사실에 대해서는 이해하기 어려웠다.

다수의 시민 내지 신민들이 통치자와 다른 종교적 신앙을 가진 지역에서는, 통치자가 정치적 행적에서 보다 분별력 있는 입장을 취하든가 또는 스스로 신민들의 종교로 개종을 하든가 했다. 현상을 유지하기 위해서 무력을 사용하는 것은 단지 소요나 전쟁을 초래할 뿐이라는 사실을 깨달았기 때문이다. 그러나 이 문제는 16세기의 많은 통치자들에게 적지 않은 문제를 제기하였다. 대부분의 사람들이 통치자와 신민들의 신앙이 어느 쪽으로든 일치되는 것이 바람직하다고 생각했던 만큼, 당시의 관용이란 사실상 다수의 종교적 관행을 수용한다는 것을 의미하였다. 16세기 중엽 신성로마제국 내의 가톨릭과 루터파 간의 투쟁은 당시의 상황에 충실한 실용적 원리였던 '각 지역의 통치자가 그 지역의 종교를 결정한다'(*cuius regio, eius religio*)는 원리에 따라 운용되었다. 이 원리에 대한 도전은 뒤이어 일어난 거의 한 세기에 걸친 종교전쟁을 겪고서야 비로소 성공을 거두어 약간의 종교적 다원주의 내지 관용이 특정한 지역 또는 영토 내에서 합법적으로 용인되고 시행될 수 있었다.

현대 서구 세계에는 르네상스기의 교황에 견줄 만한 국제적 영향력을 가진 종교적 정부가 존재하지 않으며, 거의 모든 곳에서 종교적 다원주의와 관용이 법률에 의해 보장되고 있다. 교회와 국가의 분리는 이미 확립된 전통이 되었으며, 이에 대한 감독도 면밀히 행해지고 있다. 16세기의 적지 않은 그리스도 교도들을 괴롭혔던 무장한 교황 군주정부 및 광적인 종교 박해의 망령은 더 이상 존재하지 않는다. 또한 이 시대에는 종교적 이탈자들의 분노와 위험 역시 소멸되었다. 오늘날 다수의 프로테스탄트들을 각성시키고 결합시키는 이슈는 보다 일반적인 도덕적 사회적 성격의 것으로서, 종교적 배경과는 무관하게 양심적인 시민들에 의해 광범위하게 공유되고 있다. 예를 들면, 빈자와 하층민들의 곤경, 환경에 대한 위협, 전쟁과 평화, 가정생활을 어지럽히는 많은 문제 등이 여기에 속하는데, 이 이슈들에 대한 종교적 주장은 여러 주장들 가운데 하나에 불과하며, 그나마 그것이 항상 유력한 권위를 갖지도 않는 것이 엄연한 실정이다. 오늘날에는 15·16세기에 그러했듯이 종교적 신념만에 의해 중요한 사회적 정책이 결정된다든가, 성직자나 교회로부터 강제적인 정치권력이 나온다든가 하지는 않는다. 북아일랜드의 경우처럼 현대 세계에서는 예외적으로 종교적 가치가 큰 비중을 차지하는 갈등에서조차, 서로 대립해서 싸우는 교전 당사자들의 진정한 쟁점들은 신조 내지 교리상의 문제가 아니라, 압도적으로 정치적 사회적 성격의 이슈들이다. 따라서 이 같은 갈등에서는 어느 한쪽의 종교적 가르침이나 관행을 변경시키지 않고서도 평화로운 해결책이 나올 수 있는 것이다.

대체로 보아 종교개혁 이래로 진전되어 온 과정들로 인해, 그리고 때로는 프로테스탄트 성직자 자신들의 기대와는 반대로, 현대 세계의 종교는 그 영향력이 엄격히 정신적 도덕적 영역에 제한되어 있다. 오늘날 교구 사제 내지 성직자는 많은 측면에서 여타의 다른 시민들과 유사한 삶을 영위하고 있으며, 동일한 시민적 책무를 지고 세속 법정의 사법권에도 따르고 있다. 그러나 종교개혁 이전의 성직자들은 당연히 세속 법정과 세금으로부터 특별한 면책권을 가지고 있었으며, 이상적인 성직자와 마찬가지로 이상적인 평신도 역시 내세지향적인 생활양식, 이의를 달지 않는 순복, 자기희생적인 종교생활을 하는 자들이었다. 이와는 대조적으로 오늘날에는 평신도가 성직자의 생활양식을 닮기보다 많은 경우에 성직자가 평신도를 닮고 있다. 현대 프로테스탄트 세계에서는 대부분의 성직자가 가정을 이루고, 평소 구별되는 복식을 갖추지 않으며, 이들이 가장 아끼는 우애나 가장 즐기는 소일거리도 회중들과 함께 공유하고 있다.

프로테스탄티즘이 처음 제기했던 쟁점들을 놓고 사실상 16세기 때와 거의 같은 용어와 열정을 가지고 논쟁을 계속하고 있는 집단이 오늘날 로마 가톨릭의 성직자들 가운데 있다는 사실은, 비록 놀라운 일은 아니라 하더라도, 역설적인 일이다. 오늘날 뛰어난 가톨릭 학자들 가운데 주류와는 견해를 달리하는 소수의 지식인 및 일반 성직자 그리고 종교인 등은, 450여 년 전 루터와 츠빙글리가 했던 정도로 열렬히 집필 활동과 논쟁을 통해서, 전통적 규제들과 교황청의 거부권을 배제하며 성서를 해석할 수 있는 자유를 요구하고 있고, 그들 나름의 가정을 꾸리는 자유 및 그들의 양심이 명하는 바에 따라 사회경제적 정의를 위한 세속적 운동들에 참여하는 자유 등을 주장하고 있다.

프로테스탄트 운동 가운데 어떤 요소들이 현대 세계에까지 유지되고 있으며, 또한 오늘날의 프로테스탄트들에 의해 공통적으로 공유되고 있는가? 현대인들은 어떤 점들에서 종교개혁의 유산을 발견할 수 있는가? 여러 세기에 걸쳐 프로테스탄트들은 종파를 막론하고 정신적으로 '제대로 고쳐라', '바르게 행하라', '진리를 따르라' 등의 태도를 공유해 왔다. 이 점은 프로테스탄트들이 도덕적 삶을 영위하는 데 있어서 특히 그러한데, 예를 들어 이들은 교회의 권위나 전통적 관행이 장애물이라고 판단되는 경우에 이를 조금도 참으려 하지 않았다. 무엇보다도 프로테스탄티즘은 실패한 정신적 지도력과 교회의 경건성에 대해 반발함으로써 출현하였다. 이들의 자리를 종교개혁가들은 보다 단순하고 효율적인 대안으로 메우고자 했던 것이다. 당시와 마찬가지로 오늘날도 프로테스탄트들은 사회 내에서 정신적으로 가장 도전적이고 모험적인 시민들이다. 자신들의 정신적 도덕적 삶을 온전케 하는 일에 관련되는 경우, 이들은 양심을 위해 제도를 희생하거나, 효율을 위해 통합성을 희생하거나, 결과를 위해 순복을 희생하는 일에 조금도 주저함이 없었다. 현대 프로테스탄트들은 그 형태가 극히 다양하다. 예를 들어 이들 가운데는 나약한 교구 목사를 제거하기 위해 음모를 꾸미는 뉴잉글랜드 도시의 성공회 회중도 있고, 텔레비전 설교가들에게는 결코 헌금을 하지 않고 집구석에 틀어박혀 지내는 근본주의자도 있으며, 공산당 정부에 반대하는 저항운동의 조직책을 맡은 동독의 루터파 교구 사제도 있다. 그러나 이들 가운데 누구도 그들의 16세기 선조들이 그러했던 것과 마찬가지로, 때를 기다리거나 전통에 굴복하는 등의 태도를 보이지 않는다. 실효성 있는 종교생활을 영위하기 위해서 이들은 주저 없이 교회와 종파를 바꾸는가 하면, 어제의 정신적 진리조차 그것이 마치 한 차례의 잘못된 투자나 실패한 연애사건이거나 한 것처럼 내다버리는 것을 망설이지 않는다. 현대의 종교집단들 가운데 이들처럼 다양하고 가변적인 회중은 아마 없을 것이다.

이 같은 행태는 최초의 프로테스탄트들이 16세기에 전통적 신앙과 관행에 대해 취했던 공격들 가운데 남아 있는 오늘날의 양상이다. 최초의 프로테스탄트들이 인위적인 종교체제에 미혹되고 시달렸다는 사실은 수치스럽기는 하지마는 이를 부인하기란 결코 쉽지 않다. 이 같은 경험은 정신적 평화에 대한 종교적 약속이 정신적 고통으로 바뀔 때 이로부터 도피하려는 경향을 낳았을 뿐만 아니라, 동시에 종교적 계서체제와 엘리트주의 그리고 현란한 형식에 대한 끊임없는 의구심 역시 초래하였다. 이상적으로 말한다면, 16세기 종교개혁가들은 자신들의 신앙을 양심에 위배되는 모든 것들로부터 절대적으로 보호하고자 했고, 또한 실천적인 평신도의 종교로 만들고자 하였다. 당시에는 누구도 자신들의 강제적 조치가 이와 같은 목표에 상충되거나 또는 이를 저해하리라고 생각하지 않았다. 바야흐로 프로테스탄트들의 마음과 정신을 규제하게 된 새로운 신앙은 과거의 기만과 억압으로부터 마음과 정신을 해방시키고 그리스도 교도의 자유를 보전하리라고 기대되었다. 중세기에는 가톨리시즘이 사실상 이와 유사한 피난처를 일반인들에게 제공하였다. 군주 내지 황제의 전제에 대해 중세인들이 각자의 영토 내에서 가졌던 유일한 실제적 대안은 교황 내지 교회의 전제였다. 이 같은 상황은 최근 폴란드에서도 재현되었다. 현대 폴란드에서는 폴란드인 출신의 현직 교황과 가톨릭 신앙을 가진 일반 대중들이 제휴하여 공산주의자의 독재에 대해 공통체적이고 정신적인 대안을 만들어 냈던 것이다.

이 책은 근대 초기 독일의 종교적 역사에 관한 근년의 학문적 성과에 대한 저자 나름의 비판적 답변으로서, 그리고 프로테스탄트 종교개혁의 성격과 유산에 대한 저자 자신의 결론을 제시해 보기 위해서 지난 10여

년에 걸쳐 구상되었다. 이 구상에 따라 책의 초점은 16세기 독일에서 일어난 프로테스탄티즘의 대두에 맞추어졌다. 저자는 이 화두를 당대의 소리들이 크고 분명하게 들릴 수 있도록 원사료들을 통해서 이야기하고자 했다. 저자의 가장 핵심적인 의도는 당시에 있어서 프로테스탄트 교도가 된다는 것이 무엇을 의미했던가 하는 점을 현대의 독자들에게 전달하는 데 있다. 이 책의 몇몇 장들 가운데 일부는 비전문적인 잡지와 전집들에 충분한 완성도를 갖추지 못한 채 게재된 바 있다. 그러나 저자의 변함없는 의도는 프로테스탄트 반란의 각 단계들에 대해 그리고 이에 참여한 모든 관련자들에 대해 독창적이고 유기적인 해석을 제시하려는 것이었다. 예를 들면, 지식인들은 프로테스탄티즘을 고안하여 이를 전파시켰고, 정치인들은 이를 법률로 제정하였으며, 그리고 일반 평신도들은 프로테스탄티즘을 때로는 자발적으로 그리고 때로는 강제적으로 수용하였다 등이 그것이다. 이탈리아 르네상스와 함께 독일 종교개혁은 전통적으로 근대 세계를 형성한 최초의 위대한 혁명으로 간주되어 왔다. 이 운동을 종국적으로 독자들로 하여금 당대적 맥락 하에서 하나의 전체로서 파악하도록 했으며, 동시에 그것이 현대 세계를 형성하는 데 있어서 담당했던 역할에 대해서도 이해할 수 있도록 배려하였다.

본인은 건설적인 비판과 조언을 해준 친구와 동료들, 즉 에드워즈 (M, Edwards Jr.), 오말리(J. O'Malley), 시긴스(I. Siggins) 그리고 특히 핸킨스(J. Hankins)에게 감사를 드린다. 추(L. Chu)는 저자의 원고를 꼼꼼하고 분별력 있게 읽어주었다. 그리고 집사람 안드레아(Andrea)도 언제나 그랬듯이 편집과 기술상의 난점들에 대해 많은 도움을 주었다.

옮긴이의 말

이 책은 S. Ozment, *Protestants : The Birth of a Revolution* (New York, 1992)을 우리말로 옮긴 것이다. 현대 역사학자들은 한때 종교의 문제를 과거의 유물로 간주하는 경향이 있었다. 그러나 이러한 태도는 2001년의 9·11 사건 이후 중대한 도전에 직면하고 있다. 종교적 신조가 과연 인간의 정신적 신념과 사회적 행위에 심각한 영향을 미칠 것인가 하는 냉소적인 의문이 이제 설 자리를 잃게 되었기 때문이다.

그런데 문제는 지금도 종교적 신조의 체제나 성격에 관한 논의들이, 학문적인 연구의 경우에 있어서조차, 소모적인 논쟁으로부터 쉽게 벗어나지 못한다는 데 있다. 이 점에서 하버드 대학의 지성사 교수인 S. 오즈맹의 이 책은 종교 문제에 관한 앞으로의 연구를 위해서도 좋은 모델을 제시하고 있다. 기본적으로 저자는 '역사는 특정 신조나 이론의 정당성을 위해서가 아니라 그 자체로서 이해되어야 한다. 따라서 좋은 역사가는 사료들 앞에서 스스로 없어질 줄 알아야 하며, 독자들이 사료를 통해서 그것의 역사 세계를 체험하고 이해하도록 도와주어야 한다'고 생각하였다. 그리하여 그는 '종교적 신조란 이를 신봉하는 신도집단의 일상생활과 실천을 통해서 비로소 단순한 이론적 명제의 지평을 넘어 역사적 실체가 된다'는 나름의 작업가설을 가지고, 이를 여기서 풍요롭고 생산적인 실증들을 통해서 규명하였다. 신학적 훈련을 받아본 적이 전혀 없는 필자가 막연한 지적 호기심을 넘어서 프로테스탄티즘의 문제를 체계 있게 알아보고자 용기를 낸 계기도 여기에 있었다.

S. 오즈맹은 프로테스탄트 신도인 부친과 가톨릭 신도인 모친 슬하에서 1939년 미국 미조리 주 맥콤 시에서 태어났다. S. 오즈맹이 일찍부터 유럽 문명의 정신적 유산 특히 프로테스탄트 이념에 대해 깊이 있고 균형 잡힌 관심을 가졌던 것은 그의 독특한 가족적 배경과도 무관하지 않은 것 같다. 청년시절 헨드릭스 대학(Hendrix College)과 드류 대학 신학부 (Drew University, Theological School)에서 수학했던 그는 1969년 하버드 대학에서 "*Homo spiritualis*: a comparative study of the anthropology of Johannes Tauler, Jean Jerson and Martin Luther(1509-16) in the context of their theological thought" 연구로 신학박사 학위를 취득하였다. 1968~72 년까지 독일 튀빙겐 대학 '중세 및 종교개혁 연구소'에서 연구활동에 전념 했던 S. 오즈맹은 1972년 예일 대학 교수로 부임하게 되었으며, 그 이후 오늘날에 이르기까지 그는 현대 미국 역사학의 독특한 흐름이기도 한 지성사학계에서 탁월한 기수로 평가받고 있다. *The Age of Reform 1250-1550* (Yale University Press, 1980)을 집필함으로써 '필립 샤프(P. Schaffe) 저술상'을 수상했던 S. 오즈맹은 1979~83년까지 미조리 주 세인 트 루이스 시에 소재한 'The Center for Reformation Research'의 소장으로도 일한 바 있다.

현재 S. 오즈맹은 하버드 대학 역사학부의 석좌교수(McLean Professor of Ancient and Modern History)로 재직하면서, 특히 근년에는 가족을 단위로 하는 사회사적 접근과 분석을 통해서 종교개혁기의 사회와 문화에 관해 독보적인 학문적 성과들을 계속해서 내놓고 있다. 예를 들면 다음과 같다. *A Mighty Fortress: A New History of German People* (New York, 2004), *Ancestors: The Loving Family in Old Europe* (Harvard University Press, 2001), *Flesh and Spirit: Private Life in Early Modern Germany* (New York, 1999), *The Burgermeister's Daughter* (New York, 1996), *Religion and Culture in the Renaissance and Reformation* (Kirksville, 1989), *When Fathers Ruled: Family Life in Reformation Europe* (Harvard University Press, 1983), *Reformation Europe: a guide to research* (St. Louis, 1982), *Reformation in the Cities: the appeal of Protestantism to sixteenth-century Germany and Switzerland* (New Haven, 1975), *Mysticism and Dissent: Religious Ideology and Social Protest in the Sixteenth Century* (New Haven, 1973), *Reformation in medieval perspective* (Chicago, 1971). 그 밖에도 도날드 케이건(D. Kagan) 등과 공동 집필한 *The Western Heritage* (New York, 2004)가 현재 8판을 내놓고 있고, 알버트 크레이그(A. Craig) 등과 공동 편찬한 *The Heritage of World Civilizations* (Upper Saddle River, N.J. 2003)도 이미 6판을 거듭하였다. 이러한 업적들로 인해 저자 S. 오즈맹의 연구는 오늘날 역사학도, 신학도, 사상사가, 사회사가 등은 물론 폭넓은 교양계층들로부터 지속적인 주목의 대상이 되고 있다.

16세기 종교개혁이 과연 참된 혁명이었던가? 종교개혁이 실제로 통치 제도, 소유 구조, 사회 구성 그리고 인간 행위 등에 진정한 의미의 변화를 가져왔던가? 이 같은 근본 문제들에 대해서, 막스 베버의 추종자 내지 일부 프로테스탄트 학자들을 제외한다면, 에른스트 트뢸치(E. Troeltsch) 이래로 현대의 많은 연구자들은 적극적인 평가를 유보하고 있는 것이 사실이다. 이들에 따르면 종교개혁은 그것이 원래 극복하고자 했던 바를 오히려 강화시킨 사건이었다. 첫째, 그것은 유럽의 통일성을 종교적 문화적 지평에서 해체함으로써, 결과적으로 유럽 문화를 보편적 종교적 가치들로부터 멀어지도록 만들었으며, 유럽 통일체를 와해시키는 계기가 되었다. 둘째, 종교개혁은 정치적 사회적 지평에서 보더라도 과거와 급속한 단절을 이룩한 계기가 아니었다. 오히려 그것은 전통적인 세속 정치권력으로부터 전혀 자유롭지 못한 사건이었다. 그것이 독일인들의 민족적 자각에 영향을 미쳤음은 명백하다. 아마도 이 점 즉 종교개혁이 독일 민족주의의 대두에 미친 기여를 부인하기는 어려울 것이다. 그렇기는 하지마는 종교개혁이 수반했던 이 같은 정치적 민족주의적 유산조차 반드시 적극적으로 평가되지는 않고 있다. 왜냐하면 그것은 독일의 절대주의 정치문화, 특히 20세기 전기에 독일이 겪은 국가·사회적 및 군사적 재앙과도 결코 무관하지 않다는 평가가 제기되어 있기 때문이다.

셋째, 정신적 지적 맥락에서 보더라도 종교개혁은 그 의미가 제한적인 것이었다고 해석될 수 있다. 이들에 따르면, 프로테스탄트 운동이 가톨릭적 의식들을 현저하게 단순화시키고, 그것의 권위를 성공적으로 해체한 것은 사실이다. 그러나 이 점이 종교개혁가들이 표방했던 바와 같은 합리와 자유의 증대를 반드시 의미하지는 않았다. 오히려 이 점은 두 측면에서 역설적인 결과를 초래하였다. 먼저 이는 전통적 의식과 권위에 의해 조절되었던 평신도들의 기저적 종교성 즉 민속 신앙 내지 주술류의 미신이 표면화하는 계기가 되었다. 동시에 이는 소수의 프로테스탄트 종교의식을 절대화하는 계기가 되기도 하였다. 그리하여 프로테스탄트 신앙은 종교의 본원적 기능 즉 평신도들의 약함이나 인간의 어리석음을 따뜻하게 어루만지는 데 실패했을 뿐만 아니라, 원래 그것이 그렇게도 격렬하게 저항했던 엘리트주의적 신조 그 자체를 극복하는 데도 실패했다고 이들은 해석하였다. 결국 다수의 20세기 연구자들이 종교개혁을, 일부 프로테스탄트들의 기대와는 달리, 16세기 유럽 사회가 겪었던 정신적 사회적 충격들 가운데 단지 제한되고 온건한 비중만을 가진 사건으로 간주하는 태도는 결코 우연한 일이 아닌 것이다.

　그럼에도 불구하고 저자 S. 오즈맹은 프로테스탄트 종교개혁을 종교 생활뿐만 아니라 정치, 사회 및 일상 생활 등의 다양한 영역에서 의미있는 변화를 수반했던 '혁명의 태동'으로 규정하였다. 저자의 이 같은 시각은 프로테스탄트 종교개혁을 무엇보다도 대중적 평신도 운동(popurlar lay movement)으로 해석하면서도, 동시에 초기 개혁가들의 신학적 동기 및 제후와 도시 정무관들의 정치적 역할 등에 대해서도 균형을 잃지 않고 적극적인 의미를 부여하고 있다는 점에서 매우 독특하다. 저자의 논지에 따르면, 이는 단계적으로 진전된 진정한 의미의 혁명적 움직임들이었다. 초기 종교개혁가들에 의해 구상되었던 프로테스탄트 이념은 팸플릿 작가(pamphleteer)들을 통해서 일반 대중들에게 전달되었고, 이는 다시 교리 교사(catechist)들에 의해 체계적으로 교육됨으로써 광범위한 대중적 평신도 운동으로 전개되었으며, 마침내 이는 제후 및 도시 정무관들을 통해서 법제화함으로써, 일반 대중들의 일상생활 특히 여성과 미성년자들의 사회적 비중과 활동에 있어서 돌이킬 수 없는 변화를 초래하였다는 것이다.

　저자가 이 책에서 프로테스탄트 운동의 독특한 기여로 지적했던 것은 다음의 세 가지 유산이었다. 첫째, 그것은 제도 및 권위에 대한 정신적 회의주의와 도덕적 비판주의를 새로운 지평의 인간 행위의 규범이 되도록 하였다. 둘째, 프로테스탄티즘은 그 추종자들로 하여금 전통적인 교리와 의식에 대한 집단적 예속이 아니라, 소박한 진리에 입각한 절제되고 계몽된 삶을 개별적으로 추구하도록 하였다. 셋째, 프로테스탄티즘은, 설령 그것이 초기 종교개혁가들의 직접적인 의도와는 무관했다 하더라도, 모든 인간의 정신적 자유와 평등이라는 보편적 가치를 역사의 유산으로 물려주었다. 그리하여 이 같은 해석을 근거로 저자는 마르틴 루터가 점하는 역사적 위치에 관해서도, 근년의 연구 동향과는 달리, 혁명적 사회개혁가라는 자리매김에 주저하지 않았다.

무엇보다도 S. 오즈맹은 자신의 이 같은 논지를 입증하기 위해서 먼지투성이의 사료들로부터 하급 성직자, 평신도, 시민, 상인, 직인, 주부, 학생, 관리 등의 생생한 목소리들을 광범위하게 발굴해 냈다. 그리고는 이를 신조적 정치적 영역에서보다는 주로 일반민들의 사회적 가정적 및 사적인 삶의 지평에서 재해석하였다. 바로 이 점이 이 책이 가지고 있는 독특한 중량감과 설득력의 많은 부분을 설명해 주고 있다고 생각된다. 그리하여 설령 저자의 논지에 동의하지 않는 독자라 하더라도, 이 책에 포함된 실증적 사회사적 해명들은 프로테스탄티즘의 역사적 실체와 그것이 16세기 유럽인들에게 가졌던 함의를 깊이 있게 이해하는 데 유용한 길잡이가 될 수 있을 것이다.

필자 등이 숭실대학교 대학원 세미나 과정에서 S. 오즈맹의 연구 성과들을 읽고, 그와 접촉할 수 있었던 것은 적지 않은 행운이었다. 프로테스탄트 운동에 대한 S. 오즈맹의 분석은 서구 근대사상의 형성 과정에서 점하는 프로테스탄티즘의 위상에 대한 오늘날의 학문적 논의들을 파악하는 데 많은 도움을 주었다. 뿐만 아니라 이는 필자 등에게 한국 프로테스탄트 교회의 과거와 현재를 성찰하는 데 있어서도 풍요롭고 실증적인 준거를 제공해 주었다. 단지 필자는 원저의 초점이 평신도 대중과 초기 개혁가들에 집중되어 있다는 점을 감안하여, 이 책에서는 우리 사회의 일반 교양계층과 개신교 성직자 등이 독일 종교개혁 운동과 관련하여 폭넓게 관심을 가지고 있는 마르틴 루터의 「95개조 반박문」도 부록으로 수록하였다. 행여나 이 같은 체제가 S. 오즈맹의 원저에 담긴 일관된 논지에 누가 되지나 않을까 두렵다.

본문의 번역작업과 관련해서는 '지은이의 말', I장, VI장 그리고 부록 부분의 '종교개혁 연구의 동향'을 박은구가, II장과 V장을 이희만이, III장을 임도건이, IV장을 김원환이, 그리고 부록 부분의 「95개조 반박문」을 독역문과 영역문을 동시에 참고하여 공유석이 각각 초역을 담당하였다. 그리고 역자들로서는 여러 차례에 걸쳐 각자가 맡았던 초역 부분들을 내놓고 서로 비판하고 토론하는 모임을 진지하게 가졌다. 그리고 마지막 단계에서 박은구가 초고 전반을 다시 읽으며 손질을 가했다. 그러니까 이 책은 철저한 의미에서 공동작업의 결실 그것이다. 무엇보다도 필자는 그 동안 노정되었던 허다한 문제점들에도 불구하고 짧지 않은 작업과정을 묵묵하게 견뎌준 역진의 노고에 경의를 표한다. 이들의 열정과 인내가 없었더라면 이 책은 결코 햇빛을 볼 수 없었을 것이다. 그럼에도 불구하고 이 책에는 헤아릴 수 없는 오류들과 변명될 수 없는 부족함이 수없이 많이 포함되어 있을 것이다. 구태여 그 책임을 지적해 둔다면, 저자의 의도를 충분히 규명하지 못했고, 역진의 학문적 재능을 충분히 살려내지 못했다는 점에서, 이는 전적으로 역자의 탓이다. 독자 여러분들의 애정과 채찍을 통해서 이 같은 오류와 부족함이 보완되기를 기대하고 있다.

이번에도 혜안출판사의 오일주 사장과 김현숙 편집장께서는 번뜩이는 역량과 따뜻한 가슴을 가지고 지지부진한 역진의 작업과정이 끝내 아름다운 결과를 낳을 수 있도록 물심양면의 도움을 아끼지 않았다. 무슨 말로 이분들의 배려에 감사해야 할지 필자는 모른다. 역진을 대신해서 머리 숙여 마음으로부터의 사의를 여기에 밝혀두는 바이다.

끝으로 한 마디 덧붙인다면, 저자 S. 오즈맹의 종교개혁에 대한 해석이 높은 완성도에도 불구하고 대중적 종교운동의 이념적 정치적 요인들을 과연 충분히 고려하고 있는가 하는 문제에 확실한 답변을 주는 것 같지는 않다. 다시 말해서 저자의 해석조차 일반민들의 종교적 자유에 대한 욕구가 사회적 안전에 관한 정치적 고려로부터 과연 자유로울 수 있을까 하는 의문을 완전히 떨쳐내지는 못하고 있다는 느낌이다. 그럼에도 불구하고 이 책이 신앙의 문제를 한낱 과거의 유물로만 간주하지는 않는 우리 사회의 교양계층에게, 먼저 16세기 유럽의 종교개혁에 대한 역사적 종합적 조망을 형성하는 데 도움을 주고, 또한 한국 프로테스탄트 운동의 오늘을 반성적으로 돌아보게 하며, 더욱이 한국 교회가 앞으로 나아가야 할 개혁의 행로를 모색하는 데 있어서, 한 의미 있는 담론의 장이 될 수 있다면 역자들로서는 그 이상의 보람이 없겠다.

2004년 8월
상도동 연구실에서
박 은 구

글싣는 차례

약어 표기

Clemen   Flugschriften aus den ersten Jahren der Reformation, ed. Otto Clemen (Nieuwkoop, 1967)

CRR   Center for Reformation Research (St. Louis)

Enders   Johann Eberlin un Günzburg. Sämtliche Schiten, ed. Ludwig Enders (Hallen, 1900)

LW   Luthers Werke in Auswahl

MVGN   Mitteilungen des Vereins für Geschichte der Stadt Nürnberg

OX-BOD   Oxford, Bodleian Library

TL   Tracts Lutheran

Tüfiche   Flugschriften des frühen 16. Jahrhunderts. Microfiche Serie 1978, ed. Hans - Joachim Köhler (Zug, 1978 ~)

WA   D. Martin Luthers Werke ; Kritische Gesamtausgabe (Weimar, 1883 ~)

WML   Works of Martin Luther (Philadelphia, 1931)

I. 문제의 제기

현대인들에게 있어서 프로테스탄트 종교개혁은 서로 다른 세 지평상의 이야깃거리인데, 세 지평의 이야기 모두가 결과적으로는 루터를 슬프게 만들 것 같다. 무엇보다도 종교개혁은 서구 그리스도교 사회의 종교적 통합성의 아마도 영속적인 상실 즉 분열에 관한 이야기다. 루터가 1517년 10월 비텐베르그의 캐슬 교회 문에 유명한 반박문을 내걸 때, 그는 이것이 지중해에서 발틱해에 이르는 그리스도교 사회 전역에 미친 개혁의 출발점이 되리라고는 생각하지 않았다. 심지어 그는 한때 고대 그리스도교 이상이었던 유대인들의 집단적 개종까지도 기대했으며, 자신의 새로운 신학이 이를 실현시켜 줄 것이라고 믿었다. 역설적인 사실은 당시 많은 유대인들도 루터의 종교개혁이 집단적 개종을 촉발시킬 것으로 기대했다는 점이다. 단지 개종의 방향이 유대인들의 그리스도교로의 개종이 아니라, 로마 교회의 대한 루터의 비판에 의해 계몽된 그리스도 교도들이 유대교로 개종할 것을 기대했다는 점에 그 차이가 있었다.

반면에 루터는 오늘날도 서유럽 그리스도교 사회에서 일어나고 있는 정신적 분열 및 경쟁 과정을 촉발시켰다. 결과적으로 루터파의 깃발은 서유럽 그리스도교 사회 전역에서가 아니라 북유럽과 미국의 몇몇 지역들에서 휘날리고 있다. 이 제한된 지역들에서만 프로테스탄트 교회들이

마르틴 루터가 95개조 반박문을 내걸었던 비텐베르그의 캐슬 교회의 문

영속적인 뿌리를 내리게 되었고, 오늘날도 루터의 이상을 실현하기 위해 지속적으로 노력하고 있다.

두 번째로 프로테스탄트 종교개혁은 독일 민족주의의 각성 및 오늘날 우리들에게 알려져 있는 바와 같은 독일적 문화 내지 특성에 관한 이야기다. 독일인들에게 적대적인 한 유서 깊은 지적 전통에 따르면, 독일이 근대국가로 성장하는 과정을 지연시키고 낙후시켰던 모든 원인은 프로테스탄티즘에서 유래되었다. 이 같은 평가는 루터의 운동보다 더 큰 무엇을 함의한다.

즉 독일은 고전적인 그리스-로마적 문화 및 유대-그리스도교적 문화 전통을
거부하고 고유한 이교적 민속 전통으로 선회하였다는 것이다. 19세기
러시아 소설가인 도스토예프스키는 이렇게 지적하였다.

독일의 목표는 루터 시대에 상정되었던 일원적 유형의 프로테스탄티즘이
아니라 고유한 '프로테스탄티즘'이다. 그러나 로마 세계에 대한 독일의
저항은 A.D. 9년 게르만 제후 아르미니우스(Arminius)[1]가 로마 군대를
패퇴시킨 이후 끊임없이 계속되어 왔다. 게르만족들은 자신들의 운명과
원칙을 외부 세계의 그것에 동화시키는 데 결코 동의하지 않았다. 게르만족
들은 2000여 년에 걸쳐 외부 세계에 대해 끊임없이 저항해 왔다.[2]

독일 역사에 대해서 부정적인 이 같은 해석에 따르면, '프로테스탄티즘'
은 게르만족들 사이에서 자연법에 관한 로마적 인식과 그리스도교적 인식
모두를 억제하였다. 그리하여 게르만인들은 그리스-로마적 문화 및 유대-
그리스도교적 문화를 수용함으로써 이를 통해 인류의 존엄성과 통합성을
인식하고 또한 이를 지향했던 서유럽의 다른 민족들에 비해 도덕적으로
열등한 지평에 머무르게 되었다는 것이다.[3] 독일의 역사에 대한 이 같은
시각은 교황청에 대한 루터의 공격을 로마적인 모든 것에 대한 오랜 게르만
적 저항의 또 다른 한 표식으로 해석하였다. 그러나 루터를 추종했던
16세기의 수많은 독일인들에게는 독일을 여러 세기에 걸쳐 낙후된 비그리

---

1) B.C. 18년경 출생하여 A.D. 19년 전사한 게르만족 출신의 로마 용병대장. A.D.
   9년 바루스(P. Varus)가 이끈 로마군을 데트몰드 인근에서 패퇴시킨 적이 있으며,
   16년에도 로마의 게르만 정복을 저지하였다.
2) K. S. Pinson, *Modern Germany : It's History and Civilization* (New York, 1954),
   p. 8 재인용.
3) 앞의 책, p. 9. 이 같은 논지를 밝히고 있는 보다 복합적인 서술로는 L. Rothkrug,
   *Religious Practices and Collective Perceptions : Hidden Homologies in the
   Renaissance and Reformation, Reflexions historiques*, 7 (1980), 특집호.

스도교적 지역으로 묶어 놓은 것이 아르미니우스 이래의 튜톤적 전통이 아니었다. 그것은 오히려 로마 교황청의 인위적 가르침 내지 관행들 때문이었다. 이들은 중세 교회의 로마적 전통에서 독일을 예속적 야만적 국가로 만든 정치적 원리와 비성서적 신앙을 발견하였다. 독일의 입장에서 보면 루터의 운동은 게르만인들로부터 올바른 도덕적 양심을 제거한 사건이 아니라, 도스토예프스키가 슬퍼했던 바로 그 야만성에 도전하기 위한 조건을 만든 사건이었다.

서유럽 국가들의 체제 전반에서 점하는 독일의 역사적 위치에 관한 논쟁은 여전히 미해결의 장으로 남아 있다. 그러나 독일에 대한 로마의 경제적 수탈 및 로마의 정치적 문화적 지배욕이 프로테스탄티즘의 출현 과정에서 독일에 대한 루터와 추종자들의 종교적 이상만큼이나 큰 비중을 차지했다는 점은 명백하다. 이들의 저항이 거둔 엄청난 성공은 독일의 가톨릭 교도와 프로테스탄트 교도 모두에게 하나의 민족으로서의 새로운 자기 인식을 가지게 하였다. 독일인들은 20세기에 그러했던 것과 마찬가지로 16세기에도 하늘과 땅의 질서를 잊을 수 없는 방식으로, 아마도 적지않은 사람들에게는 용서할 수 없는 방식으로, 재배치하였다. 그것의 결과에 관한 한, 16세기의 이들의 행위는 20세기의 행위에 비해 그 성격이 훨씬 더 애매하다. 종교개혁이 독일인들에게 스스로에 대한 새로운 자존을 가르쳤다면, 동시에 이는 독일인들이 새로이 가지게 된 정체감에 기율을 부여함으로써 그것이 신과 인간 모두에게 만족스러운 것이 되도록 만드는 노력이기도 했다. 프로테스탄트 종교개혁은 독일인들로 하여금 고유한 자기 인식을 깨닫도록 한 최초의 게르만적 민족운동이었다.

세 번째로 프로테스탄티즘의 태동은 근대 역사가들과 그 청중들에 관한 이야기다. 오늘날 역사가들과 일반 대중들은 서구 역사상 위대한 사건들 가운데 그 어느 것보다도 프로테스탄트 종교개혁을 외면하고 있다. 선택의 여지가 있다면 대부분의 역사가들은 미국 혁명, 프랑스 혁명 또는 러시아 혁명에 대해 집필하기를 선호하고 있으며, 이 점은 독자들도 마찬가지다. 우리가 현대 세계를 형성한 혁명들 가운데서도 위대한 종교적 혁명에 비해 다른 유형의 혁명들을 보다 친숙하게 여기는 이유가 어디에 있을까? 종교개혁은 다른 유형의 혁명들과는 달리 경제적 정의 내지 정치적 자유를 위한 직접적인 투쟁이 아니었다. 종교개혁은 우리들에게 역사와 인간의 삶에 대해 보다 다양하고 복합적인 방식으로 사고할 것을 요구하고 있다. 우리는 종교개혁을 통해서 사회와 정치를 움직이는 정신적 운동력을 발견할 뿐만 아니라, 불의나 예속을 인간의 내면 세계에 부과하는 것은 이들을 인간의 물질생활에 부과하는 것만큼이나 사악한 행위임을 발견하게 된다. 16세기를 살았던 당대인들에게는 죄악, 죽음 및 악마에 대한 투쟁이 빵, 토지 및 자율적 결단에 대한 투쟁 못지않게 중요한 행위였던 것이다.

또한 종교개혁은 가정 내지 정치적 생활이 많은 현대인들의 눈에 불공정하고 전제적으로 보이는 방식으로 조직되었던 시기에 일어났다. 당시 가정과 정부를 지배했던 계서체제와 엄격한 기율은 오늘날의 가정과 정치에는 부적절한 모델로 보인다. 종교개혁은 현대 세계를 사는 우리들이 인간 본성 및 인간 집단에 대해 일반적으로 가지는 것에 비해 훨씬 더 원시적인 이미지를 우리에게 제시하고 있다. 종교개혁은 우리들로 하여금 평등 내지 공정함에 비해 질서 내지 안전이 보다 중요시되었던 사회의 이론적 근거를 검토해 보도록 요구하고 있는 것이다.

다시 말해서 종교개혁 시대에 대한 이해는 오늘날 전문가 및 관심을 가진 평신도들 모두의 지적 능력을 시험하고 있다. 종교개혁을 놓고 전통적 역사가들은 무엇이 일어났던가를 해명하기 위해 변화하는 법률과 체제라는 표면 아래의 기저를 탐구할 수밖에 없었다. 한편 계량화 내지 계층화를 선호하는 마르크스주의자와 사회사가들은 정신적 동인들을 물질적 동인과 동등한 지평의 인과관계에서 검토할 수밖에 없었다. 별점을 치는 현대 대통령을 보며 숨막혀하는 오늘날의 지식인으로서는, 성지를 순례하는 일반인의 대열에 참여하는 튜더 왕조의 군주들에 대해서, 또는 종교개혁의 전야였던 1519년 북유럽 최대의 성물을 비텐베르그에 수집했던 작센 선제후에 대해서, 깊이 있게 공감하기가 어려울 것이다. 교회연합적 정신을 가진 오늘날의 프로테스탄트와 가톨릭 교도들은 종교개혁에서 신앙고백의 차이가 너무나 현저하고 완강함을 발견하기 때문에, 이들로서는 역사적 사실을 무시하든가, 아니면 통합적 그리스도교 사회에 관한 꿈을 접든가 하는 두 가지 가운데 어느 하나를 선택할 수밖에 없을 것이다. 더욱이 강렬한 반유대주의 정서에 직면해야 하는 유대인들로서는 바로 이것이 독일을 돌이킬 수 없는 대학살의 길로 내몰았다는 점에서 매우 곤혹스러울 것이다. 또한 페미니스트들의 외면에 대해서도 이를 비난하기란 쉽지 않을 것 같다. 종교개혁은 중세 여성에게 명백히 남성의 지배로부터 자유로웠던 한 실제적인 공간으로 유지되었던 수도원을 사실상 황폐화시켰으며, 여성을 가부장적 가정이라는 겉만 번지르르한 감옥에 머무르도록 만들었기 때문이다.

종교개혁은 외견상 현대 문명과 여러 점에서 조화를 이루지 못하기 때문에, 현대 역사가들이 종교개혁을 폄론한다는 것은 조금도 이상한 일이 아니다. 그러나 이 같은 사정은 두 세대 전만 하더라도 생각하기조차 어려웠다. 1911년 독일 종교개혁의 위대한 역사가였던 칼 홀(Karl Holl)은 「종교개혁의 문화적 의의」라는 유명한 논문을 집필하면서 종교개혁의 성과를 의기양양하게 예찬하였다.4) 그는 16세기 종교개혁이야말로 근대 독일 문화의 뿌리가 고스란히 담겨 있는 사건이라고 믿었다. 종교와 윤리 그리고 문화와 예술로부터 교육과 정치에까지 이르는 사실상 근대 독일사의 모든 긍정적 성과들을, 그는 게르만족의 역사로부터 추적했던 바 그가

---

4) K. Holl, "Die Kulturbedeutung der Reformation," in *Gesammelte Aufsätze zur Kirchengeschichte*, vol. 1 : Luther (Tübingen, 1948), pp. 468~543, trans, K. Hertz, *The Cultural Signifcance of the Reformation* (Cleveland, 1962).

누구보다도 숭배했던 인물이 루터였다.

오늘날 우리들은 역사가 홀의 세대와는 다른 전망을 가지고 종교개혁에 접근한다. 대학살 이후의 시대 즉 현대적 해방운동들의 와중에 사는 우리는 루터와 그의 개혁을 근대 독일사의 부정적 성과로 간주되는 유산들 특히 전체주의 국가와 결부시켜 추적하는 경향을 가지게 되었다. 19세기 말엽과 20세기 초엽의 역사가들이 과거를 낭만화하는 경향이 있었다면, 오늘날 우리는 이를 해체하는 데 매우 익숙한 것이 사실이다. 그러나 종교개혁 연구에서 이 점만이 문제가 되는 것은 아니다. 현대의 유력한 학자들은 이탈리아 르네상스로부터 프랑스 혁명 그리고 미국의 서부에 이르기까지 소수를 계몽시켰거나 또는 극소수나마 해방시켰다고 간주되는 운동들을 연대기에 기록하고 있다. 이들은 마치 현대의 디오게네스(Diogenes)[5]라도 되는 양, 자신들을 닮은 정직한 역사가들 즉 과거를 이상화하지도 정치화하지도 않는 역사가들을 무익하게도 과거에서 찾고 있는 것이다.

독일 종교개혁의 역사와 그 서술의 역사는 근대 독일사 자체의 많은 부분이 그러하듯이 당혹스러운 모순들로 가득 차 있다. '그리스도 교도의 자유'라는 이름으로 계승되었던 운동인 종교개혁은 오래지 않아서 비판가와 상당수의 초기 개종자들의 마음에 새로운 지평의 편협함 내지 불관용의 정서와 동일시되었다. 종교개혁에 대한 초기 가톨릭 비판가들은 그것을 시대착오적이라고 비난하고, 독일은 종교개혁이 성공하는 정도 바로 그만큼 낙후될 것이며 또한 통치되기도 어려워질 것이라고 경고하였다. 그러나 루터주의는 이들의 생존시에 이미 독일의 많은 영역에서 기존 질서의 근간이 되었으며 또한 그 질서의 도덕적 대변인이 되었다. 1520년대 초엽 농촌 지역에서 반란을 일으켰던 농민들은 종교개혁을 농노제로부터 해방되기 위한 자신들의 투쟁의 동반자로 수용했으며, 또한 이를 독일의 성직자 정치

---

5) 모든 인위적 제도와 관습을 부정하고 극도로 청빈한 생활을 하며 인간의 본원적 행복을 추구했던 4세기 그리스 철학자.

주의 통치라는 전통에 적대적인 무엇으로 간주하였다. 그러나 1520년대 중엽에 이미 루터는 이들 모두를 "미친 개들"이라고 공식 비난하고, 독일 제후들로 하여금 이들을 "공격하고, 죽이고, 불태우도록" 촉구하였던 것이다.

종교개혁가들 스스로 가장 진보적이며 명백한 성과들로 간주했던 것조차 오늘날에는 논란의 대상이 되고 있다. 당시 종교개혁가들은 자신들이 여성을 혐오하고 혼인을 반대하는 중세 성직자들의 정서로부터 가정생활을 구해 냈다고 확신하였다. 그러나 오늘날에는 바로 이 개혁가들이 예속적인 여성 신비화의 등장과 동일시되고 있으며, 또한 인간 본성의 개혁적 역량에 대한 깊은 비관주의와도 결부되고 있고, 심지어 일부는 이 개혁가들을 아동학대의 조장자로까지 비난하고 있다. 한편 프로테스탄트의 첫 세대 교육가들은 자신의 학교들을 보다 확실한 지적 도덕적 기초 위에 세운다는 점에 대해 자부심을 가지고 있었다. 그러나 이들이 자신들의 일을 단순한 세뇌작업으로 규정하는 현대 학자들의 연구를 대하는 경우 충격을 받을 수밖에 없을 것이다. 홀 세대의 역사가들이 찬미하였던 종교개혁은 독일의 과거에서 민주적 전통을 찾고자 하는 자신들의 노력에 아무런 도움도 주지 않는다고 판단하는 현대 역사학자들에 의해 오히려 비난되고 있는 것이 실정이다.

종교개혁은 보다 공감적인 연구대상이 될 자격이 있다. 실제적 모순이든, 추정된 모순이든, 그리고 역사적 모순이든, 역사서술상의 모순이든, 표면상 종교개혁이 안고 있는 수많은 모순들에도 불구하고, 그 기저에 있어서 종교개혁은 오늘날 우리가 안고 있는 많은 문제들과 조금도 다를 바 없는 문제들에 대한 투쟁이었다. 더욱이 이 투쟁은 단지 현대 독일만이 아니라 현대 아프리카 및 소비에트 러시아 등 사실상 개혁과 혁명이 모색되고 추구되는 모든 지역에 적용될 수 있는 성격의 투쟁이었다. 어떻게 하면 인간은 무정부 상태를 초래하지 않고, 또한 새로운 전제체제들을 수반하지 않고 자유를 성취할 수 있을까? 일단 자유를 성취한 경우, 어떻게 하면 이것을 단순한 방종 내지 재상실 상태로 전락시키지 않고 보전할 수 있을까? 과연 자유는 그 자체가 파괴되지 않은 채 기율을 가질 수 있을까? 그리고 자유가 보장되기 위해서는 질서와 안전이 과연 어느 정도까지 필요할까?

그러나 이 밖에도 우리들이 프로테스탄티즘의 출현에 관한 지식을 새롭게 재검토해 보아야 하는 데는 보다 절박한 이유가 있다. 모든 사람은 나름의 삶의 여정에서 적어도 한 번은 이상주의적 환상에 의해 고취되거나, 이에 심취한다. 모든 민족들 역시 이러한 경험을 가지고 있다. 때로는 이러한 환상들이 건강하고 계몽적이다. 그러나 때때로 이는 순전히 선정적이거나 심지어 파괴적이기조차 하다. 16세기 독일 프로테스탄트들은 양자의 차이를 구별하는데 있어서 전문가임을 주장하였다. 이들은 개인과 사회로부터 마음의 평화를 앗아가는 환상들을 무엇보다도 경멸했으며, 그것의 실체들 가운데 상당 부분을 실제로 제거하였다. 우리가 종교개혁을 문학, 법률 내지 이를 수용했던 평신도들의 일상생활 등 여하한 맥락에서 고찰하든, 그것이 비현실적인 환상을 깨우치고 거짓된 예언가들을 노정시키는 손으로 기능한다는 점은 충분히 확인할 수 있다. 프로테스탄트 신앙은 무엇보다도 사람들에게 무기력한 경신성으로부터의 구원을 약속하였던 것이다.

이 같은 운동이 면벌부의 판매라는 비열한 기만에 대한 항의로부터 불붙기 시작했다는 점도 충분히 이해될 수 있다. 교황의 옥새가 찍힌 이 정교하게 인쇄된 종이조각들은 사망한 그리스도인들이 범했던 미처 회개하지 않은 범죄들 때문에 머무를 수밖에 없는 연옥에서의 시간을 줄여준다고 강변되었다. 1520년대와 1530년대의 프로테스탄트 팸플릿 작가들은 이른바 로마 교황청의 인정적 규범(Menschensatzungen)들을 즐겨 공격하였다. 그들은 이 경멸적인 용어를, 사실상 성서적 근거가 없었음에도 불구하고, 신의 말씀 그 자체로 위장된 순전히 인위적인 결정들이라는 의미로 사용하였다. 그러나 평신도들의 마음을 사로잡았던 이 인위적인 가르침들은 평신도들에게 전폭적인 믿음과 적지 않은 자기희생마저 요구하였다. 또한 종교개혁가들은 당시 일반민들을 너무나도 쉽게 매료시켰던 혁명가들의 낭만주의적인 사회적 환상 및 이상주의적인 정치적 계획들에 대해서도 조소해 마지않았다. 프로테스탄트 신앙은 사람들에게 거짓된 교황청의 주장들뿐만 아니라 메시아주의적인 사회적 예언가들로부터의 구원도 함께 약속하였다.

절제와 근면은 풍자만화에서 흔히 묘사되는 현대 독일 프로테스탄트의 특징적 품성으로서, 이는 자신들을 기만하고 속였다고 간주된 사람들로부터 보다 중요한 신조에 입각하여 스스로 벗어났기 때문에 얻은 결과였다. 프로테스탄트의 기질에 비추어 볼 때, 쓸데없는 것들을 믿어 왔다는 사실을 깨닫는 것은 실로 고통스러운 일이었다. 프로테스탄트 기질은 소멸되어 없어지기보다는 홀로나마 존재하기를 택한다. 그것은 많은 것을 위해 위험을 무릅쓰기보다는 적은 것이나마 유지하기를 선호한다. 프로테스탄트 기질은 다른 이들이 그것을 빼앗아 가기 전에 스스로 더 많은 고통과 부담을 안으려고 한다. 프로테스탄트 기질이 관습과 전통을 거부하는 것은, 그것이 본성적으로 모험적이거나 생활을 복잡하게 만드는 성향이 있어서가 아니라, 오히려 단순성과 진실을 요구하기 때문인 것이다.

이 같은 성향은 인간 본성의 보다 지배적인 다른 측면들과 모순되기 때문에, 따라서 프로테스탄트적 기질을 옹호하는 자는 언제나 사회적 흐름을 거슬러 올라가는 소수자 집단이 될 수밖에 없었다. 종교개혁가들도 이 점을 잘 알고 있었다. 누구보다도 마르틴 루터 자신이, 20여 년에 걸쳐 스스로의 행위를 통해 구원에 이를 수 있다는 환상을 극복하기 위해서 노력한 다음, 1532년에 행한 솔직한 신앙고백에서 자신의 무력함을 이렇게 밝혔다. "나 자신 거의 20여 년 동안 오직 신앙에 의해서만 의로움을 이룰 수 있다는 교리를 설교하고 가르쳐 왔다. 그럼에도 불구하고 여전히 나는, 주여, 내 기여가 이러저러한 만큼, 당신께서도 내가 이룩한 거룩한 업적들에 대한 대가로 나에게 은총을 베풀어 주셔야 하지 않겠습니까 하는 식으로 신과 흥정을 벌이려고 드는 고질적인 비열함을 완전히 떨쳐버릴 수는 없었다."[6]

결과적으로 볼 때 독일 종교개혁가들의 메시지, 즉 인간은 미혹되지 않는 삶을 추구하며, 이를 이룰 수 있고, 또한 반드시 실현해야 한다는 주장 자체가 일종의 환상에 기초한 것일 수 있다. 이들의 가르침은 현대 독일에서 1930년대에 등장했던 메시아주의적 사회예언가의 주술적이고 터무니없는 인정적 규범을 극복하는 데 요구되었던 절제를 실천하는 데 실패하였다. 그러나 여기에는 단순히 "유감스러움에 비해 신중함이 종국적으로 보다 낫다"는 식의 철학 이상의 무엇인가가 있다. 수많은 혼돈을 경험했고, 지금도 여전히 그 언저리를 벗어나지 못하고 있는 현대 세계에 있어서, 당대의 해로운 환상에 도전하여 성공을 거두었던 운동의 경우 그것은 분명 재발견되어야 할 가치가 충분히 있는 것이다.

6) J. Pelikan ed., *Sermon on the Sum of a Christian Life in Luther's Works*, 51 (St. Louis, 1957), p. 284.

Ⅱ. 종교개혁에의 구상

1. 세상 뒤집기

혁명은 인간의 내면과 외양 모두에 영향을 미친다. 혁명은 인간의 태도를 개조하고, 법률을 바꾸며, 새로운 사회·정치 제도들을 낳는다. 혁명을 이해하기 위해서는 육체와 영혼 모두 및 육체와 영혼 각각에 영향을 미치는 많은 사항들을 고려할 필요가 있다.

혁명은 인간 행위의 중요한 측면 및 사회 제도들의 주요 특징들에서 광범위하고 근본적이며 지속적인 변화가 있을 때 발생된다. 프로테스탄트 종교개혁이 그러한 혁명이었던가, 그리고 어느 정도로 혁명적이었던가 하는 문제는 많은 논쟁을 일으켜 왔다.[1] 우리가 종교개혁의 본질을 이해하고 그 성과를 설명하고자 할 경우 대답해야 하는 첫 번째 문제는, 16세기 초엽 왜 그렇게도 많은 독일인들이 로마 교회에 대해 그다지도 분개하였던가 하는 점이다. 우리는 다음 장들에서 프로테스탄트 본인들로부터 이에 대한 답변을 직접 듣게 될 것이다. 그러나 당시 분노했던 사람들이 프로테스탄트들만은 아니었다. 이즈음 모든 독일인들은 로마 교회에 대해 불만을

---

1) 이 장의 일부는 *Lutheran Theological Seminary Bulletin*, 70 (1990), pp. 3~12에 게재되었다. 본문의 몇 구절은 D. Kagan ed., *The Western Heritage*, 4th ed. (New York, 1990)의 제11장 서론과 결론에서 발췌한 것들이다.

신성로마제국의 황제 찰스 5세

품고 있었는데, 이 점은 이해하기가 결코 어렵지 않다. 그리스도교 사회의
역사에서 중세 말엽 독일만큼 교황의 손아귀에 예속된 나라는 없었다.
15세기 즈음 독일은 교황청의 맹목적인 후견자였으며, 교황청의 총애를
받는 나라였다. 그러나 이는 독일의 종교·문화적 삶과 사회·정치적 생활
의 발전을 저해하는 결과를 초래하였다.

1) 불만들

1521년 봄 독일 지배계층들 즉 제국의 제후회의를 구성한 선제후, 영방제
후 및 칙령 도시들은 보름스 제후회의에서 황제 찰스 5세(Charles V, 1500~

1558)[2])에게 로마 교황청에 대한 불만 내용들을 제출하였고, 이 내용들은 2년 후 로마 교황에게 전달되었다. 여기에 참석했던 사람들은 「교황청이 독일 제국에 대해 요구하고 행했던 억압적인 세금과 권한의 남용에 관한 102개 조항의 목록」[3])을 작성하여 제출하였다. 그들은 실제로 로마 교회의 모든 사제 계층에 대해 비판을 가하였다. 교황, 대주교, 주교, 수도원장, 참사회 회원, 성직록 수수자, 교구 사제, 고위 성직자, 교회법정 재판관들 등이 이들이었다.

불만조항의 작성자들이 프로테스탄트들은 아니었다. 이들은 권력 있고 경건한 교회의 후견자로서 교회를 비판하기 위해 보름스에 모인 자들이었다. 사실 제후회의는 교황 레오 10세(Leo X, 재위기간 1513~1521)[4])가 마르틴 루터를 공식적으로 이단으로 선고하기 5개월 전인 1521년 5월

---

2) 신성로마제국의 황제 겸 스페인의 군주. 프로테스탄티즘의 대두에 맞서 로마 가톨릭 수호에 전념하였다. 1521년 보름스 제후회의에서 찰스 5세는 루터를 파문하였다. 그는 이탈리아와 부르군디의 영토분쟁을 둘러싼 전쟁에서 프랑스의 프랑수와 1세에게 승리하였으며, 1530년 교황으로부터 신성로마제국의 황제로 대관 받게 된다. 하지만 독일에서의 정치적 불안정과 대외적으로는 투르크족의 침입이라는 어려움에 처한 찰스 5세는 독일의 프로테스탄트를 적극 진압하지 못하였다. 이는 결과적으로 루터의 종교개혁이 성공할 수 있었던 한 요인이 되었다.

3) *Deutsche Reichstagsakten, Jüngere Reihe*, 2 (Gohta, 1896), pp. 670~704. 이에 대한 부분 번역으로는 G. Strauss, *Manifestations of Discontent in Germany on the Eve of the Reformation* (Bloomington, 1971), pp. 53~63이 있다. 저자는 논의의 전개를 위해 두 자료를 모두 인용하였다.

4) 문학과 예술을 애호한 피렌체의 메디치 가문 출신으로 13세에 대주교의 부교에 임명되었으며, 37세에 교황에 선출되었다. 그는 뛰어난 행정가이자 외교관으로서의 역량을 발휘하였으며, 이탈리아에서 교황의 권위와 권한을 신장시키는 데 현저한 역할을 하였다. 또한 그는 라파엘, 도나토 드라만트 등의 예술가들을 적극 후원한 대표적인 르네상스 교황이었다. 그는 당시 성 베드로 대성당 재건에 필요한 경비를 마련하기 위해 면벌부를 판매하였으며, 독일의 대리인으로 테젤을 임명하였다. 이 면벌부 판매사건이 도화선이 되어 루터는 종교개혁을 일으키게 되었다. 이에 레오는 1521년 루터를 파문에 처하였으나, 루터는 교황의 칙서를 불태우면서 정면으로 대응하였다.

교황 레오 10세

26일 그를 제국 내의 배교자로 선언하였다. 그러니까 불만들은 프로테스탄 티즘과는 아무런 직접적인 관련이 없었다. 이를테면 제후회의의 비판은 16세기 초엽 독일에 만연되어 있던 반로마 교회 정서를 반영하고 있었고, 이것이 프로테스탄티즘의 초기 역동성의 많은 부분의 근거가 되었다. 교황 군주정이 독일의 고유한 정신과 실체에 치명적인 위협으로 간주되었 음을 이해해야만 이 같은 불만의 심각성을 제대로 읽을 수 있다. 독일인들은 교황이 독일 제도들를 무시한다고 불평하였다. 교황은 수많은 소송사건을 독일 법정으로부터 로마 법정에로 이전하였고, 독일의 성직자 제후들로 하여금 자신들의 교구 재판관을 임명하도록 허락하였으며, 평신도들을 파문으로 위협함으로써 교회 법정에서 재판을 받도록 하였다. 이처럼 로마 교황청은 성직자들의 성직록 또는 '생계수단'을 거래하였다. 그리하여 상당한 성직록이 로마 교황청에 의해 최고 입찰자에게 낙찰되었는데, 때로는 '배운 것이 없고, 자격을 갖추지 못한 부적격한' 비독일인에게도 낙찰되었다. 더욱이 이 부적격한 낙찰자들 가운데 많은 사람이 자신들의 관직에 부여된 의무를 수행하기 위해, 거두어들인 돈의 일부를 가지고 자격에 형편없이 미달하는 대리인을 고용하였다. 이런 식으로 로마 교회는 독일인들이 마땅히 받아야 할 사목과 도움을 외면함으로써, "해마다 엄청난 돈이 독일인들에 대한 최소한의 감사와 보답도 없이 이탈리아로 흘러갔다."

교황은 또한 독일 교회의 직책을 현직자가 있는 동안에 미래의 후보자에게 팔아넘겼다. 교회 고위직은 매력적인 상품이었다. 따라서 이 자리를 얻고자 하는 지원자들은 이삼천 굴덴을 지불하였는데, 이는 성직자 경력이 최절정에 달했을 때 마르틴 루터의 한 해 수입이 사백 굴덴이었다는 점을 감안한다면, 매우 많은 금액이었다.

교황의 또 다른 악습은 새로운 교회 직책의 첫 해 수입을 가져가는 관행이었다. 독일 군주와 제후들은 원래 투르크족에 대항하여 그리스도교 세계를 방어하는 로마를 돕기 위해 비용을 자발적으로 지불하였다. 그러나 1520년대에 이르러 이 분담금은 강제 사항이 되었고, 징수 회수와 징수 금액 또한 크게 증가하였다. 고위직 보유자들은 마인츠, 쾰른, 잘츠부르그 등의 대교구에서 교구 권위의 상징이었던 흰 사제 외투를 얻기 위해 이만에서 이만오천 굴덴 정도의 돈을 로마 교황청에 지불했던바, 이러한 재원은 결국 신자의 호주머니에서 나올 수밖에 없었다.

독일인들은 독일의 그리스도 교도들로부터 돈을 거두어 가는 일에 관한 한, 교황청의 교활함에 끝이 없음을 깨달았다. 독일인 성직자가 로마에서나 로마로 가는 도중에 죽으면, 교황은 그의 성직록과 직책을 몰수하였다. 교황은 스스로 처리할 수 있는 교회의 수많은 직책과 성직록을 소유하고 있었을 뿐만 아니라, 대죄와 중죄에 대한 사면권도 독점하고 있었고, 특히

면벌부 판매상

사면에 대한 대가는 금으로 지불하도록 하였다. 제국회의는 "돈 없는 가난한 독일인으로서 자신의 죄가 사면되는 일은 볼 수 없었지만, 부자는……돈으로 교황의 특권장을 얻을 수 있었고, 이 특권장은 그가 저지른 어떠한 죄……예를 들어, 살인죄나 위증죄에 대해서조차 사제의 사면을 부여할 것이다"라고 불평하였다.

　제국회의에 따르면, 로마 교회의 약탈적 관행의 극치가 면벌부 판매였다. 이 관행으로 생각이 단순한 민중들은 "잘못된 길로 인도되고, 속아서, 재산을 강탈당하고 있었다." 면벌부는 참회하지 않은 죄에 대한 연옥에서의 징벌을 면하게 해주었다. 따라서 죽음의 순간을 소홀히 하거나 예측할 수 없는 모든 사람들은 죄를 회개하지 않은 채 죽어도 괜찮다는 기대를 가질 수 있었다. 면벌부는 일반민들의 연간 수입 중 극히 일부만을 받고 팔렸는데, 아마도 주급을 넘지는 않았던 것 같으며, 신학적으로도 면벌부는 구매행위라기보다 자선행위로 간주되었다.5) 그렇지만 참회되지 않은 죄 때문에 얼마나 오랫동안 연옥에서 고통받아야 하는가 하는 문제는, 이를 계산하려고 했던 성직자의 확신에 찬 노력에도 불구하고, 아무도 분명하게 알지 못했다. 또한 한 사람이 자신의 죄에 대해 얼마나 많은 면벌부를 가져야 하는가 하는 한도도 분명하지 않았다. 아마도 이 관행은 현대의 복권에 비교될 수도 있다. 왜냐하면 적은 액수의 반복적인 구입을 통해 사람들은 장기적 미래의 안전에 대해 일시적이나마 희망을 가짐으로써, 불안을 해소할 수 있기 때문이다. 복권이 연옥을 믿지 않는 시대의 물질적 안전에 대한 가능성이듯이, 면벌부는 여전히 연옥을 믿었던 세계에서 영적 안전을 위한 가능성이었다.

면벌부 설교사들에 뒤이어 로마 교회의 탁발 수도사, 성물 장수, 기적 은사자 등도 떼지어 왔는데, 독일인은 이들을 "우리 땅을 오가며, 구걸하고, 면벌부를 팔아 많은 돈을 우리 민족으로부터 수탈해 가는 인간 쓰레기"라고 묘사하였다.

당시 독일에서 흔히 남용되던 또 다른 한 성직자의 권한이 파문이었다. 원래 만성적인 부도덕을 교정하기 위한 종교적 징계였던 파문은 이제 "전혀 대수롭지 않은 빚, 법정 비용 또는 행정 비용의 미지불에 대해서도 독일인을 괴롭히는 수단이 되었다. 이는 파문을 심각하게 두려워했던 "가난하고 교육받지 못한 평신도로부터 생명의 피를 빨아 먹고 있다"고 제후회의 참석자들은 불평하였던 것이다.

이처럼 다양한 방법으로 교황은 교회의 권력과 수입을 독일인 수중에서 로마로 옮겨갔는데, 이는 독일인에게는 막대한 손실이었던 반면에 로마 교회에는 커다란 이익이 되었다. 그 결과 독일 전역에는 사악한 성직자와 부적절한 영혼 치유가 난무하였다. 다수의 독일인 성직자는 도덕적으로

---

5) A. Störmann, *Die städtischen Gravamina gegen den Klerus am Ausgange des Mittelalters und in der Reformationszeit* (Münster, 1912), pp. 12, 18~19.

평신도와 구별되지 않을 정도로, '분별력이 없고 도의에 어긋나는 삶'을 살았다. 몇몇 수도원은 그들의 소유지에 도박장을 운영하였으며, 뻔뻔스럽게도 이 소득을 자기들 것이라고 주장하였다. 그리고 교구 성직자들은 독신서약에도 불구하고, 매춘 행위를 하고, 유사 결혼의 방식으로 여성들과 공개적인 동거를 하였다. 일부 성직자는 가난한 교구민들에게 창피를 주어 감당할 수 없는 미사를 사도록 하는가 하면, 파문으로 위협하여 매주 교구의 제분업자, 숙박업자, 제빵공, 제화공, 대장장이, 재단공, 목양업자, 목축업자 그리고 그 밖의 수공업자들로부터도 세금을 징수하였다.

이 같은 주장은 어느 정도는 과장된 것이다. 그러나 사실상 대부분이 확고한 근거를 가지고 있었다. 이에 독일인들은 신성로마제국의 황제에게 "교회의 총체적인 종교개혁을 수행하여, 우리나라에 대한 약탈을 종식시켜 달라"고 간청하게 되었다.

제국의 제후회의만이 종교개혁 전야에 이러한 불평을 들은 것은 아니었다. 독일과 스위스의 도시와 촌락에서는 교회에 대한 불만이 보다 상세하게 그리고 보다 심각한 분노로 표출되었다. 예를 들어, 비스마르, 스트랄준트, 로스톡 등의 독일 최북단 도시에서는 1517년 이 지역들에서 석 달 동안 면벌부 판매를 요청하였던 교황 사절로 인해 하인리히 메클렌부르그 공에게 요란하게 항의하였다. 로스톡의 정무관들은 면벌부가 너무 자주 판매된다며 불평하였고, 로스톡의 돈이 또다시 로마로 선적되어 가는 것을 보고 싶지 않다고 주장하였다. 또한 평신도들은 성직자의 수가 너무 많다고 비난하였다. 인구가 약 만 명이었던 로스톡에는 수도승 및 수녀 관직자가 거의 204명이나 있었는데, 이는 전체 숫자의 1/4에 해당되었으며, 182개의 제단이 운용되었는데, 이들 모두가 특별 재정을 필요로 하고 있었다. 부풀려진 성직자층과 과도한 면벌부 판매 외에도 사람들은 종교 축일에 대한 '교회의 사치', 성직 계층 내부의 도덕적 타락(이를테면 수도원 내에 수녀가 원치 않는 신생아를 죽였다는 유아 살해 소문이 떠돌았다), 특히 끝없이

늘어나는 종교의식의 재정 규모에 대해 불평을 토로하였다.6) 또한 사람들
은 로스톡에서 장례를 품위 있게 치르려면 비용이 100 마르크에 육박한다고
투덜거렸다.

15세기 작센 공국의 도시와 촌락들에서는 교회의 성직록 거래, 교회의
토지 및 재산 축적 그리고 성직자의 나태하고 안이한 생활이 비판의 초점이
되었다. 이 지역에서도 반성직자주의 운동이 1523년 메이센에서 일어났다.
이 곳의 평신도들이 그 지역의 성자로 새로이 시성된 베노(Benno) 주교를
비웃는 모의 행렬을 개최하였다. 베노 주교는 11세기 인물로서 그의 성자
시성은 그 지역 내에 성자 교회를 원했던 작센 제후들이 오랫동안 추구해
온 일이었다. 교회가 그의 시성을 추진하기로 결정하자, 은삽으로 주교의
거룩한 유골을 발굴하는 절차가 진행되었다. 그러나 이 모의 행사에서는
말의 해골과 동물의 뼈가 주교의 유골이 되었으며, 넝마조각들을 만장으로,
쇠스랑을 촛대로, 그리고 체스판을 노래책으로 사용하였다.7) 이 불경한
행렬은 거짓 설교, 면벌부 판매, 교황에 관한 많은 노골적인 불만과 함께
시장에서 치러졌다.

저지대 지방이었던 작센의 오스나브릭에서 종교개혁 이전에 평신도들이
성직자의 축첩 행위에 대해 갖고 있던 혐오는 성직자의 특권과 면세에
대한 반감에 필적할 정도였다. 1488년 이 도시는 성직자의 '부인들'에게
평범한 옷차림을 할 것과 치욕의 표시로 간주되었던 줄무늬 코트를 입을
것을 요구하였다.8)

---

6) J. Schildhauer, *Sociale, politische und religiöse Auseinandersetzungen in den
   Hansestädten Stralsund, Rostock und Wismar im ersten Deittel des 16. Jahrhunderts*
   (Weimar, 1959), pp. 69~79 ; A. Vorberg, *Die Einführng der Reformation in Rostock*
   (Halle, 1897), p. 26.
7) K. Blaschke, *Sachsen im Zeitalter der Reformation* (Gütersloh, 1970), pp. 104~108,
   116.
8) H. Statenwerth, *Die Reformation in der Staat Osnabrück* (Wiesbaden, 1971), pp.
   19~21 ; K. Hofmann, *Die engere Immunität in deutschen Bischofsstädten im*

15세기 바바리아의 아우구스부르그에서는 면벌부와 강제 금식에 반대하고 수도원 개혁을 지지하는 대중 시위가 목도되기도 했다. 그러나 15세기 내내 개혁 성향의 시민들은 거의 대부분 교회의 정치·경제적 권력을 봉쇄하고, 성직자를 시민 생활에 통합하는 데 몰두하였다.[9] 다른 지역에서와 마찬가지로 아우구스부르그에서도 평신도가 바라는 노선에 따라 종교 생활을 개혁하는 좋은 방법은 모델 성직자에게 재정이 넉넉한 자리를 만들어 주는 일이었다. 설교직이라고 알려진 이러한 자리들은 정부의 지원 하에 마련되었다. 좋은 설교와 양심적인 영혼 치유를 위해 마련된 이 자리들은 교육받고 헌신적인 성직자들을 끌어들였으며, 이 설교직이 아우구스부르그, 뉘른베르그, 슈베비쉬-홀, 로이틀링겐, 콘스탄스, 린다우 그리고 스트라스부르 등의 도시들에서 프로테스탄트의 활동기지가 되었다.[10]

교회에 변함없이 충성스러웠던 독일인들은 이처럼 다양한 방식으로 이미 수십 년 전에 종교를 개혁하고자 시도하였다. 그러나 종교적 불만은 독일인들에게 개혁을 추구하도록 했던 힘들 가운데 하나에 불과했다. 비종교적 세력들도 간접적이기는 했지만 중요한 역할을 하였다. 종교개혁은 그러니까 당대의 사회·정치적 경험들에도 그 기원이 있었다.

2) 정치와 종교

독일의 종교개혁은 유서 깊은 두 적들 간의 갈등이 가장 첨예했던 시기에

Mittelalter (Paderborn, 1914), pp. 14~15, 29.

9) R. Kiessling, *Bürgerliche Gesellschaft und Kirche in Augsburg im Spätmittelalter. Ein Beitrag zur Strukuranalyse der oberdeutschen Reichstadt* (Augusburg, 1971), pp. 294~298, 355~359.

10) G. Pfeiffer, "Das Verhältnis von politischer und kirchlicher Gemeinde in den deutschen Reichsstädten," in *Staat und Kirche im Wandel der Jahrhunderte,* ed. W. Fuchs (Stuttgart, 1966), pp. 86~87.

발발했다. 그 하나가 새로이 등장하고 있던 영토 국가였다. 어떤 영토 국가는 작고 미약하였지만, 어떤 영토 국가는 이미 근대적인 틀을 갖추고 있었으며, 이들은 각자의 영토 내에서 신앙의 일치와 중앙집권화에 매진하였다. 또 다른 하나가 자치적인 소도시 및 촌락들이었다. 이들은 정치적으로 각성된 지역을 구성하거나, 여기에 인접한 지역이었다. 이 곳 사람들은 오랫동안 자신들의 일을 스스로 처리하는 데 익숙해 있었다. 15세기 말엽 독일과 스위스의 도시민과 촌락주민들로서는 전통적인 정치적 권리와 특권을 염려할 만한 충분한 이유를 가지고 있었다.

교황 개인의 자의적이고 자기과시적이며 위계적인 권위에 대한 저항에서 시작되었던 종교개혁 운동은 오늘날 우리가 국가의 권리 내지 지역 정부의 관할권이라 부르는 것과 거의 유사한 성격의 운동이었다. 당시 많은 도시민과 촌락민들은 루터를 정치적 자유와 독립을 추구하는 자신들의 투쟁을 위해 신이 보내준 선물이라고 생각하였다. 이들은 루터의 종교개혁이 전통적인 종교적 신조와 관행을 해체시킬 수도 있다는 사실을 알고 있었음에도 불구하고, 여전히 루터의 종교개혁을 기존의 정치세력을 보존하는 한 방편으로 수용했던 것이다.

종교개혁은 독일과 스위스의 자유로운 제국 도시들에서 먼저 일어났다. 이러한 제국 도시들이 약 65개 정도 있었는데, 이 도시들은 각자가 어느 의미에서는 주권적이었다. 이들 도시의 대부분은 16세기에 프로테스탄트 운동에 참여하였다. 그러나 이 운동의 성공 정도와 지속 기간은 서로 달랐다. 몇몇 도시는 초기에 전향하여 계속해서 프로테스탄트로 남았고, 일부 도시는 짧은 기간만 프로테스탄트로 있었으며, 그리고 다른 몇몇 도시들은 마지못해 서로를 관용하게 되기는 했지만 혼재적인 신앙집단으로 유지 발전하였다.

당시 도시들은 대외적으로 대제후 및 지역 정부와 생사를 건 투쟁을 벌이고 있었을 뿐만 아니라, 도시 내부에서도 깊은 사회·정치적 분열들이

도사리고 있었다. 일부 사회 집단은 다른 집단들에 비해 종교개혁을 보다 선호했는데, 여기에는 믿음과 경건 못지 않게 돈 내지 권력이 관련되어 있었다. 대부분의 지역에서 사회적으로 대두되고 있던 길드가 종교개혁의 전면에 나섰다. 특히 두드러진 길드는 구성원들이 교육을 받았고 사고력이 있었던 식자층으로서 급성장하고 있던 인쇄업 길드였다. 하급 노동자에서 소유주에 이르기까지 인쇄업의 경제적 이해관계는 증폭되고 있던 종교적 갈등과 밀접히 결부되어 있었다. 이들은 프로테스탄트 선전물을 발간함으로써 실제로 종교적 갈등을 더욱 증폭시켰다. 인쇄업에 종사하던 대다수의 사람들이 프로테스탄티즘을 열렬히 신봉하기도 했지만, 사실 이들이 프로테스탄트 초기 개종자들 가운데서도 전제적 정치의 권위에 대해 저항의 역사를 가진 두드러진 집단이었다. 이 같은 사례를 우리는, 독일의 경우는 아니지만, 프랑스의 아미엥에서도 찾아볼 수 있다. 이 도시의 직조공과 양모공 길드의 구성원들은 가장 수가 많은 집단이었지만, 가장 가난했으며, 무식했을 뿐만 아니라, 압도적인 비율로 프로테스탄트가 되었다.[11] 이 길드들은 오랫동안 생산물의 판매시장 확대를 방해하고, 제조업의 성장과 번영을 방해했던 규제들에 반발해 왔으며, 그 구성원들 역시 자신들에게 부과되었던 세금이 지나치게 많다고 생각하였다. 자신들의 사업 활동에 대해 자의적이고 불공정한 정부 규제를 경험했던 길드의 구성원들은 프로테스탄트 설교사들의 설교에 쉽게 공감하였다. 길드는 제조과정과 시장에서 보다 많은 자유를 요구했으며, 이를 위해 사업을 할 수 없는 공휴일 수를 줄여달라고 시의회에 청원하였다. 지방의 프로테스탄트 개혁가들도, 비록 종교적 영역에 한정된 것이기는 하였지만, 자의적 권위로부터의 자유에 관해 저술하고 설교하였다. 이들도 종교적 휴일의 축소를 요구하는

---

11) 이 사례는 다음의 자료에서 인용한 것이다. D. Rosenberg, "Social Experience and Religious Choice: A Case Study, the Protestant Weavers and Woolcombers of Amiens in the Sixteenth Century," (Yale University, 1978).

한편, 사람들의 주머니가 고위 성직자의 권력의 손아귀로부터 벗어나야한다고 주장하였다. 물론 개혁가들이 논했던 자유는 다른 종류의 것이었다. 그러나 그것은 프랑스의 아미엥 및 기타 유럽의 많은 도시들에서 유사한 불만을 가지고 고통당했던 평신도들이 보기에는 같은 바구니에 담겨 있는 매우 잘 어울리는 사과와 오렌지였다.

지방 당국 내지 상급 당국으로부터 억압과 괴롭힘을 당했다고 느낀 사람들, 즉 전제적 시정 협의회 및 번영하던 도시와 싸우던 길드 또는 강력한 제후나 영주와 싸우던 촌락 등이 프로테스탄트 운동에서 그들의 동맹세력을 찾고자 했음을 시사하는 증거들은 많이 있다. 당대인들에게는 유사점이 명백해 보였다. 일정한 지방적 관습과 특권들에 익숙해 있었던 독일 도시 및 스위스 촌락의 시민들은 자신들이 지방 제후의 영토로 편입되거나 그들이 법률에 예속되어가고 있음을 발견하고는, 그리스도 교도의 종교적 자유와 평등에 관한 프로테스탄트의 설교에 즉각 공감하였고, 당연하게도 그 설교의 열렬한 청중이 되었다.[12] 루터와 그의 동료들은 만인사제설을 집필·설교·찬미하는 한편 성직자 영주의 권위를 경멸하였고, 교황의 법률을 순전히 날조라고 조롱했던 바, 이는 종교체제뿐만 아니라 정치체제 역시 건드릴 수밖에 없었다.

루터의 정치적 메시지가 도시에서만 전파된 것은 아니었다. 농촌의 농민들도 프로테스탄트 설교에서 정치적 해방에 관한 약속 및 나아가서는 사회적 개선에 관한 약속조차 듣게 되었다.[13] 독일 농민들은 도시민들보다

---

12) 독일과 스위스에서 종교적 신조를 결정하는 데 정치적 경험이 차지하는 중요성에 대해서는 다음과 같은 고전적 연구가 있다. B. Moeller, *Reichsstadt und Reformation* (Gütersloh, 1962). 이 저서는 한 세대 가까이 학자들에게 영감을 불러일으켰다.

13) P. Blickle, *Die Revolution von 1525* (Munich, 1981). 영역본으로는 *The Revolution of 1525*, trans. T. Brady, Jr. and H. Erik Midelfort (Baltimore, 1982)가 있다. T. Brady, Jr., *Turning Swiss : Cities and Empire, 1450~1550* (Cambridge, 1985) 참조.

도 더욱 낚시 및 사냥권으로부터 지방 영주회의 참석권에 이르는 자신들의 전통적 자유들이 경작지의 주인들이었던 세속 및 성직자 영주들에 의해 잠식되고 있다는 사실을 깨달았다. 농민은 도시민보다 훨씬 더 손쉬운 먹잇감이었다. 적어도 제국 도시 내의 도시민은 상위 주군으로서 황제를 모시고 있었고, 비록 예속적이기는 했지만 제국의 제후회의에서도 확고한 위치를 점하고 있었다. 이에 비해 농민은 고위직 대변자를 거의 가지지 못했으며, 반란에의 위협을 제외하고는 자신들의 불만을 효과적으로 표출할 방안을 사실상 가지지 못하였다.

프로테스탄티즘이 독일과 스위스에서 일찍이 대중의 인기를 끈 데는 아마도 순수한 종교적 호소력 못지않게 본의 아닌 정치적 오해 역시 큰 역할을 하였을 것이다. 단순한 민중들도 상류층 못지않게 자신들의 물질적 이해관계가 어디에 있는지 잘 알고 있었다. 사실상 모든 집단들이 가능한 한 자신들의 목적을 위해 종교개혁을 최대한 조종하였다. 프로테스탄트 팸플릿 작가들은 다양한 사회 계층들 가운데 최상층부는 물론 최하층부에로부터 자신들이 전개하는 운동에 대한 지지를 이끌어냈다. 이들은 루터를 전면에 내세움으로써 소작농을 로마 행진에 동원하였고, 괭이를 든 억센 농민들이었던 가난한 농부들인 카르스탄인들을 이상적인 그리스도 교도로 묘사하였으며, 육체 노동자를 신이 모든 남녀 그리스도 교도들에게 명한 이상적 그리스도 교도로 제시하였다. 이들에 따르면 육체 노동자야말로 신이 모든 남녀 그리스도 교도들에게 의도했던 바대로 직접 육체 노동을 하는 자로서, 로마의 타락한 성직자처럼 지적으로 우쭐대지 않고 물질에 사로잡히지도 않은 사람이었다.

루터가 등장하기 오래 전부터 농민 지도자들은 자신들의 전통적인 정치적 권리들의 종교적 성서적 정당성을 주장하였다.[14] 총명하고 세속적인

---

14) G. Franz, *Der deutsche Bauernkrieg* (Darmsdat, 1952)를 볼 것.

지혜를 가졌던 이들은 종교적 자유에 관한 루터파의 설교에 내재되어 있던 신학적 논거를 자신들이 어떻게 이용해야 할지를 충분히 이해하고 있었다. 1523년 루터가 작센 지방의 공동체에 대해 성직자를 자율적으로 임명하도록 권고하자, 농민 지도자들은 지방의 자율적 정치 권력에 대한 루터의 보장을 요구하였다.[15] 사실 루터가 의도했던 것은 자신의 종교개혁 운동을 통해 분명하게 드러난 점을 역설해 두려는 데 있었다. 즉 전통적인 성직자가 그 직책들에서 물러나고 새로운 복음주의 성직자가 그 자리를 채우기 전에는 자신이 구상한 개혁이 조금도 진전될 수 없을 것이었다.

요컨대 농민은 루터파를 그리고 루터파는 농민을 서로 활용하였다. 루터파와 농민들 모두가 상호 연대를 후회하기 시작한 것은 1525년 이후의 일이었다. 농민들은 1525년 독일 중남부에서 반란을 일으켰는데, 이는 사회적 종교적 혁명 모두에 장애가 되는 일이었다.

초기의 종교개혁가들은 전통적인 성직자들로서 그 상당수가 루터와 마찬가지로 환속한 수도승들이었다. 그러나 이들은 세속의 사정에 대해서도 잘 알고 있었다. 이들은 스위스의 개혁가 울리히 츠빙글리(Ulich Zwingli, 1484~1531)[16]의 성적 일탈과 군사적 공로에 대해 알고 있었으며, 프로테

---

15) G. Franz ed., *Quellen zur Geschichte des Bauernkrieges* (Darmstadt, 1963), pp. 175~179에 실린 메밍겐 농민들의 「12개조」 주장을 볼 것.
16) 스위스의 종교개혁가. 바젤 대학에서 수학하였으며, 인문주의의 영향을 많이 받았다. 글라루스 군의 종군 성직자로 참석한 후 용병제를 비판하였다. 1519년 스위스의 종교개혁의 중심지였던 취리히의 한 교회 목회자로 부임하여 본격적인 종교개혁에 가담하게 된다. 1522년 안나와 결혼하였으며, 그 다음해에는 자신의 종교개혁 이념을 담은 67개조 논지를 시의회에 제출함으로써, 취리히의 종교개혁 은 본궤도에 오르게 된다. 하지만 성사를 둘러싸고서 루터와 논쟁을 벌였으며, 성사 특히 성만찬의 상징적 의미만을 주장함으로써 루터와 결별하였다. 이후 스위스의 프로테스탄트들은 1531년 슈말칼덴 동맹의 결성으로 인해 고립상태에 빠지게 되었다. 스위스의 종교적 주도권을 둘러싸고 가톨릭 진영과 프로테스탄트 진영간에 전쟁이 일어나자, 여기에 참전했던 그는 카펠 전투에서 당한 부상으로 1531년 사망하였다.

울리히 츠빙글리

스탄트 개혁가들이 성의와 참회복을 입고 제단을 돌보는 일 못지않게, 마구와 칼 역시 잘 다루는 인물들임을 알고 있었다. 츠빙글리는 아인지델른 (Einsiedeln)[17]에서 성직자로 봉직하는 동안 한 여성을 임신시킨 스캔들 때문에, 취리히에서 시민들의 사제라는 직책에 대한 경쟁력을 거의 상실하였다.

또한 그는 국내외의 전쟁에서 취리히 민병대에 종군하였다. 16세기

---

17) 스위스 중부지방의 작은 도시. 취리히 근교에 소재하고 있으며, 해발 887미터에 위치하고 있다. 원래는 베네딕트회 수도원으로 출발하였으며, 중세 이래 많은 순례자들이 수도원의 예배당에 있는 신비한 힘을 가진 것으로 알려진 성모상을 참배하기 위해 이 곳을 방문하였다.

사람들은 오늘날 풍자되는 여성적이고 평화주의적이며 도덕주의자류의 성직자를 거의 알지 못했다. 비록 정치적 입지가 약화되기는 했지마는, 그러나 교황과 주교들은 여전히 현세의 진정한 지배자로 군림했으며, 방대한 영지를 지배하고 대규모의 군대를 이끌고 있었다. 교황 율리우스 2세(Julius II, 1503~1513)의 경우처럼, 때로는 이들이 직접 군대를 이끌고 전투에 참가하기도 하였다. 중세 말기의 성직자는 다른 사람의 죄를 손쉽게 사해 주는 일 못지않게 아무런 거리낌 없이 다른 사람의 아내나 딸을 농락하거나, 그의 토지를 몰수하거나, 그를 감옥에 집어넣거나, 심지어 처형할 수도 있었다. 취리히에 있는 츠빙글리의 기념비는 그를 한 손에 칼 그리고 다른 한 손에 성서를 든 모습으로 묘사하였다. 기념비의 이 같은 모습은 1513년 이탈리아에서 용병대의 종군 사제로 출발하여, 1531년 스위스의 내전에서 전사한 종교개혁가 츠빙글리의 생애를 적절하게 회상시켜 주고 있다.

이는 프로테스탄트 개혁가들이 처음부터 자신들의 투쟁이 종교적일 뿐만 아니라 정치적이기도 하다는 사실을 알고 있었음을 의미한다. 또한 이들은 자신들의 투쟁이 합법적 정치권위에 대한 반란으로 간주될 경우, 자신들의 명분이 심각한 타격을 받으리라는 점도 잘 알고 있었다. 당시 종교개혁 운동이 대중들의 불만을 이용했다는 사실과, 종교개혁 운동이 노골적으로 사회혁명을 부추겼다고 파악하는 일은 전혀 별개의 사안이다. 사회혁명에로의 길은 결국 즉결 처형과 추방으로 귀결될 수밖에 없었다. 예를 들면, 루터의 초기 제자였다가 실망하여 농민반란의 지도자가 되었던 토마스 뮌처(T. Müntzer, 1490~1525)[18] 및 그 밖의 다른 종교 개혁가들이

---

18) 독일의 급진적 종교개혁가 겸 재세례파 지도자. 요아힘, 후스 등의 영향을 받았으며, 한때 루터의 제자이기도 하였다. 1520년 츠비코에서 프로테스탄트 성직자가 되었으며, 여기서 광부들의 투쟁을 지지하였다. 하지만 성서보다도 내면적 영감, 성령의 역할을 강조하였으며, 유아 세례를 부정하였다. 이러한 교리로 인해 츠비코, 알쉬타드 및 뮐하우젠 등에서 추방당한 그는 사회개혁과 종교개혁을 동시에

급진적 종교개혁가 토마스 뮌처

이 사실을 깨닫는 데는 오랜 시간이 걸리지 않았다. 루터와 츠빙글리, 마르틴 부처(M. Bucher, 1491~1551)[19] 등의 대 종교개혁가들은 그리스도 교도의 종교적 삶을 특징짓는 자유와 평등을 사회적 정치적 불평등을 전제하는 의존 및 예속의 관계와는 신중하게 구별하였다. 이들은 의존과 예속의 관계가 광범위하게 퍼지게 된 데는 불가피한 측면이 있으며, 또한 이것이 한 사회가 질서와 진보를 이룩하는 데 필요한 조건이라고 믿었다.

추진하고자 하였다. 이 즈음 그는 독일 남부지방에서 일어난 농민전쟁(1524~25)의 지도자로 활약하다가 프랑켄하우젠 전투에서 생포된 후 사형을 당하였다.
19) 독일의 신학자 겸 종교개혁가. 1507년 도미닉회에 입회하였으며, 하이델베르그 대학에서 신학을 공부하였다. 루터의 종교개혁에 공감한 후 도미닉회를 탈퇴하였으며, 스트라스부르의 종교개혁을 주도하였다. 그는 이 곳에서 캘빈의 후원자로 활약하였으며, 성직자, 장로, 집사 및 교사로 구성된 새로운 교회 모델을 제공하였다. 또한 그는 종교개혁가들 간의 갈등과 분열, 특히 성사를 둘러싼 루터와 츠빙글리 간의 견해차를 해소하려고 하였다. 츠빙글리 사후에는 스위스와 남부 독일의 종교개혁을 주도하였으며, 가톨릭과 프로테스탄트와의 화해를 위해서도 노력하였다.

루터파 및 개혁교회파와 같은 프로테스탄트의 주류적 전통에 따르면, 프로테스탄트들은 결코 사회적 정치적 평등주의자가 아니었으며, 결코 평화주의를 동경하는 자들도 아니었다. 종교개혁 초기에는 당대의 정치와 문화가 종교개혁 운동으로 하여금 정치적 자유 및 사회적 평등과의 강력한 연대를 촉구하였다. 그러나 종교개혁가들이 스스로 과격한 정치적 사회적 변화를 위해 투쟁하지는 않았다. 그 같은 변화는 종교개혁 시대의 산물이 아니었다. 전체적으로 보아 종교개혁기에는 전제정보다 무정부 상태를 더욱 두려워했고, 변화를 모색하기보다는 연속성과 질서의 문제를 보다 중시하였다.

종교개혁가들은 역사상의 승리란 사회의 통치조직을 자신들 편으로 만드는 일이라는 점을 누구보다도 잘 알고 있었다. 그리하여 이들의 목표는 기존의 정무관과 제후들을 타도하는 것이 아니라, 그들을 개종 내지 강요를 통해서 자신들 진영으로 흡수하는 일이었다. 다행스럽게도 다수의 정무관과 제후들은 루터의 개혁을 종교적 개혁운동이라는 시각에서 이해하였다. 결국 종교개혁이 성공적인 운동으로 간주되기 위해서는 새로운 프로테스탄트 신학에서 제시되었던 복음적 가치들이 무리없이 도시와 영방의 법령에 반영되어야만 하였다. 개혁이 팸플릿과 설교의 형태로만 있을 뿐 법률과 제도로는 존재하지 않는 경우, 그것은 여전히 사적인 영역에 머무르게 되고, 사실상 설교사나 팸플릿 작가들의 정신 속에서만 존재하게 될 것이었다.

그리하여 모든 대 종교개혁가들은 종교개혁을 공적 사건으로 만들기 위해 정무관과 제후들의 지지를 얻고자 하였다. 루터와 츠빙글리를 아첨꾼이라고 혹평하였던 혁명적 성령주의자 토마스 뮌처와 재세례파였던 발타자르 후브마이어(Baltahasar Hubmaier)조차도 지방의 정부 당국자들에게 공손하게 접근하였다. 결과적으로 보아 프로테스탄트 교리는 도시들을 예속시켰던 제후들의 영토개혁 조치와 밀접히 결부되었던바, 이 점은 프로테스탄티즘이 제후들의 바로 그와 같은 노력에 저항했던 1520년대 초엽의 지방의 도시개혁 조치들과 결부되었던 사실과도 다르지 않았다. 어떤 이는 이 같은 유연성을 가증스러운 위선으로 볼 수도 있다. 그러나 사실상 이는 종교개혁가들의 본래 목표를 실현하는 일이었다. 종교개혁가들의 교리를 방어하고자 한 모든 통치자는 교황의 인정적 규범을 폭로하고, 개혁가들조차 인정할 태세였던 교황 측 성직자들을 배척하였다. 종교개혁가들에 있어서 첫 번째 과제는 항상 그들이 진리라고 주장하던 교리를 확립하고 유지하는 데 필요한 충분한 권한을 언제나 확보하는 일이었다. 일단 이 같은 교리가 확고하게 자리잡으면, 다른 모든 것은 자동적으로 따라올 것이라고 이들은 생각하였다. 자신들의 교리가 공식적으로 제도화되지 않는 한, 자신들이 원하는 어떤 일도 일어나지 않으리라는 사실을 종교개혁가들은 알고 있었다. 정무관과 제후들 앞에서 행해진 교회의 교리 논쟁이 1520년대와 1530년대의 독일에서 많은 관심을 끈 이유도 바로 여기에 있었다. 이 논쟁이 시정 협의회 앞에서 진행된 공식적인 것이든, 작센 및 헤세 제후들의 서신 또는 명령에 의한 것이든, 이들은 상당한 주목을 끄는 사건이었다.

3) 성공

오늘날 많은 역사가들은 종교개혁을 독일의 대 제후들에 의해 재강화되었던 봉건적 권위에 반해 대규모로 일어났던, 그러나 실패했던 도시반란의 한 작은 부분으로 간주하려는 경향이 있다. 실제로 의미있는 한 역사적 범주로서 '종교개혁'이라는 개념은 오늘날 모든 역사 시대에 적용될 수 있을 정도로 그 고유성이 위협받고 있다. 이들 다수의 역사가들에 따르면, 중세 말기의 진정한 전선은 프로테스탄트와 가톨릭 간의 전선이 아니라, 유럽의 팽창주의적 영토 국가와 이 국가들 내부 및 주변의 전통적인 자율적 촌락 및 도시들 간의 전선이었다. 따라서 최근의 연구들은 1520년대에 출현했던 복음주의 운동을, 원래부터 촌락과 도시 진영의 독특한 속성이었던, 민중적 공동체 정부의 종교적 변형으로 간주하고 있다.

만약 종교개혁이 이 같은 원래의 궤적을 유지했었다면, 종교개혁가들의 항의에도 불구하고, 그것은 모든 사람들에 대한 새로운 사회적 정치적 질서의 약속이 되었을 것이다. 물론 이는 당시로서 실현 불가능한 명분이었을 것이다. 그러나 동시에 이는 단순히 종교적인 개혁보다 훨씬 더 고귀한 명분 즉 일반 민중의 정치적 해방을 위한 것이었음이 역사에 의해 입증되었을 것이다. 그러나 루터와 그 추종자들은 실제로 이 같은 상황이 전개되자 즉각 자신들의 주장을 철회하고 기존의 도시민 사회에 자발적으로 합류해 버렸다. 그러니까 이 같은 관점에서 본다면 종교개혁은 실패한 것으로 보일 수밖에 없다. 1520년대 중엽 이후 종교개혁은 도시 정무관과 제후들의 단지 노리개로 전락하였으며, 설득보다는 강압에 의해 종교적 사명을 수행하였고, 더 이상 근대 민주주의 이상들의 진정한 친구로도 기능하지 못했다는 것이다.

저자의 생각으로는 보다 정확한 관점인 다른 한 시각에서 본다면, 종교개혁 운동과 기존 사회체제와의 통합은 독일 및 스위스뿐만 아니라 유럽 전역에서 일어났다. 그리고 이는 프로테스탄트 원래의 구상의 직접적인 성취의 결과였다. 종교개혁의 공적 승리가 종교개혁가의 변함없는 사명이었던바, 당시에는 가장 사려 깊은 사람들조차 이를 성공의 척도로 간주하였다. 종교개혁가들이 특히 원했던 것이 기존 사회체제 내에서의 활동 공간이었는데, 이를 통해서 그들은 자신의 종교적 명분을 효과적으로 전파할 수 있었고, 경우에 따라서는 이 명분을 사람들에게 강제로 주입시킬 수도 있었다. 이들은 16세기 사람들에게 있어서 환상에 불과했던 사회적 정치적 평등과 같은 목표를 추구하는 데 자신들의 목숨을 내놓을 생각이 전혀 없었던 사람들이었다.

종교개혁가들은 스스로 시작한 일에 얼마나 성공을 거두었을까? 우리들이 15세기로 다시 돌아가서, 후일 프로테스탄트로 개종한 중부 유럽의 대도시들 즉 취리히, 스트라스부르, 뉘른베르그, 제네바와 같은 도시의 거리에 있다고 상정해 보자.[20] 주변을 돌아보면, 우리는 어디서나 성직자와 수도승을 접하게 된다. 이들은 도시 주민의 6~10퍼센트를 차지하고 방대한 종교적 정치적 권한을 행사하였으며, 또한 이들은 법률을 제정하고 세금을 부과했고 그리고 자신들의 법정에서 사건을 심리하고, 고해성사와 파문을 통해 교회법을 집행하였다.

교회력은 도시의 일상생활을 규제하였다. 연중 약 3분의 1이 종교적 기념일 내지 축일이었다. 금식 기간도 빈번하여서, 많은 지역에서 경건한 그리스도 교도는 교회의 특별한 허락이 없는 한 1년 중 거의 100여 일을 달걀, 버터, 지방 또는 고기를 먹지 않았다.

수도원과 수녀원은 중요하고 영향력 있는 사회제도였다. 사회적으로 가장 유력한 시민의 자제들이 그곳에 거주하였다. 지방 귀족들은 특정 교회 및 예배실과 밀접하게 결부되어 있어서, 그 벽들에는 귀족들의 가계가 기록되어 있었고, 또한 그들의 공적이 밝혀져 있었다. 거리에는 원근 각지에

---

20) 본고의 논의는 다음과 같은 연구성과들에 근거하고 있다. K. Leder, *Kirche und Jugend in Nürnberg und seinem Landgebiet 1400 bis 1800* (Neustadt, 1973) ; L. J. Abray, *The People's Reformation: Magistrates, Clergy, and Commons in Strasbourg, 1500~1598* (Ithaca, 1985) ; F. Büsser, *Würzeln der Reformation in Zürich* (Leiden, 1985) ; M. Chrisman, *Strasbourg and the Reform* (New Haven, 1967) ; R. Endres, "Zur Einwohnerzahl und Bevölkerungsstruktur Nürnbergs im 15./16. Jahrhundert," *Mitteilungen des Vereins für Geschichte der Stadt Nürnberg,* 57 (1970), pp. 242~272 (앞으로는 이를 MVGN으로 표기하겠음) ; I. Höss, "Das religiös-geistige Leben in Nürnberg am Ende des 15. und am Ausgang des 16. Jahrhunderts," *Miscellanea historiae ecclesiasticae,* vol. 2 : *Congrès de Vienne Aout-Septembre, 1965* (Louvain, 1967), pp. 17~36 ; R. M. Kingdon, "Was the Protestant Reformation a Revolution? The Case of Geneva," in *Transition and Revolution: Problems and Issues of European Renaissance and Reformation* (Minneapolis, 1973), pp. 53~76 ; C. Garside, *Zwingli and the Arts* (New Haven, 1966).

서 온 프란시스회 및 도미닉회 탁발 수도사들이 행인들로부터 자선을 구하고 있었다. 교회에서는 미사와 그 밖의 기도문들이 라틴어로 낭송되었다. 성자들의 상은 정기적으로 전시되었으며, 특정 공휴일에는 성자들의 유물도 진열되고 또 경배되었다. 소장 유물의 숫자가 이만구천 개에 달했던 유럽 최대의 성물보관소가 머지 않아 종교개혁의 탄생지가 될 비텐베르그에 실제로 있었다. 그것은 장차 루터의 후견인이 될 선제후 프레데릭 현명공의 소유였으며, 마르틴 루터가 「95개조 반박문」을 내걸었던 캐슬 교회 바로 옆에 위치하고 있었다. 보물들 가운데는 모세가 그 앞에 서 있었던 불타는 가시나무 떨기의 일부 및 헤롯 왕에 의해 살해되었던 순결한 아이들의 온전한 유골 및 사드락, 메삭, 아베느고가 그 위를 걸었던 불타는 화로에서 나온 한 양동이의 숯검댕이, 마리아의 젖 그리고 아기 예수가 누웠던 구유의 짚 등이 포함되어 있었다.[21]

지방 성지들에서도 호황을 누린 사업이 있었다. 순례자들이 수백 명 때로는 수천 명씩 모여들었는데, 이들은 대부분이 병들고, 일부는 죽음을 목전에 둔 자들로서 모두가 치유와 기적을 찾고 있었다. 그러나 많은 사람들은 약간의 필요한 기분전환 내지 행락을 위해 그 곳을 찾았다. 그리고 1년에 몇 차례씩은 특별한 설교사들이 면벌부를 팔기 위해 이 곳을 찾았다.

우리는 많은 성직자들이 독신서약에도 불구하고 첩 그리고 자녀들과 함께 거리를 활보했던 것을 알고 있다. 일부 도시민은 이 같은 부인과 아이들을 매춘부와 사생아들이라고 저주하였다. 그러나 다른 일부는 이 같은 가족 관계를 이해하였으며, 이 점이 성직자를 인간화시킨다고 생각하였다. 심지어 일부 사람은 자신들과 마찬가지로 성직자 역시 배우자 및 부모로서의 경험을 가진 자라는 사실을 통해서, 성직자들에 대해 보다

---

21) S. Ozment, *The Reformation in the Cities : The Appeal of Protestantism to Sixteenth-Century Germany and Switzerland* (New Haven, 1975), p. 139.

많은 친밀감을 느꼈다. 한편 교회는 성직자가 참회 헌금을 내는 한 이러한 관계를 묵인하고 있었다.

사람들은 성직자가 세금을 면제받고, 많은 경우 세속법의 적용을 받지 않는다는 사실을 불평하였다. 우리는 부재 성직자들에 대한 급여 지불을 불평하는 사람들도 볼 수 있다. 이는 성직자들이 실제로는 다른 곳에서 살고 일하며, 그들을 지원하는 교회에는 결코 모습을 드러내지 않았기 때문이다. 왕왕 부재 성직자들은 몇몇 대학에서 수학중에 있던 유복한 학생들이었다. 이들 가운데 일부는 나중에 성직자가 되지도 않았다. 때로는 교육비를 지원해 준 교구에 거의 봉사하지 않는 경우도 있었다. 심지어 몇몇 경우에는 상황이 훨씬 더 나빴다. 프랑스의 종교개혁가 존 캘빈(J. Calvin, 1509~64)[22]도 주교의 비서였던 아버지의 영향력 덕분에 이러한 성직록으로 공부하였다. 그러나 이 젊은 캘빈은 마침내 교회를 비난하는 프로테스탄트의 원조가 되지 않았던가! 또한 상당수의 도시민들은 당시 교회가 교육과 문화에 대해 과도한 영향력을 행사한다며 심각히 우려하였다.

우리가 1540년대와 1550년대에 종교개혁이 일어났던 도시들에 있다고 상정해 보자. 일반 대중들 사이에서 사회적 정치적 변화를 감지하기는 매우 어려울 것이다. 과거와 같거나 비슷한 귀족 가문들이 변함없이 정치권력을 장악하고 있었다. 그렇다면 성직자는 어떻게 되었을까? 전체적으로

---

22) 탁월한 신학자 겸 교회 조직가로서 프랑스의 피카르디 지방의 노이용에서 출생하였으며, 도시적 분위기 및 인문주의적 전통에서 성장함. 몽테뉴 대학에서 인문학을 그리고 오를레앙 및 부르쥬 대학에서는 법학을 공부하였다. 『관용론 주석서』를 출간함으로써 당대의 인문주의자 대열에 합류하였으나, 1530년대 초엽 돌발적 회심을 통해 종교개혁에 가담하게 된다. 그러나 프랑스의 군주 프랑수와 1세의 프로테스탄트 탄압으로 스위스의 제네바에 정착하여 종교개혁을 주도하였다. 하지만 개혁의 속도와 내용을 둘러싸고서 시위원회와 갈등을 빚다가 추방당하였으며, 마르틴 부처에 의해 종교개혁이 진행되고 있던 스트라스부르에 체류하게 된다. 다시 제네바에서 입성한 후 교회 법령을 제정하고, 신정정치를 펼치는 등 종교개혁을 성공적으로 마무리 짓게 된다. 프로테스탄트 신학과 종교개혁 이념을 집대성한 『그리스도교 강요』가 그의 대표적인 저서다.

제네바에 있는 프로테스탄트 종교개혁가들의 동상(왼쪽으로부터 기욤 파렐, 존 캘빈, 테오도루스 베자, 존 낙스)

보아 성직자와 수도승의 수는 3분의 2나 줄어들었다. 몇몇 도시들에서는 이 같은 감소가 충격적일 정도였다. 예를 들어, 로스톡에서는 2백 명 이상이 던 숫자가 13명으로 크게 감소하였다.[23] 업무를 중단해야 하는 종교적 축일의 숫자도 3분의 1로 줄어들었다. 최초의 프로테스탄트 도시였던 뉘른베르그에서는 그 수가 50개에서 20개로 축소되었다. 또한 활동적이었 던 수도원과 수녀원도 거의 인멸되었다. 많은 수도원과 수녀원들이 텅비게 되어, 그 곳의 건물과 재산들을 몰수하였던 제후와 영주들은 오히려 부를 증식시키게 되었다. 그리고 그 밖의 곳들은 병원과 숙박 시설로 바뀌었으며,

---

23) H. Bernitt, *Zur Geschichte der Stadt Rostock* (Rostock, 1956), p. 151.

그러고도 남은 곳들은 교육기관으로 개조되었다. 병자와 극빈자를 돌보는 시설로 바뀐 곳들은 그나마 종교적 분위기를 유지하였다. 그리하여 외견상 이들은 '프로테스탄트 수도원'[24])처럼 보이기조차 하였다. 그러나 이 곳에서도 수도원의 서약과 관행은 찾아볼 수 없게 되었으며, 재산도 이미 세속화되어 버렸다. 실제로 큰 변화를 겪지 않았던 수도원은 소수에 불과하였다. 이 수도원들에는 노후 대책이 없거나, 돌보아 줄 가족이나 친구가 없는, 경건하지만 노쇠한 수도승과 수녀들이 수용되어 있었다. 그러나 이 수도원들조차 이들이 세상을 떠나면 문을 닫거나 다른 용도로 전용되었다.

교회의 예배의식은 이제 거의 완전하게 속어로 집전되었다. 취리히에서는 교회의 벽들에서 장식을 떼어내고, 새로이 석회칠을 하였으며, 회중이 신에 대한 설교 말씀을 명상하는 데 방해가 되는 음악도 중단되었다. 이것이 류트, 하프, 비올라, 리드 파이프, 코넷, 트럼펫, 심발론, 호른 등의 달인으로서 프로테스탄트 종교개혁가들 가운데 음악적 재능이 가장 탁월했던 츠빙글리가 활동한 도시의 상황이었다. 회중들에게 허용된 유일한 하모니는 한 목소리로 시편을 반복하는 일뿐이었다.

평신도는 금식을 의무적으로 지키지 않아도 되었다. 면벌부 설교사들의 모습도 이제 더 이상 보이지 않았다. 지방 성지들의 문은 굳게 닫혀 있었으며, 성자나 유물 또는 성상을 공개적으로 숭배하는 사람은 누구든 벌금을 내고 처벌을 받았다. 가정에서는 신약전서 또는 성서 전체는 아니라 하더라도 발췌된 신약성서가 번역되어 읽혔으며,[25]) 프로테스탄트 성직자들은 성서를 암송하도록 장려하였다. 12세부터 14세에 이르는 어린이들은 주일학교 교리문답 시간에 성서 학습을 반복했으며, 부모들은 가정을 '교회'로

---

24) H. Midelfort, "Protestant Monastery? A Reformation Hospital in Hesse," in *Reformation Principle and Practice: Essays in Honour of A. G. Dickens*, ed. P. Brooks (London, 1980), pp. 71~94.

25) R. Gawthrop and G. Strauss, "Protestantism and Literacy in Early Modern Germany," *Past and Present*, 104 (1984), pp. 33~42.

생각하고 자녀들에게 '사제'와 '주교'로서의 역할을 다하도록 권면되었다.

다수의 프로테스탄트 성직자들은 서둘러 결혼하였다. 그리하여 성직자의 혼인은 오직 성서의 권위라는 신조 못지않게 프로테스탄트 성직자의 특징이 되었다. 이제 혼인하지 않은 성직자가 낯설게 여겨졌다. 종교개혁가들은 새로이 발견한 결혼 생활의 행복을 공유하도록 서로가 서로를 지체없이 도와주었으며, 로마 교황청에 반대하는 또 다른 공개 선언서를 발표하였다.26) 성직자가 세금을 내야 한다는 점이 분명해졌으며, 성직자가 지은 범죄라 하더라도 세속 법정에서 처벌을 받게 되었다. 평신도와 성직자들로 구성된 위원회는 가정의 도덕 생활을 면밀하게 규제하였고, 세속 정무관들이 이에 대해 최종적인 결정권을 가지고 있었다. 새로운 도덕적 규범이 새로운 사회적 안전보장 및 시민적 목표의식과 함께 프로테스탄트 도시들을 지배하였다.

성직자의 세속적 권한에 제한을 가하고 종교 및 문화에 대한 평신도의 권한을 확대하는 일은 종교개혁이 발발하기 오래 전부터 진행되고 있었다. 그리하여 16세기 말엽에는 이 같은 세속화가 일상화되었다. 그러나 이 과정이 1520년대와 1530년대의 종교개혁을 통해 승인되고 적극적으로 실천되지 않았더라면, 세속화가 평신도들 사이에서 그처럼 강력하게 진행되지 못했을 것이고, 초기 근대 사회에 그렇게 깊이 스며들지도 못했을 것이다. 성직자의 권한을 제한하고 평신도의 종교적 권위를 확대하라고 처음 주장한 사람들이 프로테스탄트는 아니었다. 그러나 프로테스탄트들은 이 쟁점들을 공식적 논쟁의 핵심으로 부각시켰던바, 이는 지금까지 다른 여하한 종교운동도 이룩하지 못한 일이었다.

모든 프로테스탄트 성직자가 평신도의 새로운 종교적 권위에 대해 열광

---

26) A. Fanzen, *Zölibat und Priesterehe in der Auseinandersetzung der Reformationszeit und der katholischen Reform des 16. Jahrhunderts* (Münster, 1969) ; S. Ozment, *The Age of Reform, 1250~1550* (New Haven, 1981), ch. 12.

한 것은 아니었다. 16세기 프로테스탄트 도시들의 거리에서도 프로테스탄트 성직자들 사이에 여전히 있었던 '새로운 교황주의자들'에 대한 평신도들의 불평을 들을 수 있었다. 이들을 '새로운 교황주의자'라 불렀던 이유는, 이들이 모든 평신도들에 대한 낡은 강제적 징계권, 특히 자신들이 보기에 그리스도인으로서 부적합하다고 간주되는 행위를 한 평신도를 마음대로 파문할 수 있는 권한을 회복하고자 했기 때문이다.

시간이 흐르면서 평신도들 역시 종교개혁에 대해 이중적인 태도를 취하게 되었으며, 이들 가운데 대다수의 사람들은 일부 프로테스탄트 성직자들과 마찬가지로 반동적임이 분명해졌다. 유럽 전역에서 초기에 프로테스탄트로 개종했던 사람들 가운데 절반 이상이 16세기가 미처 지나가기도 전에 다시 가톨릭으로 돌아갔다. 16세기 중엽에는 유럽의 거의 절반이 프로테스탄트 진영에 속했지만, 17세기 중엽에는 단지 5분의 1만이 프로테스탄트 진영에 남아 있었다.27)

그렇기는 하지마는 종교개혁가들이 스스로 밝힌 목표와 가시적 성취라는 측면에서 볼 때, 16세기 프로테스탄트는 괄목할 만한 성공을 거두었다. 종교개혁은 이 시기에 지속적인 법률적 토대와 제도적 형태를 확립하였고, 그 가르침은 수많은 일반 대중들의 삶 속에 침투해 들어가서, 이들의 생활을 형성하였다.28) 종교개혁의 씨를 뿌린 일은 그것으로부터 나온 최초의 결실 못지않게 중요하였다. 종교개혁은 그 첫 세기 동안에 이미 당대인들로서는 충분히 이해하기 어려웠을 정도로 많은 것들에 영향을 주었다. 이들 가운데는, 예를 들어 종교 다원주의의 경우처럼 종교개혁가들이 본래 가졌던 의도와는 정반대되는 결과를 낳기도 하였다. 또한 종교개혁

---

27) G. Parker, *Europe in Crisis, 1598~1648* (Ithaca, 1979), p. 50.
28) J. M. Kittelson, "Successes and Failures." 부록을 볼 것 ; S. Ozment, "Die Reformation als Intellektuelle Revolution," in *Zwingli und Europa*, ed. P. Blickle (Zurich, 1985), pp. 27~46 ; chs. 8, 9 이하.

이 이룩한 가장 두드러진 혁신들 가운데 일부는 당대인들보다 후세대들에 의해 더욱 열정적으로 활용되었다. 예를 들면, 이혼 및 재혼에 대한 자유 등이 여기에 속하는 것들이다.

　오늘날 학자들은 종교개혁이 사적 영역에서 공적 영역으로 매우 성공적으로 움직여 간 이유를 규명하고자 노력하고 있다. 그런데 가장 중요한 이유를 현대 학자들은 간과하고 있는 것처럼 보인다. 오늘날의 학문 경향에 따르면, 종교개혁의 성공은 다분히 우연적이고 정치적인 영역의 일이다. 우선 그것은 시의적절한 선전, 즉 사회적 정치적 격변기에 제기되었던 평등주의적 종교적 메시지의 결과이며, 또한 프로테스탄트의 가르침에서 자신들의 권한을 강화할 수 있는 새로운 기회를 포착했던 도시 정무관과 제후들이 종교개혁을 교묘히 조종한 결과라는 것이다.[29] 이러한 관점에서 보면 종교개혁의 승리는 순수히 종교적인 것이었다기보다 우연적인 것이 었으며, 또한 그것을 위대한 종교적 혁명으로 간주하는 전통적인 견해는 크게 과장된 것처럼 보인다. 프로테스탄트 개혁가들은 중세 말기의 선구자들과는 달리 자신들이 당시의 정치 권력자들에게 극히 유용한 존재임을 입증하는 데 성공함으로써 살아남을 수 있었다는 것이다. 그러나 정무관과 제후들의 후원에 의해 공적 권위를 확보했기 때문에, 개혁가들은 보다 폭넓은 대중적 지지 특히 도시와 농촌 지역의 일반 대중들로부터의 지지를 상실하였다. 일반 대중들은 제후들이 종교개혁가들의 주장에 따라 1525년의 농민봉기를 진압하자 이들 개혁가들에 대해 배신감을 느끼게 되었다는 것이다.

　그럼에도 불구하고 종교개혁은 정치적으로뿐만 아니라 종교적으로도

---

29) R. W. Scriber, "*For the Sake of the Simple Folk*" : *Popular Propaganda for the German Reformation* (Cambridge, 1981) ; P. Blickle, *Deutsche Untertanen. Ein Widerspruch?* (Munich, 1981) ; 앞의 저자, *Reformation im Reich* (Stuttgart, 1982) ; G. Strauss, *Law, Resistance, and the State : The Opposition to Roman Law in Reformation Germany* (Princeton, 1986) ; Brady, *Turning Swiss* 등 참조.

성공하였으며, 이 같은 성공의 핵심에는 종교개혁가들의 정치적 통찰력과 정무관 및 제후들의 종교적 경신성이 자리잡고 있다는 주장이 제기되었다. 제국의 많은 지역에서 종교개혁을 법률적 실체로 격상시킨 1530년대와 40년대의 정치적 칙령들은 종교개혁의 성공이 종교적 반란으로서 거둔 것임을 충분히 증언하고 있다. 이 정치적 칙령들은 프로테스탄트의 교리적 가르침을 그야말로 자구적으로 그리고 외경심을 가지고 법제화하였다. 그리하여 이들을 세밀하게 살펴보지 않으면, 마치 1520년대의 복음주의 설교 및 팸플릿들을 읽고 있다는 느낌이 들 정도이다.[30] 종교개혁을 수용했던 통치자들은 자신의 정치적 이해득실에 대해서는 꼼꼼히 계산했음에 비해 종교적 생활에 대해서는 단순하였다.

대표적인 사례가 상속 관행이었다. 가톨릭 제후들은 부모가 소유했던 토지의 전부 내지 중요한 부분을 장남에게 물려주는 장자상속을 일찍부터 채택하였다. 그러나 다수의 프로테스탄트 제후들은 분할상속 전통을 17세기까지도 유지하였다. 다시 말해서 프로테스탄트 제후들은 자신들의 토지를 적법한 아들들에게 다소 공평하게 상속하였던 것이다. 이 같은 분할상속으로 인해 프로테스탄트 지역은 세분화되고 약화되었던 반면에 가톨릭 지역은 상대적으로 번성하였다. 프로테스탄트 제후들이 정치적으로는 불리한 이 정책을 택했던 주요한 원인은 정절과 애정을 강조했던 결혼 생활에 대해 루터파의 가르침 및 모든 자녀들에 대해 공평히 배려하는 것이 부모의 책임임을 강조했던 루터파의 가르침에 충실하였기 때문이다.[31] 독일이 30년 전쟁(1618~1638)[32]으로 인해 폐허가 되었던 17세기

---

30) Ⅲ부 2장 참조.
31) P. Sutter Fichtner, *Protestantism and Primogeniture in Early Modern Germany* (New Haven, 1989).
32) 프로테스탄트 종교개혁과 가톨릭의 종교개혁이 외견상 마무리된 후 일어난 양 진영 간의 종교동란. 이 전쟁은 아우구스부르크 종교화약에서 체결된 '각 지역의 통치자가 그 지역의 종교를 결정한다'는 협약의 약점에 일차적 원인이 있었다.

중엽에 이르러서야 비로소 프로테스탄트 제후들도 그야말로 정치적 이유 때문에 장자상속제를 수용하였다. 이 문제에 대한 오늘날 학자들의 광범위한 합의에도 불구하고, 종교개혁은 독일 프로테스탄트 제후들의 지배권 강화 과정에 있어서 처음부터 도움 못지않게 장애로 기능하였다. 그 이유는 종교개혁을 수용했던 제후들이 프로테스탄트의 가르침을 따르지 않아서가 아니라 지나칠 정도로 믿고 따랐기 때문이었다.

지난 30여 년 동안 학자들은 프로테스탄트 반란을 신학보다는 역사학적 관점에서 해명하고자 했던 묄러(B. Moeller)의 야심찬 도전에 대해 다양한 답변을 제기해 왔다.[33] 그 결과 종교개혁기에 관한 우리들의 지식이 크게 증대되었다. 그러나 이 과정에서 우리는 독일사에 있어서 이 놀라운 시기의 현저한 특징들의 일부를 위험스러울 정도로 모호하게 만들었다. 오늘날 우리들은 종교개혁의 중요성을 거의 전적으로 그것이 담당했다고 상정되어 온 간접적인 정치적 역할에 비추어 이해하고 있다. 유력한 역사학자들에 따르면, 종교개혁이 초기 단계에서 성공적일 수 있었던 이유는 대중들이 그것을 독일의 도시와 촌락들에서 발발하였던 민중적·유사 민주적 공동체 운동의 일부로 오해했기 때문이었다. 또한 종교개혁이 후기 단계에서 거두었던 성공도 독일 영토 국가의 건설 과정에서 그것이 담당했던 매우

이로 인해 제후들 간의 영토욕과 정치적 이해관계가 복합적으로 작용하면서 독일 내 프로테스탄트와 가톨릭 교도 간에 종교적 적대감이 고조되었다. 1618년 보헤미아에서 전통적으로 가톨릭이었던 합스부르크가의 통치에 불만을 품었던 프로테스탄트가 반란을 일으키자, 독일의 가톨릭 세력이 이를 무자비하게 탄압하였다. 그 후 양 진영의 갈등은 종교적 명분과 정치적 실리를 위해 확전의 길로 접어들었으며, 스웨덴, 프랑스 등 유럽의 대부분의 국가가 개입함으로써 대규모 전쟁으로 비화되었다. 유럽 역사상 가장 파괴적인 전쟁의 하나로 평가받고 있는 이 전쟁은 1648년 웨스트팔리아 조약에 의해 종결되었다. 이로 인해 종교적 관용이 정착되는 계기가 마련되기도 했다. 한편 전쟁터가 되었던 독일은 막대한 피해를 입은 반면 승전국 프랑스는 유럽의 강국으로 부상하였다.

33) B. Moeller, "Probleme der Reformationsgeschichtsforschung," *Zeitschrift für Kirchengeschichte*, 14 (1965), pp. 246~257.

적극적인 역할에 의해 설명되곤 하였다.[34]

그러나 이 같은 해석은 유감스럽게도 16세기 전기의 가장 독특하고 영향력이 컸던 사건을 전혀 성공적이지 못했던 당대의 사회운동 즉 1525년의 농민반란의 한낱 부수물에 지나지 않는 사건으로 전락시켰으며, 또한 이러한 해석은 종교개혁을 독일의 정치적 운명에 대한 제후들의 권한 강화라는 당대로서는 조금도 특별할 것이 없는 정치적 과정의 한낱 부수물로 전락시켜 버렸다. 돌이켜 보면 종교개혁이야 말로 독일의 가장 독창적인 정신적 운동이 아니었던가? 농민반란이 규모 면에서 새로운 것은 사실이었다. 그러나 수십 년에 걸쳐 이와 유사한 형태의 농민봉기들이 이미 있었으며, 또한 그것은 독일의 정치적 사회적 토양에 중대하고 지속적인 변화를 초래하지도 않았다. 게다가 독일 제후들의 권력 강화 과정도 이미 14세기 중엽에 시작되었고, 여러 세기에 걸쳐 진행되었으며, 이는 근대에 이르러서도 지속되었다. 1520년대와 30년대를 살았던 평균적인 도시민과 촌락민은 누구도 이 같은 양상을 특별한 무엇으로 간주하지 않았다. 일상적 생활방식상의 대변화라는 관점에서 볼 때, 농민반란이든, 제후들의 절대주의화든, 16세기 전기에 일어났던 종교제도의 혁명과는 비교가 되지 않는다. 당시의 도시민과 촌락민들이 과거의 것들에 대해 저항적이었다고 한다면, 그들의 삶에서 일어났던 가장 가시적이고 지속적인 변화는 종교혁명이 수반했던 변화 그것이었다.

오늘날 학자들은 이처럼 두드러진 독일 역사의 사실들을 모호하게 만드는 데 극히 성공적이다. 왜냐하면 오늘날에는 종교를 정치 및 사회와 분리시켜 생각하는 경향이 강할 뿐만 아니라, 이를 부차적 내지 주변적인 요소로 간주하고 있기 때문이다. 이는 교회와 국가의 현대적 분리가 갑자기 역사적 규범이 되어, 종교를 한 사회 내부의 정치적 사회적 변화를 일으키는

---

34) IV부 2장 참조.

주요한 요인으로는 더 이상 간주하지 않는 태도와도 다분히 유사하다. 현대 서유럽의 역사에 대해서는 이 같은 관점을 가질 수도 있을 것이다. 그러나 이러한 시각은 말기 중세 및 초기 근대 사회들에 있어서, 그리고 오늘날도 대부분의 비서구 세계에 있어서도, 그 근거가 충분하지 못하다. 이 같은 편견을 가지고 16세기 사회에 접근한다면, 이는 역사를 보는 우리들의 눈을 협량하게 만들 뿐만 아니라, 현대 그리스도교와 현대 독일 모두에 관해 탁월한 통찰력을 제공하는 한 역사적 운동을 인멸시키는 결과를 가져올 것이다.

그러나 이는 우리들의 주제보다 훨씬 앞서간 이야기다. 종교개혁의 성공과 중요성을 주장하기에 앞서, 우리들은 먼저 종교개혁이란 정확히 무엇인가 그리고 종교개혁은 왜 일어났던가에 대해 알아보아야 한다. 이를 통해서 우리는 지금도 지속적으로 논쟁거리가 되고 있는 다른 문제들로 나아갈 수 있을 것이다.

2. 종교적 기원과 사회적 결과

16세기 초엽을 살았던 한 경건한 인물이 프로테스탄트가 되기로 결정했던 이유는 과연 어디에 있었을까? 이는 얼핏 보기보다는 훨씬 더 어렵고 복잡한 질문이다. 종교개혁의 발단에 관한 해석은 매우 다양하고 심지어 상충적이기조차 하다. 이 문제에 대해 오늘날 학자들은 적어도 서로 다른 6개의 이론들을 제기하고 있다.

가장 유서깊고 널리 알려진 이론은, 15세기를 경과하면서 평신도들이 교회를 깊이 존경했음에도 불구하고 성직자의 점증하는 부도덕성과 나태한 사목 활동으로 인해 교회로부터 멀어지게 되었다는 해석이 그것이다. 가톨릭 교회사였던 조셉 로츠는 이 같은 관점을 대중화하는 데 많은 기여를 하였다. "성직자의 권한 남용이 없었더라면, 위클리프(J. Wycliffe,

1330?~84)³⁵⁾도 없었고, 후스(J. Hus, 1365~1415)³⁶⁾도 없었을 것이다"³⁷⁾
라는 그의 지적은 이 이론을 적절하게 요약하고 있다. 로츠에 의하면,
성직자들의 이 같은 권한 남용의 기저에는 르네상스적인 '이기주의적
발상'이 도사리고 있었던 바, 그는 이 정신이 당시 근대적 개인주의 및
영토적 배타주의 그리고 민족주의 정서를 대두시켰다고 확신하였다. 극히
인간적이었던 성직자와 평신도들은 다른 사람들과 조금도 다를 바 없이
이 같은 이기주의적 발상에 쉽게 굴복하였다. 모든 그리스도 교도 집단은
각각 나름의 축일, 제단, 수도회, 로자리오 형제단 등을 가질 수밖에 없었다
는 것이다. 그러니까 중세 교회의 실패 원인은 교리나 의식에 있었던
것이 아니라 인간의 본성 그 자체에 있다고 해석되었다. 당대의 교의에
관한 한, 그것은 교회사의 다른 여느 시기와 마찬가지로 건전하고 무오류했
음에도 불구하고, 지나치게 야심적이고 무원칙한 성직자가 교회의 고위직
을 너무 많이 차지하고 있었으며, 또한 지나치게 많은 수의 무식하고
부도덕한 성직자가 교구 교회들에 배치되어 있었다. 그 결과 교회는 확고한

---

35) 영국의 종교개혁가이자 학자, 옥스퍼드 대학의 대표적인 철학자 겸 신학자였던
그는 궁정의 서기로 정치에 입문하였으며, 곤트의 반성직자주의 운동에 가담하기
도 하였다. 가톨릭 교회의 계서체제를 비판하여 교회를 신자집단의 공동체라고
주장하였으며, 신앙의 준거로서 성서를 강조하기도 하였다. 또한 화체설을 비판하
였다. 1377년 이단으로 정죄 당하자 루터웨스로 은퇴하였으며, 거기서 생을 마감했
다. 주요 저서로는 『교회론』, 『군주론』 등이 있다.

36) 체코의 종교개혁가. 보헤미아에서 출생하였으며, 프라하에서 수학하였다. 1400년
성직자로 서품 받았으며, 프라하 대학에서 체코어로 설교하였으며, 반독일 정서에
입각한 민족주의 정서를 설파하였다. 이단의 혐의를 받아 1410년 파문당하였다.
교회의 도덕적 개혁에 관심을 기울였으며, 교회의 순수성을 강조하고, 교회의
면벌부 판매를 비판하였다. 군주 지기문트의 신변안전에 대한 약속을 믿고 1414년
콘스탄스 공의회에 참석하여 자신의 종교적 이론을 변론하였으나, 이단으로 정죄
받아 화형당하였다.

37) J. Lortz, "Zur Problematik der kirchlichen Missstände im Spätmittelalter," *Trierer
theologische Zeitschrift*, 58 (1949), p. 5 ; F. Rapp, *Reformes et Reformation à
Strasbourg (1450~1525)* (Paris, 1974)의 주제도 중세 말기 성직자들의 개혁이
얼마나 어려운 과제였던가 하는 문제다.

체코의 수도 프라하 구시청 앞 광장에 있는 후스의 동상

기강 내지 명백한 방향 감각을 상실해버렸다는 것이다.

이와는 반대되는 이론으로서, 가톨릭 교회 측의 지지를 변함없이 받고 있는 관점도 있다. 말기 중세의 교회는 이른바 종교개혁가들이 쏟아놓은 상투적 선전선동의 희생물이었다는 해석이 그것이다. 이에 따르면 대다수의 가톨릭 성직자들은 자신들이 가르쳤던 교리만큼이나 진실하였다. 성직자의 만연된 부패와 무능력은 실제로 사실이었다기보다는 다분히 인문주의자와 프로테스탄트들의 비판 속에서 주로 존재하였다. 이 견해를 지지하는 학자들은 교회의 관행에 대해 교회의 비판가들이 부여했던 것보다도 훨씬 깊은 정신적 의미를 부여하였다. 예를 들면 다음과 같은 관행들을 이 범주에 포함시켜 재해석하였다. 즉 외견상 소박한 평신도의 공포와

수도승과 당나귀

미신을 교회가 금전적 수탈을 위해 이용한 듯한 관행들 및 채찍질하는 고행자들의 행렬, 성지순례, 면벌부 판매, 죽은 자를 위한 미사, 유물 숭배, 후두염으로부터 치질에 이르는 모든 질병을 치유한다고 알려진 유사 성인들의 증가 등이 그 예들이었다.

역사학자 프란시스 오클리에 따르면, 이 같은 관행들은 교회가 심각한 중병에 걸렸음을 드러내고 있다기보다는 오히려 전통적 종교생활의 활력의 한 표현이었다. 면벌부는 결코 도식적 상업적 경건만을 조장한 것이 아니었다. 실제로 그것은 신을 향한 기도와 믿음의 자극제로도 기능하였다. 가톨릭에 적대적이었던 인문주의자 및 프로테스탄트들에게 있어서는 세상을 떠난 사랑하는 사람을 위한 추모미사란 성직자가 '죽은 사람을 먹이로 삼는' 행위에 지나지 않아 보일 수도 있었을 것이다. 그러나 이것이 경건한

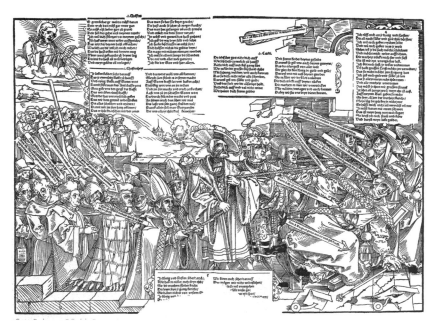

교황청의 부패상

일반민들에게는 가족과 친구에 대한 사랑의 한 표현이었으며, 현세에서 내세로 나아가는 삶의 연속성을 확인하고 또한 위로의 믿음을 키우는 일이었다. 오히려 오클리가 말기 중세 교회에서 발견하였던 최악의 요소는 "종교적 확신의 약화, 영적인 나태 그리고 목표의식의 동요"[38] 등이었다.

이 주장은 종교개혁의 기원에 대한 '(성직자의) 권한 남용 이론'은 물론, 중세 말기의 문화가 무절제한 종교적 관행의 범람으로 인해 와해되었다는 요한 후이징아(Johan Huizinga)의 유력한 견해에 대해서도 도전하였다. 후이징아는 고전적 연구인 『중세의 가을』에서 '일상생활 속에 만연되어 있었던 종교적 관행의 범람'은 교회와 평신도 모두에게 도움이 되지 않았다

---

38) F. Oakley, *The Western Church of the Middle Ages* (Ithaca, 1979), pp. 123∼124, 215∼216 ; L. Duggan, "The Unresponsiveness of the Late Medieval Church: A Reconsideration," *The Sixteenth Century Journal*, 9 (1978), pp. 3∼26.

고 평가하였다. 파리 대학의 개혁파 피에르 다이이(Pierre d'Ailly, 1350~1420)[39]와 장 제르송(Jean Gerson, 1363~1429)[40]도 성상과 성화, 수도원과 수도회, 종교적 축제와 기념일, 철야와 금식, 성자와 면벌부, 찬송과 기도 등의 끝없는 증가를 비판하였다. 외적 종교 형식들이 증가하고, 감상적 충동이 증대되면서, 성스러움도 절망적으로 세속에 묻혀 버렸다. 민속적 주술이 성사적 신비와 혼합되었으며, 평신도들은 빵과 포도주를 그리스도의 몸과 피로 변화시키는 사제의 기능조차 질병을 치료하는 주술적 여인의 그것과 동일시하였다. 매춘은 성지로 가는 성지순례에서 가장 확실한 길동무가 되었다. 사람들은 성인 특히 이들의 유물을 숭배하였는데, 이는 성인들이 경작지를 보호하고 전염병을 예방하는 능력을 가졌다고 믿었기 때문이다. 이웃 사랑에 대한 설교도 같은 정서에서 행해졌고, 비그리스도 교도에 대한 그리스도 교도의 폭력도 동일한 정서에 근거하여 고취되었다.

후이징아에 따르면, 이를 토대로 교회와 평신도 사이에는 애증관계가 형성되었다. 서로가 상대방의 무절제를 경멸하면서도, 동시에 상대방의 무절제를 허용했으며, 이에 따라 각각 번성하였고, 또한 각자의 유익을 위해 상대방의 약점을 최대한 활용하였다. 후이징아는 프랑스와 네덜란드

---

39) 프랑스의 신학자 겸 철학자. 파리 대학에서 수학하였으며, 그 후 이 대학의 총장을 역임하였다. 후에 주교와 추기경이 되었으며, 교회의 대분열(1378~1417)을 종식시키기 위해 개최된 피사 공의회와 콘스탄스 공의회에서 많은 역할을 하였다. 그는 교회의 궁극적 권위는 교황이 아니라 교회의 전 공의회에 있다는 공의회주의 이론을 주창하였다. 또한 『세계의 이미지』라는 저서에서 지구가 둥글다고 주장했을 뿐만 아니라, 인도에 도달할 수 있는 항로를 제시하기도 하였다. 이는 지리상의 발견에도 적지 않은 영향을 주었다.

40) 프랑스의 신학자 겸 철학자. 피에르 다이이의 제자로서 역시 파리 대학의 총장을 역임하였다. 당대의 대표적인 공의회주의자로서 교회의 대분열을 종식시키기 위해 피사 공의회와 콘스탄스 공의회에 참석하였으며, 주교는 물론 신학자의 투표권도 주장하였다. 이는 존 후스의 이단 재판에도 영향을 미쳤다. 그는 당대의 신학자이자 설교사로 명성이 높았지만, 부르군디 공의 미움을 산 나머지 파리로 가지 못하고 리용에서 생을 마감하였다.

의 평신도들의 정서를 주제로 다룬 연구에서, 교회와의 '순수한 친밀감'과 교회에 대한 '의도적인 불충' 사이에는 단지 흐릿한 구분만 있었을 뿐 확연한 경계란 존재하기 어려웠다고 지적하였다.[41]

후이징아에 따르면, 청중들이 프로테스탄트 설교사들에게 매료되었던 이유는 무절제로 인해 왜곡되었던 경건성, 즉 한편으로는 깊고 진지하면서도 다른 한편으로는 이기적이고 부패했던 종교심 때문이었다. 로츠와 마찬가지로 후이징아 역시 이 같은 상황에 대한 가장 큰 책임을 성직자에게 돌렸다. 성직자들이 그 내용에 있어서 그리스도교의 단지 비본질적인 요소에 불과한 '종교적 관행들의 범람'을 분별력 없이 조장하였다는 것이었다. 이 결과 평신도의 경건성이 퇴보했을 뿐만 아니라, 교회의 교리와 교의 역시 부패하였고, 이 시기의 사상과 문화 또한 당시 만연했던 정신적 혼돈으로 인해 크게 위축되었다는 것이다.[42]

현대 학문의 다른 영역들에서와 마찬가지로, 사회사가들은 프로테스탄트 종교개혁의 원인과 결과에 대해서도 매우 도발적인 이론을 제시하였다.

루시앙 페브르(Lucien Fevre)는 사회와 문명의 물질생활의 구조를 해명하는 프랑스 역사학자들의 집단 즉 아날학파를 창설한 인물로 널리 알려져 있다. 그런데 그는 말기 중세 교회가 직면했던 성직자의 부도덕성 문제가 교회의 존립을 위협했던 가장 심각한 문제는 아니었다고 판단하였다. 페브르는 말기 중세 사회의 위기와 기회로부터 성격이 다른 평신도들이 출현하였다고 보았다. 보다 좋은 교육을 받고, 여행도 많이 했으며, 도시에 살았고, 호기심이 많았던 새로운 유형의 평신도들은, 이전 세기의 평신도들과는 달리 주변 세계를 수동적으로 받아들이지 않았다. 또한 이들은 '신성함

---

41) J. Huizinga, *The Waning of the Middle Ages: A Study of the Forms of Life, Thought, and Art in France and the Netherlands in the Dawn of the Renaissance*, tr. F. Hopman (Garden City, 1954), pp. 50-51, 67, 151-158, 161-163, 167-168.

42) 이 명제는 E. Gilson, *Reason and Revelation in the Middle Ages* (New York, 1938)에 의해 말기 중세의 스콜라 사상과 결부되어서도 발전하였다.

에 대한 엄청난 갈증' 즉 과거와는 다른 내밀한 종교적 욕구도 가지고 있었다. 말기 중세 교회가 제공했던 불결하고 형편없는 식사는 이들의 욕구를 채워주지 못했다. 이 같은 평신도들은 왕왕 자신보다 지적 도덕적으로 열등한 성직자에게 복종하기가 매우 힘들었다. 뿐만 아니라 이들은 교회의 가르침과 관행이 가장 가치있는 정신적 안식을 제공한다는 주장에 대해서도 더 이상은 아무런 의심 없이 이를 받아들이려 하지 않았다.

페브르는 15·16세기의 성직자들이 한결같이 성자다웠고, 교회가 전혀 부패하지 않았었다 하더라도, 평신도들은 전통적 신앙과 관행의 많은 부분을 제거했을 것이라고 확신하였다. 당시의 평신도 집단은 대두하고 있던 도시 사회와 상업적 가치들에 보다 적합한 새로운 신앙체제를 요구하였다. 다시 말해서 이들은 자신들의 세속적 사회적 생활에서 서로에게 그러하듯이, 신과의 관계에 있어서도 노골적 직접적 관계를 허용하는 신앙체제를 요구하였던 것이다. 페브르의 견해에 따르면, 프로테스탄트 개혁가들은 이처럼 변화된 상황을 재빠르게 인식하여, "단순하고, 명확하고, 대단히 효과적"[43]이라고 많은 사람들이 즉각적으로 공감하는 종교를 평신도들에게 제공할 수 있었다.

후이징아와 페브르는 말기 중세의 종교에 대한 학문적 토론을 교회와 성직자로부터 성공적으로 분리시켜, 변화하고 있던 평신도 집단에 초점이 맞추어지도록 하였다. 그 이후 오늘날의 종교학 연구에 있어서는, "교회가 무엇을 평신도들에게 가르쳤던가?"를 묻는 것이 아니라, 오히려 "교회의 가르침을 받았던 사람들은 누구였던가?"를 먼저 묻는 것이 표준적인 연구 절차가 되었다. 연구 초점의 이 같은 이행을 근거로 독창적인 프랑스 역사학자 장 델루모(Jean Delumeau)는 또 다른 급진적인 결론을 이끌어냈

---

43) P. Burke ed., "The Origins of the French Reformation : A Badly-Put Question?" in *A New Kind of History and Other Essays: Lucien Febvre*, trans. K. Folca (New York, 1973), pp. 60~65.

다. 그리하여 그는 말기 중세와 초기 근대의 유럽 종교사에 관해 '완벽한 재해석'을 제안하기에 이르렀다.

델루모는 중세란 본원적 의미에 비추어 볼 때 결코 그리스도교적이지 않았으며, 따라서 '그리스도교적 중세'라는 개념은 신화에 불과하다고 주장하였다. 그에 따르면 이 시대의 절대 다수 사람들은 그리스도교에 대해 사실상 아는 바가 거의 없었다. 그리하여 이들은 성직자가 범했던 그리스도교적 의무들의 수행 실패를 근거로 해서는 여하한 형태의 비난도 제기하기 어려웠다. 인구의 10분의 9는 여전히 반쯤 이교도적인 시골뜨기였으며, 미신 숭배자들이었기 때문에, 이들에게 전달되었던 그리스도교적 가르침은 거의 예외 없이 머지않아 이들의 민간 신앙 속으로 인멸될 수밖에 없었다.[44] 따라서 우리가 17세기 이전의 그리스도 교도에 관해 논할 경우, 이는 단지 사회의 최상층부를 형성했던 극소수의 부유한 사람들 즉 성직자, 귀족 및 부유한 도시민들만을 사실상 가리킨다는 점을 델루모는 상기시켜 놓았다.

이 같은 시대상에 비추어 본다면, 유사 이교도적이었던 유럽의 대중들을 현저히 개종시켜 역사상 최초로 '그리스도교적' 유럽을 만든 계기는 종교개혁 및 가톨릭 종교개혁이라는 두 갈래의 강제적 움직임이었다. 또한 델루모는 말기 중세와 초기 근대 유럽의 종교적 갈등이 식자층 권력 엘리트 집단의 문화와 무지한 비특권적 대중 문화 간의 보다 근본적인 갈등에로 수렴되었다고 파악하였다. 프로테스탄티즘과 가톨리시즘은 당대인들에게 개인적인 신념과 선택의 문제로서가 아니라 계급, 정치 그리고 문화의 규범으로서 부과되었다는 것이다.

---

44) J. Delumeau, *Catholicism Between Luther and Valtaire: A New View of the Counter Reformation* (New York, 1977), p. 176. 이 책의 명제에 대한 비판적 연구를 알아보기 위해서는, John van Engen, "The Christian Middle Ages as an Historiographical Problem," *American Historical Review*, 91 (1986), pp. 519~552 참조

영국의 사회사가 존 보씨(John Bossy)의 견해는 이 보다 더욱 도발적이다. 로츠 및 오클리와 마찬가지로, 존 보씨도 전통적 가톨릭의 가르침을 적극 변론하였다. 그러나 동시에 그는 종교에 대한 이해를 사회적 실체의 한 표현으로 이해했던 페브르와 델루모의 견해 역시 적극 수용하였다. 그 결과 현대적인 가톨릭 호교론과 신 사회사학이 독특하게 혼합되었다. 보씨의 접근방식에 따르면, 종교개혁에 대한 온건한 이해 즉 종교개혁을 교회의 권한 남용에 대한 건강한 사회적 저항으로 평가하는 시각조차 본말이 전도된 것이었다. 다시 말해서 중세 가톨리시즘은 가정과 사회의 완벽한 종교가 되고 있었음에 비해, 프로테스탄티즘은 당시 대두하던 개인주의 및 자본주의의 단지 변질된 부산물에 불과했다는 것이다. 보씨는 '종교개혁'이라는 용어를 그것의 모호성과 편협성을 이유로 역사학적 시대 구분의 적절한 범주로 아예 설정조차 하지 않았다.45)

중세 가톨리시즘을 엄격히 사회적 현상으로 파악했던 보씨는 이를 혈연적인 유대 및 화해라는 도덕적 원리에 입각했던 종교로 묘사하였다. 가톨리시즘의 기본 요소는 가정, 도시, 교회 등과 같은 소속 공동체에 대한 충성 및 모든 사람에 대한 자선의 실천이었다. 이 점에서 진정한 모범이 가정을 이루고, 많은 사람들을 친구로 가졌던 그리스도였다. 중세 가톨리시즘은 성인들을 숭배하였다. 이들은 그리스도가 그러했듯이 하늘과 땅을 단일하고 지속적인 신앙과 사랑의 공동체로 결합시키고자 한 인물들이었다. 14세기까지 교회의 기본 도덕률은 7대 죄악이었다. 이에 따르면 가증스러운 반사회적 범죄인 교만, 시기, 분노를 개인적인 도덕적 결함인 나태, 탐욕, 폭식, 정욕보다 더욱 무겁게 다루었다. 이 같은 구분은 고해성사와

---

45) "(종교개혁이라는 용어는) 그리스도교의 부정적 모습이 바람직한 형태로 대체되었다는 개념을 매우 쉽게 연상시킨다.…… 이는 실제적인 사회적 행위를 다루기에는 지나치게 과장된 개념이다. 그러나 동시에 이는 사상, 감성, 문화를 면밀하게 다룰 수 있을 만큼 충분히 포괄적이지는 못하다". J. Bossy, *Christendom in the West, 1400~1700* (New York, 1985), p. 91.

84

종부성사 등의 전통적인 가톨릭적 가르침에서 공동체와 자선을 보다 중시했다는 사실의 다른 한 표현이기도 했다. 성직자는 고해자가 먼저 그 자신의 적들과 화해할 때까지는 그의 죄를 사면하지 않았으며, 종부성사도 임종하는 사람이 생전에 지은 죄를 당사자들에게 배상해 주기로 약속하는 경우에만 집전되었다. "사회적 통합을 의미했던 자선의 실천이 그리스도교적 삶의 주된 목표였으며, 형제애야말로 말기 중세 그리스도교의 가장 특징적인 표현이었다"는 것이다.[46]

이와는 반대로 프로테스탄티즘은 자선보다 믿음을 강조하였고, 가족 내지 공동체의 유대보다는 그리스도인 각자의 개인적 양심을 중시하였다. 성자들의 중보적 지위를 거부함으로써, 프로테스탄트는 중세 교회의 가장 야심찬 도덕적 목표, 즉 죽은 자의 세계를 산자의 세계에 접목시킴으로써 사회적 우주를 인간화하려는 노력을 일축하였다. 특히 '이신칭의 교리'(doctrine of justification by faith)는 프로테스탄티즘이 지불해야 할 사회적 비용을 엄청나게 늘려 놓았다. 죄의 사회적 함의를 무시하였던, 이 핵심적인 프로테스탄트의 가르침은 사람들에게 구원을 이루기 위해서 자신의 이웃과 화해할 것을 그리고 이웃에 대해 자선을 행할 것을 요구하지 않았다. 그 결과 종교개혁은 종교의 사회적 유대를 해체하였고, 신도집단을 의심과 불확실성 속에 내버려두게 되었다고 보씨는 파악하였다. 이제 모든 개인들은 각자의 극히 부족한 신앙심을 가지고 전능자와 맞닥뜨릴 수밖에 없게 되었다는 것이다.

프로테스탄트가 교리 해설서를 종교 교육의 기본 도구로 간주했던 태도는 가정 및 사회 생활에 더욱 좋지 않은 영향을 미쳤다고 평가되었다. 프로테스탄트 국가에서는 무엇보다도 반사회적 행위를 정죄했던 전통적인 7대 죄악이 평신도 교육에 있어서 권위 있는 도덕적 지침이 되지 못하였다.

---

46) 앞의 책, pp. 35, 46~47, 57~58.

프로테스탄트 교리 해설서는 이들을 십계명으로 대체하였고, 십계명은 7대 죄악과는 달리 사람들로 하여금 상급자와 하급자 내지 명령하는 자와 따르는 자라는 맥락에서 생각하도록 가르쳤던바, 이는 결국 사람들 사이에 장벽을 만들게 되었다. "교리 해설서가 순종을 주입시키고, 경계선을 긋도록 하는 데는 효과적이었다.……그러나 이것은 프로테스탄트들에게 공동체로서의 교회의 의미 및 이웃 사랑의 의미를 직접적으로 깨닫게 하는 데는 별로 효과적이지 못했다."47) 그리하여 프로테스탄티즘은 사회적 실천의 종교라기보다는 고백의 종교가 되고 말았다.

비록 보씨가 종교개혁을 개념적으로는 평가절하하였지만, 사실상 그는 종교개혁을 존중하고 있었다. 그는 종교개혁을 서구 문명사에서 가장 운명적인 전환점의 하나라고 믿었으며, 그 결과가 아직까지도 충분히 해명되지 않고 있다고 생각하였다.

프로테스탄트는 전통적으로 강조되어 왔던 복합적인 여러 관계들을 육체의 건강은 물론 영혼의 구원과 아무런 관련이 없다는 이유로 즉각 해체하였다. 이는 그리스도교 역사에 있어서 그리고 명백히 인류의 역사 전반에 있어서 매우 특별한 사건이었다. 지금까지 우리들은 종교개혁의 결과를 제대로 평가하지 못해 왔다고 나는 생각한다. 나는 종교개혁이 대중들을 과거로부터 어떠한 형태로든 자신들이 원했던 바대로 해방시켰다는 점을 확신하지 못하고 있다.……나는 전통적인 그리스도교가 그러했던 것처럼, 영원한 현재로서 유지되는 사회적 구조물을 해체하는 일이 기본 성격이 다르지 않은 과거와 미래에 대해 불안을 심화시켰다는 견해에 관하여 보다 많은 논의가 필요하다고 생각한다.48)

보씨는 전통적 가톨리시즘을 낭만화 했던 반면 프로테스탄티즘을 희화

---

47) 앞의 책, pp. 92, 95, 120, 135.
48) 앞의 책, p. 97.

화하였다. 그는 세속에의 경멸(*contemptus mundi*)이라는 수도원적 종교와 문화를 완전히 무시했으며, 또한 그는 스스로 찬탄해마지 않던 트렌트 공의회[49] 이전의 가톨리시즘적 정서를 반박하였다. 예비지식이 전혀 없는 독자라 하더라도 보씨의 해석에 대해서, 전통적 가톨리시즘이야말로 신의 영광을 위해서 일부 수도사를 벽 속에 가두고 유일한 통로인 배식구를 통해서만 가족과 사회를 접촉하도록 가르쳤다는 사실은 충분히 확인할 수 있다. 이 같은 울타리들은 15세기 말엽에 이르기까지도 '벽 안에 있는 자들'(*muratae*)을 수용하기 위해서 이탈리아의 대수도원과 교회들 맞은편에 세워지고 있었던 것이다. 보씨는 중세 그리스도교의 징벌권에 관해서도 아무런 주의를 기울이지 않았다.

사실 당시의 종교는 사회적 계서제와 법률을 매우 중시하였다. 일견 이는 성직자를 평신도들로부터 구분하고 평신도들의 삶의 모든 영역을 세밀하게 규제하였다. 이를테면 종교가 성행위의 체위 및 횟수와 같은 성적 관행으로부터 적정 이윤 내지 장사가 가능한 날수와 같은 교역 관행까지 규제하고자 하였다. 왜 중세 교회는 성체성사에서 성직자에게는 빵과 잔을 모두 받게 하면서, 평신도에게는 빵만 주고 잔을 주기는 거부했던가? 왜 성직자는 자신들의 특권과 면책권 유지를 위해서 그토록 열심히 싸웠으며, 자신들을 세속 법정의 지배로부터 제외하고자 했고, 시민적 의무들로부

---

49) 프로테스탄트 종교개혁에 영향을 받아 일어났던 가톨릭의 종교개혁을 마무리 지은 종교회의. 1545년 교황 바울 3세에 의해 소집되었으며, 그 후 1563년까지 계속되었다. 이 회의에서는 루터에 의해 주창된 프로테스탄트 원리 즉, '오직 성서'와 '오직 믿음'에 대해서 성서는 가톨릭의 전통과 더불어 해석되어야 한다고 밝혔으며, 구원을 이룸에 있어서도 믿음과 선업의 중요성을 동시에 천명하였다. 또한 신의 은총을 얻는 데 필수불가결한 수단으로서 가톨릭의 전통적 성사인 7성사를 재확인하였다. 주교와 사제에 대한 교황의 우위와 교회의 수장으로서 교황의 지위를 재확증하였으며, 면벌부의 폐해를 시정토록 하면서도 그 교리적 유용성도 함께 재확인하였다. 이와 같이 가톨릭의 교리와 관행을 정비함으로써 내부로부터의 개혁을 추진하였던 트렌트 공의회는 20세기 중반까지 영향을 미침으로써 가톨릭 교회 역사상 매우 의미 깊은 개혁운동의 하나로 평가되고 있다.

터 자유로워지고자 했던가? 사순절(Lent)[50] 및 그 밖의 주요한 종교적 절기에 특정 음식과 성행위를 금했던 목적은 어디에 있었던가? 이들 가운데 어떤 요소가 공동체, 형제애, 자선 등과 관련이 있었던가? 아마도 중세 교회는 점차 흔들리고 있던 자신의 권위에 대해 순복을 강요하고자 했기 때문에, 반사회적인 혐오죄들을 우선적으로 7대 죄악에 포함시켰던 것 같다. 교만은 중죄 가운데서도 으뜸이고 가장 치명적인 죄악으로서, 이는 자율적인 행위, 독자적인 사고 및 전통에 의문을 제기하는 행위 즉 불순복적인 의지의 표현이었다. 실제로 종교개혁 전야에 거의 통제되지 못했던 평신도 경건운동들이 있었던바, 이들이야말로 절망과 공포를 극복하기 위해 극단적인 종교적 노력을 했음에도 불구하고, 불안과 불만을 잠재우거나 양심을 위로하거나 공동체를 결속시키는 일 등에 실패한 사례 그것이었다.[51]

종교개혁을 낳은 조건들에 대해서는 극히 다양한 학문적 견해가 제기되어 있다. 여기서는 단지 몇몇 견해만을 축약해서 다루도록 하겠다. 명백히 성직자의 권한 남용이 있었으며, 평신도에 대한 사목적 의무의 불이행 역시 상당 부분 여기서 유래되었다. 델루모는 성직자의 권한 남용이 프로테스탄트든 가톨릭이든 대부분의 평신도들이 보기에는 큰 차이가 없었으며, 지역에 따라 약간씩 다르기는 했지마는, 가톨릭 성직자의 30~70퍼센트가 부재 성직자였고, 그리하여 "그리스도교 신도집단 전체의 구원이 하급직 보조 사제에게 맡겨졌다"고 지적하였다.[52]

아마도 다수의 경건한 그리스도 교도들은 변함없이 전통적 믿음과 관행

---

50) 그리스도교에서 지키는 성회 수요일(Ash Wednesday)로부터 부활절(Easter)에 이르는 40일간의 수난 절기를 가리킨다.

51) B. Moeller, "Piety in Germany Around 1500," in *The Reformation in Medieval Perspective*, ed. S. Ozment (Chicago, 1971), pp. 50~75 ; S. Ozment, *The Reformation in the Cities: The Appeal of Protestantism to Sixteenth-Century Germany and Switzerland* (New Haven, 1975), 2장 참조.

52) Delumeau, *Catholicism Between Luther and Voltaire*, p. 158.

을 개인적으로 만족스럽게 생각하였던 것 같다. 그러나 또 다른 많은 사람들은 분명 그렇지 못했다. 중세 말기에 많은 독자적인 종교 운동들이 교회 밖에서 일어났다. 13세기 왈도파[53])로부터 15세기 공동생활 형제단[54]) 에 이르기까지, 평신도와 성직자들은 예수와 초대 사도의 그것에 더욱 가깝다고 믿어진 보다 단순하고 효과적인 영성을 추구함으로써 새로운 형태의 경건생활을 실험하였다.[55]) 1520~30년대의 복음주의적 평신도는 이 같은 종교적 실험 전통의 상속자들이었다. 그렇다면 이들은 누구에 의해 진실되지도 않고 자신들의 개인적 행복이나 영원한 구원과도 무관한 것들을 믿고 실천하게 되었던가? 무엇이 이들로 하여금 전통적인 경건이 매우 불안정하다고 판단하게 만들었던가? 사실상 이들이 전통적 경건의 불안정성을 확신하게 된 것은 나름의 경험과 프로테스탄트 설교사들의 설교를 통해서였다. 성서적 근거가 거의 없는 신조, 따라서 기껏해야 위장된 안정감 이외에는 아무것도 제공할 수 없는 신조에 대한 희생이 헛되다는 확신은 민중적 지평에서 종교개혁에 기름을 붓는 일이었다. 세속적인 영역에서뿐만 아니라 종교적인 영역에서도 있었던 이러한 기만을 노정시

---

53) 프랑스 리용 출신의 부유한 상인 피에르 왈도에 의해 11세기 후반에 남부 프랑스 및 북부 이탈리아 알프스 지역에서 형성된 신비주의적 신앙공동체. 차츰 종교개혁 운동으로 발전하였으며, 프로테스탄트의 선구적 형태로 간주된다. 특징으로는 복음서, 특히 산상보훈에 대한 순종, 엄격한 금욕주의, 성상 및 성화 숭배 반대, 계서제 반대 등 성서에 명백히 위배되는 가톨릭 교회 의식들을 거부하였으며, 사회개혁에 대해서도 많은 관심을 가졌다. 이들의 예배형식은 교구 교회의 그것보 다 수도원 예배형식을 따랐다.

54) 14~15세기 독일과 네덜란드에서 일어난 평신도 경건운동. 이웃을 내 몸같이 사랑하고 그리스도의 생애를 닮아 가는 것에 관심을 두고, 정규 수도회 규율을 두지는 않았으나 비공식적인 서약을 하였으며 철저한 공동체 자급자족생활을 하고 남은 것은 자선활동에 사용하였다.

55) J. Le Goff, *Hérésies et sociétés dans l'Europe pré-industrielle 11e-18e siècles* (Paris, 1958) ; S. Ozment, *The Age of Reform, 1250~1550 : An Intellectual and Religious History of Late Medieval and Reformation Europe* (New Haven, 1981), 3장 참조.

키는 일이, 프로테스탄트가 마음속 깊은 곳에서부터 선전하고 또한 평신도들이 승인했던 새로운 신앙의 중요한 특징이 되었다. 마음속 깊은 곳에서부터 피해의식을 가지고, 양심의 문제를 기만당했다고 느끼며, 또한 물질적으로도 이용당했고 느끼는 사람들이 있다고 치자. 이들이 바로 개혁과 혁명을 맞을 준비가 된 사람들인 것이다.

종교개혁에 관한 가장 도전적인 질문들 가운데 말기 중세의 기원들에 관한 문제를 제외한다면, 오늘날 가장 절실한 과제는 종교개혁이 어떻게 16세기 상황에서 신학으로부터 설교 내지 팸플릿으로 변했으며, 그리고 다시 이것이 어떻게 설교 내지 팸플릿으로부터 법률과 공공 제도로 변하였고 그리고 마침내 이것이 어떻게 일반민들의 일상생활로 발전해 갔던가 하는 문제와 결부되어 있다. 종교개혁의 이 같은 발전 단계들은 서로 명백히 결부되어 있었다. 물론 각 단계는 서로 다른 원리와 관행을 가지고 있었다. 신학자와 팸플릿 작가들이 주도했던 종교개혁은 정무관과 제후들이 주도했던 종교개혁과 달랐으며, 이들 가운데 어느 것도 평신도들이 개인적으로 수용했던 종교개혁과 동일시되기는 어려웠다. 종교개혁 전체를 어느 한 발전단계를 중심으로 규정하고자 하는 경우, 그 결과는 어쩔 수 없이 편향되고 제한적인 것이 될 수밖에 없다.

예를 들어서, 종교개혁을 신학과 선전에 대한 연구를 중심으로 해석하려는 연구자들은 독자들을 신학자와 팸플릿 작가의 정신 속에 가두어 놓는다. 물론 프로테스탄트 소논문, 설교, 팸플릿, 전단 등은 그 양이 엄청나다. 그러나 이들은 단지 이론적 지평상의 종교개혁일 뿐 역사적인 운동 과정을 제시하지는 못한다. 이 같은 자료들을 통해서 접근하는 경우 종교개혁은 항상 극히 논리적이며, 아마도 지나칠 정도로 좋은 무엇으로 비쳐질 것이다. 이와는 대조적으로 종교개혁을 일반 신도들에게 정신적 도덕적 규범을 부과하는 단지 확립된 제도로만 이해하는 사람들은 종교개혁을 뜨거운 가슴과 분명한 목표의식 모두가 결여되었던 운동으로 해석할 것이다.

이들에게 있어서 종교개혁은 기껏해야 실패한 평등주의적 주제들이거나, 최악의 경우 지나치게 경신적인 평신도들이 꾼 불가능한 꿈 즉 악몽으로 변한 꿈에 불과할 것이다.

오늘날 우리들에게 가장 중요한 질문은, 프로테스탄티즘이 그것을 접한 사람들에게 종국적으로 어떤 영향을 미쳤으며, 어떤 품성을 형성했던가 하는 점이다. 새로운 법령과 제도들이 자리잡은 이후, 그리고 설교와 팸플릿, 교리해설 수업 등이 끝난 다음, 또한 장로 법정과 법정 내방자들이 각자의 주장을 마친 다음에도, 과연 누군가가 프로테스탄트 평신도로 남아 있었던가? 평신도의 가슴과 정신 속에 지속적인 영향력을 미친 프로테스탄트 교리는 과연 무엇이었던가? 등이 문제인 것이다.

현대 역사학자들은 종교개혁의 성공을 기본적으로 개인과 집단, 그것도 프로테스탄티즘과의 접촉이 일시적이었거나, 또는 단속적이었거나, 심리저 대립적이었던, 개인과 집단들에 초점을 맞추어 평가하는 경도된 경향을 가지고 있다.56) 이 같은 경향의 연구는 처음부터 편견을 가지고 있기 때문에, 결과적으로 추한 프로테스탄트와 실패한 종교개혁을 발견하기 마련일 것이다. 이러한 접근은 기껏해야 습관화된 생활방식 상의 급격한 변화에는 저항이 따른다는 식의 뻔한 이치를 입증할 따름이다. 종교개혁의 유산이 평신도에게 미친 영향을 공정하게 평가하는 유일한 척도는, 종교개혁과 함께 성장한 사람들 다시 말해서 프로테스탄티즘을 호흡하며 살았던 사람들의 삶 그 자체다. 이들의 삶이야말로 교회, 가정, 학교, 직장 등에서 그리고 다양한 상황과 상당한 시간에 걸쳐서, 나름의 인적 유대와 지적 대응들을 통해서 이들이 선이든 악이든 실제로 영향을 미친 현장이기 때문이다.

---

56) 스트로스는 1989년 12월 미국 역사학회가 주관한 현대 역사학자 대회의 강연에서 이 같은 관행의 만연을 점잖게 비판하였다. G. Strauss, "Viewpoint: The Dilemma of Popular History," *Past and Present*, 132 (1991), pp. 130~149.

Ⅲ. 신학과 선전 : 종교개혁에의 추구

1. 팸플릿 작가의 혁명

종교개혁이 지나치게 종교적 혁명으로만 다루어져 온 것은 아닌가? 종교개혁이 16세기 삶에서 차지하는 비중은 지금까지 우리들이 생각해 온 것보다 훨씬 적은 것은 아니었던가? 종교적 저항과 개혁을 근대 초기 유럽의 사회적 정치적 드라마라는 보다 넓은 맥락에서 볼 때, 실제로 그것은 단지 부분적인 역할만을 수행했던 것은 아닌가?

1520년대 사람들이 루터나 츠빙글리의 설교를 처음으로 듣거나, 한스 베함(Hans S. Beham)이나 게오르그 펜츠(G. Pencz) 등의 미술가들이 그렸던, 가톨릭 교회에 대한 풍자 포스터를 보면서 어떤 생각을 했었던가 하는 점을 오늘날 우리가 이해하기는 쉽지 않다. 정치적 상황이 보다 안정되었던 16세기 중엽과 말엽에도 프로테스탄티즘의 종교적 설득력을 측정하기는 상당히 어렵다. 오늘날 역사가들이 과거의 종교사를 해독하여 진정한 과거의 정치사회적 의미를 드러낼 수 있다는 자신감은, 역사가들에게 "심리적 시대착오"[1]를 경계해야 한다고 역설했던 루시앙 페브르(L.

---

1) "History and Psychology," in *A New Kind of History and Other Essay: L. Febvre*, ed. P. Burke, trans. K. Folca (New York, 1973), p. 7.

Febvre)의 경고를 상기시킨다. 종교개혁이 평신도들에 의해 어떻게 수용되었던가를 해명하기에 앞서, 우리는 먼저 종교개혁이 어떻게 발단되었고, 종교개혁가들이 언제 이를 처음 구상했으며, 성직자와 평신도들의 복음적인 운동이 언제 사회로 하여금 교회개혁에 나서도록 했던가를 반드시 알아야 한다.

오늘날의 종교개혁 연구에 있어서 활용가능한 가장 풍부한 사료인 수천의 프로테스탄트 팸플릿들은, 사람들이 이를 처음 들었을 때의 모습대로 프로테스탄트 메시지를 재구성할 수 있도록 해준다. 15세기 이래로 평신도들 가운데는 종교 및 여타 주제들에 관한 팸플릿과 저술들을 열심히 읽는 독서계층이 두텁게 형성되었으며, 그 숫자 또한 증가하였다. 부유한 상인들이 유능한 관리인과 대리인들을 필요로 했듯이, 군주와 제후들도 노련한 관료들을 필요로 했던바, 이에 이들은 수세기에 걸쳐 평신도 교육을 후원하였다. 인문주의자들 역시 문자해독률을 크게 향상시켰으며, 이 점에서는 12세기 프랑스의 왈도파로부터 15세기 보헤미아의 후스파에 이르는 일탈적 종교운동들도 일반 민들에게 신약성서 읽는 법을 깨우치도록 고취하였다. 흑사병과 100년 전쟁 그리고 교회의 대분열이 있었던 바로 그 14세기에, 평신도 교육 및 중세의 세속 문화에 대한 관심이 크게 진작되었다. 1300~1500년 사이에 유럽 대학의 숫자는 20개에서 70개로 세 배 이상 증가했으며, 점증하는 학생들을 수용하기 위해서 프랑스, 영국, 독일 그리고 이탈리아 등지에 118개 이상의 기숙학교가 설립되었다. 새로이 형성된 방대한 수의 독서 대중은 저렴한 도서 시장을 창출하였고, 가동식 인쇄술도 발전시켰다. 1450년경 마인츠의 요한 구텐베르그 인쇄소에서 처음 시작된 압착인쇄기는 1500년 즈음 독일에서 60여 도시로 확산되었으며, 유럽 전역에 걸쳐 200여 개 이상 보급되었다.[2]

---

2) W. Schmidt, "Vom Lesen und Schreiben im späten Mittelalter," in *Festschrift für 1. Schröbler zum 65. Geburstag*, ed. O. Schmidtke (Tübingen, 1973), pp. 309~

종교개혁의 관점에서 볼 때, 인쇄기를 통해 처음 대량 생산된 것은 1450년대의 면벌부였고, 두 번째로 대량 생산된 것이 1520년대와 30년대의 프로테스탄트 팸플릿이었다는 점은 커다란 아이러니가 아닐 수 없다.[3] 1550년경에 이르기까지 프로테스탄트 저술가들은 대략 10,000여 종에 달하는 다양한 표제의 팸플릿들을 출간하였다.[4] 그리하여 "서적 없이는 종교개혁도 없다"(no books, no reformation)[5]는

요한 구텐베르그

327 ; R. Hirsch, *Printing, Selling and Reading, 1450~1550* (Wiesbaden, 1974), pp. 10~23 ; A. L. Gabriel, "The College System in Fourteenth-Century Universities," in *The Forward Movement of the Fourteenth Century*, ed. F. Utley (Columbus, 1961), pp. 97~99.

3) H. Hiller and W. Strauss eds., *Der deutsche Buchhandel, Wesen, Gestalt, Aufgabe* (Hamburg, 1975), p. 23.

4) S. Ozment, "Pamphlet Literature of the German Reformation," in *Reformation Europe : A Guide to Research* (St. Louis, 1982), pp. 85~106 ; *Flugschriften als Massenmedium der Reformationszeit,* ed. Hans-Joachim Köhler (Stuttgart, 1981) 등 참조.

5) B. Moeller, "Stadt und Buch. Bemerkungen zur Struktur der reformatorischen Bewegungen in Deutschland," in *Stadtbürgertum und Adel in der Reformation*, ed. W. J. Mommsen (Stuttgart, 1979), pp. 29~39 ; E. Eisenstein, *The Printing Press as an Agent of Change*, I (Cambridge, 1978). R. W. Scribner의 비관적인 논평인 "Oral Culture and the Diffusion of Reformation Ideans," *History of European*

경구가 회자될 정도였다. 그러나 이는 단지 절반의 진실에 불과하다. 인쇄술이 없었더라면 종교개혁은 다른 양상을 띠었을 것이며, 반개혁주의자들에게 훨씬 더 취약했을 것이라는 점은 명백하다. 그럼에도 불구하고 종교개혁은 여전히 일어났을 것이다. 그 이유는 16세기의 문화가 압도적으로 구어적이었다는 점에 있다. 90퍼센트에 이르는 대다수 사람들은 지식과 정보를 얻을 때 인쇄물이 아니라 단지 구전에 의존하고 있었다. 마르틴 루터가 "그리스도 교도는 신체기관들 가운데 오직 귀만 가지고 있다"6)고 한 지적은 매우 적절한 것이었다. 당시 프로테스탄트가 되는 데는 오늘날 그러한 것과 마찬가지로 문자해독력을 그다지 필요로 하지 않았다. 오늘날 텔레비전이 현대인들에게 그러하듯이, 프로테스탄트 팸플릿 작가들은 16세기의 인쇄업 덕분에 식자층은 물론 문맹자들에게도 무차별적으로 복음을 전달할 수 있었다. 종교개혁의 초기 수십 년 동안 평신도들에게 쏟아 부어진 수백여 개의 팸플릿은 독자들의 개인적 묵상을 위해서뿐만 아니라 낭독과 공적인 설교를 위해 집필된 것들이었다. 이것들은 대부분 20페이지도 안 되는 짧은 글로서 상당수가 설교였다. 또한 꽤 많은 팸플릿에는 삽화도 곁들여져 있었는데, 이는 마치 글을 읽지 못하는 대중들을 위해 제작된 한 장짜리 목판화와도 같았다.

　팸플릿 작가들 가운데는 루터나 츠빙글리 같이 위대한 종교개혁가들도 있었지만, 이들 중에는 오늘날 우리들에게 잘 알려지지 않은 평범한 성직자와 수도사들도 있었으며, 왕왕 인문주의자의 영향을 받아 스스로 성서를 연구하여 영감을 얻었던 일반 평신도들도 있었다. 이들은 팸플릿과 설교들을 통해서 무엇보다도 종교개혁의 쟁점들에 대한 자신의 생각과 주장들을 명확히 드러냈다. 이 팸플릿이 당대인들에게 깊은 영향을 주었는지, 아니면

　　Ideas, 5 (1984), pp. 237~256 역시 참조하기 바람.
　6) 「루터의 히브리서 강해」(1517~18) ed. J. Atkinson (Philadelphia, 1962), pp. 194~195 참조.

당대인들이 이 저술들에 공감을 보였는지는 확실하지 않다. 그러나 기본적으로 이 팸플릿들은 저자 자신이 경험했거나 적어도 당시 경험하고 있던 변화를 명백히 보여주고 있다. 팸플릿 작가들은 자신의 시대를 진정한 혁명기로 간주하였던 것이다. 아무튼 팸플릿은 시대적 저항의 가장 좋은 증거다. 만약 이들이 없었더라면 종교적 사건이든, 사회적 저항이든, 교회·정치적 갈등이든, 그 어떤 유형의 종교개혁도 불가능했을 것이다. 팸플릿 작가들 없이는 종교개혁에 관해서 알 수도 없고, 깊이 이해할 수도 없으며, 더욱이 종교개혁을 실천한 조직과 리더십에 대해서는 거의 아무것도 알 수 없었을 것이다. 그렇다면 복음주의 운동에 처음으로 생명력을 부여하고, 이를 중부 유럽에 뿌리내리게 했던 팸플릿 작가들의 혁명은 실제로 어떠했던가?

1520년대와 30년대의 팸플릿 문헌들을 보면, 교회와 사회에서 성서의 권위가 교회의 기존 전통의 권위를 대체해야 한다는 변화된 주장이 나타나는데, 여기에서 이미 프로테스탄티즘의 혁명성은 포착된다.[7] 초기의 팸플릿 작가들 가운데 이 같은 비판의 결과를 가장 세밀하고 격정적으로 제시한 인물이 바로 하인리히 폰 케텐바흐(Heinrich von Kettenbach)였다. 그는 종교개혁의 조연급에 해당하는 개혁가로서 보다 깊이 연구해 볼 만한 가치가 충분히 있다. 울름(Ulm) 출신의 프란시스회 수도사였던 케텐바흐는 루터의 개혁운동에 동참하고자 1521년 수도원을 떠났다. 그의 설교와 팸플릿 저술 활동을 통해서 우리는 종교개혁이 강의실의 신학에서 현장적

---

7) 새로운 성서적 칙령은 전체가 성서 구절들로 이루어진 팸플릿의 등장으로 인해 자구적으로 검증되었다. 예컨대, 1520년대 초엽 면벌부에 반대하는 익명의 50개 조항 등이 그것이다. *On Aplas von Rom kan man wol selig werden durch anzaigung der götlichen hailigen geschryfft* (Oxford, Bodleian Library), Vet.D I e.75 (I). 스트라스부르의 정원사인 클레멘트 지글러(C. Ziegler)는 성자 및 성상을 숭배하는 것에 반대하는 성서 구절 선집을 출판하였다. *Ain kurtz Register und Ausszug der Bible in wölchem man findet was Abgöterey sey und wo man jedes suchen soll* (Strasbourg, 1524), OX-BOD, Tracts Lutheran, 39.188.

아우구스부르그 시의 전경

인 선전으로 전환되기 시작했음을 확인하게 된다.

1522년과 23년 사이에 케텐바흐는 울름의 평신도들을 위해 8편의 설교를
집필했는데, 이를 통해서 그는 가톨릭 신앙의 오류를 체계적으로 드러내
보였다. 핵심 주제는 팸플릿 작가들이 아마도 가장 선호하는 성서 구절이었
을 요한복음 14장 6절 즉 "그리스도께서 '나는 진리이다'고 말씀하셨지,
'나는 관습이다'고 말씀하시지 않았다"는 것이었다.[8] 수사학자였던 케텐
바흐는 루터가 했던 방식으로 가톨릭 교회의 변덕스러운 교회법과 교황령

---

8) "Auch spricht Christus Jo.14 : Ich bin die warhait ; er spricht nicht : Ich bin
   gewonhait" (Augsburg 1522), in *Flugschrift aus den ersten Jahren der Reformation*,
   ed. O. Clemen, 2 (Nieuwkoop, 1967), pp. 21~22.

들을 비판하였다. 그는 가톨릭 교회가 교황의 변덕에 따라 30 내지 40년마다 새로운 규칙과 기율을 채택한다고 지적하였다. 그는 가톨릭 교리가 도박꾼, 고리대금업자, 도적떼, 수영객, 시인 그리고 일용 노동자들이 주고받는 암호보다 훨씬 더 일관성이 없고 불확실하며, 교회는 성서에 불필요한 것들을 덧붙임으로써 순수한 그리스도 교도들의 양심을 우롱하고 있다고 주장하였다.9)

---

9) 케텐바흐는 전통의 권위를 수호하고자 했던 가톨릭 변론가들이 작성한 열 가지 논쟁점을 아래와 같이 제시하였다.
  (1) 성령은 교황과 교회 공의회의 관리권을 계도하신다.
  (2) 두세 사람이 그리스도의 이름으로 모인 곳에도 그리스도는 함께 하신다.
  (3) 사도들이 복음을 변용하였으며, 사도직을 맡는 다른 이들 역시 그리해야

유력했던 울름의 수도원 공동체는 케텐바흐의 공격을 달가워하지 않았다. 그리하여 이들은 1523년 그를 도시에서 추방하였다. 그는 도시에서 추방된 직후 43개에 달하는 전통적 교회의 가르침과 관행들을 비난하는 설교를 했던바, 그에 따르면 이들은 아무런 구속력도 가지지 않는 인정적 설화, 교황령, 생명력 없는 법률, 황제의 칙령 등에서 유래된 것들이었다.[10] 그의 주장에는 몇몇 본질적인 사항들도 포함되어 있었다. 즉 성서에 대한 교황권의 우위, 평신도에 대한 성직자의 우위, 세속적인 과세와 세금의 면제, 평신도의 범죄에 대한 성직자 재판권, 고해성사 집례권,[11] 교황의 성인 시성권 및 교리 제정권, 대중적 종교 관행들 특히 면벌부의 판매 및 기념 미사 등에 대한 수수료 지불 의무화, 봉헌초 헌납, 성상숭배, 성체찬미 즉 화체설 교리와 같은 종교 행위의 제도화 등이 여기에 속했다.[12] 같은 해인 1523년 출간된 다른 한 팸플릿에서 케텐바흐는 교황의 적그리

할 것이다.
(4) 그리스도는 모세에게 주어진 율법들에 많은 변화가 이루어지도록 허락하였다 (예를 들어서, 이는 할례 및 돼지고기를 먹는 일 그리고 안식일을 준수하는 일 등에도 적용하게 되었다).
(5) 파리 대학의 신학교수들은 오래 전부터 성서에 문자적으로 언급되지 않은 결론들을 도출해 왔다.
(6) 성서도 사람에 의해 기록되었다. 그리하여 이 역시 '공허한 인간의 기록'이다.
(7) 성 아우구스티누스는 "만약 교회의 능력과 권위가 나를 강제하지 않았더라면, 나는 복음을 믿지 않았을지도 모른다"고 가르쳤다.
(8) 프로테스탄트들은 성서에서 찾을 수 없는 교훈까지 역사와 자연으로부터 끌어내어 가르친다.
(9) 만약 프로테스탄트가 교회법, 둔스 스코투스, 토마스 아퀴나스 및 이와 유사한 전거들을 모두 부인할 수 있다면, 성서조차도 부인될 수 있다.
(10) 그리스도 교회는 오랜 세월 동안 평신도들에게 성찬의 잔을 받지 못하도록 금함으로써 성서를 왜곡하였다. *Ein Sermon wider des pabsts kuchenprediger zu Ulm* (Augsburg, 1523), pp. 36, 38~39, 40~41, 44~46, 47~49.
10) Clemen 2. 109~110.
11) 케텐바흐는 루터를 옹호하는 또 다른 설교에서 고해성사에 대한 15가지 남용 사례를 세밀하게 검토하였다. Clemen 2. 160~164.
12) *Ein Sermon...zu der loblichen statt Ulm zy eynem valete*, pp. 111~118.

스도적인 행위와 성서에 기록된 그리스도의 사역 간의 차이점을 49개 항 이상 제시하였다. 이는 그림과 글을 이용한 초기 프로테스탄트들의 선전 가운데 가장 즐겨 사용된 방법이었다.[13] 열정적이고 묵시록적인 수사를 통해, 케텐바흐는 독일의 경건한 기사들에게 참사회, 수도원, 수도원장 및 군주와 제후들의 육체, 영혼, 명예, 재산을 빼앗는 모든 약탈자들에 맞서 싸우라고 촉구했다.[14] 당시 루터의 후견인으로 부상한 작센의 선제후 프레데릭 현명공은 루터를 정죄한 황제의 칙령을 거부하고, 오히려 "진리와 하나님의 말씀에 굳게 섬으로써"[15] 자신의 영토 내에서 순복과 평화를 지킨 통치자로 칭송되었다. 케텐바흐는 당시 종교개혁의 기로에 있던 뉘른베르그, 아우구스부르그, 울름, 스트라스부르의 정무관들에 대해서도, 그들 역시 선제후의 예를 따른다면 이와 유사한 정치적 성공을 거둘 수 있다고 약속하였다.

그러나 케텐바흐는 성공에 대해 비현실적인 기대를 하지는 않았으며, 몽상가도 아니었다. 전통적 권위와 평신도의 경신성 사이의 공생관계를 인식하고 있던 그는 당대의 개혁적 성향을 냉정하게 평가하였다. 강제적 금식에 대해서는 이것이 성직자와 평신도 모두에게 뿌리 깊이 스며든 비그리스도교적 관행이라고 지적하였다. 그는 그리스도 교도들에게 파문을 들먹이며 사순절 40일 동안 그리스도를 모방하여 금식하도록 만드는 근거란 복음서 어디에서도 찾아볼 수 없다고 확신하였다. 그러나 특정 음식을 피하는 관행은 도처에서 시행되고 있었다. 또한 그는 "우리 역시

---

13) 두 개의 두드러진 사례는 Lucas Cranach the Elder, *Passional Christi und Antichristi* (1521)와 Judas Nazarei (pseudo.), *Das Wolfgang* (1520년대 초엽) 등이다. Robert W. Scribner, *For the Sake of Simple Folk : Popular Propaganda for the German Reformation* (Cambridge, 1981), pp.148~189 등 참조.

14) Clemen 2. pp.146~147.

15) Clemen 2. pp.188, 192. 문제의 단락이 예외적으로 간결하거나, 의미심장하거나, 계몽적이거나, 또는 어떠한 번역도 원래의 뉘앙스를 충분히 전달하지 못할 경우에는, 본문을 그대로 인용하도록 하겠다.

물 위를 걷고, 죽은 자를 일으키며, 절름발이를 고쳐야 하는가?"라고 냉소적으로 반문하였다. 평신도들도 이 같은 영웅적 행위들을 통해 그리스도를 모방해야 하는가? 그리스도가 행한 자선, 인내, 겸손의 모범을 소박하게 따르는 것으로는 부족한가? 복음서는 금식을 단지 "자발적으로 그리고 기쁜 마음으로" 선택하는 자들에게 권했을 따름이다. 따라서 하나님이 명령하지 않은 일을 사람들에게 강요함으로써 "양심을 마비시키는" 일은 복음이 아니었다.16)

케텐바흐의 생각으로는, 이처럼 잘못된 모든 전통의 기저에 고위 성직자의 탐욕과 평신도들의 경신성이 깔려 있었다. 그에 따르면 교황의 전제는 평신도들에 대한 응분의 징벌이기조차 했다. 케텐바흐의 눈에는 하나님이 평신도들에게 "너희들이 교황을 나보다 더 높이 세웠다"고 말씀하시는 것처럼 보였다.

나는 너희들에게 교황을 종으로, 들판의 목자로 주었다. 교황 자신도 스스로를 하나님의 모든 종들 가운데 종(*servus servorum Dei*)이라고 고백하였다. 그러나 너희들은 오히려 교황을 군주들의 군주, 심지어 하나님보다도 더 높은 상위자로 만들었다. 너희들은 교황으로 하여금 성서의 말씀을 보태고 바꾸도록 허락함으로써 하나님 위에 군림하도록 했다. 그리하여 오늘날 너희들이 그리스도 교도가 아니라 교황주의자로 불리는 것은 당연한 일이다.17)

케텐바흐는 평신도들의 경신성이 매우 지나치다고 생각하였다. "평신도들은 성서와 하나님의 말씀을 제쳐두고, 옳든 그르든 그들의 성직자만 따른다. 심지어 성직자가 평신도들에게 기만적인 방법으로 악마나 당나귀

---

16) *Ein nützliche Predig...von dem vasten*, pp. 14~15, 21~23.
17) *Ein Sermon wider des pabsts kuchenprediger zu Ulm*, p. 36.

Vmb gelt ein ſack vol ablas.

Regnum.

Diaboli.

일곱 개의 머리를 가진 교황이라는 괴물

가 하나님이라고 말해도 이들은 그것을 믿을 것이다"라고 그는 지적하였
다.18) 성직자가 자신들의 영적 우월성을 자랑할 때 평신도들은 무엇을

---

18) 앞의 책, p. 38. 케텐바흐에 따르면, 세상은 오랜 역사 기간 동안 진리를 잘못
    알고 있었다. 5000년도 훨씬 이전에 하나님은 아브라함과 첫 계약을 맺었으며,
    그리고는 이것이 유대인들 사이에 1500여 년 유지되었던 바, 유대인들이 그리스도
    를 부인한 것은 이 기간의 일이었다. 이러한 태도는 모하멧의 출현 이후 약

하였던가? 예를 들어 보자. 성직자가 자신의 성적 행위나 또는 부동산 투자를 질적인 면에서 평신도의 그것과 다르다고 규정하고, 이를 보다 관용적인 규범과 규정에 의해 판단해야 마땅하다고 주장할 때, 세속 영주와 제후들은 이를 묵인하며 수용하지 않았던가. 다시금 케텐바흐는 그토록 많은 영주와 제후들이 강력하고 사나운 바빌론 매춘부인 로마 교회의 벙어리 예속민이 되어 종교적으로 무지한 자가 된 것은, 바로 평신도들의 게으름에 대해 내린 하나님의 응분의 벌이라고 생각하였다.[19] 일반 평신도 들은 오류, 미신, 우상숭배를 더욱 기꺼이 수용하였다. 이들은 즐겨 수도승 의 승복으로 자신을 가렸으며, 또한 자녀와 손자들 몫의 유산을 기념 미사로 낭비하기도 하였다. 이 같은 봉헌이 자신들에게 영생을 가져다준다 고 믿었기 때문이다.[20]

이러한 경험 때문에 케텐바흐는 평신도의 계몽에 대해 전반적으로 비판 적이었다.

죽음에 직면하면 누구나 미신과 잘못된 우상숭배에 빠지기 쉽다. 누구도 자신의 구원을 위해 예수 그리스도를 진심으로 믿지 않는다.……그러나 이 같은 일을 말하는 것이 무슨 소용이 있는가? 사람들은 오히려 바빌론의 포로로 남기를 좋아한다. 이들은 마치 고레스 왕 치하의 유대인들과도 같다. 고레스 왕은 유대인들에게 자신들의 선조들의 땅으로 돌아가 자유를 누리도록 허락했음에도 불구하고, 여전히 많은 유대인들은 스스로의 선택 에 따라 이방인의 땅에 머무르지 않았던가.[21]

800년 동안 사라센인들과 모슬렘인들 사이에 유지되었다. 그리스도 교도들 역시 12, 13세기에 교황권이 세속적인 우위를 점하고 스콜라주의가 수도원과 대학을 장악한 이후 약 300~400년 동안 잘못된 인식을 가지게 되었다는 것이다.

19) 앞의 책, p. 100.
20) 앞의 책, p. 101.
21) 앞의 책, p. 101~102.

프로테스탄트 팸플릿 작가들이 가톨릭 교회와 그 성직자들을 비난한 근거는 탐욕과 속임수에 관한 것이었다. 그런데 팸플릿 작가들이 평신도의 한계를 지적하고, 그 경신성과 무기력을 지적하자, 이것들 역시 새로운 범죄로 부각되기에 이르렀다.

평신도들이 혼히 범하는 잘못 가운데 하나는 성서가 가르치지도 않은 것을 너무 쉽게 믿고, 하나님이 명하지 않은 일까지도 선뜻 행하는 데 있었다. 이들은 구원을 너무나 열망한 나머지 종교적 환상에 쉽게 기만당했다. 무엇보다도 팸플릿 작가들은 교회의 가르침 가운데 많은 부분이 인정적 기원을 가진 것들임을 입증하고자 했으며, 평신도들에게 건강한 회의주의와 전통에 대한 도전 정신을 가지도록 고취하였다. 케텐바흐는 이를 위해서 노골적인 폭로와 비난도 서슴지 않았다. 한편 다른 팸플릿 작가들은 풍자와 조소를 통해서 평신도들이 자긍심을 가지도록 고취했으며, 교회에 대해서도 의로운 분노와 함께 냉소적인 태도를 가지도록 하였다.22)

독일 주조청이 매일 새 동전을 찍어내는 이유

만약 독일인들이 경각심을 갖지 않는다면, 독일은 세 가지 적들로 인해 재정적으로 붕괴될 것이라고 지적되었다. 첫 번째 적은 교황의 칙령, 면벌부 및 특허장들인데, 이들은 무가치한 영적 상품들로서 이를 통해 교황은 평신도의 선량하고 깨끗한 많은 돈을 갈취한다. 삽화에서는 예수께서 달렸던 십자가에 한 개의 면벌부가 걸려 있다는 점이 두드러진다.

독일의 경계해야 할 두 번째 치명적인 적은 상인들이었다. 교황이 독일인들에게 그들의 영혼을 위한다는 명분으로 무가치한 [영적] 상품을 판매하듯이, 상인들도 독일인들의 육신을 위한다는 명분으로 향료, 이탈리아산

---

22) 웃음의 역할에 대한 인식의 변화에 대해서는 J. C. Baroja, *The World of the Witches*, trans. O. N. V. Glendinning (Chicago, 1965), p. 218 참조.

포도주, 비단, 견주자 및 린넨(아마포)과 같은 쓸모없는 외국제 상품들을 끊임없이 판매한다. 그리하여 욕망, 질투 및 자신의 삶에 대한 불만 등이 특히 독일의 농민 계층에 만연하게 되었다. 이들도 지나친 허영과 무절제에 빠져들고 있었다. 상인들에게 현혹되어 분수에 넘치는 상품을 구입하고자 했기 때문에 사회의 각층의 사람들이 오래지 않아 큰 빚더미에 앉게 되었다. 상인들이 계속해서 돈을 빌려 주고 부당이득을 챙겼기 때문에, 공적인 보조를 받아야만 하는 극빈자와 무주택자 숫자도 증가되었다.

독일을 붕괴시키는 세 번째 적은 새로운 의복 습관이었다. 의복의 유행이 처음엔 짧게, 다음엔 길게, 이번에는 넓게, 다음에는 좁게 하는 식으로 끊임없이 변했으며, 값비싼 모피나 장신구를 첨가하거나 계속 늘림으로써 최신의 외국 스타일을 지나치게 모방하였다.

이 세 요소, 즉 교황, 상인들, 새로운 유행 관습 등이 단순하고 평화로우며 질서정연했던 독일인의 삶의 방식을 위협하였다. 만약 독일인들이, 영적·물질적 어리석음을 계속한다면, 이들은 분명 독일에게 하나님의 진노와 응징을 불러올 것이라고 저자는 경고하였다.

팸플릿 가운데 가장 널리 읽힌 유형은 대화체 팸플릿이었다. 그런데 이 대화체 팸플릿 작가들 가운데 가장 뛰어난 인물이 에버린 폰 긴즈부르그 (Eberlin von Günzburg)였다. 그는 루터 이후 1520년대 초엽 가장 많은 글을 쓴 프로테스탄트 팸플릿 작가로서, 오늘날에는 거의 알려져 있지 않지만 당시에는 루터만큼이나 유명했었다. 그의 재능을 보여주는 탁월한 예가 「독일에 돈이 없는 이유」라는 독일의 빈곤에 대한 그의 해설서였다. 이는 세 사람의 평신도 여행객과 에버린의 대역인 프시타쿠스라는 이름의 등장 인물 사이에 오고간 토론집이었다. 이 팸플릿이 독일의 문제를 오로지 교회의 탓으로만 돌린 것은 아니었다. 독일의 문제는 만연된 전쟁에도 상당한 책임이 있었으며, 또한 상인들은 물질주의와 불로소득의 악습을 보였고, 높은 물가와 터무니없는 이자율을 통해 매우 교묘한 방법으로 사람들을 약탈함으로써 군인들보다도 사회를 더욱 타락시켰다는 것이다. 그럼에도 불구하고 에버린은 전직 프란시스회 수도사였던 케텐바흐와 마찬가지로 악정의 가장 큰 책임이 누구보다도 성직자들에게 있다고 확신하였다. 군인 및 상인들보다도 속임수와 자기 영달에 더욱 능했던 성직자들은 실제로 자신들이 착취했던 자들로부터도 존경과 칭송을 받을 수 있었다. 여행객의 한 사람인 요르그 라이헤르(Jörg Laicher of Rottenburg)는 성직자가 이를 어떻게 행했는지를 다음과 같이 설명하였다.

모든 나라, 도시, 촌락, 장원, 가정들에서, 시와 때를 막론하고, 모든 수단과 기회를 동원하여, 하나님과 그의 성자들은 우리들에게 와서 구걸하기를 "적선하시오, 적선하시오"라고 부르짖었다. 이들의 애원에 감동된 우리는 이들에게 우리의 재산과 생명까지 내놓았다.……결국 우리는 하나님과 그의 성자들은 물론 그들의 수많은 하인들 및 헤아릴 수 없이 많은 탁발 수도사, 교구 사제, 수도승, 수녀 등과 같은 집단 전체를 부양하게 되었다. 그런데 이들 모두는 마땅히 해야 할 노동은 하지도 않은 채, 호사스런 제후들처럼 쾌락적이고 풍요로운 삶을 누리고자 하였다. 이 같은 생활은 많은 부와 재화들을 필요로 하는데, 이들은 자신들이 하나님의 종이기 때문에 이런 부귀영화를 누릴 자격이 있다고 주장하였다. 그러나 이들은 이미 호사스러운 생활 덕분에 자신들 스스로가 하나님과 필적할 수 있게 되었다고 생각하였다. 이들은 경건성과 거룩함이 충만하기 때문에, 자신들이 은혜를 베풀면 우리들 역시 거룩해질 수 있다고 주장하였다. 또한 이들은 면벌부를 무한히 많이 가지고 있기 때문에, 자기들에게 적은 비용의 수수료만 내면 뭇 영혼을 연옥으로부터 구원해 낼 수 있다고 주장하였다. 심지어 이들은 영혼이 연옥에서 지내야 하는 시간을 계산해 내는 특수한 책도 가지고 있었다. 프란시스회 수도사인 카스파 샤츠가이어가 집필한 이 같은 류의 책들 가운데 하나는 우리 주 하나님이 하늘에 546에이커의 들판으로 이루어진 하늘 나라를 만들어 놓았다고 주장하였다. 그 곳에는 말할 수 없는 기쁨과 함께, 많은 군중들을 위한 충분한 공간도 있었다.

또한 그 곳에는 경작지와 목초지, 주택과 장원 그리고 하나님 경배에 필요한 공정한 지대와 세금 등도 있었다. 그 곳은 축복의 섬(*Insule fortunate*)으로서, 여기에 거하는 자들은 이 땅에서 성자들에게 베푼 것의 100배를 되돌려 받는 곳이기도 했다. 하늘 나라에서 100배 보상을 받을 수 있다면 우리 중에 이 땅에서 자신의 모든 소유를 바치지 않을 사람이 누가 있겠는가? 23)

프시타쿠스와 요르그 라이헤르에 따르면, 성직자들은 하나님과 그의 성자들이 이 땅에 있는 동안 매우 특별한 주거 시설을 필요로 한다고 평신도에게 설득함으로써, 많은 혜택을 누리고 있었다.

프시타쿠스 : 하나님은 최고의 통치자며 군주이기 때문에, 그와 그의 종들은 이 땅에서 가장 좋은 집을 가져야 한다고 사제는 말했다. 우리가 이 점에 동의하자마자, 탁발 수도사들은 춤추기 시작했다.

요르그 : 하나님이 우리와 함께 밤을 새는 일은 매우 드물고, 성자와 성물들 역시 대략 일년에 한 번 정도 우리를 방문할 뿐이며, 이 경우에도 이들은 사제와 함께 유숙하거나 객사에 묵기를 좋아하는 것이 사실이다. 다수의 가난한 가정들이 여전히 초라한 판잣집에 살고 있다 하더라도, 하나님은 여타의 존재들과는 구별되는 거처를 반드시 가져야 한다. 하나님의 집을 한 번 보라! 얼마나 넓고, 얼마나 높은지, 마치 산 위의 성채처럼 얼마나 우뚝하게 솟아 있는지! 게다가 분리된 성가대석과 값비싼 베니스산 채색 유리도 갖추고 있지 않은가! 벽에는 수많은 아름다운 성화들이 있고, 사방의 철과 납은 농민들 오두막의 지푸라기보다도 더 많다. 회중석의 자리가 값싸고 소박한 반면에, 잡담이나 하고 술 취한 사제들을 위한 성가대의 자리는 어찌나 으리으리한지! 제단은 귀한 석재로 만들어졌고, 금으로 수놓은 화판이 있으며, 값비싼 천으로 드리워져 있다.

23) *Johann Eberlin von Günzburg, Sämtliche Schriften* 3, ed. L. Enders (Halle, 1902), pp. 171~172.

또한 백랍과 황동으로 만든 촛대, 격자무늬로 만든 성서낭독대, 수많은 원주기둥, 깃발 그리고 장식문들이 즐비하였다.

프시타쿠스 : 이들 모두가 얼마나 쓸데없는 것들인가!

요르그 : 그러나 이것들은 단지 시작에 불과하다. 하나님의 집에는 어디든지 미사책, 찬미서, 십자가, 은으로 만든 성체 현시대, 작은 성유통, 성사를 위한 특별한 감실, 세례반, 화려한 제의, 성가대 외투, 값비싼 아마포로 만든 하얀 성가대복, 가죽, 비단 그리고 능직천24) 등이 있었다. 또한 그곳에는 미사 집전에 필요한 특별 도구, 미사 집전시 사제의 왼 팔에 거는 주수 수건, 실크 스카프 그리고 성가대 모자 등도 있었다.25)

세 여행객은 성직자들이 냉혹하다고 불평하였다. 성직자는 수많은 교회들을 가지고 평신도들을 포위하고 있었다. 즉 1마일이 멀다하고 예배처가 세워졌으며, 마을마다 두세 개가 들어서 있었고, 시골길을 따라서 예배처가 세워지지 않은 곳이 없었다. 모든 농민들은 자신의 포도원이나 경작지 가장자리에 돌이나 나무로 만든 작은 성인 사당26)을 가지고 싶어했다. 한편 성직자들은 가장 값비싼 토지를 소유하고 있든가 혹은 그것으로부터 지대를 받았다. 이들은 평신도들에게 기도, 세례, 견진성사, 장례 및 병든 어린이들을 위한 중보기도 등에 대해 수수료를 요구하였다. 자선모금 상자는 짧은 산책로에까지 빼곡히 설치되어 있었는데, 이 자선 상자들은 제대로 숭배만 하면 통풍27)으로부터 사람들을 지켜주는 수호성자인 성 퀴린(Saint Quirin) 등과 같이 다소 으시시한 모습으로 장식되어 있었다. 역병 수호성자들 역시 많았는데, 수도원 운동의 창시자인 성 안토니도

---

24) 식탁보를 만드는 데 사용하는 천.
25) 앞의 책, p. 174.
26) 일종의 가정 수호신으로 집 주변에 성인의 유골이나 유품을 모신 개인 예배처. 그 곳에서 기도하면 성인의 공로로 인하여 자신의 안녕을 보장받을 수 있다고 믿었다.
27) 발가락, 무릎, 손가락 등의 관절이 붓고 아픈 병.

여기에 속하는 한 예였다. 성 안토니는 그가 설립한 수도회에 돼지를 봉헌하면 '성 안토니 열병'[28]으로부터 사람들을 낫게 해준다고 알려졌다. 또 성 벤델(St. Wendel)이라는 목자들의 수호성자도 있었는데, 그에게 양을 바치면, 그는 이에 대한 대가로 양떼들을 보호해 주었다. 한편 평신도 가 종교단체에 가입하는 경우에는 보다 많은 종교적 비용을 지불해야만 했다. 뿐만 아니라 탁발 수도사들은 떼를 지어 다니며, 평신도들에게 돈, 포도주, 맥주, 완두콩, 옥수수, 의복, 치즈, 달걀 등을 요구하고는, 위대한 영적 자유 내지 면벌부라는 극히 매력적인 보상을 약속하였다. 당시에는 성 베드로의 면벌부가 독일의 모든 돈을 긁어모으고 있었는데, 그 수익금이 로마의 성 베드로 성당의 재건축에 사용되었다.[29]

요르그 라이헤르는 대화집 끝부분에서, 하나님과 성자 및 그들의 성직자 들이 "평신도를 소유하고 있다"고 결론지었다. 이들은 이 땅의 모든 것들을 자신들에게 귀속시킴으로써, 평신도가 가진 모든 것들도 자신들의 소유로 만들어 버렸다는 것이다. 작품 속의 또 다른 여행자인 징크 렌펠덴(Zingk of Renfelden)은 이렇게 동의하였다.

오늘날의 하나님은 우리에게 유익을 끼치지 않는다. 그는 우리의 재산을 탈취하고, 우리의 삶을 위험에 빠뜨린다. 그는 왕왕 달걀, 버터, 고기를 먹지 못하도록 금하고, 자신을 위한 전쟁에 우리를 내보내 죽게 하며, 한 그로쉔(Groschen)[30]을 내지 않았다고 우리를 영원히 파문하고 저주한 다. 우리들의 하나님은 전혀 하나님이 아니거나, 적어도 참된 하나님은 아니다. 만약 참된 하나님이라면 자신의 종들에게 선을 행하며 그들을 보호하고 구원할 것이 아니겠는가.[31]

---

28) 연쇄상구균 감염으로 인해 치명적인 합병증을 일으켜 피부에 염증을 유발한다. 단독(erysipelas)을 가리키던 당시의 통칭.
29) 앞의 책, pp. 175~178.
30) 독일의 10페니짜리 은화. 오늘날에는 더 이상 통용되지 않음.

그리하여 이들 세 순례자는 중세 교회의 잘못된 관행들 때문에 무신론의 지경에 이르게 되었다. 그러나 이 같은 결론이 종교개혁적 팸플릿 작가들의 최종 주장이 될 수는 없었다. 이에 징크는 대화집 끝부분에서, 전통에 입각한 '거짓된 하나님'으로부터 성서에 입각한 '참된 하나님'으로 나아갈 것을 호소하면서, '믿음에 의한 구원'이라는 루터의 가르침을 다음과 같이 요약하였다.

> 나는 구약성서를 통해 한 분의 참된 하나님을 배웠다. 그는 수많은 선한 일들을 자신의 백성을 위해 값없이 베풀었고 아무런 대가도 요구하지 않았다. 그는 자기 백성들의 죄를 용서했으며, 그의 아들은 이들을 위해 죽었다. 그는 자기 백성들이 무엇이든, 언제든, 필요한 것을 먹도록 허락하였다. 그의 종들은 헌신적이며 외경스러운 자들이었다……또한 그가 자신의 백성에게 요구한 유일한 명령은 서로 화평하며 사랑하라는 것이었다……이에 나는 이 하나님을 받아들이고 옛 하나님을 떠나보낼 것이다. 왜냐하면 이 하나님은 명백히 옛 하나님이 아니기 때문이다. 성서는 교회법과 같은 우리의 종교서적들보다 훨씬 더 유서 깊으며, 성서의 하나님은 우리들의 하나님보다 훨씬 오래된 분이다. 따라서 나는 성서의 하나님이 참된 하나님임을 알게 된다.[32]

문헌상의 사건으로서 팸플릿 작가들이 추구했던 혁명은 일반 평신도들이 자신들을 속이려던 자들의 영적 기만에 대해 새로운 자각을 가지고 일으킨 반란이었다. 이 점은 팸플릿에 등장하여 공식적인 신학논쟁을 벌였던 식자층 평신도들을 통해서 우선 대중들에게 전달되었다. 뿐만 아니라 팸플릿에 등장했던 영적으로 각성된 제화공, 제빵사, 요리사, 숟가락 제조공, 종 제작공, 목수, 건초 제조업자들 역시 이 점에서 중요한

---

31) 앞의 책, p. 178.
32) 앞의 책, p. 180.

역할을 하였다. 이들은 보다 서민적인 논리와 대화로 독자와 청중들에게 호소하였다.

뉘른베르그의 저명한 제화공이며 대성악가(Meistersinger)[33]였던 한스 자흐(Hans Sachs)는 특히 일반 평신도들로 하여금 종교개혁을 변론하도록 하였다. 1524년 작성된 4권의 대화집에서, 그는 새로운 프로테스탄트 복음을 뉘른베르그 평신도들의 입을 통해서 제시하였다. 첫 번째 대화집에는 참사회 회원과 제화공 간의 토론이 수록되어 있었는데, 이 토론의 주제는 루터를 지지했던 평신도인 한스 자흐의 의도와도 밀접하게 결부되어 있었다. 대화의 주제는 평신도와 성직자의 영적 평등함에 대한 평신도의 새로운 자각이었다.

학식이 많은 참사회 회원이 먼저 제화공에게 강론하였다. 그런데 이 제화공은 1523년 자흐가 루터를 찬양하기 위해 쓴 「비텐베르그 나이팅게일」(The Wittenberg Nightingale)이라는 시에서 성직자를 꾸짖고 심지어 교회조차 비판하는 자로 암시되었던 인물이었다. 참사회 회원에 대한 답변으로서 제화공은 "서품을 받은 사제든 아니든 죄를 범한 형제를 책망하는" 것은 세례받은 그리스도 교도의 권리이자 의무라고 주장하였다. 이에 참사회 회원은 서품을 받지 않은 비성직자 신분의 평신도는 누구든 성서를 해석할 자격이 없다고 대응하였고, 반면에 제화공은 자신의 세례와 내면적 소명에 호소하였다. 제화공은 "하나님을 극히 생생하게 묘사했던 성 요한이 대학 교육을 받은 적이 있었던가?", "그는 단지 어부에 불과하지 않았던가?" 라고 지적하면서 반론을 가하였다.[34]

---

33) 14~16세기 독일의 도시들에서 장인 및 상인 계급의 음악가·시인들로 구성되었던 시인조합의 성악가. 이들은 문화적 예술적인 면에서는 그 가치가 미미하나, 시민연극의 육성이라는 점에서 의의와 역할을 찾을 수 있다. 대표적인 예가 W. R. 바그너의 악극 「뉘른베르그의 명가수」이다.

34) H. Sachs, *Disputation zwischen ainem Chorherrn und Schuchmacher* (n.p.,1524) (Yale, Beineke Library), pp. A 4 b-B I a.

제화공은 스스로 읽은 성서를 토대로 성직자들의 품행을 비판했을 뿐만 아니라, 성자 숭배, 금식, 고해성사, 교회 공의회의 권위 등도 인정하지 않았다. 그가 인정했던 유일한 권위는 예루살렘에서 원래 12명의 사도들로 구성되었던 사도들의 공의회뿐이었다. 참사회 회원이 "유서 깊고 선한 전통을 경시해서는 안 된다"고 경고하자, 제화공은 팸플릿 작가의 널리 알려진 비난으로 이렇게 대응하였다. "그리스도는 요한복음 14장 6절에서 '나는 길이요 진리요 생명이라' 말씀하셨지, 결코 '나는 관습이라'고 말씀하시지 않았다. 우리는 마땅히 하나님의 말씀이며, 하나님 그 자체인 진리 위에 서야만 한다……왜냐하면 관습은 인간으로부터 왔다가 인간과 함께 소멸될 것이기 때문이다."[35]

주요 종교개혁가들 역시 평신도들이 도덕성과 영적 통찰력에 있어서 가톨릭 교회의 성직자들보다 우월하다고 지적하였다. 지방의 분쟁에 개입하고 있던 스위스의 개혁가 츠빙글리는 한스 퓌슬리(H. Füssli)라는 문맹의 종 제작공을 칭찬하였는데, 그는 박식한 스트라스부르의 교장이며 교회법 학자였던 제롬 게빌러의 노여움을 사고 있던 터였다. 츠빙글리 자신이 1523년 출판했던 신학적 저술과 유사했던, 퓌슬리의 1524년 작 팸플릿인 전통 종교에 대한 비판집 「67개 조항」[36]에 붙인 간략한 서문에서, 츠빙글리는 이렇게 지적하였다.

경건한 그리스도 교도 독자들이여, 마태복음 11장에 기록된 바와 같이, 우리 하나님 아버지께서 어떻게 자신의 신성한 빛과 지혜를 현자와 지식인에게는 숨기시고 어린아이 같은 자들에게는 드러내셨는지를 보시오. 이사

---

35) "Gewonnhait ist vergencklich," 앞의 책, pp. B 2 b-4 a.

36) 이 책에서 츠빙글리에 대한 루터주의자의 비난이 처음 제기되었다. 루터주의자는 츠빙글리가 마르틴 루터가 아닌 사도 바울의 복음을 가르쳤다고 주장하였다. *Huldreich Zwinglis samtliche Werke*, ed. E. Egli et al. (Leipzig and Berlin, 1905~), 2.147.

야 29장 14절의 말씀에서도 하나님은 이와 같이 지혜로운 자들의 지혜를 멸하시고 유식한 자들의 지식을 물리치십니다. 우리 하나님은 비천한 대중들에게 은혜를 베풂으로써 지혜로운 자들을 부끄럽게 하십니다. 이 글의 필자인 종 제작공은 하나님과 어머니로부터 물려받은 것 이외에는 언변과 지식이 매우 부족한 미미한 사람이었습니다. 그럼에도 불구하고 그는 오랫동안 다양한 학식 특히 교회법이라 불린 교회의 세밀한 규범들 등에 정통했던 나이든 교장을 비판하였습니다. 신실한 신앙을 가진 사람이라면, 이들 가운데 누가 거룩한 진리를 보다 잘 이해하고, 하나님의 말씀을 보다 참되게 해석했는지를 깨닫게 될 것입니다.

또한 이 글에서 우리는 현세의 유력한 제후들이 왜 그리스도의 가르침을 핍박했던가를 깨닫게 될 것입니다. 그리스도가 처형당한 후, 그를 세상에 알려 그가 살아 있을 때보다 더욱 유명해지도록 만든 이는 바로 어부들이었습니다. 그리고 이 같은 어부들이 모두 세상을 떠난 후에도 종 제작공, 방앗간지기, 유리 제조공, 재단사, 제화공, 재봉사 등은 계속해서 우리들에게 그리스도에 관해 가르칠 것입니다. 이들은 과거에 어부들이 그랬던 것처럼, 이미 그리스도를 가르치고 있습니다. 따라서 사랑하는 학생들이여, 만약 여러분이 교황과 수사학을 배우고자 한다면 게빌러에게 가십시오. 왜냐하면 한스 뛰슬리는 이에 관해 아는 바가 전혀 없기 때문입니다. 그러나 만약 여러분이 명확히 선포된 하나님의 진리를 듣고자 한다면, 연설가 게빌러가 아니라 이 종 제작공의 발 앞으로 오십시오.[37]

종교개혁 초기의 팸플릿 문헌들은 이러한 주제들로 가득 차 있었다. 이들의 명백한 의도는 평신도들의 영적 자신감 및 성직자와의 평등의식을 불러일으키고 이를 실천하는 데 있었다. 1520년대의 또 다른 팸플릿 작가였던 한스 스타이그마이어(H. Steigmeyer)는 평신도야말로 "모든 주교들보다

---

37) *Antwort eins Schwyzer Burens über die geschrift Jeronimi Gebwilers (Zurich, 1524),* in *Flugschriften des frühen 16. Jahrhunderts. Microfische Serie 1978,* ed. Hans-Joachim Köhler (Zug, 1978~), 241-42/960, pp. A 2 a-b.

도 성서를 가르치는 데 더욱 뛰어난 자들"이라고 주장하였으며, "하나님이 지혜로운 자들의 지혜를 멸하시고 유식한 자들의 지식을 물리치신다"는 이사야 29장 14절의 예언과, "하나님은 모든 백성들에게 자신의 진리를 직접 가르칠 것이다"라는 요한복음 6장 46절의 말씀이 곧 이루어질 것이라고 기대하였다. 충격적 결론으로서, 스타이그마이어는 한 수도승의 모습을 제시했는데, 그는 성서에 대해서 제빵사가 가졌던 높은 전문 지식을 찬양했을 뿐만 아니라, 평신도라는 그리스도 교도의 신분으로 전환하여, 이 세상에서 육체 노동으로 삶을 영위하였다.[38]

1520년대의 프로테스탄트 팸플릿 문헌에서는 평신도들이 교회가 자신들을 어린아이 취급하는 것을 더 이상 용납하지 않았다. 평신도들은 자신들이 성인으로서, 스스로를 가르칠 수 있는 교사라고 주장하였다. 정직한 노동의 대가로 양심의 평안을 누렸던 한 숟가락 제조공은 평신도들에 대한 루터의 계몽을 불안하게 생각하던 프란시스회 수도사에게 이렇게 가르쳤다. 즉 이제 성직자는 평신도를 "눈먼 쥐" 내지 "코에 고리를 낀 서커스의 곰"처럼 다루어서는 안 된다는 것이었다. 또한 그는 수도사에게 앞으로는 "꾸며낸 거짓말을 들먹거리지 말라"고 경고하였다.[39] 스스로를 프라하의 후스라고 불렀던 익명의 한 저술가도, 이단적이라고 정죄되었던 루터의 40개 조항을 이렇게 인용하였다. "사제와 수도승들은 지옥, 연옥, 고해성사, 참회 그리고 인정법 등을 순진한 사람들을 놀래켜 돈을 내게 하는 데 사용한다. 이는 마치 부모들이 문 뒤에 도깨비가 숨어 있다고 말함으로써 아이들을 놀라게 만들어 복종시키는 것과 흡사하다"[40] 슈바바흐(Schwabach)의 한 재판관은 부재 성직자 및 성서를 제대로 가르치지

---

38) *Ain Schoner Dialogus oder Gesprech/von aynem Munch und Becken/wolcher die Oster ayer Samlen wolt* (Augsburg, 1524), Tü fische 4/n. 17, pp. B 3 b-4 2.
39) OX-BOD T.L. 84.20, pp. A 2 b, A 3 b, A 4 a-b.
40) OX-BOD T.L. 31.184, Tü fische 724/1841, p. A 3 b.

못하는 사제에 대한 공식적 질책을 상세히 기록하였다. 비록 교회에서는 단지 순복자 내지 양떼에 지나지 않으며, 성직자로 서품을 받지는 않았다 하더라도, 평신도는 성서에 관심을 가진 다른 평신도에게 자신의 집에서 사적으로 성서의 진리를 가르칠 수 있으며, 이는 한 사람의 그리스도 교도로서 가지는 정당한 권리라고 주장하였다.41) 또한 한 건초업자는 벌목공에게 자신의 직업이 바로 진정한 영적 사역이며, 구원을 위해서 성직자가 가르치듯이 종교단체에 가입하거나 기타 종교적으로 선한 행위를 해야 할 필요는 없다고 주장하였다.42) 의도적으로 집필된 팸플릿이든, 자서전적인 것이든, 우리는 이 저술들에서 자신들의 수도원 탈출을 변론하며, 여전히 전통적이었던 자신의 부모들을 새로운 신앙 교리로 가르치고자 했던 젊은이들을 만나게 되는 것이다.43)

이처럼 종교개혁 초기의 팸플릿들은 성직자와 평신도 및 유식자와 무식자 사이의 모든 영적 차별이 신속하게 소멸되고 있던 당시 그리스도교 사회의 모습을 묘사하고 있다. 성서의 새로운 권위에 힘입어 평신도들은 예컨대 교회의 지배권, 법령, 파문 위협 등과 같은 교회의 전통적인 강제력들에 더 이상 놀라지 않았으며, 이들을 의미 없는 경고라고 일축하게 되었다.44) 평신도들의 주장에 따르면 그리스도 안에서는 모든 믿는 자들 간에 여하한 영적 차별도 있을 수 없었고, 우열을 나누는 어떤 구분도 없어야 했으며, 단지 모든 사람이 함께 참여하는 공동의 세례가 있을 뿐이었다.45) 「성직자의 권한은 경시되고 있으며, 그들의 직책은 웃음거리

---

41) OX-BOD T.L. 37.142, pp. A 3 a-b.
42) OX-BOD T.L. 38.163 ; Tü fische 627/1628.
43) OX-BOD T.L. 28.121 ; OX-BOD T.L. 96.10 ; Clemen 1.16-17 ; Clemen 1.25-50.
44) OX-BOD T.L. 83.19, Tü fiche 171/467, p. A 3 a-4 b. 이 대화는 수도승이 '단지 환상'에 불과한 것들을 기만적으로 활용하여 평신도들로부터 보다 많은 봉헌을 거두어들이는 것을, 귀족이 노상강도로 돌변하는 것보다 더 큰 도적질이라고 묘사하였다.
45) OX-BOD T.L. 82.22b,pp. C 3 b, D 2 a. 아마도 저자는 레기우스(U. Rheguis)일

이다. 그들의 거짓말은 무시되어도 좋으며 그들의 기만 역시 밝혀져야 한다. 그리고 하나님이 만드신 그대로가 바로 오늘날에도 정의다」라는 제목의 다른 한 팸플릿은, "목자들의 설교와 가르침을 판단하는 권리가 우리 양떼들에게 있다"고 결론지었다.[46]

안정을 중시하고 혼란을 두려워하던 시대에 프로테스탄트 팸플릿 작가들은 태생적으로 우유부단하고 돌이킬 수 없이 경신적이었던 평신도들을 계몽하고, 이들에게 용기를 주고자 하였다. 과연 이들은 얼마나 성공적이었던가? 팸플릿의 선풍적 보급이 진정한 승리를 반영하고 있는가?

팸플릿 작가들은 자신들의 영향을 두 가지로 평가하였다. 일부 사람들은 1520년대에 이미 전통에 대한 자신들이 공격이 매우 성공적이어서 종교적인 무정부 상태를 피하기 위해서는 이에 제동을 걸어야 한다고 생각하였다. 에버린 폰 긴즈부르그는 새로운 광란적 복음주의자들을 교황권주의자들보다 더욱 악하다고 단정하였다. 왜냐하면 이들은 새로운 교리의 완비성을 스스로 확신했을 뿐만 아니라, 모든 규범과 교양을 부정했으며, 오직 혁명과 편협한 신앙만을 고집했기 때문이다."[47] 종교개혁의 전개과정은 1520년대 말엽에 이르러 심지어 루터 자신에게까지 깊은 당혹감을 주었다. 작센 지방 전역에서 만연했던 종교적 나태, 무지, 무관심들에 대한 공식 보고서를 읽고서, 루터는 다음과 같은 결론을 내렸다. 즉 "일반 평신도들은 내가 전한 복음으로부터 아무것도 배운 바가 없다. 이들이 유일하게 배운 점이 있다면, 복음이 그들에게 부여했던 자유를 어떻게 하면 남용할 것인가 하는 점이었다."[48]

1530년대 종교개혁가들에 있어서는 으뜸 가는 화두가 종교적 규범들

것이다.
46) Ambrosius Blarer, *Ir gwalt is veracht....* (n.p.,1524).
47) Eberlin von Günzburg, *Mich wundert*, p. 163.
48) *Luthers Kleiner Katechismus*, ed. J. Meyer (Bonn, 1912), p. 4.

즉 기율과 질서로부터 종교적 평등으로 대치되어 갔다. 당시 위대한 루터파 성직자였던 요하네스 부겐하겐(J. Bugenhagen)과 요하네스 브렌츠(J. Brenz)는 특히 종교적 평등을 자신들의 좌우명으로 삼았다. 그러나 실제로 이들은 1531년과 1533년 각각 집필한 교회의 모범 칙령집에서,[49] 종교적 기율의 필요성 및 그것과 복음적 자유와의 호환성 모두를 강조하였다. 이러한 태도는 1530년대 중엽 재세례파류의 당시 증가하고 있던 급진적 프로테스탄트들을 꾸짖고자 복음적 '정통주의'에 관한 성명을 준비하고 있던 아우구스부르그의 루터파 설교사들에게 중대한 길잡이가 되었다. 당시 이들은 자신들이 새로운 복음주의 교리뿐만 아니라, 가장 유서깊은 그리스도교 교리들 즉 삼위일체, 성육신, 원죄, 오직 믿음으로 얻는 구원, 선행의 필요성, 유아세례, 성찬을 통한 그리스도의 실제적 임재 등도 변론하여야 했다. 그런데 이들에게 무엇보다도 부담스러웠던 과제는 외적인 종교의식을 통해서 신앙이 올바르게 형성될 수 있는가 하는 문제였다. 특히 이를 복음의 전파 및 성례의 집전이 구원을 이루는 데 아무런 도움이 되지 않는다고 주장하는 자들에 맞서 변론하기란 매우 힘든 일이었다.[50]

1520년대 전통에 대한 프로테스탄트의 공격은 아우구스부르그 평신도들 사이에 사회종교적 유토피아 사상과 종교적 무관심을 동시에 초래하였다. 이 점은 16세기 내내 거의 모든 지역에서 프로테스탄트 신앙을 괴롭히는 악재로 작용하였다. 역설적이게도 새로운 아우구스부르그 신조의 가장 긴 조항은 신앙공동체의 종교적 일치를 호소한 조항으로서, 이 점은 10여

---

49) J. Bugenhagen, *Der Erbarn Stadt Braunschwyg Christenliche Ordenun* (Nuremberg, 1531), pp. A 2 b-4b, *Die evangelischen Kirchenordnungen des 16. Jahrhunderts*, 1, ed. A. L. Richter (Leipig, 1971), pp. 106~120 ; J. Brenz, *Kirchen Ordnung, In meiner genedigen Herrn der Margraven zu Brandenburg* (Nuremberg, 1533), p. A 3 a, Richter Ⅰ. pp. 176-211.

50) *Bekandtnuss der Evangelischen Leer/in Zehen Hauptarticulen* (Augsburg, 1546), pp. A 2 b-3 b. 이 글의 원본은 1530년 출간되었다가, 1546년 오류를 막기 위한 안전장치로 그리고 교회 출석을 격려하기 위해서 재출간되었다.

년 전만 하더라도 복음주의 신도집단의 가장 뚜렷한 특징이었다. 아우구스부르그 신조 제9항은 모든 하나님의 자녀들에게 말씀을 듣고 성례에 참여함으로써 신앙공동체에 동참하도록 명하였고, "그리스도교 교리, 권고, 징계, 조언 등은 참되게 준수되고 지속적으로 실천되어야 한다. 오늘날 우리는 현세적인 교회공동체, 복음에 대한 순복, 그리스도교적 규범 등을 부인하거나 회피하는 자들에게 이 점을 분명하게 밝혀 둔다"라고 부연하였다.[51] 아우구스부르그 신조의 마지막 조항은 불길하게도 시민들에게 올바른 도덕적 종교적 행위를 강제하는 세속 정부의 권한조차 변론하였다.

뉘른베르그 프로테스탄트 지도자였던 안드레아 오시안더와 라자루스 스팽글러는 1537년 프로테스탄트의 새로운 시정개혁 조치로 인해 야기된 뉘른베르그의 분열상에 대해 보고하였다. 오시안더에 따르면 뉘른베르그 시민들은 교회가 오랫동안 금지해 온 근친혼을 마치 루터파가 허용이나 한 것처럼 자행하고 있었으며, 뿐만 아니라 많은 거짓 성자들 역시 성과 혼인에 대한 전통적인 근친혼 금지 규정을 아예 무시함으로써 이 도시를 근친상간적 매춘과 간음 행위의 진원지로 만들고 있었다. 스팽글러도 "뉘른베르그 시민들은 마치 개들처럼 혈족관계의 정도에 대해 아무런 분별력과 판단력 없이 그리고 아무런 거리낌 없이 마구 혼인한다"는 도시 바깥에서의 소문을 보고하였다. 이 같은 방종과 비판에 직면해서 도시 원로들은 전통적인 결혼 관행을 재강조할 수밖에 없었다. 그리하여 뉘른베르그의 혼인법에 대한 자유주의적 수정안도 16세기 말엽까지 지연될 수밖에 없었다.[52]

복음주의자의 성공에 대한 보다 적극적인 주장이 「지옥에서 온 편지들」이라는 고도로 선전적인 팸플릿에서 발견된다. 1538년 유포된 이 팸플릿은

---

51) 앞의 책, p. A 4 a.
52) S. Ozment, *When Fathers Ruled : Family Life in Reformation Europe* (Cambridge, 1983), p. 47.

대중들에게 널리 읽혔던 탁월한 후기 대화집의 한 예로서, 루터를 파문했던 교황 레오 10세(1513~1521)와 교황 클레멘트 7세(1523~1534) 그리고 최근 추기경으로서 명성을 얻은 스피놀라(Cardinal Spinola) 사이에 나눈 대화가 수록되어 있었다. 추기경 스피놀라는 이들에게 세상의 나쁜 소식을 알려주었는데, 그 중에서도 가장 나쁜 소식이 루터파가 유럽 전역에서 무자비하게 확산되고 있다는 소식이었다. 스피놀라에 따르면, 프로테스탄티즘은 독일과 영국을 점령했을 뿐만 아니라 이탈리아에서도 꾸준히 확산되고 있었다. 심지어 "이탈리아 사람들과 우리 가톨릭 설교사들도 도처에서 루터파가 그러하듯이 개혁을 주장하고 있다"는 것이었다. 순례자들이 더 이상 로마에 오지 않으며, 신도들이 더 이상 면벌부를 사지 않는다. "소수의 경건하고 가난한 과부나 신앙심 강한 아녀자들 외에는 아무도 이런 것들을 믿지 않는다." 연옥 역시 프로테스탄트들의 비난의 표적이 되었다고 보고하였다. "오, 그것은 참으로 나쁜 소식이오, 그것은 실로 엄청난 재난이군. 연옥의 부정은 성직자들에게 큰 재앙이오, 그렇게 되면 앞으로는 성직자들도 삽과 도끼를 들고 노동을 해야 할 것이오!"라고 교황 클레멘트는 탄식하였다.

교황 레오가 교회의 적들을 공격하고, 죽이고, 화형에 처하는 등의 강력한 힘의 행사를 조언한 데 비해, 교황 클레멘트는 자신이 얼마나 효과적으로 성직록으로써 교황의 적들을 매수했던가를 상기시켰다. 이에 스피놀라는 1530년대에 접어든 당시로서는 더 이상 전통적인 방법으로 교회를 강제할 수는 없다는 점을 이들에게 설명하였다. 프로테스탄트들은 너무나 영리하고, 그 숫자도 많아졌기 때문에, 클레멘트의 후계자 교황 바울 3세(1534~1549)가 슬프게도 깨달을 수밖에 없었던 것처럼 교회의 전통적인 후견권으로는 새로운 개혁적 정서의 적수가 되지 못했다.[53]

---

53) OX-BOD T.L. 66.19, pp. A4 a-b ; B 2 b.

성공에 대해 이처럼 장미빛 묘사를 했던 많은 수의 팸플릿 작가들은 약간의 수사적 의도도 가지고 있었다. 그러나 이들의 의도와는 반대로 다른 이들은 종교개혁이 사실상 전통을 거의 뒤집지 못했다고 평가하였다. 종교적 보수주의자들이 열렬한 개종자의 숫자보다 여전히 압도적으로 많았기 때문이다. 뉘른베르그는 아마 이 경우에도 적절한 사례가 될 것이다. 1524년에 집필된 한 대화집에서, 한스 자흐는 온건한 복음주의자인 한스와 전통적 가톨릭주의자이며 피터의 장인이었던 울리히로 하여금 열렬한 루터파인 피터를 비판토록 하였다. 한스와 울리히는 프로테스탄트 신앙이 전통에 대해 과도하게 냉소적인 것 이외에는 별다른 내용이 없다고 피터를 비난하였다. 프로테스탄트 신앙은 지금까지 경건한 그리스도 교도들이 행해 온 기도, 성자숭배, 금식, 고해성사, 순례, 예배의식, 면벌부, 선행 및 죽은 자를 위한 철야연도와 미사 등에 부여되었던 종교적 중요성을 일방적으로 폄하하였다. 이처럼 자기정당화에 근거를 둔 전통에 대한 비판은, 그 비판의 정당성과는 무관하게 사람들로 하여금 단지 자기 무덤을 파게 할 뿐이라고 한스는 경고하였다. 이에 그는 다음과 같이 조언하였다.

그리스도에 관해 모르는 자들에게는 그저 약간의 위로의 말을 하는 편이 낫다. 그리스도의 죽음이 우리의 구원을 이루기 위한 사역임을 그들에게 말하자, 우리 하나님 아버지께서는 그리스도에게 하늘과 땅의 모든 권세를 주었기 때문에, 우리는 마땅히 그리스도께 복종하고, 그의 명령을 지켜야 하며, 또한 그리스도가 우리에게 자유재량권을 준 일들에 관해서는, 하늘에 있는 자든, 땅 위에 있는 자든, 누구든 이를 금할 수 없다.54)

이처럼 보다 긍정적인 접근이야말로 전통에 대해 여전히 충성스러운

54) *Ein gesprech eines Evangelischen Christen/mit einem Lutherischenn/darynn der Ergerlich wandel etlicher/die sich Lutherisch nennen/angezeygt/und brüderlich gestrafft wirt* (Eylenburg, 1524), (Yale, Beineke Library), pp. A 4 b, B 2 a-b.

자들의 심령을 보다 효과적으로 부드럽게 만들 것이라고 한스는 주장하였다. 이 같은 지적에 따르면 평신도들은 실제로, 1520년대의 팸플릿이나 목판화에 묘사되었던 바와는 달리, 용기있고 명민한 신앙의 전사가 아니라, 옛 신앙을 떠나 새로운 믿음으로 나아가는 과정에서 오히려 점진적인 단념과 세밀한 설득이 필요한 자들이며, 내밀한 자아에는 여전히 전통과 관습을 끈질기게 추구하는 경향을 가진 자들이었다. 뉘른베르그의 프로테스탄트 성직자들도 이 같은 판단에 동의하였다. 한스 자흐의 팸플릿이 출간되었던 그 해에, 이들은 평신도에게 도움을 주고자 지역 교회의 전통적 예배의식에 일어났던 변화들을 설명하는 매우 자세한 해설집을 배포했는데, 여기에는 저항과 불만이 따를 수밖에 없었다. 폐기된 전통적 의식들에는 그야말로 독신적이었던 라틴어 미사, 성직자의 탐욕과 평신도의 수치스러운 무지의 혼합물인 추도미사, 만약 일반인이 제대로 이해했더라면 누구도 달가워하지 않았을 장례미사, 만약 일반인이 약간만 이해했더라도 1년에 1달러도 내지 않았을 죽은 자를 위한 철야연도, 사실상 아무것도 아닌 연옥, 성모찬미가(*Salve Regina*),55) 성염 그리고 그리스도에 대한 일종의 조롱이었던 '성수' 등이 포함되어 있었다. 이제 뉘른베르그 평신도들은 더 이상 아침기도와 저녁기도 소리를 들을 수 없게 되었고, 성무공과(canonical hours)56)조차도 하나님을 영화롭게 하거나 이웃의 영혼을 위로하지 못한다고 생각하게 되었다.57)

새로운 루터파 성직자 역시 평신도들의 이해와 동의 없이 이 같은 변화들을 평신도에게 강요하기를 망설였다. 루터파 성직자들이 최종적으로 결정

---

55) '자비의 어머니 마리아여 찬미합니다'라는 뜻의 성모찬미 기도. 사제와 평신도가 번갈아 부르는 교창곡의 형태를 띠고 있다.
56) 교회법에 정해진 하루 7회에 걸쳐 나누어 드리는 기도 시간. 구체적으로 보면, 조과(matins), 1시 기도(prime), 3시 기도(tierce), 6시 기도(sext), 9시 기도(nones), 만과(vespers), 종과(conpline)가 있다.
57) OX-BOD, T. L. 36.106, pp. C 3 a-b, F 4 b ; G 3 a, G 4 a, H 1 a, J 1 a-b.

적인 행동을 하기에 앞서 꼬박 2년 동안 교회의 권한 남용과 인위적 가르침을 반대하는 설교를 했던 이유도 여기에 있었다. 그러나 루터파 성직자들도 이러한 사안들에 대해 "사랑을 가지고 인내한다"는 것이 아무런 성과도 거두지 못했음을 결국 시인할 수밖에 없었다. 이들을 비난했던 자들은 루터파의 자비를 오히려 허약함의 반증으로 간주하여 뉘른베르그 시민들을 가톨릭 교회 내에 묶어두려는 노력을 강화했기 때문이다.[58]

이듬해인 1525년 루터파 성직자들은 전통에 반대하는 보다 방대한 사례집을 내놓았다. 뉘른베르그 제후회의에 뒤이어, 이들은 종래에 지역 평신도들을 위해 작성되었던 74쪽 10개 조항 사례집을 23개 조항으로 확충한 210쪽짜리 사례집을 관리들에게 제출하였다.[59] 뉘른베르그 관리들 역시 평신도들과 마찬가지로 복음주의 개혁이 용이하게 저절로 전개되리라고는 생각하지 않았다. 종교적 관행상의 외형적 변화들이 다양하게 그리고 상대적으로 신속하게 도시에서 일어났다면, 항구적인 내면적 변화들은 수십 년에 걸쳐 매우 느리게 진행되었다.

사실상 종교개혁은 무제한적으로 성공한 것이 아니었으며, 종교개혁가들이 애초에 기대했던 것만큼 사회적 성장에 기여한 것도 아니었다. 그러나 동시에 종교개혁은 당시 반종교개혁가들이 기대했고, 오늘날에도 일부 역사가들이 거듭 주장하고 있듯이, 완전히 실패했다거나 사회적 재앙이 된 사건은 결코 아니었다. 전투의 와중에서 팸플릿 작가들이 남긴 우울한 보고서와는 달리, 당시 평신도들이 새로운 프로테스탄트 복음에 대해 보인 반응은 종교적 이상주의, 영적 무관심, 전통에 대한 맹목적 충성 그리고 강제적 통합이 전부가 아니었다. 이 같은 극단적인 반응들 가운데서도 프로테스탄트 지역의 평신도들은 다분히 온건하고 실천 가능한 개혁조치들만을 선택하여 채택하였다. 또한 이러한 움직임에 신성로마제국의

---

58) 앞의 책, p. B 1 a.
59) OX-BOD Vet. Die.138.

도시와 마을들 가운데 1/3 이상이 참여하였는데, 이는 전통과의 대결에서 승리하는 데 필요한 충분한 숫자였다. 사실 이들이 창출해 낸 새로운 종교제도는 전통에 대한 비판과 수정 못지않게 전통과의 연속성 역시 유지하고 있었다.

뉘른베르그가 1524년 칙령 도시들 가운데 최초로 프로테스탄트로 전향함에 따라, 시정 위원회의 유력한 관리였던 라자루스 스팽글러는 당시 진행되고 있던 도시의 종교생활의 변화를 변론하는 팸플릿에서 중도적 개혁방안을 제시하였다. 그가 16세기를 살았던 온건한 프로테스탄트의 한 사람이었음은 사실이다. 그러나 그의 이름은 최초로 루터의 파문을 위협했던 1520년의 교황령 「그리스도의 부활」(Exsurge Domine)에 이미 기록되어 있었다. 실제로 스팽글러는 종교개혁을 추구했던 최초의 인물이 아니었다. 그러나 스팽글러는 루터의 강력한 적수로서 앞서의 유명한 교황령을 작성한 주역이었던 요하네스 에크(J. Eck)의 미움을 산 인물이었다. 뉘른베르그 가톨릭 교도들에게 있어서 스팽글러는 강인한 프로테스탄트 비판자이기는 했지만, 동시에 공정한 정신의 소유자이기도 했다.

수세에 몰린 가톨릭 교도들은 자신들의 세계가 눈앞에서 붕괴하는 것을 목격하였으며, 종교개혁이 종교적 무정부 상태는 물론 시민사회의 무질서 역시 조장하고 있다고 생각하였다. 이 같은 종교개혁 추세를 역전시키기 위해서, 가톨릭 교도들은 8개 조항의 설득력 있는 주장을 시정 위원회에 제출하였다. 이를 요약하면 다음과 같다.

1. 루터파가 주장하듯이, 만약 그들이 설교하고 가르친 바가 복음이라면, 그리고 이것이 언제나 설교되고 배워야만 할 참된 복음이라면, 이 경우 교회 교부들과 교회 공의회는 오류를 범한 것이 되고, 또한 수천에 이르는 우리의 신앙 선조들 역시 진정한 그리스도 교도로서 살았고 또한 죽었다는 사실이 부정되고 만다.

2. 만약 교회가 실제로 그렇게 오랫동안 오류를 범해 왔다면, 하나님은 이런 교회를 그렇게 오랜 세기 동안 보존하지 않았을 것이다.
3. 루터와 그의 추종자들은 고대 교부들에 대한 아무런 외경심도 없이 성서를 자신들의 취향에 따라 자의적으로 해석했다.
4. 새로운 신앙은 특히 성직자들의 권한 남용을 정죄함으로써, 그리스도 교적이며 선하고 필요한 많은 것들을 가져다 주었다. 그러나 루터파 역시 다른 이단들과 마찬가지로 독과 선을 섞어 놓았다.
5. 루터의 가르침은 교황령 「그리스도의 부활」과 황제의 「보름스 칙령」 모두에 의해 정죄되고 금지되었으므로, 이는 적법성과 도덕적 정당성 모두를 결여하고 있으며, 또한 설교되어서도 안 된다.
6. 루터파는 종교에서 전통과 법칙을 배제함으로써, 다른 이들로 하여금 인정적 권위를 무시하도록 조장하였다. 루터파의 가르침은 신민들에게 불순종을 부추기고 반란을 획책한다.
7. 새로운 신앙은 사회의 도덕적 향상에 아무런 도움을 주지 않는다.
8. 새로운 신앙은 성서의 권위만을 높임으로써, 결과적으로 전통을 억압하고 있다.[60]

가톨릭 비평가들이 프로테스탄트를 단지 반란이라고만 파악했을 때, 스팽글러는 진리에 대한 충성이 일차적이어야 함을 깨달았다. 그리고 그는 이를 다수의 신앙, 교부들의 저술, 공의회의 교서 등과 동일시하기를 거부했다. 그는 반종교개혁가들을 가리켜, '선대의 미신과 우상숭배'에

---

60) Clemen 2. 352~353, 364, 368, 371, 385, 390. 이 팸플릿은 한때 크리스토프 샤펠러(C. Schappeler)의 저작으로 간주되었다. 샤펠러는 1525년 농민전쟁 전야에 나온 널리 알려진 「12개 조항」의 공동저자로서, 이는 스와비아 지방 농민들의 불만을 축약해 놓은 것이다. 스팽글러 저작의 진위 여부에 관해서는, M. Brecht "Der theologische Hinter-grund der 12 Artikel der Bauernschaft in schwaben von 1525," *Zeitschrift für Kirchengeschichte*, 85 (1974) pp. 41~44 참조. Hans von Schubert에 관해서는 *Lazarus Spengler* (Leipzig, 1934), pp. 401~406 역시 참조하기 바람.

대해 잘못된 그러나 이해될 수는 있는 충성심을 가진 자들로 평가하면서, 팸플릿 작가들에게 새로운 유형의 화두를 제기하였다. 즉 "그리스도는 우리에게 네 아버지와 어머니를 공경하라고 가르쳤지, 이들을 믿고 따르라고 가르치지는 않았다. 왜냐하면 우리는 오직 그리스도를 믿음으로써만 구원받기 때문이다"[61]라고 그는 지적하였다. 스팽글러는 진리를 신도들의 많은 수와 동일시하지 않았으며, 또한 이를 관습이나 역사와도 동일시하지 않았다. 그에 따르면 유대인들은 그리스도 교도보다 더 오랜 역사를 가지고 있었으며, 이슬람교 역시 독일인이 처음 그리스도 교도가 된 것보다 더 오랜 종교였다. 그럼에도 불구하고 뉘른베르그의 그리스도 교도들 가운데 누구도 유대인이나 이슬람 교도가 그리스도 교도보다 진리에 더욱 가깝다고 주장하지 않았다. "널리 알려진 경구가 말하고 있듯이, 수백 년 동안 누적되어 온 것이라 하더라도, 그것이 오류인 한 결코 한 시간 분량의 진리와도 비교될 수 없다"는 것이 그의 생각이었다.[62]

스팽글러는 전통의 수호자들이 "불확실한 인정적 교리와 법령과 견해들을" 하나님의 말씀과 진리에 혼합시키고자 하는 것을 비난하였다. 그는 안정을 위해서라도 흔들리고 있던 전통의 권위가 성서의 완벽한 명료함으로 대치되어야만 했다.[63] 그에 따르면, 복음주의자들이 황제 및 교황의 종교적 칙령들을 거부하는 이유도 바로 여기에 있었다. 이 같은 칙령들은 단지 숫자나 관습이 그러한 것과 마찬가지로, 하나님의 진리를 측량하거나 인간의 양심을 구속할 수 없었다. 종교적 권위의 근거가 마침내 양심으로부터 곧바로 하나님의 말씀에로 옮겨졌던 것이다.[64]

프로테스탄트의 종교적 불복종이 사회적 정치적 반란을 고취한다는

---

61) *Verantwortung*, pp. 354, 362~363.
62) 앞의 책, p. 365.
63) 앞의 책, pp. 368, 390.
64) 앞의 책, pp. 370, 374.

비난에 대해, 스팽글러는 오히려 당대의 반항적 기운을 직접적으로 통치자들의 탓으로 돌렸다. 그에 따르면, 수많은 세속 및 종교 제후들이 당시 종교개혁에 반대했던 이유는 자신들의 위선, 부패 및 신민들에 대한 권한 남용이 복음이 전파됨에 따라 노출될 것이기 때문이었다.[65] 이 같은 악정을 노정함으로써, 한편으로는 종교개혁가들이 스스로 핍박을 자초했던 동시에, 다른 한편으로는 사회에 보다 공정하고 도덕적인 기초를 놓게 되었다.

만약 뉘른베르그의 가톨릭 변론가들 가운데 후자에 관해 증거가 불충분하다고 생각하는 자들이 있다면, 이들이야말로 시민들로 하여금 수도원에 재산을 기증하고, 죽은 자를 위한 미사 비용을 지불하며, 교회를 은제 액자로 된 성화와 성상들로 장식하고, 순례여행에 나서며, 성자들에게 기도하고, 면벌부를 사며, 봉헌초를 드리는 자들을 독실한 신자로 믿게 했던 바로 그 사람들이라고 스팽글러는 주장하였다. 그가 내린 결론은 다음과 같다. 종교개혁이 적어도 사람들에게 남긴 것은, 참된 경건이란 앞선 열거한 외형적 의식들이 아니라, 오직 마음의 내면적 상태이며, 이는 오직 하나님만이 판단할 수 있다는 것이었다.

나는 하나님의 말씀이 아직 어떠한 도덕적 결실이나 향상도 가져오지 못했음을 인정할 수밖에 없다. 그러나 우리들 모두는 다음과 같은 사실 역시 인정할 수밖에 없다. 우리들이 수없이 많은 외식적 행위들을 하며, 이를 선하다고 믿는, 낡은 오류와 무지에 끊임없이 머무르기보다는, 하나님의 확실한 말씀을 전파함으로써 구원에 이르는 진정한 길을 제시하는 것이 훨씬 나은 일이라는 사실이다.[66]

팸플릿 작가들의 혁명은 오직 청사진으로만 구상된 종교개혁이었을

---

65) 앞의 책, pp. 374~376, 383~384.
66) 앞의 책, p. 388.

뿐 실제적인 사실에 입각한 것은 아니었다. 그러나 이들이 교회 종교적 의미에서든 사회정치적 의미에서든 유토피아를 추구한 것은 결코 아니었다. 오늘날 일부 학자들이 전횡하고 있는 것처럼, 그리스도교적 사고방식과 평등주의적 공동체 정부의 합일을 종교개혁의 원래 목표로 해석하는 것은 프로테스탄트 개혁가들의 꿈에 관한 설명이라기보다는 다분히 현대 역사가들의 정치적 이상에 관한 설명이다. 루터로부터 캘빈에 이르는 프로테스탄트 개혁가들은 개혁의 사회적 정치적 한계를 마지못해 조금씩 인정해갔다. 종교개혁 초기의 팸플릿 작가들은 교회와 사회에서 두 가지 온건하면서도 광범위한 영향을 미친 원칙을 확정하고자 했다. 평신도와 성직자의 영적 평등이 그 하나였고, 다른 하나는 평신도든 성직자든 전통을 성서적 검증에 비추어 보고 이로부터 논리적 결론을 끌어내는 것을 양도할 수 없는 권리로 확립하는 일이었다. 이들은 이 두 가지 원칙이 일단 확립되면, 자신들이 살고 있던 사회가 조만간 정치적으로 가능한 정도로까지는 진정한 하나님의 도시가 될 수도 있으리라고 믿었다.

2. 현실 세계의 복음화

정신적 변화들 역시 구체화되었다. 이러한 변화들은 기존의 물질적 구조에 기반이 있었으며, 새로운 물질적 결과들도 수반되었다. 영혼 구원 또한 현실적인 개인적 사회적 삶의 문제들과 결부되어 있었다. 영혼 구원을 위한 종교개혁의 투쟁은 개인들의 마음과 영혼에서만 일어나는 것이 아니었다. 이 같은 투쟁은 육체와 재산, 화폐와 정치 그리고 사회와 문화의 영역에서도 일어났다. 프로테스탄트 변론가들에게 있어서, 하나님을 경외하는 교회에의 추구는 신성한 사회에 대한 추구와 함께 병행되었다. 성서적 이상을 수용하는 것으로 충분할 수는 없었다. 교회와 사회에 대한 이들의 비판과 선전은 그것의 실제적 양상과 그것의 앞으로의 모습 모두에 대해서 가해져야만 했다. 이들 자신이 바로 변화시키고자 했던 사회의 산물이었던 만큼, 종교개혁가들의 가르침에는 새롭게 발견한 성서적 규범은 물론 당대의 문화적 가치와 관심이 당연히 반영되어 있었으며, 또한 그것을 토대로 교회와 사회를 개혁하고자 하였다. 특히 이들은 승리를 예견하게 되면서, 삶의 실제적 문제들에 대해 나름의 강령을 발표하였다. 다시 말해서 팸플릿 작가들은 단지 선전가들이었을 뿐만 아니라, 자서전 작가, 전기 작가 및 사회 비평가이기도 했던 것이다. 이들은 종교적 설교는 물론 실생활에 관한 이야기도 했으며, 특히 성서에 부합하는 현실 생활에 대해 해명하고자 하였다.

이 장에서 우리는 비신학적이고 덜 관념적인 '팸플릿 작가들의 혁명'을 다루고자 한다. 이 혁명은 보다 일상적이고 현실적인 것으로서, 팸플릿 작가들은 협상과 타협을 통해서 이 목표를 이루고자 하였다. 16세기의 신앙과 종교적 관행에는 많은 변화들이 있었다. 그러나 이 시기에 신의 이름으로 정치적 사회적 혁명이 일어날 수는 없었다. 정치 권력을 가졌던 정무관과 제후들은 일찍이 이 점을 과도한 열정을 가졌던 종교개혁가들에 게 분명히 하였다. 그리하여 실제로 많은 수의 프로테스탄트 설교, 소논문, 팸플릿 등은 탐조등 내지 안내판이 아니라, 당시 있었던 그대로의 사회 및 당시 진행되고 있었던 종교개혁의 실체적 양상을 고스란히 비춰주는 거울이었다. 다시 말해서 이들은 새 예루살렘을 위한 청사진이었다기보다 현실 세계를 개혁하기 위한 프로그램이었다.

당시의 종교적 저항은 극히 개인적인 측면과 비정신적인 측면 모두를 가지고 있었다. 사람들은 단지 전통적 종교가 자신의 영혼에 끼친 영향 때문만이 아니라, 그것이 물질적인 삶에 미친 영향 때문에 프로테스탄트로 전향하였다. 이 장에서 다루고자 하는 일련의 초기 팸플릿들은 당대의 다양한 사회적 경제적 현안들을 보여주고 있다. 더욱이 중요한 점은 팸플릿 작가들에 의해 종교개혁의 긴박한 사안들로 간주되었던 이슈들이 어떻게 그토록 신속하게 사회경제적 쟁점들과 결부될 수 있었던가 하는 측면이다. 프로테스탄트 나름의 정통성이 확립되기 이전이었던 종교개혁 초기 단계에서 성직자들은 제각각 자신들의 종교적 실체가 무엇이며, 종교적 갈등의 진정한 의미가 무엇인지에 대해 개별적인 판단들을 가지고 있었다. 뒤이어 출간된 팸플릿들은 당시 몇몇 평신도와 성직자들의 자아상을 드러내고 있었는데, 이는 가장 바람직하고 성서적인 그리스도인의 삶의 모델을 제시함으로써, 종교개혁의 초기 단계 성공에 중요한 기여를 하였다. 끝으로 우리는 팸플릿에서 추구되었던 바를 통해서 개혁된 사회가 실제로 갖추어야 할 제도들에 대한 프로테스탄트 제도들의 초기 모습을 검토해 보게 될 것이다.

1) 사회적 경제적 문제들

초기 프로테스탄트들은 순수히 종교적인 문제 및 성직자와 관련된 문제들에서 견해를 달리한 자들이었다. 이를테면 이들은 면벌부의 효능, 전통의 권위, 교황의 지위, 구원에 있어서 선행이 점하는 비중 그리고 성직자들의 혼인권 등에 관해 논쟁하였다. 그러나 종교적 이념은 오래지 않아 종교개혁의 원래 의제에서는 주요 화두가 아니었던 비정신적인 쟁점들과 맞닥뜨리게 되었다. 초기에 정부 당국의 의심을 받았던 프로테스탄트 대변자들은 시간이 지나자 다시금 자신들의 개혁 목적을 재천명하였다. 이들은 자신의 이념과 가르침의 사회적 경제적 정치적 내용을 분명하게 밝혔던 것이다. 루터파 팸플릿 작가로 전향했던 프란시스회 탁발 수도사 하인리히 폰 케텐바흐는 1523년 종교개혁의 전개과정에서 울름의 평신도들에게 부과되었던 결정사항들에 관하여 자신의 견해를 밝혔다. 그는 울름에서의 짧은 사목기간 동안 프로테스탄트에 의해 전통적인 신앙이 흔들렸던 한 경건한 노파에게 종교적 조언자의 역할을 하였다. 울름시의 복음주의 사제가 오랜 관행이었던 봉헌초 구매를 중단하고, 차라리 일주일 봉헌초 구입비에 상당하는 7페니를 도시의 가난한 자들 및 그녀의 자녀와 친족들에게 주라고 가르친 이후 이 노파는 처음으로 케텐바흐를 찾아와 도움을 요청하였다. 또한 이 복음주의적 사제는 평생에 걸쳐 모은 50 길다(guilder)[67]의 돈을 자신이 죽은 다음 드리는 기념 추모미사의 비용으로 쓰려던 그녀의 결정이, 설령 명망 있고 영적인 신부들이 오랫동안 그녀에게 최선의 일이라고 가르쳤다 하더라도, 여전히 그것은 잘못된 결정임을 지적하였다.[68]

수도사 하인리히는 이 노파가 그렇게도 기꺼이 비용이 많이 드는 미신의 포로가 된 것을 꾸짖고, 또한 대중들의 신비주의적 신앙이 여전히 울름 평신도들의 양심을 위협하고 있다는 사실에 대해 매우 유감스러워하였다.

순례사원, 조각된 성상, 성화 그리고 성자들과 같이 '신성한 것들'에 엄청난 숭배가 행해지고 있다. 그러나 이는 예레미야가 말했듯이 모두 헛된 짓이다. 왜냐하면 이 같은 것들은 그것을 숭상하는 사람이든, 그것을 통해서 도움을 받고자 하는 사람이든, 누구에게든 아무런 도움도 줄 수 없기 때문이다. 이 점은 온 세상 모든 곳에서 행해지는 성지순례, 성상, 성화, 성자숭배의 경우와 조금도 다를 바 없다. 이 모든 것은 병들어 허약하거나 죽음을 두려워하는 사람들을 꼬드겨 치유와 구원에 효험이 있다고 믿도록 만들어진 것이었으나, 사실 이들은 하나님이 정하신 운명을 무시하게 하는 악마적 방식들인 것이다.[69]

더욱이 하인리히는 이 노파가 친척과 자손들이 받아야 할 정당한 유산을

---

67) 독일 및 네덜란드 등의 옛 금화. 50 길다를 오늘날의 화폐로 환산하면 35,700원 정도인데, 당시 교구 사제의 1년 연봉이 1,300원 정도였음을 감안하면 엄청나게 많은 액수임을 짐작할 수 있다.
68) OX-BOD T.L. 26.75, P. A 2 b. 다른 판본이 Clemen 2.52-75에 있다.
69) *Eyn gesprech bruder Hainrichs*, p. A 4 b.

가로채고, 평생 모은 돈을 어리석게도 자신의 죽음을 기념하는 추모미사에 바침으로써, 가난한 자들에게 베풀어야 할 도움을 허비하고 있다고 비난했다. 죽은 자의 영혼은 대체로 연옥에서 대기하고 있고, 사제와 수도승들은 이 땅에서 평신도들의 넉넉한 헌금으로 구입한 비싼 포도주를 즐겼으며, 그리스도를 따르는 가난한 사람들은 울름의 거리에서 눈에 띄게 굶주림에 떨고 있었다.[70] 그는 노파에게 미사를 주의 깊게 들은 적이 있습니까? 하고 물었다. "당신은 평생 모은 돈으로 무엇을 샀는지 알고 계십니까?" 비록 그녀가 일일 미사를 평생토록 행하고 있었지만, 과연 그것이 무엇을 의미하는지는 결코 제대로 이해하지 못했다. 왜냐하면 미사가 라틴어로 행해지기 때문이었다. 그녀는 단지 몇몇 단어들, 즉 "영원 무궁히"(*seculum seculorum*)와 "도마가 만졌던 성흔은 얼마나 위대한가?"(*quantus quantus thomas scarioth*)라는 경구가 각각 세 번씩 반복된다는 정도를 기억할 뿐이었다.

그녀는 자신이 알아듣지도 못한 것들에 너무나 많은 재산을 바쳤다는 사실을 깨닫고 수도사 하인리히를 찾아와, 왜 사제들은 예배를 드릴 때 평신도들의 언어로 집전하는 훈련을 받지 않았으며, 왜 사제들은 그녀가 반드시 내야 하는 많은 세금을 면제받고 있는지에 대해 의문을 제기하였다.

수도사 하인리히여, 나같이 가난한 아녀자가 거의 자정까지 달빛 아래 물레를 잣고, 아직도 이 일에서 벗어나지 못하고 있는 데 비해서, 당신네 수도승과 사제들은 왜 세금, 사용료 및 기타 부과금들을 완전히 면제받고 있습니까? 만약 그리스도가 참으로 당신들에게 이 같은 의무들을 면제해 주었다면, 그리스도 자신은 로마 황제에게 왜 세금을 바쳤습니까?[71]

---

70) 앞의 책, p. B 1 b.
71) 앞의 책, pp. B 2 a-b, C 4. a.

케텐바흐는 노파에게 종교개혁가 외코람파디우스(J. Oecolampadius)[72]가 최근 바젤에서 서신서와 복음서를 독일어로 읽기 시작했음을 언급하면서, 자국어 복음이 소박한 민중들에게 미칠 혁명적인 영향을 두려워한 나머지 정치적인 반대가 있음에도 불구하고,[73] 사제들 역시 이제 예배를 자국어로 집전하기 시작했다고 설명하였다. 도처에서 그에 대한 정치적 반대가 있음에도 불구하고 복음서는 자국어로 읽혀졌다. 뿐만 아니라 그는 루터의 선구자들 가운데 황제 프레데릭 2세, 윌리엄 오캄, 요한 후스 등을 예로 들면서, 성직자의 면세 특권이 13세기 이래로 이들 탁월한 사상가들에 의해 줄기차게 반박되어 왔다고 해명하였다.[74] 의심스럽기는 하지만 미워할 수는 없는 옛 교리와 매력적이기는 하지만 따르기에는 여전히 망설여지는 새 교리[75] 사이에서, 마음이 혼란스러웠던 노파는

---

72) 독일의 종교개혁가. 볼로냐 대학에서 법학, 하이델베르그 대학에서 신학을 공부한 후, 바젤에서 활동하며 에라스무스를 도와 희랍어 신약성서 출판에 일조하였다. 바젤 시의회가 교회에서 성상들을 제거하고 미사를 폐지하라고 명령하였을 때, 이를 관장하였고, 성직자와 평신도로 사목협의회를 구성하여 교회의 권징 여부를 관할하였다.

73) 앞의 책, p. C 1 a. 1521년 출간된 라틴어 고해성사에 대한 반박문의 독일어판 서문에서 외코람파디우스는 성서의 자국어 번역을 웅변적으로 변론하였으며, 기타 평신도를 위한 종교서적의 자국어 번역도 지지하였다. 그는 오랫동안 돼지에게 진주를 던지는 일에 비유되어 왔던 이러한 번역작업이 평신도를 과소평가하는 것이라고 비판하였다. Edinburgh University Archives, p. A 3 b.

74) *Eyn gesprech bruder Hainrichs*, p. C 4 a.

75) 프로테스탄트 선전 가운데 널리 알려진 주장이, 중세 교회가 지켰던 이른바 '옛 종교'란 사실상 조작된 '새로운 믿음'이었으며, 반면에 종교개혁의 산물로 알려진 '새 종교'란 사실상 성서에 기록된 '원래의 신앙'이라는 것이었다. 이 같은 주장은 케텐바흐의 팸플릿에서도 두드러지게 나타난다. 이에 따르면, '옛 교리 내지 거짓 증언들'은 과거 400년 동안 만들어진 대학과 교회법에 의해 변론되었던 반면에, 종교개혁가들이 설교한 복음인 '새 교리 내지 환상'은 초대 교회로부터 교회가 교황권에 굴복한 11세기까지 1,000년 이상 유지되어 왔다. 이 주제에 관해 1520년대에 나온 팸플릿들 가운데 가장 널리 알려진 것이 "Vom alten und nüen Gott, Glauben und Ler" (1521)이다. Hans-Georg Hofacker, "Vom alten und nüen Gott, Glauben und Ler," in *Kontinuität und Umbruch. Theologie*

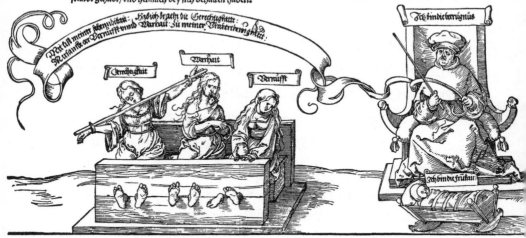

사회적 불의를 풍자한 우화

당시 프로테스탄티즘으로 전향한 많은 개종자들과 종교적 갈등으로 인해
냉담자가 된 사람들 모두에게 공통되는 경험이 분명히 있을 것이라고
고백하였다. 노파는 "수도사 하인리히여, 내가 어떻게 하여야 양심의 평안
을 얻을 수 있겠습니까?" 하고 물었다. "내 마음이 너무나 고통스러워서
고해성사, 기도, 미사, 성지순례, 참회 등 해 아래 있는 어떤 수고로도
고통과 불안을 떨쳐내지 못하고 있다"는 것이었다.[76] 이에 케텐바흐는
노파에게 그녀가 찾는 평안은 오직 그리스도에 대한 바르고 진실된 믿음을

---

*und Frömmigkeit in Flugschriften und Kleinliteratur an der Wende vom 15. Zum
16. Jahrhundert*, ed. J. Nolte (Stuttgart, 1978), pp. 145~177 참조. 1522년 「옛
하나님과 새로운 하나님」으로 영역된 이 팸플릿은 그 이후 수십 년 동안 영국에서도
널리 읽혔다. 이 주제는 의심할 여지없이 영국 국가교회를 발전시킨 한 핵심
주제가 되었다.

76) *Eyn gesprech bruder Hainrichs*, pp. C 3 a-b.

통해서만 얻을 수 있다고 분명하게 대답했다. 그리스도만이 자신의 완전한 의로움을 통해서 다른 사람들을 의롭게 만들기 때문에, 사람들은 더 이상 성지순례에 나서거나 또는 성상과 성자에게 헌금을 함으로써 불안스럽게 구원을 갈망할 필요가 없을 것이었다.[77]

　　옛 신앙과 새로운 신앙 사이에서 고민하던 노파는 일종의 종교적 깨달음을 경험하였다. 아마도 이 같은 깨달음이 종교개혁을 대중적 평신도 운동으로 나아가게 한 전형적인 요인이었을 것이다. 성직자의 권한 남용과 형식적인 종교의식에 대한 평신도들의 각성이 프로테스탄트의 설교와 교리가 뿌리내리고 번성할 수 있었던 정서적 토양이었다. 종교개혁이 대중적 종교관행에 일으켰던 변화만으로도, 당대인들의 세계관에 중대한 변혁을 초래하였다. 이 점에 있어서는 경건한 그리스도인이든, 개인적으로 종교개혁을 수용한 자든, 문제가 되지 않았다. 자신들의 사회적 신분과 경제적 조건이 일생 동안 크게 변하지 않았던 일반 평신도들은 물론, 지역 교회와 오랫동안 밀접한 관계를 맺어 온 귀족 가문들도,[78] 법률들이 제안되고 심의되어 통과되는 것을 충격적으로 바라 볼 수밖에 없었을 것이다. 왜냐하면 이 법률들은 금식, 고해성사, 성자·유물·성상에 대한 숭배, 면벌부, 성지순례, 성물함, 죽은 자를 위한 미사, 연옥 신앙, 라틴어 미사, 성찬식, 다양한 예전, 종교 축일, 휴가, 수도원, 탁발 수도사, 성직자 독신주의 등과 같은 전통적인 관행들을 점진적으로 종식시키거나 엄격하게 제한하였기 때문이다.

　　종교개혁은 전통적인 사회적 계층과 신분의 재구성을 수반하지 않았다는 점에서 사회적 혁명은 아니었다. 종교개혁 초기 수십 년 동안 도시

---

77) 앞의 책, pp. A 4 b, C 3 b.
78) 스트라스부르의 모든 유복한 가정은 한 곳 이상의 도시 교회에서 기부 미사를 드렸던 것으로 추정된다. T. A. Brady, Jr., *Ruling Class, Regime and Reformation at Strasbourg, 1520~1555* (Leiden, 1978), p. 228.

및 농민반란에도 불구하고, 영토적 정치적 중앙집중화라는 보다 큰 흐름은 15세기에 이미 진행되고 있었으며, 더욱이 이는 16세기 내내 계속되었다. 한편 도시와 마을들에서는 관습적인 사회적 구분과 긴장이 여전히 지속되었다. 종교개혁은 이 같은 흐름의 어느 것에도 직접적으로 도전하거나 영향을 미치지 않았다. 그러나 종교개혁은 유럽의 더 큰 정치적 지형을 형성하는 데 간접적으로 영향을 미쳤다. 왜냐하면 종교개혁은 그것의 종교적 메시지를 자신들의 경제적 정치적 이해관계와 동일시했던 집단들에 반해서, 긍정적이든 부정적이든 종교적 정치적 충성이 영토중심적이 되도록 이끌었기 때문이다.79) 그렇기는 하지만 종교개혁이 미친 가장 중대한 사회적 영향은 중세 대부분의 기간 동안 그리스도 교도의 일상생활에 안정과 의미를 부여했던 전통적인 종교적 신앙과 관행들을 성공적으로 대체한 데 있었다.80)

죽은 자를 위한 미사를 일시에 중단한 것은 즉각 그 도시와 마을들에 새로운 법률적 도덕적 문제들을 야기하였다. 새로운 프로테스탄트 유언 집행관들은 타계한 가톨릭 교도의 유지를 존중하려하지 않았다. 심지어 이들은 부모나 친척이 생전에 독실한 신앙심을 가지고 추모미사를 위해 재산을 헌납한 경우에도 그들의 유지를 받들려 하지 않았다. 케텐바흐가

---

79) 프로테스탄트 신학의 평등주의적 성향과 당시 대두하던 도시 엘리트 및 가난한 노동계층 모두의 사회적 유동성 간에는 상당한 관계가 있었다고 보인다. 도시 엘리트와 노동계층 모두는 변화를 선호하였고, 압도적인 다수가 종교개혁에 참여하였다. N. Z. Davis의 "Strikes and Salvation at Lyons," *Archiv für Reformations-geschichte*, 56 (1965), p. 54 및 "The Rites of Violence : Religious Riot in Sixteenth-Century France," *Past and Present*, 59 (1973), pp. 80~81 ; N. Birnbaum, "The Zwinglian Reformation in Zürich," *Past and Present*, 15 (1959), p. 39 ; Brady, *Ruling Class*, pp. 229~230, 238~239.

80) R. W. Scribner, "Is There a Social History of the Reformation?," *Social History*, 4 (1977), pp. 483~505 및 K. Thomas, *Religion and the Decline of Magic : Studies in Popular Beliefs in Sixteenth-and Seventeenth- Century England* (London, 1971), pp. 493~497를 비교·참조하기 바람.

만난 노파의 경우처럼 자신이 평생 모은 재산을 기부하겠다고 서약한 사람들 가운데 프로테스탄트 설교사로 인해 이 같은 서약이 전혀 쓸모없다는 사실을 깨달은 많은 사람들은 어떻게 해야 하는가? 이들 또는 이들이 죽은 후에는 그 상속자들이 하나님과 사람 앞에서 선한 양심에 따라 행한 유언서약을 양심의 새로운 명령에 따라 파기하고, 기증된 재산을 다른 목적을 위해 전용할 수 있는가?

1520년대에 수도사와 수녀들의 수도원 탈출이 시작되자, 수도원 서약파기의 정당성 여부는 성직자 계층 내부에 유사한 문제를 제기하였다. 이 문제에 대한 프로테스탄트의 기본 입장은 독신서약이란 수도사와 수녀들이 성서에 대한 기초 지식을 명백히 결여하고 있었기 때문에 맺은 것이며, 명백히 인간의 본성에 위배되는 것이기 때문에, 누구든 그 서약에 무한정 얽매이지는 않는다는 것이었다.[81] 죽은 자의 경우든, 산 자의 경우든, 평신도들을 유언서약으로부터 해방시키는 일도 당시 이와 유사한 논리에 의해 변론되었다. 알텐부르그의 루터파 개혁가 벤세스라우스 링크는 이 문제를 1524년 널리 읽혀진 팸플릿에서 제기하였다. 여기서 그는 가톨릭 교회와 수도원에 기부된 재산의 즉각적인 재분배를 주장하였다. 링크는 경야 연도, 교회당, 미사, 성상, 오르간, 종 등의 헌납을 통해 스스로를 기념하기를 거부하는 자들이야말로 신을 경외하고, 윤리적이며, 매우 합리적인 유언자들이라고 지적하였다. 왜냐하면 이들은 그러한 기부 행위가 하나님의 명령과 그리스도의 가르침에 모순될 뿐만 아니라 우상숭배를 조장하고 성직자의 부당이득을 부추긴다는 사실을 인식한 자들이기 때문이었다.[82] 책임 있는 유언자들은 자신들의 우선적 의무가 자녀, 친척 및

---

81) S. Ozment, *The Age of Reform : An Intellectual and Religious History of Late Medieval and Reformation History* (New Haven, 1980), pp. 381~396 및 *When Fathers Ruled : Family Life in Reformation Europe* (Cambridge, 1983) 등 참조.
82) British Museum, pp. B 1 b-3 b.

가난한 자들을 향한 것임을 기억하여야 했다. 심지어 링크는 유언과 유서의 집행관들에게 유언자가 인간의 나약함에 의해서든, 또는 성직자의 잘못된 조언에 의해서든, 하나님의 뜻에 반하는 기증을 하는 경우에는 이를 변경 내지 개정하여야 한다고 가르쳤다.

유언의 형식과 집행은 자구에 얽매일 것이 아니라 고인의 의도에 부합되게 실천되어야 한다. 이렇게 하는 것이 그리스도교 신앙과 하나님의 뜻에 전적으로 부합되는 일이다. 그러므로 유언 집행관은 유언자의 말이나 유언장 혹은 의견보다 먼저 하나님의 뜻과 법을 염두에 두어야 한다.[83]

이제 유언 집행관은 선한 양심을 가지고 고인의 뜻을 변화된 역사적 상황에 맞게 적용할 수 있는 자유를 가지게 되었다.

예를 하나 들어보자. 비록 하나님이 누구에게도 그와 같은 행위를 명한 적이 없는 데도, 또한 그런 행동이 그의 뜻에 위배됨에도 불구하고, 어떤 이가 교회나 수도원 등의 기관에 돈을 기증했다고 치자. 이는 신의 뜻에 위배되는 행위다. 그러나 이런 기증이라 하더라도, 신의 뜻을 거스르지 않고 그의 뜻을 이루는 데 사용될 수도 있다. 그러나 하나님이 우리들에게 분명하게 서로 도우라고 명한 상황이 발생하는 경우, 우리는 교회나 수도원 등의 기관에 기증되었던 돈을 이 목적을 위해 전용하는 데 주저하지 말아야 한다. 예를 들어, 기근이 발생하여 이로 인해 가난한 사람들이 고통을 당하는 경우에는, 그와 같은 기증금이 유언자가 지정한 대로 쓰이지 않아야 한다는 점이 분명하다. 오히려 그것은 하나님이 정한 목적으로 전용되어야 한다. 가난한 사람을 돕는 일은 신법과 자연법 모두가 명한 바로써, 이를 위해서는 교회나 수도원에 기증된 재산이라 하더라도 반드시 자유롭게 활용되어야 한다. 그리고 약간의 물품이나 재화가 남는 경우에는 이를

---

83) 앞의 책, pp. C 1 b, C 3 b-4 b.

필요로 하는 상황이 다시 발생할 때까지 공동 기금으로 관리되어야 한다.[84]

수도원 생활에 대한 프로테스탄트의 거부는 교회 재산의 법적 지위를 재규정하는 정도에서 끝나지 않았다. 이는 노동과 가난한 자들에 대해 새로운 태도들을 가지게 했고, 그리하여 이들을 도시의 새로운 법령으로 제정되도록 하였다. 링크는 한 유력한 팸플릿에서 이 점을 지적하였는데, 이는 정무관들이 오랫동안 입법화하고자 했으며, 당시 프로테스탄트 지도자들이 강력히 지지했던 변화의 내용을 반영하고 있었다. 1523년에 출간된 이 팸플릿의 표제가 「노동과 구걸에 관하여 ; 나태함을 다스리고 모든 사람들을 일하게 만드는 법」이었다. 구걸에 대한 분노가 알텐부르그에 만연되어 있음을 알았던 링크는 가난한 사람들에 대한 시장과 시정 협의회의 지속적인 책임을 조언하였다. 그는 이 과정에서, 인간이 타락한 상황 하에서는 근면한 노동이 신의 특별한 치유책(Artzney, heylsame büsse)이라는 독특한 노동신학을 제시하였다. 이 노동신학에 따르면 불가피한 고통과 참회는 인간으로 하여금 하나님께로 되돌아가도록 하며, 인간을 하나님이 원래 의도했던 모습에 가깝도록 회복시켜 주었다.[85] 이와는 대조적으로 악마가 즐겨 사용하는 유혹은 모든 노동과 수고로부터 면제된 삶으로서 그것은 타락한 인간의 내밀한 본성적 성향이었다. 더욱이 링크는 그와 같은 게으름을 자신들의 특별한 직업으로 삼는 자들이 바로 성직자들이라고 주장했다. 누구보다도 성직자들이야말로 "인류에게 공통적으로 부과된 모든 부담들로부터 벗어나고자 하며, 초법적인 삶을 살고자 하고……다른 모든 사람들이 반드시 져야만 하는 일상적인 노동과 징벌로부터 자유롭고

---

84) 앞의 책, pp. C 3 a-b. 영국 수도원의 완전한 해체의 근거에 관한 토마스 스타키의 유사한 주장을 참조하기 바람. G. R. Elton, *Reform and Reformation : England 1509~1558* (Cambridge, 1978), p. 238.

85) *Von Arbeyt und Betteln/wie man solle der faulheyt vorkommen/und yederman zu Arbeyt ziehen* (Zwickau, 1523), British Museum, pp. A 3 b-4 b.

자 하는 자들이었다."86) 실제로 링크는 성직자들에 의해 자행되는 이 세상의 모든 속임수, 도적질, 폭정, 성직매매, 부당 이득, 고리대금, 성직록 착복, 독점, 구걸 행위 등의 배후에는 노동을 피하고자 하는 악마적 동기가 도사리고 있다고 주장하였다.87)

그는 직업적으로 떠돌아다니는 걸인들과 도와줄 가치가 있는 지역 빈민들을 세밀하게 구별하였다. 유랑 걸인들은 지나가다 만난 공동체에 대해 모든 것을 요구하면서도 아무것도 제공하지는 않는 자들로서, 링크는 알텐부르그의 정무관들에게, 도시의 유력자들이 보기에 유랑 걸인들을 돕고도 부가 남아도는 경우가 아니라면, 어떤 방식으로든 결코 이들을 도와서는 안 된다고 조언하였다.88) 이러한 걸인들 가운데서도 탁발 수도사들은 가장 참을 수 없는 자들이었다. 왜냐하면 이들은 질병이나 시각장애와 같이 실제적인 재난이나 구체적인 도움를 호소했던 여타의 외지 걸인들과는 달리, 자신들이 종교적으로 보다 우월한 상급자라는 주장을 근거로 적선을 요구하기 때문이었다.89)

프로테스탄트파 도시 알텐부르그의 새로운 구빈법은 정무관들에게 지역 주민들 가운데 실직적으로 도움이 필요한 자들, 즉 명백한 노동 의지에도 불구하고 어쩔 수 없는 상황으로 인해 일할 수 없는 자들만을 선별해서 도움을 주도록 가르쳤다. 대부분의 경우 자선은 단지 짧은 기간 동안 그리고 자립에의 기대가 있는 경우에 제공되었으며, 또한 몇몇 경우에는 자선이 적선이 아니라 무이자 대부의 형태로 주어졌기 때문에 반환이

---

86) 앞의 책, p. B 3 a.
87) 앞의 책, p. B 3 b.
88) 앞의 책, pp. C 3 b-4 a.
89) 앞의 책, p. E 2 a. 프로테스탄트가 성직자의 게으름과 탐욕을 정죄한 것이 프로테스탄트 성직자 자신들에게도 문제가 될 수 있음을 깨달았던 링크는, 서둘러 '참된 종교적 사역'을 수행하는 성직자에 대해서는 공동체가 이들을 지원하는 것이 마땅하다고 지적하였다. 앞의 책, p. E 3 a.

요구되기도 하였다.

　공동체의 한 사람이 병들어 타인의 복지를 위한 관행적 기능을 수행하지 못하는 경우도 있을 수 있다. 이 경우에는 공동체의 다른 구성원들이 병든 사람을 도와서 건강을 회복하도록 하거나 또는 완전히 악화되지는 않도록 해야 한다.……공동의 짐을 진 사람은 모두가 좋을 때든, 나쁠 때든, 행운이 따를 때든, 불운이 따를 때든, 그것이 도시든, 마을이든, 교구든, 가문이든, 또는 기타 유사한 단체든, 하나의 유기체이기 때문이다.[90]

　모든 공동체가 내부의 가난한 구성원들에 대해 도덕적 의무를 가졌던 만큼, 알텐부르크의 프로테스탄트들은 어떠한 공동체도 내부의 가난한 구성원이 이웃 공동체들을 떠돌아다니며, 그들의 제한된 재원에 부담을 주도록 하는 것은 결코 도덕적으로 정당화될 수 없다고 생각했다. 이윽고 종교개혁으로 인해 야기된 정치적 갈등을 해소하는 한 방안이 제시되었다. 후일 1555년의 아우구스부르크 제후회의는 모든 통치자에게 각자의 지역에서 나름의 종교적 신앙을 선택할 수 있도록 허용하였다. 1520년대 초엽 링크는 유랑 걸인들이 일으키는 문제들을 해결하기 위해서, 모든 공동체와 영방이 각기 영내의 모든 빈민들에 대한 보호자가 되어야 한다(*cuius regio, eius pauperi* 원리[91])고 주장하였다. 그는 이 원칙을 개인들에게도 확대하였다. 마치 한 주교는 자신의 교구민 모두에게 책임이 있는 것처럼, 개인들도 유언장이나 임종 증언에서 모든 친척과 친구들을 기억할 의무가 있다고 주장하였다. "올바른 사랑은 자신을 사랑하는 데서부터 시작한다. 그러나

---

90) 앞의 책, pp. C 3 a-4 b.
91) 지역 통치자는 해당 지역의 빈민들을 의무적으로 돌보아야 한다는 원리. 이는 각 지역의 통치자가 자기 지역의 종교를 정한다(*cuis regio, eius religio*)는 교리가 구빈정책에 적용된 사례다.

이것이 오직 자기 자신만을 사랑하라는 것은 아니다. 오히려 우리는 우리 가족과 우리가 속한 공동체의 구성원들을 먼저 보살펴야 한다."[92] 유랑 걸인 및 이들이 야기하는 범죄와 사회 문제들은 전적으로 공동체들이 각자의 가장 취약한 구성원들의 기본적인 물질적 요구를 채워주는 일에 실패했기 때문에 일어났다.[93]

종교개혁 운동의 지도자들이 제도적 기업적 유형의 구걸을 반대함에 따라, 개혁가들이 빈민 전체를 위한 입법 과정에 참여했던 점은 충분히 이해될 만하다. 링크의 견해는 당시 독일 도시들에서 진행되고 있던 복지 정책의 법제화에 대한 루터파의 지지를 반영하고 있다. 새로운 법령들은 지원자에게 도덕적 물질적 검증을 요구했으며, 자격을 갖춘 빈민들은 공식적으로 확인해 주고, 일시적인 실직자와 저임금자들 그리고 부양가족이 너무 많아 경제적으로 어려운 자에게는 대부 제도를 알선하였다.[94] 링크는 정무관들에게 빈민들에 대한 지속적인 책무를 상기시킴으로써 그들에 대해 냉소적인 태도가 늘어나는 것을 방지하고자 하였다.

수도원과 탁발 수도회의 구걸에 대한 프로테스탄트의 종교적 저항은, 종교개혁가들로 하여금 복지 정책에 관한 논의를 세속적인 지평에만 머무르도록 하지 않았다. 또한 이들은 십일세와 고리대금업의 적법성 및 1525년 초 독일 농민들의 경제적 궁핍 등에 관한 유서깊은 논쟁에도 깊숙이 참여하

---

92) 앞의 책, pp. C 4 a-b.
93) 앞의 책, p. D 1 b.
94) 1522년 뉘른베르그 훈령은 순회하는 걸인들을 내쫓았다. 도시 안에서 발견된 걸인들 가운데 실제로 매우 가난한 자에게는 최소한의 도움이 주어졌다. 그러나 이들은 이름을 빼앗겼으며, 다시 나타나면 냉혹한 벌이 가해질 것이라는 경고를 받았다. *New Ordenung der betthler halben/In der Stadt Nurmberg/hoch von nöthon beschehen* (Leipzig, 1522), OX-BOD T.L. 93.4, 특히 pp. A 2 b-3 b, A 4 a-5 a를 참조할 것. 초기 프로테스탄트의 다른 복지훈령에 관하여는, C. Lindberg, "There Should Be No Beggars Among Christians : Karlstadt, Luther, and the Origins of Protestant Poor Relief," *Church History*, 46 (1977), pp. 313~334 참조.

였다. 또 다른 루터파 팸플릿 작가로서 아이제나흐 시[95])의 종교개혁가였던 야콥 스트라우스(J. Strauss)는 여하한 형태로든 이자를 낳는 계약의 경우, 이를 지켜야 할 의무에 대해 성서적 근거를 들어 강력하게 반박하자, 비평가들은 스트라우스가 정당한 빚을 갚지 않도록 사람들을 선동하고 있다고 비난하였다. 스트라우스에 따르면 가난하고 단순한 민중들이 "복음에 대해 무지하고, 사제와 스콜라주의자 그리고 수도승들에게 속아서" 고리대금 계약을 한 경우에도, 일단 실체적 상황이 밝혀진 다음에는 그와 같은 계약 사항을 반드시 지켜야 할 의무가 없다고 주장하였다.[96]) 농민들의 소요가 증가하고, 종교개혁을 유토피아주의적 사회투쟁과 동일시했던 1523년경 스트라우스의 이러한 지적은 시기상조한 원리였다. 1525년 대규모 농민반란이 일어나기 직전, 메밍겐의 농민 대표들은 어떤 종류의 십일세를 낼 것인가를 스스로 결정하는 자신들 나름의 신성한 권리를 승인해 주도록 루터와 성서에 직접적으로 호소하였다.[97])

비록 프로테스탄트가 고리대금과 십일세의 사용 및 무자격 성직자들을 돕기 위한 재산 기증에는 반대했지만, 그렇다고 이들이 봉건적 계약을 무효화하거나 세속 정부가 정한 세금을 내지 않도록 선동할 의도는 전혀 없었다. 그러나 16세기 초엽에는 종교적 불의와 사회정치적 부정 사이의

---

95) 독일 중부지방의 도시. 튀링겐 주에 소재하고 있으며, 여름 휴양지로 유명하다. 1521년 루터는 11세기에 튀링겐 백작에 의해 건조된 바르트부르그 성에서 성서를 독일어로 번역하기 시작하였다. 시내에는 루터가 젊은 시절 머물렀던 루터하우스가 있으며, 1685년 작곡가 요한 세바스찬 바하가 여기서 태어났다.

96) Jacob Strauss, *Haubtstuck und Artickel Christenlicher leer wider den unchristlichen wucher/darumb etlich pfaffen zu Eysnach so gar unrüwig und bemüet seind* (n.p., 1523), OX-BOD, T.L. 27.94. 일반민들로 하여금 자신의 부채를 갖지 않도록 선동하는 데 대한 비난이 스트라우스의 두 번째 논문에 실려 있다. 이에 관해서는, OX-BOD, T.L. 36.93, p. E 7 a 참조.

97) *Quellen zur Geschichte das Bauernkrieges*, ed. G. Franz (Darmstadt, 1963), p. 176 ; P. Blickle, *Die Revolution von 1525* (Munich, 1981), pp. 25~26, 134~136 참조.

VIVENTIS·POTVIT·DVRERIVS·ORA·PHILIPPI
MENTEM·NON·POTVIT·PINGERE·DOCTA
MANVS

필립 멜란히톤

경계가 모호하였다. 농민들의 저항이 심화되고 반란이 임박해지자, 종교개혁가들은 다른 사람들의 노동과 관습적인 십일세 및 세금으로 수입을 확보하는 영주와 성직자 모두의 권리를 서둘러 보호하였다. 비록 신약성서가 이를 직접적으로 명한 적은 없지만, 그리스도 교도들은 구약의 전례를 근거로 해서 그리고 이 땅에서의 권위와 질서를 바로 세워야 할 그리스도교적 의무를 다하기 위해서, 십일세와 세금을 통치자에게 자발적으로 납부하여야 한다는 것이었다.[98] 뿐만 아니라 세속 정부에 십일세와 세금을 납부하는 자들은 자신들의 돈이 하나님의 영광과 말씀을 높이고, 국가의 법률을 보존하며, 빈민들을 돕는 데 사용되도록 감독해야 한다는 점 역시 강조되었다.[99]

---

98) 이 논의는 스트라스부르의 개혁가 헤디오에 의해 제기되었다. C. Hedio, *Von dem Zehenden zwu träffliche Predig/Beschehen in dem Münster zu Strassburg/auff den xx. tag novembris.* (n.p., 1525), OX-BOD, T.L. 43.79. 이는 종교개혁의 과정에서 제기되었던 십일세에 대한 원래의 비판, 즉 부도덕하고 게으르며 무자격한 성직자에게는 십일세를 납부하지 않았다는 사실을 강조하였다. 앞의 책, pp. C 1 a-b.

고위 정부 당국자의 압력을 받았던 필립 멜란히톤(Philip Melanchton, 1497~1560)[100]과 루터가 비판을 가하자 태도를 완화했던 스트라우스는 마침내 공개적으로 고리대금에 대한 자신의 주장을 수정하였다. 그에 따르면 만약 평화적인 항의와 청원이 고리대금의 계약을 종식시키지 못하는 경우, 보통 사람들은 경제적 불의를 감내하는 것밖에는 달리 방법이 없었다. 왜냐하면 그리스도 교도라고 해서 법률을 마음대로 바꿀 수는 없기 때문이었다.[101] 농민반란 이후 프로테스탄트 설교사들은, 통치자들의 엄격한 명령에 따라, 모든 곳에서 그리스도 교도의 자유는 순전히 종교적인 것으로서, 농노제라는 전통적인 속박으로부터의 해방을 의미하지는 않는다는 점을 분명히 하였다.

선택에 의해서든, 불가피해서든, 확고한 신앙에 의해서든, 공공질서를 위해서든, 종교개혁가들은 기본적인 사회적 문제들과도 씨름할 수밖에 없었다. 이를테면 유언장과 임종 증언의 타당성으로부터 계약, 공적 지원의 조건, 일반세와 종교세의 합법성 등에 이르는 문제들도 여기에 포함되었다. 종교개혁의 사회적 외연의 확대는 피할 수 없는 일이었고, 동시에 중대한 의미를 가지게 되었다.

---

99) C. Hedio, *Von den Zehenden*, pp. C 2 a-b.
100) 독일 종교개혁가. 그의 언어 및 인문학적 재능을 발견한 증조부 로이힐린이 희랍어에서 유래한 '멜란히톤'이란 이름을 지어주었다. 튀빙겐 대학 시절 에라스무스에게 주목을 받은 후, 선제후 프레데릭 3세의 천거로 비텐베르그 대학의 교수가 되었다. 이후부터 고전학을 중시하고, 루터의 입장을 받아들였으며, 1518년에는 루터와 함께 '라이프치히 논쟁'에 참여하였다. 루터의 개혁 이념을 체계적으로 다룬 『조직신학』(*Loci Communes*)에서 의지의 예속, 율법과 복음의 대립, 이신칭의론 등의 교리를 수용하였던 반면, 스콜라주의를 배격하였다. 1536년 루터와 부처가 성찬에 대해 합의한 비텐베르그 협정을 작성하였고, 루터파와 로마 가톨릭 교회 간의 협상들에 폭넓게 참여하였다. 멜란히톤은 루터파 종교개혁가들 가운데 대표적인 인문주의자였다.
101) 저항은 전적으로 자멸적인 행위라고 주장되었다. 루터와 멜란히톤의 견해를 보려면, B. Nelson, *The Idea of Usury : From Tribal Brotherhood to Universal Otherhood* (Princeton, 1949), pp. 41~49 참조.

2) 당대의 자기인식

경건한 프로테스탄트는 우연히 만들어지는 산물이 아니었다. 새로운 신앙을 위해서 옛 신앙을 버린 사람들은, 한편으로는 교회가 채워주지 못한 정신적 공허감을 느낀 자들이거나, 다른 한편으로는 마음 속의 종교적 불만을 제거하지 못한 자들이거나, 또는 양자 모두에 해당하는 자들이었다. 프로테스탄트로 개종한 구체적이고 개인적인 이유는 과연 무엇이었을까? 뉘른베르그의 평신도였던 한스 자흐의 팸플릿은 여기서도 우리에게 당시 평신도의 종교적 자기인식과 성직자에 대한 태도들에 관한 단서를 제공하고 있다. 또한 과거 프란시스회 수도사였던 에버린 폰 긴즈부르그는 전통적인 성직자 계층 내부의 불만들에 대해 많이 지적했던바, 이는 새로운 프로테스탄트 지도체제의 근거가 되었다. 극히 다양한 근거로부터 나온 이들의 논평은 종교개혁의 절정기에 시민 계층과 성직자 계층 내에서 변화하고 있던 문화적 종교적 가치들의 역할을 제시하고 있다.

1524년 자흐는 두 사람의 격분한 평신도가 수도원 서약에 대해 밝힌 생생한 폭로를 기록하였다. 「그리스도의 피를 모독하고 스스로 거룩하다고 생각하는 수도사들의 위선적인 행동과 서약에 관한 대화」라는 반성직자적 제목에도 불구하고, 이 대화집은 전통적인 종교적 신분들의 단점보다는, 종교개혁으로 인해 각성된 평신도들의 대담한 자기 확신을 드러내고 있다. 세 사람의 주인공 즉 프란시스회 수도사 하인리히, 루터파 제빵사 피터 그리고 저자를 대변하고 있는 제화공 한스가 이 대화집에 등장한다. 프로테스탄트 팸플릿이 대체적으로 그러하듯이, 여기서도 일반 평신도들은 그리스도교 교리에 정통한 자들일 뿐만 아니라 덕성스러운 삶의 본보기로 제시되었다.[102]

---

102) 팸플릿들에 나오는 바 일반 평신도에 대한 프로테스탄트의 적극적인 평가를 알아보기 위해서는, K. Uhrig, "Der Bauer in der Publizistik der Reformation bis zum Ausgang des Bauernkriegs," *Archiv für Reformationsgeschichte*, 33 (1936),

대화는 봉헌초를 기부하도록 구걸하는 수도사 하인리히의 등장과 함께 시작되었다. 피터는 하인리히에게 "너희들 중에는 구걸하는 자가 없으리라"는 신명기 15장 7절을 인용하면서, 자신은 가능한 한 최선을 다해서 기꺼이 일하고자 하는 그 지역의 빈민자들만 구제하겠다고 밝혔다. 이에 대해 수도사 하인리히가 피터를 루터파라고 부르자, 피터는 자신이 단순히 복음주의자일 뿐이라고 항변하였다. 이 때 수도사 하인리히가 자선에 대한 성서의 가르침을 매우 설득력 있게 제시하자, 이에 감동한 피터는 그에게 1 페니를 건네주었다. 그런데 피터의 예상과는 달리 하인리히는 프란시스회의 서약이 돈을 만지는 것을 허용하지 않는다는 이유를 들어 그 구제금 받기를 거절하였다. 그러자 피터와 한스는 청빈 서약으로 시작하는 프란시스회의 모든 서약들에 관해 수도사 하인리히에게 따지기 시작하였다.

한스는 비록 탁발 수도사들이 직접 돈을 받지는 않는다 하더라도, 수도원 밖에 유력한 후원자들을 가지고 있으며, 이를 통해서 수도회는 엄청난 부를 축적할 수 있었고, 이를 추기경의 직책을 매수하는 데 사용하거나, 제후들의 성채에 버금 가는 수도원을 짓는 데 사용한다고 지적하였다. 피터도 이를 "당신들은 부당하게 이득을 취하면서, 이를 수도사복 아래 숨기고 있소"라고 지적했다. 건강해서 일할 수 있는 수도사와 수도승들이 실제로 가난하고 병든 자들을 위한 구제금을 자신들을 위해 전용함으로써 일반 평신도들은 더욱 가난하게 되었다.[103] 여기서 피터는 이들이 후원했던 수도원에 대한 비판못지 않게 귀족 영주 및 상인들 자체에 대한 비판도 제기하였다. 부와 성직의 오랜 제휴가 일반민들에게 해를 끼친다고 그는

---

pp. 70~125, 165~225 ; P. Böckmann, "Der gemeine Mann in den Flugschriften der Reformation," *Deutsche vierteljahresschrift für Literaturwissenschaft und Geistesgeschichte*, 22 (1944), pp. 187~230 참조.

103) H. Sachs, "Es haist des geytz unter dez hütlein gespilt," (n.p., 1524) (Yale, Beineke Library), pp. 2~4.

주장하였던 것이다. 만약 자흐가 교회의 역사를 보다 자세히 알았더라면, 피터와 한스는 프란시스회의 창설자 성 프란시스 아씨시가 1226년에 작성한 「증언집」까지 수도사 하인리히에게 인용하였을 것이다. 프란시스 아씨시는 수도회의 수도사들에게 세속적 직업을 배움으로써, 그리고 노동이 불가능한 경우를 제외하고는 구걸을 삼가게 함으로써, "선한 모범을 보이고, 게으름을 극복하라"[104]고 명했던 것이다.

그러나 수도사 하인리히는 이에 굽히지 않고, 마태복음 10장을 들어 종교적 사역자에게 정당한 보상을 하는 것이 옳으며, 수도원들도 가난한 자들에게 매일 무료식사를 제공한다는 사실을 재빠르게 지적하였다. 실제로 수도원들은 물질적인 구제를 베푸는 것 이상으로 죽은 자를 위한 경야연도와 미사 등의 종교적 선업들을 평신도들에게 보다 관대하게 베푸는데, 이는 수도원이 종교적 선업들을 극히 풍족하게 가지고 있기 때문에 비로소 가능하다는 것이었다. 이 같은 변론에 경악한 피터는 빈민들이 수도원에서 받는 음식이란 수도사들이 먹지도 않는 찌꺼기에 불과한 것들이며, 또한 수도사들이 강력하게 권유하는 종교적 선업들 즉 기념미사와 추도성사들 역시 재산의 기증을 요구함으로써, 무상으로 베풀어지는 것이 아니라 '판매되는' 것이라고 지적하였다.[105]

수도원의 두 번째 서약인 독신생활에 대해서, 수도사 하인리히는 수도승으로서 반드시 감내해야 할 육체적 시련과 희생들에 관한 나름의 목록을 제시하였다. 수도사들은 끈으로 묶은 누더기 옷을 걸치고, 속옷이 없었으며, 맨발로 다니거나 허름한 나막신을 신었고, 삭발을 했으며, 목욕을 금했고, 누워서 쉬는 깃털 침대가 없었으며, 끼니의 절반을 고기 없는 식사로 채웠고, 음식을 담아 먹는 백랍(pewter)[106] 접시가 없었을 뿐더러, 침묵을

---

104) In *Brother Francis : An Anthology of Writings by and about St. Francis of Assisi*, ed. L. Cunningham (New York, 1972), pp. 51~52 참조.
105) *Eyn gesprech von den Scheinwercken*, p. 6.

실천하고, 하루에 다섯 시간씩 성가대석에 서 있거나 무릎을 꿇고 있었으며, 더욱이 아침 기도를 위해 새벽에 일찍 일어나야만 하였다.

이 같은 주장에 놀란 피터는 다시금 수도사의 지루한 변명에 대해 격한 심정으로 대꾸했던바, 이러한 심정이 1520년대에 공개적 반란으로 나아갔던 교회를 향한 끓어오르는 분노의 근거였다. 즉 "나와 동료 노동자들은 하루 종일 일해야 하지만, 먹는 것은 형편없다. 우리들은 아침 기도 때까지 침대에 누워 있는 적이 거의 없다. 간혹 이 때까지 누워 있는 경우에는 우리 아이들이 내게 아침 기도를 불러준다. 나는 당신들보다 훨씬 어려운 규율을 지킨다"107)는 것이었다. 이는 대화체의 형식을 빌린 짤막한 대화에 불과하지만, 그러나 이러한 논평이야말로 이 시대의 반성직자주의를 말해 주는 웅변이었다.

수도원의 세 번째 서약인 순복에 관해서, 한스와 피터는 수도사 하인리히가 일반 그리스도 교도들의 순복보다 자신의 순복이 더욱 고귀한 것처럼 기만한다고 비난하였다. 이들은 성서가 그리스도 교도들에게 요구하는 서약은 단지 두 가지 밖에 없다고 주장하였다. 첫 번째가 모든 사람이 세례식에서 하는 신앙고백이고, 두 번째는 로마서 13장과 마태복음 22장에 밝혀져 있듯이, 공언 및 세속 정부에 대한 충성서약이었다. 이보다 더 높은 상위의 서약은 있을 수 없었다. 수도사들은 보다 높은 서약을 지킨다는 명분 하에 사실상 세속 통치권에 대한 복속으로부터 회피하고자 했으며, 또한 일반 평신도들로서는 피할 수 없는 의무인 세금, 임대료 및 기타 시민생활의 부담들로부터도 벗어나고자 하였다.108) 그러니까 성직자들은 하나님과 사람에 대해 평신도들보다도 덜 순복적이었다. 피터는 당시의 장례 관습에 대한 냉소적인 논평에서, 성직자들은 매우 오만해서 임종

---

106) 주석과 납, 놋쇠, 구리의 합금으로 가장 값비싼 제식 도구 등의 재료.
107) 앞의 책, p. 7.
108) 앞의 책, p. 10.

직전 평신도들에게 자신들의 습관대로 승복을 입힌다고 지적했다.

프란시스회 수도사들은 평신도들을 완성시키는 지름길을 알고 있었다. 그들은 죽어가는 자에게 잿빛 승복을 걸쳐줌으로써 이들을 수도사로 만들었으며, 이들에게 목욕과 면도를 해줌으로써 이들이 충만한 자로 세상을 떠날 수 있도록 하였다. 그리하여 마치 황소가 쥐구멍을 통과하듯이, 평신도들을 완벽한 자로 하늘 나라에 이르게 하였다.[109]

이에 수도사 하인리히는 피터와 한스에게, 만약 당신들의 말대로 수도원 서약이 자신들을 하늘 나라에 이르게 하지 못한다면 차라리 승복을 울타리에 걸고 돌을 던지겠다고 단언하였다. 피터와 한스는 그에게 수도원을 떠날 것을 촉구했다. 그러나 수도사 하인리히는 설령 자신이 떠나기를 원한다 하더라도, 그러기에는 너무 노쇠했고, 다른 어떤 일도 배우지 못했다고 대답했다. 그는 너무나 오랫동안 수도사로 지내왔던 것이다. 그러자 한스는 하인리히에게 이 땅에서 자신의 손으로 일할 수 있도록 손도끼를 보내겠다고 약속하였다. 이렇게 하면 그가 난생 처음 자신의 삶에서 가난과 자선 그리고 하나님에 대한 순복의 참된 의미를 발견할 수 있으리라고 생각하였다.[110]

대화 말미에서는 제빵공이나 제화공의 일상적 노동이 독신 서약에 따라 행해진 노동보다 하나님을 더욱 기쁘게 한다고 주장되었다. 성서에 해박한 두 평신도의 일상적인 노동의 삶이 교회의 대표적인 수도회의 가장 순복적인 수도사들의 삶보다도 훨씬 더 경건하다고 묘사되었다.

자흐가 제시한 평신도들의 열정적이고 세속적인 자기존중의 반대편에서 우리는 에버린 폰 긴즈부르그의 성직자에 대한 거의 자기증오에 가까운

---

109) 앞의 책, p. 11.
110) 앞의 책, p. 12.

정서를 또한 발견하게 된다. 1521년과 1522년 사이에 루터파로 개종했던 프란시스회 수도사 에버린은 1521년 5월, 「아무도 위로할 수 없는 경건하고 수심에 찬 일곱 사제의 비탄」이라는 팸플릿을 발간하였다. 이 팸플릿은 사제 생활에서 가장 고통스러운 점들을 의논하기 위해 비밀스럽게 나눈 일곱 사제 간의 대화록의 사본 형식을 띠고 있었다.

첫 번째 사제에게는 독신 생활이 큰 고통이었다. 그는 자신이 성적 욕구와의 투쟁에서 성공적이지 못했던 고통을 상세하게 술회하였다. 성적인 꿈, 몽정, 수음, 호색 그리고 유부녀와의 간음 등은 그의 양심에 이중적인 고민을 제기하였다. 왜냐하면 그는 유부녀와 부정한 관계를 유지하면서 계속 그녀의 남편과도 좋은 친분을 유지했기 때문이다. 죄의식을 느꼈던 그는 그 유부녀를 버리고 다른 내연의 처를 취했다. 그러나 이 관계가 그를 죄로부터 벗어나게 해줄 수는 없었다. 왜냐하면 축첩 역시 불법적인 행위였으며, 그는 첩에게 출산 통제를 강요했기 때문이다. 이 첩이 죽게 되자, 그는 또 다른 내연의 처를 얻어 20년을 함께 살면서 17명의 자녀를 두었다. 물론 교회 당국이 이 같은 관례를 승인한 것은 아니었지만, 그러나 이는 주교가 명한 속죄금 내지 매춘세를 지불하는 한 사실상 묵인되었다고 이 사제는 술회하였다. "우리 주교는 내가 한 아내를 갖는 것보다 10명의 첩을 갖는 것을 더 환영할지도 모른다"는 것이었다. 평신도들 역시 "어린 마부가 말똥에 점점 익숙해지는 것처럼" 성직자의 축첩을 이와 비슷한 방식으로 묵인하게 되었다.[111] 이 사제는 그의 삶이 자신의 양심과 그가 설교하는 복음 모두에 정면으로 모순됨을 절감하였다. 또한 그는 자신의 자녀들이 사생아라는 불명예 때문에 겪을 수밖에 없는 어려움으로 인해

---

111) *Johann Eberlin von Günzburg. Sämtliche Schriften*, 3 vols., ed. L. Enders (Halle, 1900), 2.60-63. 이 사제는 츠빙글리가 스위스에서 그리고 칼슈타트가 작센에서, 성직자의 혼인권을 공식적으로 탄원하였음에도 불구하고, 교회 정부와 세속 정부 모두가 이에 완강하게 반대하였음을 보고하였다." Enders., 2.63.

개인적으로도 괴로워하였다.

실로 나는 곤혹스럽다. 한편으로 나는 아내 없이는 살 수 없고, 다른 한편으로 나에게는 아내를 가지는 것조차 허용되지 않는다. 그래서 내 영혼과 명예는 상처를 받으며, 성서의 집전을 거부하는 등 나를 향해 분노하는 많은 사람들의 저주로 인해 공개적으로 치욕적인 삶을 살 수밖에 없다. 나의 애첩이 교회에 출석하고, 길거리를 활보하며, 나의 혼외 자녀들이 내 앞에 앉아 있는데, 내가 어떻게 정절과 혼음, 간음과 부정한 행위 등에 대해 설교할 수 있겠는가? 이 같은 상황에서 내가 어떻게 미사 기도문을 낭독할 수 있겠는가?[112]

같은 해에 출간된 다른 한 팸플릿에서 에버린은 독신서약에 따른 자신의 개인적인 경험을 설명하였다. 그에 따르면, 독신생활은 모든 기쁨이 고통이 되고, 모든 위로가 슬픔으로 변하며, 모든 달콤함이 쓰라림이 될 정도로 날마다 찾아오는 양심의 끊임없는 고통이며 정서적인 불안이었다. 독신제도는 인간의 감각을 무디게 하고, 죽일 뿐만 아니라, 마음을 강퍅하게 하며, 자연스러운 정숙함을 억제하여 마침내는 사람을 야만적이고 비인간적인 상태에 떨어뜨리며, 죄책감과 후회에 사로잡히게 하고, 사람들로 하여금 구원과 이 땅에서의 선행을 혐오하게 하고, 차라리 불행을 갈망하게 만든다고 주장하였다.[113] 이에 성직자의 혼인은 자연스럽게도 작센과 스위스에서 가장 성공적인 초기의 개혁조치들 가운데 하나가 되었는데, 사실상 이는 이신칭의(justification by faith)와 더불어 프로테스탄트의 주장들 가운데 두드러진 특징이 되었다. 강제적 독신제도에 대한 깊은 반감은 종교개혁 지도자들이 어떻게 전통적 성직자 계층으로부터 자유로워질 수 있었던가

---

112) 앞의 책. 다른 사제들과 마찬가지로 그는 자신의 성직록을 받지 못하고 선한 양심을 따라 행동해야 하는 삶을 살지 못할까 두려워하였다.

113) *Der siben trostlossen pfaffen klage* (1521), in Enders 2.81.

성 보나벤추라의 천국에 이르는 사다리

를 설명해 준다.114)

에버린이 제시한 두 번째 사제는 자신의 성직록이 너무 많다는 것 때문에 괴로워하였다. 그는 성직자들이 손수 일하면서 스스로의 삶을 영위하라고 명한 성서의 가르침을 위반하면서, 귀족들처럼 가난한 노동자들의 피 같은 땀을 착취하며 나태한 삶을 살고 있다고 생각하였다. 그의 괴로움은 신도집단이 성직자의 게으름을 허용한다는 사실 때문에 더욱 가중되었다. 그의 교구민들 가운데 몇몇은 자신의 자녀들이 사제가 되기를 바랐는데, 이는 그들 역시 편하고 안정된 삶을 누리기를 바래서였다. 이들은 손으로 직접 노동하는 사제들을 가리켜 농민 사제라고 조롱할 정도였다.

이 사제는 자신이 고리대금으로 후원받고 있다는 사실, 즉 부자들이 부당이득으로 성직자의 급여를 주고, 이로써 자신들의 천국 입장권도 사려는 것에 대해 분개하였다. 또한 그는 사목 구역을 할당해 주는 교회법 때문에 양심에 큰 부담을 느꼈다. 이는 일정 지역의 종교의식을 특정 종교로 하여금 독점하도록 하는 일종의 착취이기 때문이었다.115) 첫 번째 사제와 마찬가지로 두 번째 사제 역시 자신에 대해 분노하고 있었으며, 자신을 향한 교구민들의 분노 역시 심각하게 느끼고 있었다.

내가 다른 사람들에게는 일하도록 가르치면서도, 나 자신은 게으르다. 내가 다른 사람들에게는 서로 값없이 돌보라고 가르치면서도, 나는 이들에게 세례 비용을 요구한다. 나는 이들에게 안전하게 살면서, 공중에 나는 새들처럼 일용할 양식을 위해 하나님께 의지하라고 가르치면서도, 정작 나는 6배나 되는 양식을 확보하려 한다.116)

---

114) 사례연구에 관해서는 R. W. Scribner, "Practice and Principles in the German Towns : Preachers and People," *Reformation principle and practice : Essays in Honour of A. G. Dickens*, ed. P. N. Brooks (London, 1980), pp. 95~118 참조.
115) Enders 2.65~66.
116) 앞의 책, 2.66~2.667.

세 번째, 사제의 양심을 짓눌렀던 것은 무엇보다도 기만적인 종교의식이었다. 그는 미사가 죽은 자나 산 자 모두에게 결코 도움이 되지 않으며, 특별 철야 연도미사 및 꺼지지 않는 봉헌초 등이 아무런 쓸모가 없고, 따라서 평신도들이 이를 믿는 것은 어처구니 없는 짓이라고 탄식하였다. 이같이 기만적인 제식으로 인해 그리스도 교도의 예배는 이방인의 그것보다 더욱 일탈적이 되어 버렸다.[117] 세 번째 사제도 다른 동료들과 마찬가지로 스스로 더 이상 존경하지 않는 성직에 당혹스러움을 느끼면서도, 일상생활에서 야기될 경제적 결과를 감당할 용기가 부족해서 성직을 떠날 수는 없었다.

네 번째, 사제는 전통적인 설교가 실패했음을 한탄했다. 이제 평신도들이 더 나은 교육을 받았기 때문에, 이들은 교회에 의해 제정되었고, 성직자들이 그것을 토대로 설교했던 모범 설교집조차도 더 이상 믿지 않았다.[118] 자신의 양심과 일반 평신도 모두가 성서적 설교를 요구했음에도 불구하고, 그는 자신이 새로운 복음주의적 방식으로 설교할 경우 겪게 될 신변의 위협을 두려워하였다. 그는 사면초가에 빠져들었다. "만약 내가 성서를 가르치지 않는다면, 나는 결코 양심적인 사목자가 될 수 없다. 그러나 만약 내가 그리스도교의 진리를 설교한다면, 그것은 내 삶과 일치하지 않을 뿐만 아니라, 이로 인해 교회 정부와 세속 정부 모두로부터 징벌을 받을 것이며, 이 땅의 지혜와 종교로부터도 저주를 당할 것이라고 고백하였다."[119]

다섯 번째, 사제에게 있어서는 명예와 존경심의 상실이 성직자로서

---

117) 앞의 책, 2.68.
118) 도미닉회와 프란시스회에서 출간된 많은 수의 설교집들이 제목별 저자별로 언급되었다(Enders 3.301~2). 에버린의 저술이 평신도와 성직자 모두에게서 누렸던 명성을 지적함으로써, 사제들은 평신도들도 가졌던 비판적 태도를 확인할 수 있었다(Enders, 2.70).
119) 앞의 책, 2.72.

자신의 직책을 수행하는 데 큰 부담이 되었다. "오늘날 어떤 사람이 '사제'라는 말을 들으면, '이는 술 취하고, 게으르며, 탐욕적이고, 논쟁적이며, 자기 변명적이고, 매춘을 즐기며, 음란한 자로서, 비열하고 불경한 자를 상기시킨다'고 슬퍼하였다." 평신도들의 공격에 대한 두려움으로 인해 사제의 삭발한 모습을 공개적으로 드러내기 어려울 정도였다.120) 개혁 성향의 성직자는 도처에서 공격을 받았다. 이들은 위기의 순간에 루터나 멜란히톤 혹은 안드레아 칼슈타트(Andreas Karlstadt)같이 파문당한 개혁가들의 저작들로부터 가르침을 받았다. 그러나 이들은 자신의 상급 성직자나 수도원 혹은 대학들에 대해 조언을 구할 수 없었다. "왜냐하면 만약 저들이 우리의 실체를 안다면, 저들이야말로 가장 먼저 우리를 핍박할 자들이기 때문이었다." 명백한 불만에도 불구하고, 다섯 번째 사제 역시 사제직을 버리는 것에 대해서는 크게 두려워하였다. "과연 누가 나를 먹여 살리겠는가? 노동도 못하고, 구걸은 창피스러우며, 이미 안락한 삶에 길들여져 있고, 사제의 대우도 결코 나쁘지 않은데 말이다."121)

여섯 번째 사제는 임박한 박해를 충분히 예견했기 때문에 평신도들이 성직자에게 돌이나 던지지 않으면 다행이라고 생각하였다. 그는 성직자였던 삼촌과 아버지가, 자신이 성직으로 나아가는 데 대해 논의하던 중 삼촌이 아버지에게 했던 경고를 회상하였다. "이 아이를 사제로 나아가게 하기보다는 차라리 물에 빠뜨리는 것이 나을런지 모릅니다. 어쩌면 40년도 채 지나지 않아서 개들이 우리네 사제들에게 오줌을 갈길지도 모를 일이니까요"122)가 그것이었다.

에버린의 대화집에 등장하는 인물들 가운데 마지막 사제는 실제로 사제 보좌관이 되었다. 극히 당혹스럽게도, 그는 자신처럼 무고한 성직자조차

---

120) 앞의 책, 2.73.
121) 앞의 책, 2.72~74.
122) 앞의 책, 2.75.

당시의 반성직자주의 풍토 하에서는 치욕을 겪을 수밖에 없음을 깨달았기 때문이다.

다른 한 팸플릿에서 에버린은 괴로움을 겪던 모든 사제들을 위해서 공격적인 프로테스탄티즘과는 다른 잠정적 처방을 제안하였다. 독신제도를 부담스러워하는 사제들에게 비밀 결혼을 제안하였던 것이다.[123) 부족한 성직록으로 인해 고통받는 사제라 하더라도, 정직한 사제가 변함없이 하였던 다양한 선업에는 전념할 수 있었다. 예를 들어, 성서를 읽고, 가르치며, 착취당하는 사람들을 도와주고, 세금과 시장의 상거래를 감시하며, 책을 교정하거나, 제본하거나, 장식하는 일 등이 여기에 속했다. 한편 고위 성직자들은 많은 유용한 행정 업무를 수행함으로써 근면의 모범을 보일 수도 있었다. 또한 교구 사제들의 경우에는 과거의 잘못을 고치고, 잘못된 예배를 폐하며, 기회가 허락하는 한 종교적 경건생활을 계몽하였다.[124) 사제들 가운데 특정한 관행들을 한꺼번에 제거하고자 했던 자들에 대해서는, 초대 교회가 어떻게 연약한 자를 수용했으며, 이교도와 유대교 축일들을 관용했던가를 상기시킴으로써, 목표를 향해 인내심을 가지고 노력하도록 조언하였다. 이를테면 라마스(Lammas),[125) 신년축하, 만성절 등의 유대교 축일은 물론 보리수 나무를 교회 주변에 심고 깃발을 들고 행진하는 등의 비그리스도교적 관습들도 관용하도록 조언되었다.[126) 전통적인 설교에 불만을 가졌던 사제들의 경우, 이들이 복음을 설교하며, 이를 공격하고 반박하는 자들로부터 복음을 변론하는 것을 막을 자는 아무도

---

123) 이 문제가 직접적으로 제기될 경우, 사제들은 "성령이 인간에게 어떻게 주입되었던가"(wie jm der geist wurt ingeben)라는 답을 하도록 조언 받았다. 이는 대체로 "자신의 비밀 결혼에 대해 노골적으로 거짓말을 할 수는 없다"는 의미로 해석될 수 있다.

124) 앞의 책, 2.87.

125) 원래는 이교도들의 추수 축제였는데, 후에는 성 베드로의 출옥을 기념하는 축제가 되었다.

126) 앞의 책, 2.88.

없었다.

마지막 부분에서 에버린은 성직자들의 좌절과 냉소주의에 대해서도 조언하였다. 비록 공적 직책으로 인해 매우 조심스러워 했으며, 때로는 개혁에 반대하는 것처럼 보이기조차 했지만, 그러나 마음으로부터 개혁을 지지했던 믿을 만한 주교들이 있었다.[127] 에버린은 분노한 평신도들의 공격을 두려워했던 이들에 대해, 이 같은 행위에 대한 루터의 비난을 지적함으로써 위로하였다. 대부분의 평신도들은 여전히 인내심 있고, 친절하며, 존경할 만한 사제들을 보호하고자 하였다. 그러나 에버린은 주임 사제들의 명성에 가려서 타협할 수밖에 없었던 불운한 부제들에 대해서는 사제직을 떠나 새로운 직업을 찾도록 조언하였다.[128]

3) 실제적 개혁

복음주의적 이념들을 비실제적인 결론들로 만들려는 경향은 1520년대에 이미 완연하였다. 그러나 프로테스탄트 논객들 역시 교회의 부에 대한 공격이 부자들 일반에게로 확대되어서는 안 되며, 또한 탁발 수도사들에 대한 비난이 가난한 사람 모두에게로 확대되어서도 안 된다는 점을 잘 알고 있었다. 부자가 된다는 것이 반드시 반개혁적 교황주의자가 된다는 것을 의미하지는 않으며, 또한 빈자와 연금 수혜자라고 해서 반드시 다른 사람들의 땀에 기생하는 자들도 아니었다. 비양심적인 영주와 파렴치한 빈자들이 있었던 것과 마찬가지로, 경건한 부자와 거룩한 빈자들 역시 존재하였다. 그리하여 종교개혁가들도 이에 따라 비판을 가하였다. 대체로

---

127) 에버린이 지적한 주교들은 다음과 같다. Christoph von Stadion(아우구부르그 주교, 1517~43), Hugo von Hohenlandenberg(콘스탄스 주교, 1496~1529), Christoph von Utenheim(바젤 주교, 1502~26), Georg Ⅲ(밤베르그 주교, 1505~22). Enders 3.309~12 참조.

128) Eberlin, *Der frummen pfaffen trost*, Enders 2.92~93.

종교개혁가들은 사회경제적 현상유지를 비굴하게 수용하고자 하지는 않았다. 그렇다고 해서 이들이 공동체주의적 사회정책을 추구한 것은 더욱이 아니었다. 반면에 이들은 한편으로는 사회적 소요가 아닌 중간적 입장을 취하고자 했고, 다른 한편으로는 새로운 예루살렘을 이룩하고자 하였다.

이 점에서 1524년 발간된 한스 자흐의 세 번째 대화집은 주목할 만하다. 「뉘른베르그 그리스도교 공동체의 공공연한 탈법과 부당이득에 대한 교황주의자들의 반론」이라는 표제의 이 저술은 도시의 종파적 분열 및 지방에서의 초기 농민반란 모두를 비중있게 다루었다. 이 팸플릿은 16세기 초엽 인구의 1/10이 사제거나, 수도승이거나, 수녀거나, 탁발 수도사였던 도시 뉘른베르그에서 종교개혁이 우위를 점하는 결정적 시기에 출간되었다. 1524년 2월 2차 뉘른베르그 제후회의와 1525년 3월 종교개혁을 공식화시켰던 공개토론 사이 기간에, 뉘른베르그는 도시의 수도원을 폐쇄했고, 성직자에게 시민으로서의 일반적 의무들을 요구했으며, 금식 및 성자 숭배를 철폐했고, 많은 전통적인 종교적 축일들을 폐지했으며, 루터의 독일어 예배의식을 도입했고, 성직자의 혼인을 허용하였다. 가톨릭과 프로테스탄트 논객들 모두가 명시적으로 추구했던 선전의 기저에는 당시 뉘른베르그의 도덕적 사회적 문제들에 관한 세밀한 보고들이 포함되어 있었던 바, 이 점이 자흐의 팸플릿의 두드러진 특징이다. 교황주의자였던 가톨릭 비평가들은 뉘른베르그의 문제들을 거의 전적으로 종교개혁가들 탓으로 돌렸다. 점증하고 있던 다수 프로테스탄트파 논객으로서, 자흐는 팸플릿을 통해서 이 같은 비판들에 답변하였다.

자흐가 뉘른베르그의 가톨릭 교도들에 대해 지적했듯이, 가톨릭 교도들은 복음주의 교리를 논박하는 데 실패하였다. 그리하여 이제 가톨릭 교도들은 복음주의 신앙을 받아들인 다수 도시민들의 도덕적 결함에 초점을 맞춤으로써 복음주의 신앙을 약화시키고자 하였다. 이들 가톨릭 변론가들은 비판의 지평을 교리로부터 실생활의 삶의 문제로 옮김으로써, 동요하는 자들이 프로테스탄트로 개종하는 것을 만류하고자 하였다.[129] 대화집에는 두 명의 주인공이 등장하였다. 가톨릭 비평가인 로마누스와 유복한 복음주의 시민인 라이헨부르거가 이들이었다.

로마누스는 지위고하를 막론하고 성직자든, 평신도든, 뉘른베르그 프로테스탄트 시민들의 다양한 도덕적 사회적 비리들 특히 탐욕과 부당이득의 취득을 고발하였다. 이 같은 비리들을 프로테스탄트는 일방적이고 위선적으로 오직 가톨릭 성직자에게 전가해 왔었다고 그는 주장하였다. 프로테스탄트들이 과시적으로 자랑하는 개혁조치들에도 불구하고, 정작 이들에게서는 아무런 선행도 발견할 수 없다는 것이 그의 지적이었다.

나는 지금도 당신들에게서 아무런 선행을 발견할 수 없다. 실로 당신들은 육신의 욕망에 따라 행하고 있다. 이제 뉘른베르그에서도 고해성사, 금식, 기도, 교회 출석, 구제헌금, 성지순례 등의 금지가 관행이 되어 버렸다. 또한 당신들은 언제든 원할 때마다 고기를 먹으며, 수도원도 떠난다. 당신들은 탐욕, 간음, 매춘 행위, 적대 행위, 반란 행위, 분노, 파당짓기, 시기, 증오, 중상모략, 살인, 부정직, 나태한 쾌락, 불경죄, 술취함, 무도회, 허영, 우상숭배, 도박 그리고 불순종 등과 같은 이교도적 범죄들을 아무런 수치심도 느끼지 않은 채 일삼고 있다. 사람들은 이 같은 행위들로 인해 당신들을 그리스도 교도가 아니라 이교도라고 판단할 수밖에 없는 것이다.[130]

로마누스는 특별히 지속적인 경제 범죄와 부정에 대해 지적하였다. 그는 프로테스탄트 상인들이 포도주, 곡물, 소금 등의 품목을 선매하며, 이것들을 순전히 개인적인 용도와 이익을 위해 매점한다고 비난하였다.

---

129) H. Sachs, *Ain Dialogus und Argument der Romanisten/wider das Christlich heüflein/den Geytz und ander offentlich laster betreffend* (Nuremberg, 1524) (Yale, Beineke Library), p. C 2 b.
130) 앞의 책, p. C 1 b.

조악하거나 불량한 제품들이 어디에나 있었기 때문에 속임수 판매가 허다했으며, 도시 전체에서 저울, 눈금, 회계장부를 속이는 일이 만연하였다. 향신료는 독점적으로 통제되었다. 상인과 출판업자들은 노동자 특히 일용노동자들을 착취하였다. 이들이 하는 일은 아주 비천하기 때문에, 이들이 만든 제품은 손해를 보고 판다고 기만되었으며, 따라서 이들은 정당한 임금보다 훨씬 적은 급료를 받는 것이 마땅하다고 강변되었다. 노동자들은 이 같은 관행에 맞서 스스로를 방어할 수단을 가지지 못했다. 왜냐하면 많은 노동자들은 실직을 무엇보다도 두려워했기 때문에 차라리 돈을 빌려서라도 상환금을 내는 편이 낫다고 생각하였다. 로마누스는 거래 역시 고리대금의 악폐로 찌들었다고 주장하였다. 마태복음 5장에서는 궁핍한 이웃에게 무상으로 주라고 가르쳤음에도 불구하고, 사람들이 6개월 이상의 기간 동안 물건을 외상으로 구입하는 경우에는 5~6%나 되는 추가이자를 부담해야 한다고 그는 불만을 토로했다.[131]

로마누스가 고발한 부정의 목록은 끝이 없었다. 그는 가난한 채무자에 대한 도시의 가혹한 처벌을 예로 들었다. 이 가난한 채무자는 감옥에 투옥되었으며, 얼마남지 않은 소유조차 몰수당했다. 법정에서도 위증과 거짓 맹세가 만연했는데, 그때마다 법은 언제나 부자편을 들었다. "돈이 있으면 변호사와 너그러운 판결이 있지만, 돈이 없으면 변호사도 없고 면책특권도 없었다." 이 모든 관행들은 명백히 성서와 모순되었다.

성서는 가난한 자에게 관용을 베풀라고 가르쳤으며(신명기 24장), 채권자는 돈을 돌려받지 않은 대부증서조차 찢어버리라고 가르쳤고(이사야 58장), 어음을 돌려주고, 아무것도 강제로 빼앗지 말라고 가르쳤기 때문이다(출애굽기 16장). "복음은 어디서든 오직 사랑, 사랑, 사랑"을 강조한다.[132] 비록 종교개혁이 뉘른베르그에서 일어났음에도 불구하고, 로마누스

---

131) 앞의 책, pp. A 3 a-4 b.
132) 앞의 책, pp. B I b-2 a.

는 시민들의 도덕적 행실을 통해서 종교개혁의 긍정적인 증거를 발견하지 못했던 것이다.

이에 대해 라이헨부르거는 프로테스탄트들이 막 형성시키고 있던 당대의 사회를 옹호하였다. 그는 개인적 소득을 위해 생필품을 매점매석하는 일 및 노동자의 착취를 비그리스도교적이라고 반대하였다. 그러나 그는 어려울 때 충분한 급료를 받지 못했던 노동자 가운데 일단 고용된 이후에도 도움을 베풀지 않는 불경한 노동자의 경우, 이들은 처벌받는 것이 마땅하다고 생각하였다.[133] 그는 대부가 이웃의 어려움을 충족시켜야 하며, 이로부터 어떠한 비양심적인 이득도 취해서는 안 된다는 점에 동의하였다. 동시에 그는 차용인이 투자를 목적으로 하지 않는 경우, 대부가 6개월 이상의 기간인 경우에 대해서는 원금의 적어도 5~6퍼센트의 수익을 볼 수 있다고 밝혔던바, 이는 중세 말기의 경제적 관행들에서 확실한 법률적 근거를 가지고 있었다. 뿐만 아니라 라이헨부르거는 가난한 사람들을 엄하게 다루는 것을 유감스러워하지 않았다. 특히 상습적 채무자, 술주정뱅이, 도박꾼, 매춘부 등 자신이 가진 것을 악용하고, 삶의 개선을 위한 모든 도움을 무시하는 자들에 대해서는 더욱 그러하였다.[134]

프로테스탄트 노동윤리를 변론하면서 라이헨부르거는 부에 마음을 빼앗기지 않으면서도 부자가 될 수 있다는 점을 강조하였다. 참된 그리스도교도는 자기 소유의 선한 청지기로서, 자신들이 죽을 때 아무것도 가지고 갈 수 없음을 알기 때문에, 부와 경건을 혼동하지 않는다. 따라서 이들은 하나님이 원하는 경우 무소유의 삶을 영위할 준비가 되어 있으며, 또한

---

133) 앞의 책, pp. A 3 b-4 a. 로마누스는 이것을 심각한 문제라고 생각하지 않았다. 노동자들은 육체적 필요에 의해 쉽게 약해지며, 고용주의 모든 명령에 따를 수밖에 없다고 그는 지적하였다.

134) 앞의 책, p. A 4 b. 로마누스는 무책임한 빈민들을 질병이나 사고 등으로 인해 부득이하게 가난해진 자들로부터 구분하여, 이들에 대해서는 법률을 보다 엄격히 적용해야 한다고 지적하였다. 앞의 책, p. B 2 a.

그렇게 할 수만 있다면 도울 만한 가치가 있는 가난한 사람들을 끊임없이 도우고자 한다는 것이었다.[135]

라이헨부르거는 이기적인 부자와 자선을 베푸는 부자들이 종교개혁 이후 뉘른베르그에 공존하게 되었다고 지적했는데, 이는 복음이 그들에게 명백해짐에 따라 많은 이들이 자신의 소유를 그리스도교적인 방법으로 사용하기 시작했기 때문이라고 주장하였다. 이와는 대조적으로 그는 가난한 자들에 대한 무조건적 자선에 대해서는 강력히 반대하였다.[136] 이 같은 정책은 많은 사람들을 게으르고 쓸모없는 자들로 만든다고 믿었기 때문이다. 이에 그는 탁발 수도사들에 대한 구제를 철회했던 도시정부의 결정을 지지하였다. 종교개혁 반대자들의 비판을 완벽하게 역전시켰던 라이헨부르거는, 뉘른베르그에서 일어났던 도덕적 변화의 한계란 복음주의 교리의 오류 때문이 아니라 오히려 가톨릭 교회의 인정적인 거짓 교리와 계명들 및 이를 고수하려는 태도에서 비롯되었다고 지적하였다. 이 같은 비판은 로마누스가 뉘른베르그의 부도덕성의 모든 책임을 프로테스탄트에게 돌렸던 것만큼이나 부당한 선전적 책임 전가라고 라이헨부르거는 주장하였다.[137]

결론적으로 라이헨부르거는 로마누스가 현세 사회에 대해 너무 많은 것을 기대하는 정신착란에 빠져 있으며, 가톨릭 교회가 그리스도 교도들을 그토록 복속시키고자 했던 도덕적 이념들이란 사실상 실현 불가능한 것들임을 지적하였다. "당신은 신을 경배한다는 표식 및 사랑의 수고와 같은

---

135) 앞의 책, pp. B 3 a-b.
136) 앞의 책, pp. B 3 b-4 a. 로마누스는 무책임한 빈민이 부득이하게 빈민이 된 사람들에게 불이익을 끼치게 해서는 안 된다고 생각하였다. 동시에 그는 많은 사람들이 모든 빈민을 무책임한 빈민으로 매도하는 경향이 있다고 경고하였다. 예를 들어, 빈민이 포도주 한 잔을 마시는 것 정도는 마땅히 허용되어야 한다고 지적하였다.
137) 앞의 책, p. C 1 a.

표식 등 끊임없이 표식들을 추구하고 있다. 당신은 하나님의 나라가 가시적인 것이 아니기 때문에, 따라서 누구도 그것이 '보라 여기에 있다, 저기에 있다'고 말할 수 없다는 점을 깨닫지 못하는가? 하나님의 나라는 우리들의 마음에 있는 것이다"[138]라고 라이헨부르거는 주장하였다.

학자들은 자흐의 대화집이야말로 종교개혁이 농민반란 전야에 도시민의 지배적인 도덕적 규범 및 제도화된 정치권력으로 수용된 증거라고 해석하였다. 다시 말해서 종교개혁은 이제 순수히 종교적 영역으로 한정되었으며, 존경과 안전을 확보하는 대신 논쟁의 여지가 있었던 사회적 정치적 목표들은 현실적으로 포기했다는 것이다.[139] 그러나 라이헨부르거를 보다 정확히 규정한다면, 그는 실현 불가능한 도덕적 사회적 정치적 이상들이 초래하게 될 파국적 결과를 인식하고, 사람과 사회에 대해서 보다 현실적인 개혁운동의 추구를 변론한 인물이었다. 그는 이 같은 자각이 불의를 묵인하거나 가난한 자들에 대한 인색한 자비심을 의미한다고는 전혀 생각하지 않았다. 그러나 동시에 그는 인간의 완전함을 가르치고 사회의 그리스도교화를 기대하는 종교의 경우, 결코 그것은 현실 세계에 깊은 영향을 미칠 수 없을 뿐만 아니라 현실 세계에 지속적으로 뿌리를 내릴 수도 없다고 확신하였다.

바로 여기에 사적 영역에서든 공적 영역에서든 유토피아적 기준을 거부했던 종교개혁의 실체적 모습이 있다. 불가능한 이념들은 개인적 양심은 물론 공동체적 양심에도 부담을 주게 마련이었다. 자흐는 종교개혁을

---

138) 앞의 책, p. C 2 a.
139) B. Balzer, *Bürgerliche Refomations propaganda. Die Flugschriften des Hans Sachs in den Jahren 1523~1525* (Stuttgart,1973), 특히 pp. 147, 151, 154~155 참조. 벡크만은 1944년에 1524년 저술된 자흐의 첫 번째 대화집인 「*Disputation zwischen ainem Chorherren und Schuchmacher*」을 번역하였다. 이는 종교개혁이 사회적 정치적 정의에 관한 문제들에서 벗어나서 교회의 교리 논쟁으로 그 영역을 한정했음을 보여주는 한 예다.

가치 있는 도덕적 사회적 목표들로부터 엄격하게 구분하였다. 뿐만 아니라 그는 종교개혁을, 설령 사회가 그것의 성취를 위해 노력한다 하더라도, 사실상 이룩하기 어려운 이념들과 결부시키고자 하는 노력들을 단호히 거부하였다. 특히 자흐와 같은 평신도에게는 무엇보다도 살 만한 사회가 바로 '신성한 사회'를 의미했던 것이다.

오늘날 몇몇 역사가들이 그러하듯이, 1520년대라는 취약한 세계를 살았던 초기 프로테스탄트들에 대해 20세기의 평등주의적 사회규범에 부합하는 사회개혁을 추구했다고 평하는 것은, 그야말로 초기 프로테스탄트들에게 그들 나름의 개혁에 대한 이상을 버리고 오늘날 우리들에게 자명한 진리를 위해서 죽을 것을 요구하는 것에 다름아니다. 사실은 이 같은 비판을 통해서 우리는 우리들 자신의 삐뚤어진 양심을 과거 탓으로 돌리고 있으며, 또한 스스로 이상을 실현하지 못하는 것에 대해 과거를 비난함으로써 우리들의 책임을 회피하고 있는 것이다.

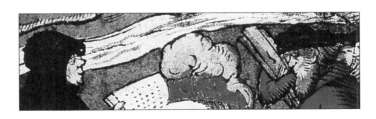

Ⅳ. 선전에서 법률로 : 종교개혁의 제도화

1. 강제력의 확보 : 법령과 교리서

16세기든 20세기든 개혁이 성공하기 위한 가장 중요한 요소는 개혁의 법제화 여부다. 설령 개혁이 법제화되더라도 많은 사람들은 여전히 개혁 이념을 마음으로부터 받아들이지 않을 수는 있다. 그러나 개혁이 통치체제 내에서 법률적 지위와 합법적 실체를 확보하지 못하면, 개혁을 확신하지 못하는 사람들은 그 이념을 결코 받아들이지 않을 것이다. 개혁이 대중적 도덕적 힘을 가지려면 법제화되어야 한다. 개혁은 제도화를 통해 교회 및 학교에서 그것의 가치들을 젊은이들에게 체계적으로 가르치고, 나아가 미래 세대의 행동양식을 구체화할 수 있다. 개혁은 법제화를 통해서 일반 대중은 물론 심지어 변화를 거부하는 사람들의 행동까지도 변화시킬 수 있는 것이다.

개혁가들의 야심과 불만은 여전히 남겠지마는, 개혁적 강령들이 법률적 강제력을 가지게 되면 개혁가들은 그들이 합리적으로 기대했던 모든 것을 거의 성취하게 된다. 개혁적 강령들은 합법적인 제도화를 통해서 초기 개혁가들의 통제를 벗어나 나름의 고유한 생명력을 가지게 되는 것이다. 이 같은 과정은 모든 시대의 개혁가들에게 기쁜 일인 동시에 쓸쓸한 일이기도 하다. 그들의 숭고한 이념들이 마침내 강제력을 갖게 되었다는 점에서는 기쁜 일이지만, 이제부터 개혁 이념들이 일반인에 의해 좌우된다는 점에서는 씁쓸한 일이기 때문이다. 개혁의 성공은 이처럼 승리와 함께 새로운 약점도 가져오게 된다.

개혁을 법제화하는 데는 정치적 지원이 필수적이다. 그런데 이 정치적 지원은 개혁이 통치자 자신의 이익에도 부합한다는 확신이 있어야만 가능하다. 지배체제가 개혁을 거부하거나 반대하는 경우, 그리고 이 지배체제의 태도를 변화시키거나 전복시킬 수 없는 경우, 개혁가들은 새로운 지배체제를 창출하고 이를 공고히 하는 방안들을 강구해야만 한다. 개혁에 대한 통치자의 후원이 진정한 신념에 입각한 것으로서, 나름의 상당한 정치적 위험을 무릅쓴 경우든, 또는 통치자가 개혁을 자신의 정치적 목적에 이용하려는 의도에서 마지못해 수용한 경우든, 개혁이 성공하려면 개혁가 자신들 못지않게 정치적 지배체제의 지원이 반드시 필요하다. 따라서 통치자는 다수 대중들 못지않게 개혁가들의 선전의 표적이 되었으며, 개혁가와 통치계층과의 관계도 개혁가와 대중간의 접촉만큼이나 빈번하고 다양하였다.

프로테스탄트 팸플릿 작가들이 시작한 혁명은 도시 정무관과 제후들의 지원을 통해 조직을 갖추고 제도적 지위를 부여받게 되었다. 종교개혁은 새로운 정치적 도덕적 법령들에 의해서 공식적 모습을 띠게 되었던 것이다. 종교개혁이 법제화되지 않았다면, 이는 단지 추종자들의 마음속에 있는 정도에 불과했을 것이며, 기껏해야 실패한 반란 정도로 기억되었을 것이다. 그러나 일단 복음주의 교리가 법제화되자, 팸플릿 작가들이 비성서적이며 사악하다고 비판했던, 인정적 전통들[1]은 당연히 불법화되고 실행 금지되었다. 그 이후로는 프로테스탄트 국가들에서 그러한 가르침을 공공연하게

---

1) 가톨릭 교회는 교황의 칙령에 근거하여, 성서의 내용과는 관련이 없는 의식, 관행, 제도들을 만들어 신도들로 하여금 지키게 하였는데, 이를 프로테스탄트 개혁가들은 '인정적 전통들'(human traditions)이라고 공격하였다.

받아들였던 사람들에게 대해서 비난과 처벌조차 가해지게 되었다. 오랫동안 법제화를 실현하지 못한 채 목청만 높였던 개혁가들은, 이제 새로운 엘리트 성직자로서 목청을 높이지 않고도 조용히 설득할 수 있게 되었으며, 새로운 정치적 동맹세력의 지지도 확보할 수 있다는 자신감을 가지게 되었다. 많은 평신도들은 믿음과 사랑에 관한 루터의 복음이 전통적인 종교적 신앙과 관행의 설득력 있는 변형임을 알게 되었으며, 이 복음의 새로운 법제화는 오랫동안 억압되어 왔지만 완전히 소멸되지는 않았던 이들의 신앙심에 새로운 활력을 부여하게 되었다.

1) 그리스도 교도 정무관

독일 제후들은 이미 15세기에 자신들이 지배하던 영토 내에서 사실상의 교황들이라는 명성을 얻었다. 이들은 면벌부의 판매 및 그 이익금의 일부를 갈취하는 것으로부터, 지방의 고위 성직자를 임명하는 일 등에 이르기까지, 공적 종교생활의 많은 부분을 통제하거나 이에 대해 영향력을 행사하였다. 그런데 종교생활에 대한 세속 통치자의 이러한 개입은 종교개혁이 성공함에 따라 더욱 증가하게 되었다. 프로테스탄트 지역에서는 세속 정무관 또는 제후 대리인들의 확고한 통제 하에 있던 평신도-성직자 법정 즉 장로 법정(consistory)이, 중세 내내 행위의 도덕성과 종교적 정통성 여부를 결정했던 전통적인 교회 법정 내지 주교의 권위를 대신하게 되었다.[2] 팸플릿 작가였던 종교개혁가들은 세속 통치자들에게 교회 개혁에 개입할 것을 촉구하였고, 바야흐로 이들은 새로운 엘리트 성직자로서 통치자를

---

2) 이러한 변화들은 H. Dieterich, *Das Protestantische Eherecht in Deutschland bis zur Mitte des 17. Jahrhunderts* (Munich, 1970) ; W. Köhler, *Züricher Ehegericht und Genfer Konsistorium*, 2 vols. (Leipzig, 1932) ; F. Wendell, *Le Mariage à Strasbourg à l'époque de la Reforme 1520~1692* (Strasbourg, 1928) 등에서도 확인된다.

사실상 교회의 고위직에 임명하였다.

이 점은 마르틴 루터에 있어서 특히 그러하였다. 마르틴 루터는 교회와 국가 간에 일정한 거리가 있어야 한다는 점을 본능적으로 알고 있었다. 그러나 동시에 그는 자신의 개혁이 성공하기 위해서는 교회와 국가가 서로를 포용해야만 한다는 점 또한 인식하였다. 교회와 국가가 일정한 거리를 두면서도 서로를 포용하는 그의 해결책은 결과적으로 보아 비현실적인 것임이 판명되었지만, 그러나 매우 인상적인 것이었다. 종교개혁 초기에는 확실한 후견인과 강력한 내부 기강이 신생 프로테스탄트 교회의 생사를 결정할 정도로 절실하였기 때문에, 루터는 독일 제후들에게 비상 주교로서 종교개혁에 동참해줄 것을 직접 호소하였다. 루터는 세심한 주의를 기울여 비상 주교라는 용어를 선택함으로써, 종교개혁에서 통치자가 담당하는 역할의 특수성을 강조하는 동시에, 또한 이 고귀한 직책을 통치자의 세속적 직무와 연관짓지 아니하고 통치자가 교회의 구성원이라는 사실에 연계시켰다.[3] 이 경우 통치자는 이론상 종교개혁의 목적에는 기여해야 하지만, 그렇다고 해서 종교개혁에 대한 권리를 주장할 수는 없었다. 성직자와 세속인 집단은 이처럼 상호의존적이면서도 동시에 서로 구별되어야 했던 것이다.

스위스 종교개혁에서는 이 같은 세밀한 구분이 없었다. 취리히에서는 비텐베르그와는 달리, 선지자와 왕이 서로 협력했던 구약성서의 사례들에서 유래된 신정주의적 성향과 스위스의 공화주의 정치 전통이, 함께 새로운 교회와 전통적 국가 그리고 참된 그리스도 교도와 선량한 시민 간의 결속을 한층 강화시켰다. 츠빙글리는 통치자를 성서에 등장하는 왕으로 간주하였다. 통치자는 "그리스도의 인도함을 받아 신을 대리하는 신의 종들"이었다.[4] 그리하여 그는 통치자의 권위 및 이들에 대한 성직자의 복속을 강조하

---

3) K. Holl, "Luther und das landesherrliche Kirchenregiment," *Gesammelte Aufsätze zur Kirchengeschichte*, Ⅰ (Tübingen, 1932), pp. 326~380.

174

게 되었다. 결국 취리히에서는 정무관들이 종교생활에 있어서도 성직자 못지 않게 주도적 지속적인 역할을 수행하였던 것이다.

독일에서도 정치와 종교를 구분하려던 루터의 희망은 제후의 권력과 성직자의 야심에 의해 성공하지 못했다. 루터의 신학적 구분에도 불구하고, 루터파 정무관들은 스위스의 정무관들이 그러했던 것과 마찬가지로 종교 생활의 형성에 커다란 역할을 하게 되었다. 1530년대 뷔르템베르그에서는, 루터파 제후의 신민들이 자신들의 주군을 교회의 후견자(*nutricius ecclesiae*)라고 불렀으며, 제후는 귀족과 도시민 그리고 신학자들로 구성되었던 충직한 장로 법정을 통해서 종교에 대해 광범위한 영향력을 행사하였다. 뷔르템베르그의 제후는 교구 교회를 재정적으로 지원하였고, 교구 성직자들을 교육하였으며, 교리와 예배의 순수성을 감독하였다.[5] 프로테스탄트 성직자는 통치자에게 신의 말씀에 순복할 것을 상기시킴으로써 자신들의 영역을 가능한 한 최대로 고수하였다. 성직자는 때때로 교묘한 방법으로 자신들의 영역을 지켰는데, 자기 지역의 통치자가 관련되어 있을 경우 특히 그리하였다.

그러나 관련된 통치자가 이에 대해 냉담한 반응을 보이거나 순복하지 않을 경우, 프로테스탄트 성직자는 마치 이집트의 바로 왕과 대결했던 구약성서의 예언자들과도 같이 엄격한 태도를 취했다. 예를 들어, 신성로마 제국 황제가 프로테스탄트 지역을 가톨릭 교회에 강제로 복귀시키려는 노력을 중단했던 1530년대 중엽의 종교분쟁 교착기에, 뷔르템베르그에는 황제가 평화협정을 깨고 프로테스탄트 도시들을 공격할 것이라는 소문이 나돌고 있었다. 이 같은 소문을 들은 뷔르템베르그의 종교개혁가 요하네스

---

4) *Usslegen und gründ der schlussreden,* in *Huldreich Zwinglis sämtliche Werke,* ed. E. Egli, 2 (Leipzig, 1908), p. 343.
5) J. M. Estes, *Christian Magistrate and State Church : The Reforming Career of Johannes Brenz* (Toronto, 1982), pp. 59~79.

브렌츠(Johannes Brenz, 1499~1570)[6]는 황제와 교황의 명백한 음모에 대해 다음과 같이 무섭게 경고하며 이를 비난하였다. "당신이 우리 백성들을 목 졸라 죽이거나, 우리네 책들을 불사를 수는 있을 것입니다. 그러나 우리 안에 있는 순결하고 깨끗한 예수 그리스도의 복음은 모든 인정적 권력에 도전하면서, '나를 짓밟지 말라!'고 외칠 것입니다. 황제가 이 지상에서 가장 강력한 사람일 수는 있지만, 그러나 우리 모두는 인정적 현세적 권력을 능가하는 주권이 하늘에 있다는 사실을 알고 있습니다."[7]

비텐베르크 시절로부터 루터의 충실한 동료였으며, 저명한 교육가였고 핵심적인 루터파 신조의 창안자이기도 했던 필립 멜란히톤은, 요하네스 브렌츠와 같은 어조로 작센 지방의 제후와 영주들에게 경고하였고, 그들에게 신의 명령에 따라 전통 종교의 우상숭배를 뿌리뽑고, 그 자리에 참된 교리를 세우도록 촉구하였으며, 주교나 제후가 감히 이를 방해하는 경우에는 그 누구에게든 도전하였다.[8] 1546년 루터파였던 작센의 선제후 요한 프레데릭(Elector John Frederick, 1503~1554)[9]은 황제에 의해 파문에 처해졌고, 프로테스탄트들도 황제군에 의해 궤멸될 상황에 있었다. 이때 작센 지방의 종교개혁가 니콜라스 암스도르프(Nicholas of Amsdorf,

---

6) 독일의 종교개혁가. 1520년 사제 서품을 받았다. 루터의 영향을 받아, 1523년 미사의 중지를 요구하였고, 1525년 농민전쟁에 반대하였으며, 성만찬 교리에 있어서 루터를 지지하였다. 후에 성서 해설 주해서를 발간해 냈으며 슈투트가르트 교회의 개혁 성직자가 되었다.

7) J. Brenz, OX-BOD, T.L. 83.26, p. B 1b.

8) P. Melanchthon, *Das die Fürsten aus Gottes bevelh und gebot schuldig sind/bey iren unterthanen abgötterey/unrechte Gottes dienst und falsche lehr abzuthun/und dagegen rechte Gottes dinst und rechte Christeliche lehr uff zu richten* (Wittenberg, 1540). British Museum, 1568.4319, p. B 1 b.

9) '후덕자'라 불린 독일 루터파 제후. 작센의 선제후라는 지위를 배경으로 루터파가 정착하는 데 중요한 역할을 하였으나, 1547년 뮐베르크에서 황제 찰스 5세의 군대에게 패배하여 포로가 되었다. 그리하여 선제후 칭호를 상실하였다. 1552년 석방되어 바이마르에 정부를 세우고 예나 대학을 설립하였다.

1483~1565)[10]는 전투를 앞둔 제후에게 다음과 같이 기도하게 하였다. 그런데 요한 프레데릭은 실제로 1547년 4월 황제의 포로가 되었다.

> 나의 투쟁은 거짓 교리에 대한 싸움입니다. 황제와 교황 모두가 신의 말씀의 참된 가르침을 파괴하고, 신의 순수한 교리와 참된 예배를 거짓말과 우상숭배로 대체하려고 하는 한, 우리 제후들은 이들의 가증스러운 음모를 쳐부수기 위해서 어떠한 희생도 감수해야 합니다. 우리들의 신민과 후손들을 위해 그리고 신의 소중한 말씀과 그 이름을 위해서, 우리의 모든 것을 바쳐야만 합니다.[11]

정치적 주권을 둘러싼 교회와 국가 간의 투쟁은 멀리 중세까지 거슬러 올라가며, 역사적으로도 이는 국가적 및 국제적 지평에서뿐만 아니라 지방적 지평에서도 전개되었다. 도시 정무관들로부터 지방의 영주, 군주, 황제에 이르기까지, 여기에 관련된 모든 정치인들에게는 주교관을 쓰고자 했던 나름의 개인적 이유들이 당연히 있었다. 그러나 종교개혁을 수호하기 위해 주장되었던 통치체제의 논거는 거의 대부분이 사실상 팸플릿 작가들의 주장을 반복한 것에 지나지 않았다. 시청에서 궁정에 이르는 당대의 정치적 언어들은 1520년대의 팸플릿 선전전의 영향을 강하게 받았으며, 특히 성서에의 호소는 완강한 전통에 대항하는 무기가 되었다. 이를테면 선제후 프레데릭 현명공(Frederick Ⅲ the Wise, 1463~1525)[12]과 작센의

---

10) 독일 종교개혁가. 비텐베르그 대학 수학중 루터의 영향을 받고 그의 열렬한 옹호자가 되었다. 루터와 함께 1519년 라이프치히 논쟁 및 1521년 보름스 제후회의에 참석하였고, 1524년 서품을 받고 막데부르크 성직자가 되어 막데부르크에 종교개혁을 소개하였다. 1539년 헤세 제후에게 중혼을 제안한 루터의 견해에는 동의하지 않았다.
11) Nicholas of Amsdorf, OX-BOD, T.L. 119.17, p. A 2 a.
12) 작센의 선제후. 공정한 통치와 정의로 유명하였기 때문에 훗날 '현명공'이라고 칭하였다. 1486년 아버지를 계승하여 선제후가 되기 전에 르네상스의 이상들이 깃든 교육을 받았으며, 그의 비텐베르그 궁정은 예술과 음악 활동의 본산이었다.

대제후 요한 프레데릭이 1525년 비텐베르그 종교개혁법을 제정하고자 작센의 성직자 지도자들을 바이마르에서 만났는데, 이때 제후들은 "여하한 인정적 교리에 오염되지 않은 순수하고 깨끗하며 정결한 복음을" 전파하는 것이 성직자의 첫 번째 의무라고 선언하였다.[13] 1525년 반포된 포괄적인 프랑크푸르트 개혁법령 첫 번째 조항도, 도시 설교사들은 "사람들을 강하게 하고 자유롭게 만드는 신의 말씀과 거룩한 복음을 인간의 견해와 뒤섞지 말고 선포해야 한다"[14]고 밝힘으로써 동일한 지침을 천명하였다.

거의 비슷한 시기인 1524년 카시미르 변경 백은 브란덴부르그의 종교적 갈등 문제로 프로테스탄트 및 가톨릭 변론가들과 25개 쟁점들에 대해 토론 모임을 가지게 되었다. 이 쟁점들은 사소하지만 그러나 동시에 매우 중요한 것들로서, 사실상 팸플릿 논쟁의 총목차에 해당되는 것들이었다. 오늘날 미국의 주지사들이 아래와 같은 하찮은 교리상의 쟁점들을 놓고 신학자들과 며칠씩 토론을 벌인다면, 우리들은 이를 기이하게 생각할 수밖에 없을 것이다.

적당한 성사의 숫자
정기적 고해성사 및 성체성사
비밀 고해성사
고위 성직자가 사면할 수 있는 죄의 범주
평신도에 대한 성사참여 금지
그리스도의 성체성사 제정의 말씀에 관한 교회의 수정권
성체성사용 집기의 감실 진열

한편 그는 성물 숭배에 열정적인 가톨릭 신도로서, 5000점이 넘는 성물들을 소장하고 있었다. 1521년 보름스 제후회의에서 루터가 공권력을 박탈 당하자 그의 정치적 후견인이 되었으며, 그에게 은신처를 제공하기도 하였다.

13) Wolfgang Kisswetter의 Weimar 보고서, OX-BOD T.L 43.90, p. A 3 a.
14) "사람들을 강하고 자유롭게 하는 하나님의 말씀과 성스러운 복음은 인간의 규정과 뒤섞이지 않고 전파되어야 한다." OX-BOD Vet. Dle. 112(9), art.1.

산자와 망자를 위한 기부미사

미사의 라틴어 집전

라틴어 기도문에 의한 유아 영세

성직자 혼인 금지

교황의 재가 없이는 결혼이 불가능한 혈족의 촌수

수도승과 수녀가 수도원을 떠나거나 혼인하는 권리

하나님의 말씀을 전파하고, 성사를 집전하는 것만으로, 성직자가 될
수 있는지의 여부

그리스도에 대한 믿음만으로 구원받는지 여부

의지가 구원과는 무관한지 여부

성모 마리아에게 드리는 기도의 실효성

마리아 상의 교회내 설치 여부

일부 종교의식의 적합성 여부

종교 축일과 금식일의 강제성 여부

금식 규정

성서적 근거가 부족한 교황, 주교 및 공의회의 칙령들에 대한 순복의
의무 여부

성서는 그 자체로서 훌륭한 해석서인가 하는 여부

로마 교회 내지 로마 교회의 공의회가 거룩한 그리스도의 교회라고
불리는 것의 정당성 여부.

유력자였던 브란덴부르그 변경 백조차 이 같은 쟁점들을 심각히 숙고해
야만 했다는 사실은, 최고 통치계층으로 하여금 종교적 갈등들에 관심을
갖도록 주장했던 팸플릿 작가들이 성공하였음을 반증하고 있다. 그리고
논쟁의 말미에 변경 백이 제시한 지침은 그 역시 팸플릿 작가들의 관심사를
공유하고 있었을 뿐만 아니라, 이들로부터 많은 것을 배웠음도 보여주고
있다. 그는 이 지침에서 팸플릿 작가의 성서적 기준을 다음과 같이 호소하였다.

프로테스탄트 교회

　은총의 주님이 하시는 간곡한 명령은 그의 왕국 전역과 그에게 속한
모든 나라들에서 거룩한 복음과 신·구약의 신성한 말씀이, 바르고 참된
이해에 입각하여, 명확하고 온전하게 전파되어야지 그리스도 교도 공동체
를 오류나 파당으로 오도할 수 있는 그릇된 내용이 전파되어서는 결코

안 된다는 것이다.[15]

변경 백 필립 헤세(Philip of Hesse, 1504~1567)[16]는 1520년대 말엽 헤세 지역의 수도원들을 탄압하였다. 그러나 그는 팸플릿 작가들이 여전히 선호했던 또 다른 주제 즉 성 바울의 노동윤리에 호소함으로써 자신의 행위를 정당화하였다. 이 도덕률에 따르면 그리스도 교도는 나태한 생활을 해서는 안 되며, 스스로 노동을 함으로써 일용할 양식을 마련하여야 했다. 변경 백은 수도원 탄압을 명하면서, "일하지 않고도 잘 산다면, 이는 스스로 매우 나태한 생활을 하는 것이 아니고 무엇이겠는가? 그리고 이를 대부분의 사람들이 이해하지 못하는 장황하고 쓸모없는 기도와 성가대의 노래들로 미화하거나, 보다 그럴듯하게 은폐한다 하더라도, 나태함에는 조금도 변화가 없다"[17]라고 주장하였다. 필립은 자신의 영토의 수도승 가운데 4분의

---

15) OX-BOD T.L. 38.156, p. A4 a-b. 뉘른베르그 제후회의는 휴회기간 중(1523. 9. 6) 황제에게 충성하는 모든 통치자들에게 명령하기를, "그리스도 교회가 승인하고 인정하는 성서의 교리와 해석에 입각하여, 참되고 명확하며 온전한 복음을 제외한" 그 어떠한 것도 그들의 지역 내에서 전파되거나 간행되어서는 안 된다고 하였다. H. Grimm, *A Lay Leader of the Reformation* (Columbus, 1978), p. 63 재인용. 종교개혁을 지지하는 세속제후들은 "그리스도 교회가 승인하고 인정하는" 황제의 제한 조항을 무시하고 개혁가들의 성서 원리들만을 이행하였다. 그러나 제후회의가 제시한 이러한 해결책조차도 루터파에게는 승리로 생각되었기 때문에, 그들은 복음을 자유롭게 전파하고, 루터를 반대하는 보름스 칙령을 효과적으로 폐기할 수 있었다.

16) 독일 헤세의 제후. 1521년 보름스 회의에서 처음 루터를 만난 후, 프로테스탄트 신앙을 받아들였으며, 자신의 영지에서 종교개혁을 권장하였다. 1527년 마르부르그 대학을 설립하였고, 1530년 작센의 선제후와 함께 황제로부터 프로테스탄트 세력을 보호하기 위해 슈말칼덴 동맹을 결성하였다. 슈말칼덴 전쟁 후 황제의 포로가 되었으나, 풀려난 뒤 루터파와 캘빈파의 연합을 통해 대규모 프로테스탄트 연맹을 결성하기 위해 노력하고 위그노파를 지원하였다.

17) *Was der Durchleuchtig hochgeporn Fürst und Herr/Philips Landtgraffe zu Hessen/etc/als eyn Christlicher Fürst mit den Closterpersonen/Pfarrherrn/und abgöttischen bildnussen/in syner gnaden Fürstenthümbe/auss Göttlicher geschrifft furgenummen hat* (n.p, 1528), British Museum 1226. a. 79, p. A 2 b.

3 이상이 외국인이며, 수도원의 생활이 비그리스도교적이라고 선언함으로써, "하나님과 그리스도 그리고 복음의 영광을 위해서 또한 이웃을 사랑한다는 명분으로서" 헤세 지역의 수도원과 수녀원들을 탄압하였다. 그는 자신의 행위가, 지역 내의 종교적 분열을 해결하고 "신과 황제 앞에서 스스로의 조치들를 해명하라"[18]는 1526년 스파이에르 제후회의(Diets of Speyer)[19]에서 내려진 황제의 명령을 수행한 것으로 간주하였다. 변경백 필립은 하나님 앞에서 스스로 이를 해명할 수 있다고 믿었던 것이다.

팸플릿 작가들의 주장 역시 1531년의 부룬스빅 개혁법령으로 법제화되었다. 이 법령의 초안은 비텐베르그의 교구 사제 요하네스 부겐하겐이 작성하였다. 법령은 팸플릿 작가들이 기꺼이 폭로하였던 인정적 행위 및 미신에 특히 초점이 맞추어졌다. 부룬스빅 개혁법령은 사람들로 하여금 죄가 아닌 것을 죄라고 믿게 하고, 명백히 거룩하지 않은 것을 거룩하다고 믿게 하는 것이야말로[20] 악마의 소행이라고 주장하였으며, 또한 가톨릭 교회의 많은 인정적 관행들은 신의 뜻을 위장하였으며, 신앙 대신 미신을 조장했다고 비판하였다. 이 법령은 대중들의 가톨릭적 관행들 가운데 이 같은 범주에 속하는 중요한 예를 아래와 같이 지적하였다.

가톨릭 교회의 신도들은 그들의 마음과 믿음을 하나님께 두지 않고, 오히려 사제복, 특별한 음식, 성수, 성스러운 촛대, 봉헌된 약초, 면벌부,

---

18) 앞의 책, p. B 1 2.
19) 바이에른의 라인 강변에 자리잡은 스파이에르에서는 종교개혁 시대에 신성로마제국의 제후회의가 네 차례 열렸는데, 특히 1526년 회의에서는 황제가 제후들의 다음과 같은 결의사항 즉 "모든 제후는 하나님과 제국의 황제에 대해 스스로 원하는 바대로 다스리고 행동한다"는 내용이 수용되었다. 이는 루터파가 확산되는 계기가 되었다.
20) Johannes Bugenhagen, *Der erbarn Stadt Braunschwyg Christenliche Ordenung* (Nuremberg, 1531), Simmlerische Sammlung, CRR, p. G 7 a ; *Die evangelischen Kirchenordnungen des 16. Jahrhunderts*, 1, ed. A. L. Richter (Leipzig, 1971), pp. 106~120.

귀중한 소 기도문, 고귀한 성 금요일 금식, 종교단체, 성 야고보 순례,[21) 묵주, 종교의식, 계율, 의복 등에다 둔다. 그런데 이들 중 어느 하나도 하나님은 명령한 적이 없다.……성수를 많이 받으면 받을수록 보다 많은 수호 요정들을 가졌고, 촛불과 약초로 천둥을 피했으며, 침대 속의 약초와 지하실의 맥주로 마술을 행했는데, 그러나 이 모든 것들은 우리의 죄를 홀로 담당하시는 주 예수 그리스도의 은총에 반하는 인정적 관행일 뿐만 아니라, 또한 이는 모든 육체적 정신적 필요를 위해 그리스도를 통해 사랑의 하나님께 간구하는 우리들의 기도에도 반하는 것임을 깨닫지 못하였다. 우리를 도와주는 것은 성수, 촛불, 약초가 아니라 그리스도의 은총이기 때문이다.[22)

루터파 사제였던 요하네스 브렌츠가 작성한 1533년 브란덴부르그-뉘른베르그의 법령은 금요일 고기를 먹는 행위, 종교 축일에 나무를 자르는 행위, 거룩한 성찬배를 만지는 행위 등과 같은 잘못 제정된 법들과 그 밖의 유사한 어리석음에 대해 불만을 표시했으며, 복잡한 장례미사 역시 불필요하고 유치하다고 일축해 버렸다. 이 법령의 한 조항은 하나님이 명하지 않은 것을 사람들에게 강제함으로써, "양심을 공포에 몰아넣고, 무겁게 만들며, 포로로 삼는 인정적 교리들"에 전적으로 할애되었다.[23) 1534년 바젤의 공식적인 신앙고백(Confession of Basel, 1534)[24)은 1529년

---

21) 사도 요한의 형제였던 성 야고보는 당시 유대의 분봉왕이었던 헤롯 아그립바에 의해 목 베임 당한 12사도 중 첫 번째 순교자였다. 전승에 의하면 그의 시신은 그가 선교사역을 담당했던 스페인의 동북부 지역 산티아고에 옮겨져 묻히게 되었다. 그 후 이 곳은 유럽에서 가장 인기 있는 순례지의 하나가 되었다. 16세기에 접어들면서 유럽 대륙을 황폐화시켰던 종교전쟁과 전염병 등으로 인해 이 순례여행도 쇠퇴하게 되었다.

22) 앞의 책, pp. F 6b-G 1 b.

23) Johannes Brenz, *Kirchen Ordenung. In meiner genedigen Hern der Margraven zu Brandenburg* (Nuremberg, 1533), Simmlerische Sammlung, CRR, pp. G 2 a, H 4 a-b ; Richter 1.182, 195~197, 211.

24) 미코니우스(Oswald Myconyus)가 외코람파디우스의 초안을 이용하여 작성한

의 종교개혁 도입을 가리켜, 이는 "신성한 진리에 근거하지 않았던 모든 악습, 오류 그리고 왜곡된 예배의 완전한 철폐 내지 개혁이었다"[25]고 묘사하였다.

1537년 아우구스부르그 시장과 시정 협의회는 교구 교회로부터 가톨릭 황제에 이르기까지 당시 전 유럽에 만연되어 있던 전통적인 종교적 가르침과 의식들을 제거하는 자신들의 입장을 변론하였다. 물론 황제는 이러한 변화를 강력히 반대하였다. 이 과정에서 시장과 시정 협의회는 그리스도 교도 통치자로서 자신들의 책임을 강조하였다. 이들은 "거룩하고 신성한 성서"에 입각하여, "설령 우리들의 영혼 구원이 문제된다 하더라도, 종교적인 문서에 기록된 것들 가운데 하나님과 거룩한 성서의 말씀에 위배되는 것이 있다면, 이를 배제하고 결코 수용하거나 용납하지 않는 것이 우리 정무관들의 의무다"[26]라고 주장하였다. 같은 해에 제정된 아우구스부르그 칙령에 따르면 그리스도 교도 정무관들은 하나님의 교회로부터 유해한 의식들을 척결함은 물론, 모든 신도 대중들의 마음으로부터도 모든 잡신들과 우상들을 제거함으로써, 모두가 하나님의 공동체 안에서 정결하고 흠이 없는 그리스도교적 삶을 영위할 수 있도록 하는 의무를 가지고 있었다.[27] 이를 위해서 정무관들은 이미 폐기되었던 전통적인 관행을 회복시키려는 자들 및 "설교 말씀을 듣고, 거룩한 복음 즉 교리 해설서를 공부하며, 그 밖의 그리스도교적 교회 관행들에 참석하는 데 게으르거나 무관심한" 모든 자들에 대해 "신체, 생명, 명예, 재산"에 관한 다양한 징벌을 마련하였

것으로, 하나님, 인간, 하나님의 돌보심, 그리스도, 교회, 성만찬 등 12개 항목으로 구성되어 있다. 1534년부터 1826년까지 매년 성회 주간에 바젤에 있는 교회들의 강단에서 낭독되었다. 제5장 1절 참고할 것.
25) Simmlerische Sammlung, CRR, p. a 2 b.
26) Simmlerische Sammlung, CRR, p. B 3 a.
27) *Ains Erbern Rats/der Stat Augspurg/Zucht und Pollicey Ordnung* (Augsburg, 1537), p. A 2 a.

다.[28]

새로운 종교적 메시지는 통치집단의 정책과 논리에도 엄청난 영향을 미쳤다. 1541년 레겐스부르그에서 열린 교회일치를 위한 논의가 실패했을 때, 브룬스빅/뤼네부르그의 여공작 엘리자베스가 보였던 반응은 이들의 정치적 기회주의에 대한 깊은 관심과 더불어 신앙심 역시 매우 깊었음을 보여주고 있다. 프로테스탄트와 가톨릭의 재결합 및 전통적인 관행의 바람직한 개혁을 위해 1년 여에 걸쳐 진행된 토론에도 불구하고, 가까운 시일 내에는 이것의 실천이 불가능하다는 사실이 명백해지자, 엘리자베스 여공작은 하나님의 말씀이 왕국 전역에서 분명하게 전파되고 또한 모든 거짓되고 잘못된 교리가 근절되어야 한다는 그녀 나름의 종교 개혁령을 반포하였다. 그녀는 이를 다음과 같이 수사적으로 주장하였다.

과거 우리는 인정적 규율과 가르침으로 인해 부끄럽게도 복음과 진리로부터 멀어지지 않았던가? 복음에 대한 새로운 재해석이 있기까지 우리들은 교리해설, 즉 어린이들의 도덕적 종교적 훈련에 대해 무엇을 알고 있었던가? 우리가 성찬식의 올바른 집례에 대해 무엇을 알고 있었던가? 언제 누가 우리들에게 죄의 용서, 의롭게 됨, 참된 선행, 성스러운 십자가 등에 관해서 제대로 가르쳐 주었던가? 성직자들은 그야말로 우화들에 불과한 것들을 부지런히 설교하지 않았던가? 그리스도의 공적에 대해 현저히 모욕적이게도, 죄에 대한 사함이 돈에 의해 판매되지는 않았던가? 만약 누군가 이를 부인하고 싶다면, 면벌부가 어떻게 독일에서 그렇게도 만연되었던가를 설명해야 할 것이다. 스스로 교회의 우두머리나 지도자가 되려는 자들은 이 무서운 잘못들과 하나님에 대한 거짓 예배를 규제하는 방법들을 오래 전에 발견했어야만 했다. 그러나 안타깝게도 이 같은 지도자는 쉽게 나타나지 않았고, 그리하여 우리네 불쌍한 사람들은 목자 없는 양처럼 방황하게 되었다.[29]

---

28) 앞의 책, pp. A 3 a-b.

엘리자베스 여공작은 교회개혁의 책임이 성직자의 지도력보다는 통치자들에게 있으며, 통치자가 각자의 지역에서 독자적으로 행동해야 한다고 주장하였다. 그녀의 개혁령은 이를 다음과 같이 밝히고 있다.

신의 말씀과 참되고 신령한 예배를 유지하며, 공공의 이익을 보호하는 일은 언제나 정무관의 책무였다. 그렇지 않다면 왜 성서가 정치적 소임을 갖고 백성을 다스리는 자들을 신들이라고 불렀겠는가? 그들을 이렇게 부르는 이유는 그들이 신을 대신해서 신의 말씀과 참된 예배를 유지하고, 확장시키며, 공의롭고 명예로운 법률로 사회를 다스리고, 선한 사람에게 상을 주고, 악한 사람을 징벌하기 때문이다.[30]

많은 구체적인 조치들에 대한 팸플릿 작가들의 뜨거운 논쟁이 개혁 법령의 딱딱한 법률 용어로 다시 등장하였다. 이에 속하는 포괄적이며 상세한 초기 사례가 교회와 예배를 규정했던 1523년의 엘 보겐 법령이다. 이 법령에서는 미사보다 설교에 더 많은 비중이 주어졌다. 그리고 교회 주위를 도는 전통적인 행렬 및 성수와 성염 뿌리기 등은 "하나님에 대한 참된 예배와 거룩한 복음을 통한 신앙과 믿음으로부터 사람들의 관심을 분산시키는 의식들"이라 하여 폐지되었다. 성체성사 시에 빵과 포도주 모두를 받고 싶어하는 평신도는 이제 이들 모두를 받을 수 있게 되었는데, 이는 빵과 포도주를 모두 받았던 성직자와 단지 빵만을 받았던 평신도 간의 전통적인 차별을 부정한 것이었다. 엘 보겐 법령은 성사 참여의 한 전제조건이었던 사적 신앙고백도 중지시켰다. 더욱이 이 법령은 깨끗하고 밝고 순수한 복음을 설교할 수 있는 자질을 갖추고, 이 같은 복음만을 설교하겠다고 서약하는 경우, 지역 교구가 스스로 교구 사제를 선정하여

---

29) OX-BOD, T.L. 70.10, pp. A 1 a-b.
30) 앞의 책, p. A 2 b.

임명하도록 하였다.

또한 이 법령은 두 가지 이유에서 장례 미사와 추도 미사를 금지하였다. 첫째는 "사람들 특히 일반 민중들이 그리스도의 고난과 구원보다는, 죽은 영혼을 매장하고 기념하는 외형적 의식을 더 믿고 신뢰하기" 때문이었다. 둘째는 불공평하게도 이 같은 미사를 행하는 데 있어서 부유한 사람들이 가난한 사람들보다 더욱 유리하였기 때문이다. 이 법령은 공동묘지를 분할해서 매각할 때 가난한 자들을 불리하게 차별하는 교회를 비난하였고, 공동묘지는 시민 공동체의 자산이라고 주장하였다. 교구 사제는 신도집단의 뜻에 반하는 행동을 더 이상 해서는 안 되었다. 이 법령은 교구 사제가 신성한 교회 비밀의 관리자인 것과 마찬가지로 신도집단은 교회의 물질적인 재원을 책임지는 관리자이기 때문에, 교구 사제는 신도집단의 구성원들과 더불어 교회를 관리해야 한다고 주장하였다. 또한 이 법령은 이제부터 세례식을 라틴어 대신 독일어로 집전하도록 명했는데, 그렇게 함으로써 세례식이 과거처럼 의미도 모른 채 가볍게 받아들여지지 않도록 하였다. 그리고 성무일도는 그것을 지키든 생략하든 사제의 재량에 맡겨졌다. 끝으로 엘 보겐 법령은 정무관들이 십일세, 1년에 네 번씩 내는 성직자세 그리고 마을의 방앗간세를 거두어, 교구 사제에게 확실한 소득을 지급하도록 의무화하였고, 동시에 교구 사제에게는 결혼을 축복해 주는 대가로 부수적인 수수료를 계속해서 받을 수 있도록 허용하였다.[31]

가톨릭적 신앙과 관행을 완강하게 유지했던 도시와 촌락들도 팸플릿 작가들의 영향을 받았다. 새로운 복음주의 교리를 포괄적으로 수용하지는 않았다 하더라도, 교회와 성직자에 대한 종교개혁가들의 주장에 동조하였으며, 그들을 따라 행동하였다. 한 적절한 예가 레겐스부르크였다. 이 도시의 1524년 개혁령은 프로테스탄티즘에 대한 초기 가톨릭 종교개혁의

---

31) OX-BOD, T.L 31.174, pp. A 2 b-4 b.

전형적 대응을 보여준다. 당시 가톨릭 정무관들의 주된 관심사는 도시 성직자의 숫자 그 자체로서, 이들은 성직자의 수를 줄이고자 하였다. 또한 정무관들은 성직자의 몇몇 사목 활동, 특히 평신도가 세금을 부담하고 비용을 지불했던 종교의식들을 보다 강력히 규제하고자 하였다. 그리하여 이 법령은 성직자들에게 전통적인 방식으로 복음을 전파하도록 명령하였다. 다시 말해서 초대 교회의 공의회 및 성 아우구스티누스(Augustine of Hippo, 354~430),32) 교황 그레고리 1세(Gregory Ⅰ, the Great, 540~604),33) 성 제롬(Jerome Eusebius Hieronymus, 345~419)34) 등과 같은 위대한 교회 교부들의 가르침에 따라 복음을 전파하도록 했던바, 이는 1524년 2월 9일의 황제령을 연상시킬 정도였다. 더욱이 이 법령은 성직자들에게 적절한 의상을 입고, 명예로운 생활을 하며, 모든 상업적인 행위에는 참여하지 않도록 명하였다. 동시에 이는 교황청 특사들에게 성직자의 무례한 행동에 대해서는 즉각적인 조치를 취하도록 지시하였고, 한편 주교들에게는 부재 성직자나 무자격 성직자를 임명하지 말고, 먼저 검증을 통해 적합하다고 판명되지 않은 자는 성직에 서임하지 않도록 권고하였다. 뿐만 아니라 이 법령은 기존 성직자들에게, 외부로부터 기증되는 재원이 충분히 확보되

---

32) 로마령 북아프리카 누미디아에 있는 히포 레기우스의 주교였으며, 가장 위대한 라틴 교부다. 아버지의 영향으로 마니교에 입문하였으나 교리의 모순을 깨닫고 어머니 모니카의 기도와 암브로시우스의 설교를 듣고 그리스도교로 개종하였다. 당시 펠라기우스파 및 도나투스파와의 논쟁과 『고백록』, 『신국론』 등의 주요 저서를 통해서 은총론 및 예정론 등의 그리스도교 교리를 체계화시켰다.

33) 로마에서 태어나 법학을 전공하였고 590년에 교황이 되었다. 교황 재위기간에 교황청의 안전을 위해 교황군을 조직하고, 교황청 재산에서 거둔 세입으로 빈민가 정과 전쟁포로들을 먹여 살렸으며, 일부는 롬바르드족과의 평화협정을 위해 사용하였다. 이는 흔히 세속 정부가 맡았던 책무였으나 교황청이 맡았기 때문에, 이로부터 교황령과 교황 군주정부가 형성되는 중요한 계기가 되었다.

34) 성서학자이며 번역가로서 동방의 수도원 제도를 유럽에 소개하였다. 로마에 있는 동안 수도원의 금욕생활을 찬양하고 특히 여성들의 금욕생활을 이끌어 내었다. 그리스어로 된 성서를 라틴어로 번역한 「불가타 성서」(the Vulgate)를 출간함으로써 라틴 가톨리시즘의 중요한 토대를 제공하였다.

지 않는 한, 새로운 성직자를 서임하거나 미사의 횟수를 늘리지 못하도록 하였다. 종교적 책무를 감당하지 못하는 성직자들에게는 성직록 박탈의 위협이 가해졌으며, 부인을 둔 성직자는 주교에게 출두하여 징계를 받아야 했다. 성직자들도 레겐스부르그 사치금지법의 즉각적인 적용을 받았으며, 어떤 성직자든 도시에 의해 유죄가 입증된 자는 세속 법정의 징벌을 벌금형 정도로 피하지 못하게 하였다.

도시 내의 다른 성직자들에 관해서도 레겐스부르그 개혁법령은 수도승들을 수도원 내에서만 생활하도록 했으며, 이들에게 교구 교회에서의 종교의식 집전을 허용하는 경우에도, 수도원이 가난하거나, 이들이 매일 밤 수도원으로 돌아가거나 하는 등으로 한정하였다. 도시 당국의 사전 허락 또는 직접적인 초대가 없는 경우에는 여하한 면벌부 설교사도 도시 내에 들어올 수 없었다. 종교적 축제가 일상생활을 저해하는 상황을 줄이기 위해서, 성인절 축제도 해당 성인의 유물이 안치된 예배당으로 그 장소를 제한하였다. 레겐스부르그 개혁법령은 주교청 관리들의 숫자를 줄이기 위해서, 주교로 하여금 주교청 관리들의 기본 생활비는 물론 이를 초과하는 비용까지 모두 책임지도록 하였다. 더욱이 이 법령은 명백히 평판이 나쁜 성직자들을 가리켰던 점성술사 또는 마술사들에 대한 성직록 수여를 금지했으며, 또한 교회의 직책을 사거나 파는 행위 즉 성직매매를 정죄하였다. 주교에게는 매년 정기적인 순회 방문의 의무가 부여되었으며, 지역 공의회도 3년마다 정기적으로 소집되었다.

레겐스부르그 개혁령은 대중들의 종교적 관행들을 현저히 프로테스탄트적인 방향으로 선회시켰다. 이는 종부성사조차도 평신도로 하여금 선택하게 함으로써, 더 이상 성직자들이 이득을 취하기 위해 강요할 수 없도록 하였다. 또한 이에 따르면 성직자가 파문의 방법으로 금식법을 시행하거나, 한 시민이 비의도적으로 사제를 살해한 경우 해당 지역 전체를 성례금령에 처하지는 못하도록 하였다. 교구 십일세 및 성직록 십일세를 징수하던 교회의 권한이 폐기되었다. 또한 평신도들은 죄 사함에 대한 대가로 돈을 지불할 필요가 없어졌다. 평신도들은 자원하는 마음으로 드리고 싶은 것만을 교회에 바쳤다. 성직자는 여하한 경우에도 평신도 성사를 유보할 수 없었다. 단지 살인자, 이단자 및 파문당한 자들에 대해서는 성사를 거부할 수 있었다. 끝으로 레겐스부르그 개혁령은 설령 종부성사를 받지 못한 자라 하더라도 부활절 고해성사를 한 사람으로 판명된 경우, 교회는 그에 대해 그리스도교적 장례의식을 거부하지 못하도록 하였다.[35]

이 같은 개혁들은 평신도들이 팸플릿 작가의 비판을 통해서 더 이상 참을 수 없게 된 고질적인 불만들을 다루고 있었다. 그러나 미사를 비롯한 교회의 다른 핵심적 가르침들은 엄격히 원래대로 유지되었다. 레겐스부르그 법령 같은 개혁령들은 교회의 심각한 권력 남용을 바로잡고, 동시에 교회의 기본적인 교리들을 재확인함으로써, 1520~30년대에 여러 지역들에서 가톨릭 교회를 종교개혁으로부터 구해냈고, 후일의 트렌트 공의회 (Council of Trent, 1545~1563)[36]에 대해서도 개혁의 모델을 제공하였다.

종교개혁의 새로운 신학과 전통적 가톨릭 교회의 관행에 대한 종교개혁의 비판을 모두 수용한 지역에서는, 팸플릿 작가들의 봉기가 신속하고 철저하게 새로운 종교 문화로 변화해 갔다. 프랑크프루트 시의 사례가 좋은 예다. 1525년 프랑크프루트 개혁법령은 성직자가 결혼을 하든 독신으로 살든 이에 대한 결정을 성직자의 재량에 맡겼고, 탁발 수도사의 구걸 행위와 설교를 금했으며, 수도원을 폐쇄하였고, 수도승과 수녀들은 원하는 경우 자유롭게 수도원을 떠날 수 있도록 하였다. 또한 이 법령은 성직자에게도 평신도와 동일하게 시민으로서의 의무와 세금을 부과하였으며, 취소된 성직자의 유언, 성직록, 종교단체 그리고 철야 기념미사 등으로부터 얻어지는 모든 수입을 해당 지역의 자치 금고 또는 공동 금고로 이전시켜, 가난한

---

35) OX-BOD, T.L. 38.154.
36) II장 주) 49를 참조할 것.

사람들을 위해서 그리고 정부가 지정한 다른 목적을 위해서 사용하도록 하였다.[37]

이와 마찬가지로 1528년 베른 법령도 성서에 그 근거가 명백하지 않은 모든 종교의식과 관행을 금지하였다. 그리고 이 조치에 불복하는 성직자의 성직록을 박탈하겠다고 위협하였다. 이 법령은 지역 주교들이 자기 중심적이며, 평신도들에게 무거운 멍에인 과중한 부담금을 부과한 데 대해 비난하였고, 성당의 주임 사제와 주교의 재정 관리인들에 대해서는 주교의 권위에 대한 충성서약으로부터 이들을 해방시켰다. 그리고는 법령으로 이들을 새로운 프로테스탄트 체제에 재결합시켰으며, 이를 통해서 기존의 성직자 관료체제 전반을 법령으로 개종시켰다. 더욱이 이 법령은 베른의 교회들로 하여금 미사와 성상을 점진적으로 제거하도록 요구하였고, 설교를 예배의 가장 중요한 요소로 격상시키도록 명하였다. 이 밖에도 중요한 조치들로서는, 죽은 자를 위한 미사의 철폐, 종교단체의 해체와 재산몰수 및 이에 대한 공정한 보상의 약속, 강제 금식의 철폐 및 전통적인 금식일의 모든 호사스런 폭식에 대해 10파운드의 벌금형 부과, 수도원의 신입 수사 입회금지 등이 있었다. 수도원에 대한 신입 수사 입회금지는 수도원에 남아 있는 기존의 사람들이 죽은 이후에는 수도원의 해체가 확실하게 이루어지도록 하였다. 끝으로 베른 법령은 교구 사제는 물론 모든 성직자와 종교인 그리고 수도승과 수녀들이 자신들의 서약을 파기하고 자유롭게 혼인할 수 있는 권리도 부여하였다.[38]

1534년의 바젤 신앙고백도 전통을 가차없이 다루었다. 바젤 신앙고백은 "하나님이 명령하신 것과 그렇지 않은 것"을 구분하였다. 그리고 비밀고해, 금지된 음식, 사순절 금식 종교축일, 성인 및 성상 숭배, 성직자의 독신생활 등 "이와 유사한 인정적 제도들"을 하나님이 명령하지 않은 것들로 분류하

---

37) *Die xlj. artickel/so die gemain zu Frankfurtt* (Frankfurt, 1525), arts. 1-7, 12.
38) *Gemayn Reformation* (n.p., 1528) British Museum, 2906.bb.88, arts. 1-13.

였다.[39] 1530년대 중엽 아우구스부르그 정무관들이 종교적 관행을 개혁하려고 시도하였을 때도, 당대인들의 눈에는 1520년대의 팸플릿 작가들이 갑자기 아우구스부르그의 입법자 및 정치인들로 바뀐 것처럼 보였다. 혐오스러운 의식들이 수반되었던 가톨릭 미사, 성자들에게 비는 기도, 성상숭배 등이 예배의식에서 사라졌다.

새롭고 강력한 징계 법안들은 "성직자와 여성들의 무절제한 동거, 하나님의 뜻과 영혼 구원 사역에 역행하여 면책특권이란 미명 하에, 일반 시민들에게 유해하고, 이들 모두의 평화, 이익, 복지를 저해하는 그 밖에도 수없이 자행되는 성직자의 악행들"이라고 정무관들이 불렀던 것들을 금지하였다.[40] 놀란 아우구스부르그 가톨릭 교도들이 황제에게 제출한 당시의 한 보고서는, 정무관들이 미사와 전통 세례식뿐 아니라 그 밖의 성례 및 유서 깊은 관습과 의식들을 모두 악의적으로 금지시켰다고 불평을 토로하였다. 정무관들은 심지어 교회와 수도원들을 봉쇄하고 죽은 자의 묘비 및 비문 그리고 성화, 성상 및 제단들을 이 곳으로부터 제거하였다. 더욱이 아우구스부르그 가톨릭 교도들은 새로운 프로테스탄트 설교를 통해 자신들의 신앙에 가해진 거듭된 모욕도 참을 수밖에 없었다.[41]

팸플릿 작가들은 지금까지 언급한 개혁 법령들에서 계몽된 평신도들을 정신적 권위체들이라고 불렀는데, 이 같은 표현은 새로운 프로테스탄트 지배체제에서 점하는 평신도의 실체를 완벽하게 드러내고 있다. 평신도 정무관들은 새로운 종교적 정통성을 규정하고 이를 합법적으로 집행하였던 것이다. 이들은 새로운 성직자 집단의 조언과 동의를 토대로 이를 집행했던바, 성직자들도 새로운 법령들의 집행을 보좌하였다. 그러나 이는

---

39) *Bekanthnus unsers heiligen Christlichen gloubens* (Basel, 1534), Simmlerische Sammlung, CRR, art. 11.
40) *Ausschreiben an die Römisch Kaiserlich,* pp. B 3 b-4 b, c 2 b-3 a.
41) *Warhaffte Verantwortung* (n.p., 1537), *Simmlerische Sammlung,* CRR, p. B 1 a-b.

과정이 그러했던 것과 마찬가지로 종국적 결과 역시 엄격히 세속사에 속했다. 경건한 프로테스탄트 정무관들도 과거 팸플릿 작가들과 마찬가지로 신민들의 이중적 모습에 당혹스러워하였다. 한편으로 정무관들은 이들을 교화된 신민들로서 성직자의 권한 남용에 대해 자신들과 분노를 함께 공유하고 있다고 보았다. 그러나 다른 한편으로 정무관들은 이들을 부패한 관습의 희생양이 되기를 마다하지 않는다고 보았다. 따라서 이들을 과거의 악습으로부터 벗어나게 하기 위해서는 단호한 벌금형과 징벌이 필요하다고 생각하였던 것이다.

정무관들은 새로운 성직자들의 지나친 야심 또한 잘 이해하고 있었다. 이들은 성직자들에게 변화의 폭과 속도를 조절하도록 요구했을 뿐만 아니라, 이 과정에서 변화의 결과 역시 아래로부터의 소요에 의한 것이든 위로부터 신정정치에 의한 것이든 모두 안 된다는 점을 확실히 하였다. 따라서 종교개혁을 법제화하고 집행하는 일은 성직자보다는 공동체 정무관들의 과제가 되었다.

그러니까 현대 역사가들이 종교개혁을 독일 제후들의 비루한 하인으로 묘사하는 것은 오류다. 14세기 이래로 제후들은 그들의 권한을 지속적으로 강화시켜 왔으며, 그들의 영토를 중앙집중화시켜 왔다. 제후들의 이 같은 성공이 15, 16세기가 경험한 가장 중요한 정치적 발전이었다. 오늘날 역사가들이 종교적 봉기를 보다 광범위한 정치적 과정의 본원적인 일부로 보려는 것은 충분히 이해될 법하다. 사실 현대 세계에서는 이 점이 종교적 봉기의 일반적 양상이었다. 그러나 먼저 종교적 봉기를 일으킨 다음, 이를 다시 정치적으로 불운했던 종교개혁가들을 희생시킴으로써 자신들에게 유리하도록 조종한 것이 독일의 정무관 내지 제후들은 결코 아니었다. 정무관과 제후들에게 새로운 종교적 질서를 강요한 것은 오히려 복음주의 설교사 및 이들의 신도집단이었다. 대부분의 정무관들과 제후들로서는 애초에 이들이 만든 상황으로부터 개인적으로 얻을 것이 거의 없었으며, 이 상황으로부터 기대할 수 있었던 것은 단지 자신들의 영토 내에서 일어날 분할과 소요가 그 전부였다.

그럼에도 불구하고 정무관과 제후들이 프로테스탄트 개혁을 지지했다는 점에 이 시대의 진정한 특징이 있다. 프로테스탄트 성직자들이 국가로부터 무기력하게 협박을 당했다거나, 또는 이들이 염치도 없이 국가에 아첨했다고 생각하는 것은 현대 학문의 잘못된 시각이다. 물론 정치가들이 과거 여러 차례에 걸쳐 성직자들을 좌우했던 것은 사실이다. 설령 그렇다 하더라도, 비록 전례가 전혀 없는 현상은 아니었지마는, 종교개혁은 정치가가 성직자에 의해 성공적으로 계도되는 보기 드문 현상을 보여주고 있다. 종교개혁의 성공이 독일 절대주의의 지속적인 진전 과정은 결코 아니다. 오히려 그것은 과거와의 결별을 드러내는 가장 극적이면서도 항구적인 결과들을 수반했던 16세기의 대사건이었다.

2) 잔가지 구부리기

새로운 프로테스탄트 지배체제의 정치적 법령들이 팸플릿 작가들의 비판을 법제화함에 따라, 신설 프로테스탄트 학교 및 교회의 종교적 교리 해설서들도 팸플릿 작가들의 논리와 이념들을 어린이들이 이해할 수 있는 언어로 바꾸었다. 법령과 마찬가지로 교리 해설서 역시 진정한 시민적 지침서로서 여기서는 단지 종교적인 기초가 보다 강조되어 있었다. 법령이 성년 시민 및 신민들의 자의적 행위에 초점을 맞춘 것이라면, 교리 해설서는 어린이들의 자율적 성향에 역점을 두었다. 모든 당국자가 후천적으로 특정 성향을 가르쳐야 한다고 생각하지는 않았다. 모든 인간은 어린이든 성인이든 본성적으로 자신의 사적인 욕망을 사회적 이익보다 우위에 두며, 가능한 한 상위 권위를 피하고자 한다는 것이었다. 자아에 대한 사랑은 태어나기 이전부터 시작되는바, 이는 통풍이나 역병처럼 수태 시에 부모로

부터 아이에게 전달된다고 생각하였다.[42]

세속의 정무관과 교회의 교리 교사들은 공통적으로 자기 절제와 좋은 질서 특히 내면적 규율과 외면적 안전을 대부분의 사람들은 태어나면서부터 일생 동안 필요로 한다고 믿었다. 그러나 이 가운데 어느 것도 저절로 이루어지지는 않았다. 집, 학교, 교회 등에서 부모, 교사 그리고 설교사들은 자기 절제를 치밀하게 가르쳐야 했으며, 정부는 올바른 질서를 확고하게 유지해야 했다. 한편 프로테스탄트 교리서는 당대 부모들의 첨예한 두 가지 관심사로서 서로 관련되어 있던 두 가지 쟁점에 대해 설명하였다. 하나는 성인 집단의 동물적 열정과 아집에 의해 자녀들의 삶에 초래될 불안과 혼란이었으며, 다른 하나는 이 같은 불안과 혼란이 어린 시절에 규제되지 않을 경우 초래되는 사회 전반을 위협할 무정부 상태가 그것이었다.

교리 해설서는 방어적인 태도와 공격적인 자세를 동시에 취했다. 한편으로 교리 교사는 어린아이들에게 그들의 행동과는 무관하게 그들의 삶에 안정감과 목적의식을 부여하고자 했으며, 다른 한편으로 이들은 윤리적 행위의 본질적 조건이라고 간주되었던 요소 즉 부도덕한 행위에 대한 수치심과 그것의 결과에 대한 공포감을 깨우치고자 하였다. 교리 교사는 어린이들에게 사랑의 신과 복수의 신을 동시에 제시하였던 것이다. 그는 도덕성을 고취하고 시민의식을 함양하기 위해서, 어린이들에게 사회적 존재인 동시에 하나님의 자녀로서 어울리는 행동을 하도록 가르쳤다. 그는 왕국을 지배하는 통치자의 행위로부터 가정과 학교에서 행하는 어린이들의 행동에 이르기까지 무엇이 옳고 그른지를 솔직하게 토의하였다.

---

42) [*Nürnberg*] *Catechismus oder Kinderpredig*, in E. Sehling ed., *Die evangelischen Kirchenordungen des XVI. Jahrhunderts, vol. 11.1 : Bayern/ Franken* (Tübingen, 1961), p. 234. 고해성사의 시대에 대해서는 W. Reinhard, "Konfession und Konfessionalisierung in Europa," in *Bekenntnis und Geschichte. Die Confessio Augustana* (1980) 및 같은 저자, "Zwang zur Konfessionalisierung?," *Zeitschrift für historische Forschung*, 10 (1983), pp. 257~277 참조.

오늘날 일부 학자들은 종교개혁 법령과 교리 해설서를 통해서 "인간의 종교활동 상의 획일성, 일상성, 예속성을 자율적으로 대체하고자 했던 예외적인 시도였다"[43]고 주장하고 있다. 그러나 실상 프로테스탄트 교리 해설서는 순응성과 편협함을 조장하는 것이었다기보다는 훌륭한 교양과 시민다움을 함양하기 위한 가르침이었다.

이에 부합하는 사례가 당시에 이미 가장 대중적인 종교개혁 교리 해설서로 간주되었던 1533년 뉘른베르그에서 출간된『교리 해설 및 어린이를 위한 설교』를 들 수 있다. 이 설교들은 뉘른베르그의 종교개혁가 안드레아 오시안더가 루터의 1529년『소 교리 해설서』를 기초로 하여, 성찬식에 처음 참석하는 '어린 젊은이들' 특히 12~14세의 청소년들을 대상으로 집필하였다. 이는 십계명, 사도신경, 주기도문 그리고 세례와 성체성사들을 세밀하게 설명하였다.[44] 루터로부터 영감을 받았던 이 설교들은 해마다 뉘른베르그에서 최초의 성찬식에 참석하고자 하는 수많은 어린이들에게 필수적인 지침이 되었다. 뉘른베르그에서는 세발드 교회와 로렌츠 교회를 통해서만도 해마다 1,200명에게 견진례를 베풀었는데, 이 같은 인원은 뉘른베르그의 소수의 교구 사제들이 개별적으로 교육시키기에는 너무나도 많은 숫자였다. 교리 해설은 주일, 축일 및 정해진 평일에 행해졌고, 예배는 신조를 암송함으로써 시작되었으며, 설교는 이 신조에 맞추어 특별히 준비되었다. 뉘른베르그의 교리 해설서는 16세기 중엽에 이르러 중북부 유럽 전역에서 광범위하게 사용되었다. 특히 영국에서는 일찍이 오시안더

---

43) G. Strauss, *Luther's House of Learning : Indoctrination of the Young in the German Reformation* (Baltimore, 1978), p. 306.

44) 뉘른베르그 교리 해설서는『열쇠들의 사무실』이란 책에 대한 새로운 논쟁 내용을 포함시켰다. 이 책은 죄의 문제를 묶고 푸는 것은 신이 성직자에게 부여한 고유 권한이라는 성직자의 주장을 설명하고 있다. 이는 종교개혁이 자리잡게 되자, 신도집단에 대해 완전한 기강을 잡고자 하였던 프로테스탄트 성직자의 야심을 공개적으로 비판한 것이었다.

의 조카딸과 결혼한 바 있던 대주교 토마스 크렌머가 1548년 이를 영어로 번역하여 영국 성직자들로 하여금 핸드북으로 사용하도록 하였다.[45]

교리 교사는 "어린이, 여러분 이리와서, 내 얘기를 들어보세요. 나는 여러분들이 하나님을 경외하도록 가르칠 것입니다"(시편 111편 11절), "여러분들 가운데 누구든 선한 생활을 바라고 행복한 나날을 갖기를 원하는 자가 있습니까? 그렇다면 그는 악으로부터 혀를 지키고, 거짓에서 입술을 삼가며, 죄를 떠나 선을 행하고, 평화를 찾아야 할 것입니다"(시편 34편 12-15절)라고 권유하였다. 교리 교사가 말하는 하나님에 대한 경외는 두 가지 의미를 가지고 있었다. 첫째는 선한 사람에게 좋은 것을 주고 악한 자를 징벌하는 전능한 하나님의 존재를 인정하는 일이고, 둘째는 하나님을 노엽게 하는 일을 삼가고 최선을 다해 그의 계명을 지킴으로써, 하나님을 기쁘게 하는 일이었다. "그리하면 너희는 훌륭하고 유능한 사람이 될 것이며, 타인을 도와주고, 그들에게 많은 선행을 베풀 수 있을 것이다"[46]라고 이들은 가르쳤다.

교리 교사의 관심은 시종일관 이론 내지 교리의 문제가 아니라 어린이들의 일상생활에서 성서의 가르침을 실제로 어떻게 적용할 것인가 하는 문제에 있었다. 이들 목표는 어린이들로 하여금 유혹을 단호하게 거절하고, 진정한 사랑의 정신으로 이웃들을 위해 봉사하도록 그들을 도덕적으로 무장시키는 일이었다. 16세기 사람들은 누구도 인간의 능력이 그야말로 선천적으로 타고나는 것이라고 믿지 않았다. 오히려 그것은 치밀한 훈련을 통해서 얻어진다고 믿었던 것이다.

그리고 그 다음 단계의 과제로서 교리 교사는 또한 어린이들의 정서와

---

45) K. Leder, *Kirche und Jugend in Nürnberg und seinem Landgebiet 1400 bis 1800* (Neustadt, 1973), pp. 62~71.
46) "Feine geschickte leut, die andern leuten auch nutz sein und vil guts tun können," *Catechismus*, p. 207.

마음으로부터 모든 종교적 경쟁심을 제거하고자 하였다. 이 목표는 교리 해설서의 가장 많은 부분을 차지했던 십계명 해설에서 특히 분명하게 드러났다. 십계명의 각 계명들은 당시 젊은이들을 유혹했던 하나 또는 그 이상의 죄악들과 결부시켜 해석되었다. 이를테면 "나는 주 너희 하나님 이니, 너희는 나 외에 다른 신을 섬기지 말라"는 제1계명은, 사람들로 하여금 가장 두려워하고, 가장 신뢰하며, 가장 사랑하는 것이 바로 거짓된 신이 된다는 사실을 기억케 함으로써, 이에 대한 맹신은 인간의 생명과 운명에 지속적인 영향력을 미치지 못한다는 점을 지적하는 경고로 제시되 었다. 뉘른베르그의 젊은이들을 사악하게도 미혹시키는 거짓 신들 가운데 하나가 점성학이었다. 교리 교사는 이른바 과학적 지식체계였던 점성술이 젊은이들에게 별이 하나님보다 강하다는 잘못된 인식을 심어주지 않을까 염려하였다. 전제 군주 역시 또 다른 종류의 거짓 신이었다. 사람들은 이들의 권력을 두려워한 나머지 이들의 총애를 얻기 위해 하나님의 말씀조 차도 부인하였다. 그리고 돈에 대한 사랑과 자기 자신의 업적에 대한 과신 등도 여기에 포함되었는데, 후자에 대해서는 교리 교사들이 이를 '세상에서 가장 큰 우상'이라고 불렀다. 끝으로 아이들이 매일 직면하였던 폭음과 폭식의 대한 유혹은 식욕조차도 거짓 신으로 만들었으며, 이와 더불어 당시 뉘른베르그의 12~14세 연령층을 유혹했던 성적 혼음도 극히 유혹적인 우상들 가운데 하나로 간주되었다.[47]

"하나님의 이름을 망령되이 일컫지 말라"는 제2계명에 관해서 교리 교사는 뉘른베르그의 청소년들을 괴롭혔던 세 가지 죄악을 들어 설명하였 다. 하나님을 저주하는 일, 하나님에 대한 경박한 언사 그리고 '주술적 용도로' 하나님의 이름을 부르는 행위 등이 그것이었다. 교리 교사는 로마 교회의 주술적 성사도 일반 주술사들의 마법 못지않게 인간 정신을 해친다

---

47) 앞의 책, pp. 209~210.

는 점을 잘 알고 있었다. 그리하여 이들은 모든 마술이 소박한 민중들을 속이기 위해서 만들어진 공허한 속임수이며 거짓말이라고 비난하였다. 그러나 교리 교사들이 했던 주석의 길이를 기준으로 삼는다면, 무심결에 내뱉는 욕설보다 뉘른베르그 청소년들의 영혼에 더 큰 위험은 없었다. "남자와 소년들만 욕을 하는 것이 아니다. 부인네와 소녀들도 역시 욕설을 내뱉는다. 심지어 어린이들도 욕설을 퍼붓는다. 그것도 극심한 방식으로 말이다. 이들은 화날 때만 욕설을 퍼붓는 것이 아니다. 무엇인가 좋은 일이 있을 때조차 욕설을 늘어놓는다. 오늘날에는 이유가 전혀 없는데도, 마치 욕설이 미덕이고, 축복이나 베푸는 양 욕설을 해댄다"[48]라고 교리 교사는 탄식하였다.

"안식일을 기억하라"는 제3계명도 십대의 청소년들 세계에는 경건치 못하고 범죄적인 행위들과 결부시켜 설명하는 것이 더욱 설득력이 있었다. 교리 교사는 젊은이들이 일요일 교회에 나가 하나님께 기도하지 않고, 오히려 늦게 일어나, 할 일 없이 서성거리며, 춤추고, 노름하고, 술 취하고, 매춘하며, 다투고, 욕하며, 심지어 안식일에도 다른 사람들과 싸우는 것에 대해 질책하였다.[49]

교리 교사는 "네 부모를 공경하라"는 제4계명에 관한 한, 앞의 세 계명들에 대한 관심보다도 두 배나 많은 관심을 보였다. 그 이유는 교리 교사가 제4계명의 '부모'를 명백히 확대 해석하여 어린이들에게 영향을 주는 모든 성인들의 권위로 간주했기 때문이다. 그는 이를 "이 땅에서 가장 중요한 사람들 즉 아버지, 어머니 그리고 모든 당국자들"이라고 불렀다. 그리고 교리 교사는 어린이들의 부모 이외에 이들의 후견인, 학교 교사, 교구 사제, 정무관 그리고 어린이 도제의 마스터, 또는 어린이들을 아랫사람으로 고용하는 장인 등 모두를 이 당국자에 포함시켰다. 어린이들은 부모에

---

48) 앞의 책, pp. 212~213.
49) 앞의 책, p. 216.

게 하듯이, 이 당국자들을 두려워하고 복종하며 사랑하고 경외하도록 교육되었다. 어린아이가 스스로 자신이 부모보다 현명하다고 생각하면, 이것이 부모에 대해 커다란 모욕이 되는 것과 마찬가지로, 집 밖에서 부모를 대신하는 사람들을 비웃는다면 이것 역시 죄악이라고 교리 교사는 경고하였다.[50]

제4계명에 대한 교리 교사의 해설은 부모자식 관계 및 부모의 책임에 대한 당대적 인식을 어린이의 특징 및 의무에 대한 그것보다도 훨씬 많이 드러내고 있다. 어린이들이 어른들에게 이처럼 충성하고 순종해야 하는 이유는 어른들이 이들에게 베푸는 엄청난 은혜 때문이었다. 이는 여하한 청소년도 후일 되갚을 수 없을 정도로 큰 것이라고 상정되었다.[51] 부모는 자녀들에게 생명을 주고, 어머니의 젖과 아버지의 소득으로 이들을 부양하는 바 만약 이들의 부양이 없다면 자녀들은 어려서 죽었을 것이었다. 또한 자녀들은 자신에게 조국, 시민권 그리고 상속 유산이 있다는 사실에 대해서도 부모에게 감사해야 했다.

부모는 자녀들에게 세례를 베풀고, 그리스도 교도로 양육함으로써, 이들이 "세례 받지 못한 채 영원히 길을 잃고 헤매는 수십만 유대인들처럼" 성장하지 않도록 해주었다. 바로 이 어른들의 세계로부터 어린이들은 자기절제를 배움으로써, 훌륭하고 평화로우며 예의바른 사람이 될 수 있었다. 또한 청소년들은 단순 육체 노동으로부터 고도의 교역 기술 및 전문직에 이르는 모든 유형의 작업들에 필요한 기술들 역시 이 세계에서 습득했다. 이로부터 어린이들은 어른이 되어서도 스스로를 부양하고 독립적인 삶을 영위할 수 있을 것이었다. 이 모든 것들을 설명하고 난 다음에 교리 교사는, 이전 세대의 팸플릿 작가들이 그러했던 것과 마찬가지로, 어른의 권위를 존중하고 그것에 순종하는 것이 어른의 권위를 전적으로

---

50) 앞의 책, pp. 217, 220.
51) 앞의 책, p. 217.

믿고 신뢰해야 한다는 의미는 아니라는 것을 서둘러 지적하였다. 부모라 하더라도 하나님의 뜻에 어긋나는 바를 명하거나 요구할 경우에는 여하한 청소년도 그것에 따를 의무가 없다는 것이었다.[52]

교리 교사는 당시 뉘른베르그 젊은이들 사이에 만연해 있던 불순종의 사례로서 부모 몰래 또는 부모의 동의 없이 결혼하는 행위를 지적하였다. 젊은이들의 불법적인 생활과 비밀 결혼을 종식시키고자 했던 노력들은 사회적 법제보다도 더욱 근원적이며 완강한 힘들과 부딪칠 수밖에 없었다. 그럼에도 불구하고 교리 교사는, 설령 개인적 체험으로부터 나온 것은 아니었다 하더라도, 예리한 관찰에 입각해서 이 같은 자의적 결합의 어리석음을 청소년들에게 경고하였다. "제대로 준비되지 않은 혼인은 매우 위험하고 지루하며 비참한 상태로 전락할 것이다. 이렇게 되면 여러분들은 혼인으로 인해 괴로움을 당할 수밖에 없을 것인데, 단지 죽음 이외에는 아무것도 이 불행으로부터 여러분을 구해낼 수 없음을 깨닫게 될 것이다"[53]라고 지적하였다.

"살인하지 말라"는 제5계명과 사도신경 5항에 대한 후일의 주석에서, 교리 교사는 뉘른베르그 청소년들에게 일생동안 지켜야 할 기본적인 도덕률을 '영원한 적을 스스로 만들지는 않는 것'이라고 밝혔다. 만약 청소년이 증오심에 의해서든 또는 화가 나서 잘못 내뱉은 말에 의해서든 누군가를 살해하는 경우에도, 그가 동료든 윗사람이든 이들과 즉각 화해하여야 했다. "그리스도는 신의 계명을 지키고 이웃과 화해하는 일(마태복음 5장 23절)[54]이 가장 아름답고 가장 중요한 예배라고 가르쳤다"는 것이다. 이

---

52) 앞의 책, pp. 217~218, 220.
53) 앞의 책, p. 220. 비밀 결혼을 규제하는 데 수반되었던 어려움들에 대해서는 S. Ozment, *When Fathers Ruled*, pp. 42~44 및 T. M. Safley, *Let No Man Put Asunder : The Control of Marriage in the German Southwest, 1550~1600* (1984) 등을 참조하기 바람.
54) *Catechismus*, p. 223.

같은 화해의 윤리에는 사람 사이의 평화는 물론 하나님과의 평화도 포함되어 있었다. 사도신경의 5항 "우리의 죄를 용서하소서"(마태복음 6장 14절)에 따르면, 하나님은 인간들이 서로를 용서할 때 비로소 그들을 용서하겠다고 약속하였다. 하나님은 인간의 용서 행위를 구원의 조건으로 삼지 않으시고 오히려 구원의 모델로 삼았다. 하나님은 이 같은 용서를 통해 자신을 인간의 연약함에 맞추시고, 사람들로 하여금 자신들의 삶에 대한 신의 뜻과 계획을 이해할 수 있도록 하였다. 스스로 타인을 용서하려 하지 않는 사람을 하나님이 용서해야 한다는 것은 옳은 일이 아니며 있을 법하지도 않다고 교리 교사는 설명하였다. "왜냐하면 설령 다른 사람을 용서하는 일이 비록 어렵기는 하지마는, 그러나 그것은 우리 자신의 죄를 하나님이 용서해 준다는 사실을 믿는 것보다는 훨씬 쉬운 일이기 때문이었다."[55] 따라서 도덕적인 화해는 매우 중요한 요소였다. 즉 사람들은 서로를 용서할 때, 비로소 하나님이 자신을 어떻게 용서하는지 이해하게 되며, 또한 이를 통해서 사람들은 이웃과 평화와 일치를 이룩해 내는 바 이것 없이는 이 세상이 유지될 수 없기 때문이었다. 하나님의 총체적 계획에 따라, 가장 기본적인 윤리 행위인 이웃과의 화해가 시간을 영원에로 연결시킬 것이었다.

20세기의 독자들은 프로테스탄트 교리 교사가 "간음하지 말라"는 제6계명을 언급하지 않고 조용히 넘어가기를 바랄 수도 있을 것이다. 이 주제가 소년의 육욕을 자극할 수도 있기 때문이다. 그러나 이 시기 청소년들은 이와는 반대로 이 계명에 대한 토론을 가장 절실히 요구하고 있다고 교리 교사는 지적하였다. 그에 따르면 이름이 알려지지 않은 뉘른베르그의 일부 경건치 못한 미치광이들은 제6계명이 단지 간음을 정죄했을 뿐 혼전 성관계는 허용하고 있다고 주장함으로써, 젊은이들을 현저하게 미혹시키고 있었다.[56] 교리 교사는 이 같은 주장을 하찮게 평가하고, 매춘도 간음과

55) 앞의 책, p. 260.
56) 앞의 책, p. 226. 이 같은 자유주의자들이 누구였는지는 정확하지 않다.

마찬가지로 금지된 범죄이며, 혼전 순결이 하나님의 변함없는 일반 법칙이라고 주장하였다. 젊은이들은 모든 성적 활동을 삼가야 할 뿐만 아니라, 이를 유발하는 모든 대화도 피해야 하며, 모든 성적인 환상들 역시 억제해야만 한다는 것이었다.[57] 따라서 젊은이들은 성적 충동을 조장하는 상황 즉 폭식, 폭음, 빈둥거리기, 춤추기 등의 이벤트들도 삼가야 했다.

"도적질하지 말라"는 제7계명에 대한 주석은 뉘른베르그 교리 해설서가 진정한 의미에서 시민적 교훈서로 기능했음을 여실히 드러내고 있다. 젊은이들에게 사업과 직업 생활의 윤리의식을 가르치기 위하여, 교리교사는 신망있고 권위 있는 지위를 가진 사람들이 그 직책을 남용하는 여러 방법들을 공개하였다. 예를 들면, 통치자가 신민을 보호하는데 필요한 양보다 더 많은 세금을 거두어 신민을 재정적 파탄으로 내몰면, 그는 도적이었다. 또한 정부가 공적 세입을 개인적 용도로 전용하거나, 정부의 요직을 정직하고 유능한 관리들로 채우는 데 실패하거나, 학교 시설로부터 시청의 분수대에 이르는 기본 시설과 용역들을 소홀히 방치하는 행위 역시 도적질이었다.[58]

변호사들이 수임료를 챙기기 위하여 이길 수 없는 소송을 부추기고, 유리한 소송을 교묘히 불리하게 만드는 행위도 도적질로 간주되었다. 법관이 자신의 이익을 추구하기 위해 판결에 영향을 끼치는 일도 제7계명을 위반하는 것이었다. 그리고 상인들의 도적질도 대단하였는데, 이들은 터무니없는 가격을 제시하고, 하자있는 물건을 팔고, 저울눈을 속이고, 자의 치수를 조작하였다. 그들은 곧 가격이 오르게 될 상품을 미리 싸게 사서, 가격이 폭락하기 직전에 이를 매우 높은 가격으로 약삭빠르게 팔아 치웠다. 상인들은 정기적인 공급자들로부터 그들의 상품과 물건을 공정가격보다 싸게 사려고, 동일한 물건을 훨씬 싸게 살 수 있는 곳을 알고 있다고

---

57) 앞의 책.
58) 앞의 책, pp. 227~228.

거짓말을 하기도 한다. 특히 상인들은 가난하고 예속적인 품팔이들도 착취하였다. 그들은 품팔이들의 노동이 전혀 필요치 않다고 주장함으로써, 품팔이들로 하여금 불공정한 임금을 받도록 강요하였다. 한편 상인들은 가격을 조작하고, 독점을 조장함으로써, 고객들로 하여금 자신들이 제시한 가격을 부득이 지불하도록 만들었다.[59]

노동자와 일군들은 조악한 기술, 불량한 품질, 과도한 급여의 요구 등을 통해서 도적질을 하였다. 자유민 소작농은 일을 게을리하고, 집중하지 않으며, 곡식과 가축들을 제 값보다 비싸게 팔아먹음으로써 도적질을 하였다. 아랫사람들이 장인과 주인들에게 불복종하는 일도 도적질이었던 것이다.[60]

제7계명의 교훈은 교리 교사의 행복한 어조로 마무리되었다. 그는 자신의 학생들과 그들의 부모들에게 제7계명이 인생의 성공에 방해가 되지 않는다고 확신을 가지고 말했다. 하나님이 모든 사람으로 하여금 자신들의 후손을 돌보고, 자신의 노후를 편안하게 대비할 수 있도록 충분한 돈을 벌게 하시기 때문이라는 것이다.[61]

"너는 거짓증언 하지 말라"는 제8계명의 도덕률은 사람이 가장 중요하게 생각해야 할 존경받는 이름과 명성의 가치에 관한 것이었다. 거짓 증언은 자신을 해롭게 할 뿐만 아니라, 사법 절차를 왜곡시키기 때문에 사회 전반의 토대를 무너뜨릴 위험이 있었다. 비방은 더욱 나쁜 것이었다. 거짓 증언은 법정에서 그 진위 여부를 가려낼 수 있지만, 헛소문 내지 풍문은 타인의 명성을 파괴함에도 불구하고 이들을 만들어 낸 사람은 벌을 받지 않기 때문이었다.[62] 그러므로 어린이는 인생의 초창기 때부터 자신의

---

59) 앞의 책, p. 228.
60) 앞의 책, pp. 228~229.
61) 앞의 책, p. 230.
62) 앞의 책, p. 232.

혀를 통제하는 방법을 배워야만 했다.

마지막 계명인 "탐내지 말라"에 관한 설교는 어린이들로 하여금 어두운 자신들의 영혼을 직접 성찰해 보도록 요구하고 있었다.

> 나의 사랑하는 자녀들아, 어린이들에게 죄가 없다고 하는 몽매한 사람들의 말에 귀기울이지 말라. 우리는 모두 태어날 때부터 더러운 정욕으로 가득차 있다는 사실을 직접 체험하고 있다. 우리는 육체를 즐겁게 하는 것은 무엇이든 좋아하며, 육체를 해롭게 하는 것은 무엇이든 피하려고 한다. 이 같은 정욕과 혐오는 요람의 아기들과 어머니 자궁의 태아들에게서도 발견된다. 아기들은 불편하고, 배고프고, 목마를 때 또는 너무 춥든지 더울 때, 발길질하고, 엎치락뒤치락 하며, 소리내어 운다. 또한 아기는 자기에게 아름다운 것 그리고 자기 마음에 드는 것들을 가져가 버리거나 이를 주지 않을 때도 같은 방식으로 반응한다. 이는 요람의 아기도 어머니 자궁의 태아도 부정한 욕망을 가지고 있으며, 어린이도 나이든 사람 못지 않게 죄인이라는 증거를 명백히 보여주는 것이다.[63]

오늘날에는 대부분의 학문이 자녀 양육의 부정적인 면을 강조하는 이 같은 프로테스탄트류의 주석에 거의 관심을 보이지 않는다. 예를 들면, 제럴드 스트라우스는 뉘른베르그의 교리 해설서에 대한 자신의 논문에서 인간의 원죄 의식만을 전적으로 다루었는데, 그는 여기서 이 논문을 "거리낌 없이 읽을 수 있는 현대인은 아무도 없다"[64]고 주장하였다. 아무리 편견이 없는 독자라 하더라도, 73쪽의 전체 분량 가운데 대부분이 건전한 내용으로 채워져 있으며 복합적인 논의 구조를 가지고 있는, 이 교리

---

63) 앞의 책, p. 234.
64) G. Strauss, *Luther's House of Learning*, pp. 209~212 ; L. Stone, *The Family, Sex, and Marriage in England, 1500~1800* (New York, 1977), pp. 116~117, 125~126 에서도 저자는 이 주제에 대한 역사적 판단을 함에 있어서 현대적 가치들의 개입을 허용하고 있다.

해설서에 대해서 스트라우스가 채 2쪽도 안 되는 부분에서 다루었던 주제를 이처럼 의도적으로 묘사했다는 사실에 대해서는 더욱 당혹감을 금할 수 없을 것이다. 16세기에는 누구든 모든 인간에게 내면의 적이 존재함을 부인하지 않았다. 이에 교리 교사는 이 내면의 적을 대적하는 일이 가르치고 일하는 것 못지 않게 절실한 성장과정의 중요 부분이라고 생각하였던 것이다.

제9계명은 청소년들이 인생에서 자신에게 부여된 신분에 만족하도록 가르치려는 의도를 가지고 있었다. 이를 위해 교리 교사는 당시 뉘른베르그 내부의 문제를 인용함으로써, 죄에 물든 욕망이 보여주는 부패의 힘과 관련하여 놀라운 사례를 한 가지 제시하였다. 뉘른베르그의 어린이들이 자주 목격했던 명백한 사례는, 좋은 하녀나 하인을 구하려고 유력 가문들이 벌였던 입찰 경쟁이었다. 이 입찰 경쟁은 유력 가문들이 아랫사람들로부터 좋은 노동력을 제공받고자 이를 부추길 때 발생하였다. 그 결과 뉘른베르그의 하인들은 노동의 대가를 자신에게 충분히 지불하는 주인이 없으며, 누구도 자신을 오랫동안 고용하려고 하지 않는다는 왜곡된 인식을 갖게 되었다고 교리 교사는 지적하였다.[65]

현대 교육자들과는 달리 뉘른베르그의 교리 교사는 두려움과 수치심이 잔가지를 꺾어내는 데 일정 부분 긍정적인 역할을 한다고 믿었다. 교리 교사는 각 계명의 결론을 통해서 계명을 위반하는 자들에게 무서운 경고를 내렸다. 이를테면 그는 자신의 경고를 통해서 하나님의 이름을 망령되이 일컫는 자들에게 "주는 징벌에 진지하시며, 징벌하실 때는 죽음, 기근, 가난, 전쟁 , 사납고 무서운 야수들, 강도 그리고 살인자들로 하여금 우리의 죄값을 치르게 하신다"[66]는 점을 깨닫게 하였다. 안식일을 지키지 않는 자는 가난이 일생 동안 그의 집에 머물게 될 것이므로, 안식의 날을 다시는

---

65) *Catechismus*, p. 236.
66) 앞의 책, p. 213.

가지지 못할 것이었다. 또한 교리 교사는 일부 사람들의 경우에는 이같은 운명이 일생 동안 전혀 일어나지 않는 수도 있는데, 이는 분명 하나님이 이들에게 훨씬 가혹한 영원 형벌을 예비해 놓고 있기 때문이라고 주장하였다. 이는 가난한 사람들이 끼니를 거르는 일을 자신들과는 상관없는 일이라고 생각하였던 부유한 어린이들을 향한 경고였다.

교리 교사는 제4계명에 대한 변론을 통해서 구약성서의 어린이들이 상투적인 불순종으로 인해서 겪었던 무서운 치유책을 상기시켰다. 이 치유책이란 다름이 아니라 돌로 쳐죽이기(신명기 21장 18~2절1)였다. 불순종하는 자녀가 자초하게 될 벌을 구태여 밝힌다면 다음과 같았다.

> 한 사람은 다리 하나를 잃고, 다른 한 사람은 팔 하나를 잃으며, 또 다른 사람은 눈 하나를 잃을 것이다. 한 사람은 말에 짓밟히고, 한 사람은 물에 빠져 죽을 것이다. 어린이들도 길에서 놀이터에서 또는 전쟁터에서 죽임을 당할 것이다. 자신의 집을 세우려는 젊은이는 몰락하게 되며,[67] 가난하게 되고 다른 사람들의 보호를 받기 위해 피신해야 할 것이다. 그가 이처럼 몰락하여 거짓말과 도둑질을 하게 되면, 그는 교수형을 당하거나, 아무도 자신을 믿고 도와주지 않는 이방인들에게 추방되어, 그들과 함께 살아야 할 것이다. 이것이 젊었을 때 부모에게 순종하지 않는 자들에게 부과되는 진정한 징벌이다.[68]

매춘과 간음은 행위 자체보다도, 그 결과가 당사자와 사회 전반에 매우 치명적이었다. 불법적 사생아들은 일생 동안 하나님의 은총과 축복을 거의 받지 못했다. 세상은 이들을 명예로운 일에는 부적합한 자들로 간주하

---

67) 부모와 소원해진 자에게는 유산이 없었으며, 유산이 있어도 이에 대한 관리 훈련이 없었기 때문에, 당시로서도 부모의 도움이 없이는 어떤 젊은이도 성공하기가 매우 어려웠다.
68) 앞의 책, p. 220.

였다. 매춘과 혼전 성행위로 태어난 아이들은 인생에서 안정된 직업을 얻을 수 있는 기술이나 훈련을 받지 못하고 성장하였다. "이들은 자신의 부모로부터 좋지 못한 것들을 듣고 보고 배운다. 이러한 아이들은 성장하여 악하고, 무례하고, 야만적인 사람들이 되며, 모든 악행과 범죄를 저지르는 자도 바로 이들이다. 이에 대해 하나님은 이들을 기근, 전쟁, 죽음으로 징벌하시고, 이들의 모든 것을 파멸할 것이다."[69] 뿐만 아니라 자신이 탐하는 것을 얻는 데 성공한 사람들도, 이에 못지않게 고통스러운 운명을 맞게 될 것이었다.

당신이 이웃을 그들의 집과 방에서 강제로 쫓아내고, 이들을 차지하면, 당신은 그 곳에서 병들고 몰락할 것이다. 당신이 이웃을 그의 정원과 전답에서 강제로 쫓아내면, 우박이 이것들을 파괴하고 그 수확물을 거두어 갈 것이다. 당신이 타인의 소들을 취하면, 이들은 당신의 소유가 되는 즉시 죽을 것이다. 타인의 것을 탐하고, 그것을 갖고 싶어하는 자는 어디에서도 행운을 찾을 수 없을 것이다.[70]

교리 교사는 사도신경 7항 즉 "우리를 악에서 구하소서"에 대한 주석에서, 회개하지 않을 때 개인의 내면에 일어나는 심리적 연쇄 반응을 과장해서 묘사하였다. 이처럼 과장된 주석을 들은 12~14세의 젊은이들의 마음속에 어떤 생각이 스치고 지나갔을지 궁금할 따름이다. 젊은이들은 노골적인 과장을 달가워하지 않았지만, 이 같은 과장이 그들에게 섬뜩한 경각심을 불러일으켰음은 분명하다. 죄로 물든 욕망은 거짓 양심을 낳고, 거짓 양심은 두려움, 슬픔, 공포심 그리고 소심함을 초래하게 됨으로써, 결국 사람은 "나날이 약화되어 가고, 그 마음은 무질서한 본성으로 인해 타락하게

---

69) 앞의 책, p. 225.
70) 앞의 책, p. 236.

된다." 그 뒤를 이어 굶주림, 갈증, 분노, 냉담, 피로 및 모든 종류의 질병이 따르게 되어 종국에는 죽음에 이른다. 사람이 이 같은 상태에 놓이게 되면 곧 이성을 잃고 손쉽게 사탄의 먹이감이 되어 우상숭배, 마술, 이단, 망상 및 온갖 종류의 거짓 교리에 굴복하게 된다. 이렇게 되면 이제는 거꾸로 이것들이 그 사람을 증오, 분노, 다툼, 사기, 약탈, 강도, 모욕, 독설, 구타, 살인, 거짓말, 협잡, 전쟁 및 모든 타락들 속에 던져버린다. 하나님은 이 같은 것들을 용납하지 않기 때문에 마귀를 풀어 공기를 오염시키고, 폭풍우, 화재, 홍수를 일으키며, 사람들을 미치거나 귀신들리게 하고, 사람의 목을 부러뜨리며, 사람들을 물에 빠지게 하거나, 불에 태우거나, 떨어져 죽게 한다는 것이었다.[71]

이 같은 공포 이야기들은 젊은이들의 시선을 사로잡아, 그들로 하여금 의도된 조언을 마음에 받아들이도록 함으로써, 그들의 육체를 보호하고 영혼을 구원하려는 데 그 의도가 있었다. 이 이야기들은 비록 팸플릿 작가들이 철저하게 비난했던 가톨릭 교회의 전략을 그대로 답습하고 있지만, 교리 교사는 이것이 자신들이 의도했던 목적을 수행하는 데 호의적이라는 사실을 잘 알고 있었다. 교리 교사의 의도는 어린이들에게 불필요한 공포심을 조성하거나, 그들의 이성 내지 의지를 빼앗으려는 것이 아니었고, 새로운 신앙을 통해서 어린이들을 위로하고 그들을 강하게 하려는 데 있었다. 오늘날 부모가 현대 어린이들에게 있어서 최대의 죄악이며 불행인 어린이 유괴를 방지하고자 자녀를 교육하는 경우, 그 부모는 두려움에 기초한 경각심이 자신의 자녀를 구하는 데 중요한 역할을 한다는 사실에 대해 충분히 동의하게 될 것이다. 앞서 지적했던 바와 같이, 교리 교사의 궁극적 목적은 "타인에게 유익을 주고, 선한 일을 많이 행하는, 훌륭하고 능력 있는 사람들"을 키우는 데 있었다. 교리 교사의 교육방식과 그 시대의

---

71) 앞의 책, p. 265.

가치관에 대한 현대 독자의 평가들과는 무관하게, 우리는 교리 교사가 자신의 복합적인 역할을 정확히 이해하고 있었으며, 그의 역할이 중요했다는 점을 인정할 수밖에 없는 것이다.

특히 교리 해설서 가운데 전형적으로 그리스도교적이었던 부분 즉 사도신경과 주기도문 주석에서, 개혁주의 신학이 주장했던 자비롭고 전능한 하나님이 등장하였다. 즉 신은 당신의 자녀들에게 좋은 것만을 주며, 자녀들은 그로부터 단지 받기만 하면 되다는, 돌봄과 베풂의 완벽한 아버지로 제시되었다. 예를 들어서, 교리 교사는 제3계명에 대한 설교에서 일반인들이 "안식일에 일을 멈추고" 하나님을 경배해야 하는 이유를 다음과 같이 설명하였다. 이는 행위를 통한 구원이 아니라 오직 믿음에 의한 구원임을 설득하는 교훈의 전형으로서, 프로테스탄트의 하나님은 자신의 백성에게 단지 믿음만을 요구하는 분이라는 프로테스탄티즘의 독특한 본질을 명백히 보여주고 있다.

> 우리 하나님은 매우 부유하고 권능이 크시므로, 우리로 하여금 당신에게 봉사와 선행을 행하도록 요구하지 않는다. 그는 또한 모든 사람에게 아낌없이 좋은 일을 행하는 대단히 친절하고 은혜로운 분이다. 그는 자녀들에게 이렇게 말씀하신다. "너희들이 하는 봉사 가운데 가장 큰 봉사는 먼저 내게 나아와서 나로 하여금 너희들에게 좋은 것을 베풀도록 하는 일 바로 그것이다. 그렇게 하면 너희들은 내 안에서 자비로운 너희 아버지를 발견하게 되고, 어린이가 아버지에게 하듯이 나를 믿고 사랑하게 될 것이다."[72]

교리 교사는 "하늘에 계신 우리 아버지여"라는 주기도문 첫째 항에 대한 주석에서, 하나님 모습을 인간이 기대하는 완벽한 아버지로서 세밀하게 설명하였다. 이에 따르면 현세를 사는 선량한 아버지의 자질을 극대화한

---

72) 앞의 책, p. 215.

것이 바로 하나님의 속성이었다.

　자녀들아, 이 땅의 모든 아버지가 자식들을 얼마나 소중히 여기는지 알지 않는가. 아버지는 자녀들을 부지런히 기르고, 먹이고, 입히며, 이들을 위해 일하고, 이들을 가르치고, 학교에 보내며, 상속할 재산을 모으고, 이들의 복지에 지대한 관심을 기울인다. 아버지는 자녀들이 나쁜 행동으로 인해 벌을 받아야 할 때도, 여전히 이들을 사랑하며, 이들을 대신해서 고통을 당한다. 또한 아버지는 자녀들이 생활 태도를 고쳐 다시금 나쁜 짓을 하지 않으면, 기뻐하며, 이들을 용서하고, 모든 것을 잊는다. 하늘에 계신 자비로운 우리 주 하나님도 이와 마찬가지로 기뻐하고, 용서하고, 잊으신다. 때로는 그가 이 땅의 아버지보다 훨씬 그러하시다.[73]

　하나님은 완벽하고 희생적인 아버지로 묘사되었을 뿐만 아니라, 사도신경에 기록된 대로 "전능하신 아버지"로도 제시되었다. 즉 하나님은 현세적 조건과는 무관하게 불가능함이 전혀 없는 분으로 묘사되었다. 하나님의 이 같은 전능함을 이해하면, 어떤 아이라도 모든 폭풍우를 이겨내고 다시는 무기력한 좌절과 절망에 빠지지 않을 것이었다.

　하나님은 못 고치는 병이 없다. 하나님은 아무리 가난한 자도 부유케 할 수 있고, 아무리 어리석은 자도 지혜롭게 할 수 있다. 또한 하나님은 아무리 하찮은 자라도 영화롭게 할 수 있다. 하나님이 경건하게 만들지 못할 죄인은 없다. 하나님은 아무리 믿음이 없는 자에게도 믿음을 줄 수 있다. 하나님이 하고자 하는 일에 불가능은 없다.[74] 그러므로 사람들은 하나님만 믿고 모든 것이 하나님의 주권 안에 있음을 알아야 한다.[75]

---

73) 앞의 책, pp. 249~250.
74) "믿지 못할 것은 아무것도 없다. 하나님이 하고자 하면 그는 언제나 그것을 할 수 있다."
75) 앞의 책, p. 240.

심지어 교리 교사는 한 어린이가 까닭 없이 고통을 당하고 있는 경우에도, 이 고통이 그의 인생에 대한 하나님의 중요한 계획과 목적의 일부, 즉 "당신의 뜻이 이 땅에서 이루어지는"[76) 과정이라고 설명하였다. 이에 그는 어린이에게 어려운 환난 가운데서도 이 점을 깨닫고 희망을 가지도록 설득하였다. "하나님이 너희에게 질병, 가난, 까닭 없는 수치와 고통 및 박해를 주었을 때, 나의 사랑하는 자녀들아, 너희는 이것을 하나님이 너희를 사랑하는 증거로 받아들이라"[77)고 교리 교사는 설득했던 것이다.

루터파 교리 교사는 젊은이들을 위협하는 많은 적들과 유혹들에 대항하여 스스로를 방어할 수 있도록 정교한 논리들을 추가적인 무기로 제안하였다. 이는 젊은이들로 하여금 가톨릭 교회는 물론 당시 '명백한 비그리스도 교도'[78)로 간주되었던 츠빙글리파 및 재세례파와 같은 프로테스탄트 분파들과도 경쟁하도록 만든 논리였다. 이를테면 루터파 교리 교사는 제1계명에 대한 주석에서, 사람들이 어떻게 성서가 증거하는 하나님이 아닌 다른 신을 상상함으로써 참된 하나님을 거짓 우상으로 변질시켰던가를 이렇게 설명하였다. 즉 "하나님은 일반인보다 성직자를 먼저 구원하고, 자신이 명하거나 지시하지 않은 예배도 기쁘게 받으신다[79)고 우리들이 믿기 때문이라는 것이었다." 더욱이 어떤 이들은 마치 이 땅의 세속 군주들이 그러한 것처럼, 하나님도 사람들에게서 많은 선행을 기대하여, "우리들에게 희생 제물을 드리고, 촛불을 켜며, 그림으로 장식하며, 순례를 떠나도록 명령하고, 또한 과거 우리가 속고 현혹되어 행했던 여러 위선들과 거짓 제사들을

---

76) 주기도문 제2항의 내용으로 영문은 다음과 같다.
   Thy Kingdom come,
   thy will be done,
   on earth as it is heaven
77) 앞의 책, p. 256.
78) 앞의 책, p. 277.
79) 앞의 책, p. 210.

하도록 명령하였다"[80]고 믿기 때문이었다. 교리 교사는 '도적질하지 말라' 는 제7계명에 대한 주석에서, "죽은 자를 위한 철야 기도와 미사, 추모 기념미사, 면벌부, 종교단체, 순례여행 및 그 밖의 유사한 속임수들"[81]을 등도 교구 사제와 주교들이 범하는 위반 목록에 포함시켰다.

팸플릿 작가들의 혁명은 이 같은 논쟁들을 통해서 진행되었다. 그러나 반가톨릭 선전은 교리 교사의 주요한 관심사항이 아니었기 때문에 교리 해설서에서는 퍽이나 미미하게 다루어졌다. 종교개혁 운동의 진전이 이 즈음에 이르렀을 때, 종교개혁가들은 선전 자체보다는 선전의 교리화를 마음에 두게 되었다. 따라서 새로운 개종자와 젊은이들에게 진리를 고취시키는 일이, 종교개혁가들에게는 가톨릭 교회의 신앙고백과 경쟁중이었던 프로테스탄트 신앙고백들을 추가적으로 발표하는 일보다 더욱 중요하게 되었다. 이제 팸플릿 작가들의 논쟁과 교리 교사들의 교리 문답 사이에는 중대한 구분이 이루어졌다. 바야흐로 프로테스탄트는 소수민의 이단 신조 를 보급하는 국외자가 더 이상 아니었다. 오히려 이들은 새로운 주도 세력으로서 이제 다수가 믿기로 고백한 신조를 통해 젊은이들을 새롭게 개조하고자 시도하였다. 프로테스탄트 교회는 가톨릭 교회를 비판함으로써 자연스럽게 스스로를 형성했던바, 이제 교리 해설서가 팸플릿을 대신해서 종교개혁을 대변하는 목소리가 되었던 것이다.

신학 및 팸플릿 상의 종교개혁이 왕왕 이상주의적인 것이었다면, 법령 및 교리 해설서 상의 종교개혁은 엄격히 현실주의적인 것이었다. 법령 및 교리 해설서 상의 종교개혁은 이제 이상 세계에서 가능한 일이 아니라 이 땅에서 현재적으로 가능한 사항들에 초점을 맞추게 되었다. 새로운 프로테스탄트 체제 및 교회들의 법령과 교리들을 통해서 종교개혁은 도시 정무관과 설교사들의 손에서 벗어나 일반민들의 수중으로 옮겨가기 시작

---

80) 앞의 책, p. 215.
81) 앞의 책, p. 228.

했던 것이다.

2. 마르틴 루터의 정치적 유산

개혁과 혁명은 공통의 불만과 공동의 이상들을 명료하게 표현하고, 모범적인 방법으로 직접 싸움을 전개하는 지도자들을 만들어 낸다. 그리하여 이들은 역사에서 개인적으로 두각을 나타내기도 한다. 그러나 이들의 성공조차 과거 동시대인들에게 알려지지 않았던 무엇인가를 이들이 발견했기 때문에 이루어진 경우는 거의 없다. 오히려 이들의 성공은 왕왕 자신도 인식하지 못했던 바, 많은 사람들의 의사를 대변하는 능력에 의해 이룩되었다. 위대한 지도자라 하더라도 그 자신이 다른 사람들보다 더 많은 것을 알거나 더 깊이 있게 이해한 것은 아니었다. 이들이 칭송과 추종을 받는 이유는 많은 사람들이 오랫동안 보고 느꼈던 것을 매우 명쾌하게 설명하고, 밀고 나아갔기 때문이다. 이들을 지도자로 만든 요소는 다른 사람들이 바라는 바를 구체화하고 이를 카리스마적으로 표현할 수 있는 능력 때문이었다. 이들은 물론 태생적으로 뛰어난 인물이었다. 그러나 이들의 업적은 개인적 역량을 훨씬 능가하는 커다란 대의명분을 대중들의 정신에 각인시킨 데 있다. 따라서 한 시대의 주요한 이슈가 이들이 살아온 이야기의 중심을 이루게 된다. 이 같은 맥락에서 이들의 자서전은 사회 그 자체의 역사가 되는 것이다.

마르틴 루터는 이러한 류의 지도자였다. 루터가 개인적으로 품었던 종교적 불만과 개혁의 야망들은 당대인들에 의해서도 공유되었다. 그리하여 루터는 대중들의 정신 속에서 독일의 종교개혁과 동일시되었던 유일한 인물이었다. 1520년대 초엽 독일에서 판매되었던 모든 책의 3분의 2가 마르틴 루터의 저작이었다. 우리는 이제 여기서 루터의 정치철학을 고찰함으로써, 극히 명쾌한 주제이면서도 종교개혁에 대한 당대와 오늘날 모두의

아이스레벤에 있는 마르틴 루터의 생가 및 흉상

비판가들에게 매우 심각한 논란이 되고 있는 주제, 즉 '정치와 사회에 미친 종교개혁의 영향'을 검토해보고자 한다.

16세기 인물들 가운데 마르틴 루터보다 자신의 정치철학이 현대 학자들에 의해 반대로 평가되는 인물을 찾아보기는 어렵다. 오늘날 마르틴 루터가 이끌었던 종교개혁은 특권적 영주들과 비특권적 신민들만을 대상으로 삼았던 정치체제와 동일한 무엇으로 간주되고 있다. 실제로 학문적인 여론조사도 루터의 정치적 가르침이 숙명적으로 독일인들에게 정치적 수동성을 강요한 책임이 있다고 밝히고 있다. 그렇다면 법령 및 교리 해설서 상의 종교개혁은 팸플릿 작가들의 반란을 왜곡시켰고, 정치적 절대주의와 그것의 혐오스러운 유산인 근대 파시즘까지도 배태하였다는 말인가?

루터에 대해 비판적인 진지한 학문적 접근은 19세기 독일의 사회학자 에른스트 트뢸치로부터 시작되었다. 트뢸치는 루터파의 윤리가 내면적 신앙의 윤리로서 사회와 정치를 규제하지 못하는 일종의 정적주의 즉 현실 도피의 윤리라고 그 특징을 규명하였다. 루터는 기존의 정치 제도들을 하나님이 만든 것으로 보았기 때문에, 그는 자신의 추종자들에게 종교적 순복과 겸손한 복종을 가르침으로써, 이들로 하여금 정치 권위에 대해 무비판적으로 접근하도록 조장하였다고 파악하였다. 트뢸치는 기존의 정치적 권위에 대한 무조건적 복속을 루터가 용인하였고, 심지어는 예찬하기까지 하였다고 확신하였다.[82]

그 이후 수세대에 걸쳐 학자들은 트뢸치의 이 같은 논지를 그대로 답습하였다. 퀜틴 스키너도 근대 초기 정치사상에 관한 주요 연구에서, 루터의 핵심 개념들을 교회라는 종교적 왕국의 순수히 내면적인 성격 및 기존 정치 제도들의 종교적 기원에 관한 것으로 규정하였다. 그에 따르면 이 같은 가르침은 한편으로는 정치 권위에 반대하는 교회의 역량을 제한하였으며, 동시에 다른 한편으로는 세속 정부를 하나님의 의지와 섭리의 직접적인 반영으로 미화하였다. 그리하여 결과적으로 루터의 추종자들은 명백한 독재자들 앞에서도 정치적으로 수동적이 되었다고 그는 판단하였다. 루터는 널리 알려져 있는 바대로, 1520년대에 작센인들이 신성로마제국 황제의 권위에 정치적으로 저항하는 것을 호의적으로 보지 않았다.

사실 루터는 황제가 자신의 1530년 아우구스부르그 신앙고백을 거절하고 무력으로 종교개혁을 탄압하려고 위협했던 시점 이후에야, 비로소 작센 제후가 황제와 교황에 맞서 무기를 사용하는 데 동의하였다. 그러나 트뢸치와 스키너는, 루터가 제후들과 협력하며 자신의 추종자들에게도

---

82) E. Troeltsch, *The Social Teachings of the Christian Churches*, 2, trans. O. Wyon (New York, 1960), pp. 494~496, 510, 529, 532.

상위 정치권위에 무조건적으로 복종하라고 권고했던 초기 10여 년 사이에 이미 정치적 운명의 주사위는 던져졌다고 해석하였다. 다시 말해서 루터의 정치이론은 그 이후 숙명적으로 북유럽에서 절대군주의 출현을 합법화하는 데 결정적인 역할을 하게 되었다는 것이다.[83]

보다 근년에는 스위스의 역사학자 피터 블리클이 루터의 정치적 영향에 대한 이 같은 결정론적 사고를 더욱 도발적인 방향으로 발전시켰다. 블리클에 따르면, 준민주적 공동체 형태의 정부들은 1300년과 1800년 사이의 수세기 동안 도시와 농촌 지역 모두에서 스스로를 지키기 위해 투쟁하였다. 14세기의 흑사병이 초래하였던 대규모의 인구 위기와 이에 수반되었던 전통적인 봉건 질서의 붕괴라는 폐허 위에 등장했던 새로운 형태의 정부들은 몇몇 두드러진 특징들을 가지고 있었다. 선거에 의한 공직자 선출, 개인적인 동시에 집단적인 경제체제, 오직 군림하는 전제적 지배가 아니라 지역의 이익을 도모하며 신민들과 협력할 채비가 되어 있었던 영주들 그리고 지역 공동체들에 대해 충분한 자치권을 보장하면서도, 이들을 보다 규모가 큰 영방정부로 통합시키고자 했던 중앙정부들 등이 여기에 속하는 특징들이었다. 그 결과 자유와 자율권을 상호존중하는 선린의 사회체제가 형성되었던바, 이는 뉴잉글랜드 초기의 도시정부와도 유사했다고 그는 해석하였다.[84]

블리클에 따르면, 이 같은 원리들에 입각했던 공동체 조직이 불행하게도 신민들 간의 불평등을 근거로 세워졌던 전통적인 봉건국가 체제의 심장부를 강타하였다. 이에 15세기 말엽 통치자들은 독립적인 공동체 정부를 완전히 종식시키기 위하여 영토상의 경계를 확정하고 내부 통제를 강화하는 정책을 추구하였다. 통치자들은 지금까지 개방되었던 공유지를 사유화

---

83) Q. Skinner, *The Foundations of Modern Political Thought*, 2 (Cambridge, 1978), pp. 14~15, 18, 73~74.
84) P. Blickle, *Deutsche Untertanen. Ein Widerspruch?* (Munich, 1981), pp. 29~36.

하고, 자신들의 영토 내에 있던 마을과 도시들을 감독하기 위해서 특별 대리인을 임명하였으며, 또한 이들은 넓은 의미의 보통 사람들 즉 도시와 농촌 지역의 비귀족, 비성직자 농민과 도시민 집단 모두를 점차적으로 일률적인 법률체제에 예속시켰다.[85]

그리하여 독일의 정치적 절대주의는 프로테스탄티즘이 권력을 장악한 시기인 1500~1650년 간의 한 세기 반 동안 자리잡게 되었다고 블리클은 지적하였다. 종교개혁기 동안 정치체제도 사람들을 두 유형의 기본 집단으로 분리시켜 나갔다. 하나는 스스로를 태생적으로 우월하다고 상정했던 소수의 지배 집단이었고, 다른 하나가 이들에 의해 아랫사람으로 상정되어 이들의 지배를 받았던 일반 대중이었다. 농촌 지역과 도시에서는 이 같은 사태에 대해 보통 사람들이 청원과 봉기라는 두 가지 방식 모두로 저항하였으며, 또한 자신들의 정치적 자율성을 방어하고자 시도하였지만 실효를 거두지 못했다. 이 같은 아래로부터의 관점에 입각하면, 종교개혁의 정치사는 전제적 정부를 대체하기 위해 당시 독일이 가지고 있었던 유일한 대안조차 어떻게 실패했던가를 보여주는 좌절의 이야기였다. 공동체 정부를 향한 최후의 대공세 이후 1525년 농민봉기가 실패하자, 독일은 20세기 이전에 민주적 형태의 국가정부를 세울 수 있었던 마지막 기회를 사실상 상실하고 말았다.[86]

블리클은 당시 어떻게 그처럼 매력적이었던 전망이 어떻게 그처럼 철저

---

85) 앞의 책, pp. 15~20, 38, 41~43, 53~57. R. L. Lutz는 블리클의 지극히 일반적인 보통사람 개념에 도전하였다. 그는 보통사람이란 용어를 수호할 가치가 있는 분명한 정치적 권리와 자기 이익을 갖고 있었던 세대주들에 한정하여 사용하였다. *Wer war der Gemeine Mann?* (Munich, 1979), pp. 11~12, 103~104 참조. 이에 대한 블리클의 반박에 대해서는, *The Revolution of 1525*, trans. T. A. Brady Jr. (Baltimore, 1982), p. 220 n. 43 참조.

86) Blickle, *Deutsche Untertanen*, pp. 87, 92, 99, 105~106, 109. 블리클은 농민반란을 "공동체 원리를 국가조직의 형태로 확립하고자 했던 가장 의미 깊고 가장 위협적이었던 최후의 시도였다"고 평가하였다. 같은 책, p. 117.

하게 실패할 수 있었던가 하는 문제에 대해서, 이를 노골적으로 종교개혁 탓이라고 비난하였다. 공동체주의 운동에 편승하여 초기의 교회개혁 운동을 승리로 이끌었던 종교개혁가들은 보다 더 큰 이익을 위해서 이 운동을 배신했는데, 누구보다도 이 같은 배신에 대해서 무거운 죄의식을 느꼈던 사람이 바로 루터였다.[87] 1523년 집필된 중요한 한 팸플릿에서, 루터는 공동체가 나름의 종교생활을 조직하고 운용하는 자율적 권리를 변론했던 바, 블리클은 이를 공동체주의적 평등과 자치에 대한 전폭적인 지지로 해석하였다.[88] 그러나 농민봉기로 인해 대단한 충격을 받았던 루터는 그 이후 종교개혁을 완전히 다른 방향으로 이끌게 되었다. 그리하여 이제 종교개혁은 정치적으로뿐만 아니라 종교적으로도 독일 통치자들의 주권을 보장해 주게 되었다는 것이다. 블리클에 의하면, 루터가 위대한 개혁가로서 일찍이 스스로 표방했던 '해방주의적' 정치 원리들조차, 비극적이게도 루터 자신의 후원 하에 그의 사상의 퇴행적 측면에 의해 압도당하는 결과가 초래되었다. 블리클은 이 같은 배신이 바로 후일 신성로마제국 전역에서 공포된 1555년 아우구스부르그 종교화약(Peace of Augsburg)[89]의 '절대적 신조' 즉 "각 지역은 자신의 종교를 스스로 결정한다"와 동일한 궤 위의 것이라고 확신하였다.[90] 이 신조에 따라 통치자의 종교적 선택을 지역 전체가 따라야 했기 때문이다.

블리클은 위대한 종교개혁가의 후퇴를 단순히 그의 보수주의를 근거로

---

87) Blickle, *The Revolution of 1525*, pp. 184~185 ; *Reformation im Reich* (Stuttgart, 1982), pp. 47~158.

88) "공동체 원리에 루터보다 더 적절하게 이념적 동기를 부여한 사람은 없었다"(Blickle, *Deutsche Untertanen*, pp. 125~126).

89) 1555년 신성로마제국 황제 찰스 5세가 독일 프로테스탄트 제후들에게 패한 후 맺은 조약으로, 프로테스탄트 제후들의 안전보장을 비롯한 다섯 가지 조항을 담고 있다. 이 가운데 하나가 "제후는 자기 지역의 신조를 결정하며, 모든 주민은 이에 따라야 한다"는 내용이었다.

90) 앞의 책, p. 128.

비난하였다. 결국 루터로서는 자신이 자랐던 사회적 정치적 질서와는 다른 질서를 생각할 수 없었다는 것이다. 종교개혁이 돌아올 수 없는 선을 넘는 시점은 루터가 새로운 교회 법령의 제정과 집행을 위해서 제후들에게 도움을 요청하였던 1526년이었다. "앞으로는 종교적 정치적으로 자율적인 공동체를 근거로 하는 종교개혁을 더 이상 주장하지 않겠다"고 그는 밝혔다. 그 이후 루터는 교회와 국가를 매우 밀접하게 상호작용하는 관계를 가진 상호의존적인 두 왕국들로 묘사하였고, 이와 더불어 국가도 신민들에게 '신성한' 무엇 내지 신민들이 공격할 수 없는 무엇이 되고 말았다. 전제 군주에의 유혹을 받고 있던 통치자에게 루터가 가했던 유일한 장애물은 통치자 개인의 양심뿐이었다"[91])는 것이다.

블리클은 묄러(Bernd Moeller)가 그러했듯이, 두 위대한 신학자들 가운데 스위스의 개혁가 츠빙글리가 사회적 정치적으로 보다 진보적이었다고 평가하였다. 사회적 정치적 삶의 전적인 변화에 관한 한 루터든, 츠빙글리든, 마르틴 부처든, 이를 비현실적인 목표로 간주했으며, 이를 진지하게 추구하지는 않았고, 이를 성취한 적은 더욱이 없었다. 그러나 츠빙글리는 루터와는 달리 복음에 대한 믿음이란 이 같은 변화를 함의해야 한다고 믿었던 것 같다. 블리클에 따르면, 루터는 통치자의 영역인 법률과 교회의 영역인 복음을 구분하는 완강한 논리를 가지고 있었다. 그리하여 루터는 작센의 정치에서 종교의 건설적인 역할을 배제하였다. 그러나 이로부터 자유로웠던 츠빙글리는 이론상 그리스도교를 취리히의 사회적 정치적 일상에 직접적으로 결부시키는 데 보다 유리한 입장에 있었다.

동시에 블리클은 츠빙글리가 자신의 추종자들에게 정치적 저항에 관하여 보다 분명한 지침을 주었다고 믿었다. 츠빙글리는 "그리스도 교도 제후는 반드시 하나님의 뜻에 어긋나지 않는 법률들에 따라 지배해야

---

91) 앞의 책, p. 129 ; 같은 저자, *Reformation im Reich*, pp. 46~47.

한다. 이 같은 법률들 없이는 사람들이 제후의 권위에 순복하지 않을 것이며, 그리하여 소요가 뒤따르게 될 것이다"라고 주장하였다.[92] 루터가 단지 그리스도 교도 통치자들에 대해서 호소했던 반면에, 츠빙글리는 정부가 신법과 일치될 수 있도록 세속법의 재성문화를 요구하였다. "실정법의 그리스도교화와 이를 통한 국가의 그리스도교화"가 그의 주장이었던 것이다. 이처럼 츠빙글리가 가졌던 보다 진보적인 신학적 관점에서 본다면, 농민봉기는 종교개혁 그 자체의 표출이었다고 블리클은 해석하였다.[93]

1) 두 왕국들

1520~1525년 사이에, 루터의 종교개혁 운동은 두 가지 결정적인 위협에 직면하게 되었다. 하나는 가톨릭 교회에 충성하는 황제 및 작센 통치자들의 노골적인 정치적 억압이었고, 다른 하나는 루터의 추종자들 가운데 일부가 맹아적 형태의 사회종교적 유토피아주의를 수용하여 정치적 지평에서 볼 때 종교개혁을 지배 계층 전반이 수용할 수 없는 방향으로 이끌고자 하는 위협이 그것이었다. 두 왕국 이론은 이 같은 위협들에 대한 대응 논리로서 형성되고 성장하였다. 이 유명한 이론에 의하면, 인간의 삶에는 두 유형의 서로 구별되는 영역이 있었다. 하나가 세속적 영역이고, 다른 하나가 종교적 영역으로서, 이들은 각각 신에 의해 임명된 정부를 통해서 통치되며, 세속적 영역은 육체적 삶에 관련된 모든 것들에 대해 책임이 있고, 종교적 영역은 정신적 삶에 관련된 모든 것들에 책임이 있었다.

---

92) Blickle, *Reformation im Reich*, pp. 50, 52. *Huldreich Zwinglis sämtliche Werke*, ed. E. Egli (Berlin, 1905~), 2.324.

93) Blickle, *Reformation im Reich*, p. 53 ; *The Revolution of 1525*, p. 161. H. A. Oberman 도 농민봉기를 종교개혁의 한 부분 즉 '진정한 신앙봉기'로 간주하였다. Oberman ed., "Deutscher Bauernkrieg 1525," *Zeitschrift für Kirchengeschichte*, 85 (1974), pp. 157~172.

1520년 자신을 파문한 교황 레오 10세의 교서 및 교회법전을 불태우는 마르틴 루터와 그의 추종자들

이들 가운데 어느 쪽도 상대편의 사법적 영역에 간섭할 수는 없었다. 그러나 각각의 영역은 고유한 책무를 완수하기 위해서 서로 상대편의 도움을 필요로 했으며, 양자 사이의 올바른 관계는 반드시 상호보완적인

협업의 관계여야 했다.

이같이 새로운 정치적 비전이 처음 드러난 것은 루터가 독일 귀족에게 양심과 그리스도교 사회를 인정적 교리의 전제로부터 구출하도록 호소했던 1520년의 일이었다. 루터는 『독일 그리스도 교도 귀족에게 고함』에서 세속 정부, 성서 그리고 교회 공의회에 대해 우월권을 주장하는 교황의 모든 권한은 인정적 법률과 제도들이라고 비난하였다. 이 같은 주장을 통해서 로마 교황청은 교회의 변화를 가져올 수 있었던 이들 세 세력들의 효과적인 비판을 오랫동안 성공적으로 차단해 왔다고 그는 주장하였다. 루터는 반박문에서 흔히 '세속인' 또는 '종교인'이라고 불리는 모든 이들 즉 평신도와 사제 그리고 제후와 주교들 모두가 '참된 사제, 주교 및 교황들'과 조금도 다를 바없이 동일한 그리스도교적 신분이라고 주장하였다. 이를 토대로 루터는 독일의 그리스도 교도 귀족들로 하여금, 개혁 의지가 없는 주교들에 맞서서, 정신적 권위에 대한 신념을 가지고, 그리스도교 평신도 집단의 대변자로서 주도권을 가져야 하며, 교회 공의회를 소집해야 하고, 교회 그 자체를 개혁해야 한다고 촉구하였다.[94]

1523년 5월 루터는 투링기아 지역 라이스니히 시의 반란적인 복음주의 신도집단을 위하여 다시금 평신도 집단의 개혁주도권을 변론하였다. 이 지역의 평신도들은 자율적으로 사제를 임명했을 뿐만 아니라, 자신들의 새로운 복음주의 신앙에 부합하는 예배 규정들도 제정하였다. 이 과정에서 평신도들은 전통적으로 이 도시의 종교생활을 규제하고, 교구 교회의 모든 성직자들을 임명하였던 이 지역 시토파 수도원을 무시하였다. 루터는 라이스니히 복음주의자들이 자신의 도움을 청하는 서신을 보내오자, 이에 대한 답신에서 그리스도교 회중이나 공동체는 일반적인 의미의 신민 내지 대중과는 달리 인정적 법률, 원리, 전통, 관습 및 습관[95] 등과 같은 가톨릭적

---

94) *An Open Letter to the Christion Nobility of the German Nation, in Martin Luther : Three Treatises* (Philadelphia, 1973), pp. 13, 16.

종교 관행의 전제로부터 스스로를 방어해야 할 권리와 의무를 가진다고 지적하였다.

루터의 독일 귀족들에 대한 호소 및 라이스니히 신도집단에 대한 변론은, 모두가 초기 단계의 복음주의 운동이 심각한 위험에 처해 있다고 판단되었던 시기에 나왔다. 이 상황을 루터는 한편으로는 양심과 그리스도교 사회가 공격당하고 있다고 판단했으며, 다른 한편으로는 전통적인 성직자 집단이 이를 위해서 대응할 아무런 의지나 역량을 가지고 있지 않다고 판단하였다. 따라서 성직자와 평신도 사이의 공식적인 구분은 이 같은 여건에 비추어 볼 때 두 집단 사이의 종교적 평등의 단지 부차적인 요소에 지나지 않는다고 그는 생각하였다. 평신도 집단에 부여되었던 이같이 대등한 종교적 권위를 근거로 루터는 평신도들로 하여금 개혁을 위해 과감하게 행동에 나설 것을 촉구하였다. 이 점에 있어서 루터의 태도는 1520년 귀족에 대해서는 물론 1523년 지역 회중에 대해서도 변함없이 유지되었다.

종교개혁의 초기에는 교황, 주교, 대성당 참사회 등이 변화의 주된 장애물들이었다. 그러나 1521년 보름스 제후회의(Diet of Worms)[96]가 루터를 비판한 이후에는 세속 정부 역시 장애물이 되어 갔다. 이 즈음 적대적이었던 황제 측과 제후 측 모두로부터 하나님의 말씀을 가장한 억압적인 인정적 규범들이 쏟아져 나오기 시작했다. 1523년 조지 공은 보름스 칙령에 따라 자신의 공작령 작센 전역에서, 최근 간행된 루터의 신약성서 번역본 등 그의 저술들을 발간하지도 읽지도 못하게 금하였고, 특히 그의 신약성서 번역본들은 몰수하여 불태우기조차 하였다. 바바리아 공 빌헬름 4세도 브란덴부르그 공 요아힘 1세의 그것과 유사한 칙령을 공포하였다.

---

95) *Dass eine christliche Versammlung oder Gemeine Recht und Macht habe, alle Lehre zu urteilen, in Luthers Werke in Auswahl* 2, pp. 395~396.
96) 루터의 문제를 다루기 위해서 신성로마제국의 황제 찰스 5세가 소집했던 회의로서, 1521년 5월 8일 공포된 보름스 칙령은 루터와 그 추종자들을 '법의 보호를 박탈당한 자'로 선포하였다.

이 같은 상황 변화를 비통해 했던 루터는 아마도 자신의 가장 단호한 글이 될 두 왕국 이론을 준비하였다. 이 글은 『현세 권위에 대하여 : 어디까지 이에 순복해야 하는가(1523)』라는 표제로 발표되었다. 교회를 위해 그리스도 교도로서의 직무를 행하라고 했던 자신의 초기 명령이, 세속 영주와 제후들에 의해 악용되고 있음을 간파했던 루터는, 이 글에서 전술 변화의 필요성을 솔직히 털어 놓았다. 영주와 제후들은 오히려 교회에 대해 하지 말아야 할 것이 무엇인지에 대해서 교훈되어야 하며, 순복적이며 신앙심이 있는 평신도들은 그 어느 때보다도 사악한 정치적 권한들로부터 구출되어야 할 필요가 있다는 것이었다.

> 하나님은 ……우리네 지배자들을 미치게 하였다. 이들은 실제로 자신들이 원하는 바를 무엇이든 할 수 있다고 생각하며, 신민들에게 무엇이든 자신들을 따르라고 명령한다. 또한 신민들도 통치자들이 명령하는 것은 무엇이든 복종해야 한다고 생각하는 오류를 범하고 있다. 오늘날에는 이 같은 일이 너무나 당연시되어서, 통치자들이 어떤 책은 없애 버리라거나, 자신들의 명령을 마치 하나님의 진리나 되는 것처럼, 무엇이든 믿고 따르라고 명령하고 있다. 그렇게 함으로써 이들은 교만하게도 스스로를 하나님의 위치에 놓고, 사람들의 양심과 믿음 위에 군림하며, 자신들의 왜곡된 생각에 따라 성령을 가르치고 있다.[97]

과거 우호적이었던 복음주의 통치자들조차 권력을 행사할 때는 신이 그들에게 부여했던 한계를 왕왕 넘어섰다. 악명 높았던 예가 브란덴부르크의 카시미르 변경 백이었다. 개혁에 저항하는 단호한 가톨릭 측과 개혁을 지지하는 불길한 농민들 사이에서, 그는 자기 영토 내의 프로테스탄트 성직자들을 대단히 엄격하게 통제하였으며, 또한 이들에게 법과 질서

---

97) *On Temporal Authority : To What Extent It Should Be Obeyed, in Luther's Works*, ed. J. Pelikan (Philadelphia, 1962), pp. 45, 83~84.

마르틴 루터

내에서 복음주의 교리를 "전파하라"고 명령하였다.[98] 루터는 그리스도교도 평신도들에게 하나님의 교회를 깨끗이 하라고 촉구하였는데, 그는 통치자들이 이를 빌미로 교회에 대해 권리를 주장하고 있음을 문득 깨닫게 되었다. 일찍이 루터가 교황의 인정적 교리들에 반대했던 것과 마찬가지로, 이제 그는 자기 과시적인 세속 정부들을 다루어야 하게 되었다. 그는 『현세 권위에 대하여』의 많은 부분을 교회 정부와 세속 정부 사이의 경계에 관한 논의 및 하나님이 세속 정부에 부과한 엄격한 한계에 대한 토론에 할애하였다. 특히 루터는 신민들로 하여금 자신의 저술과 신약성서를 읽지 못하게 함으로써, 신민들의 영혼을 통치하고자 했던 세속 정부의 억지 주장을 이렇게 비난하였다.

세속 정부는 이 땅에서의 생명과 재산 그리고 외연적인 사항들에만

---

98) G. G. Krodel, "State and Church in Brandenburg-Ansbach-Kulm-bach : 1524~1526," *Studies in Medieval and Renaissance History*, 5 (1968), pp. 162~166.

효력이 미치는 법률을 가지고 있다. 하나님은 자신 이외에는 누구에게도 영혼을 다스리거나, 인도하거나, 죽이거나, 살리거나, 묶거나, 풀거나, 또는 심판하거나, 정죄하도록 허락하지 않았으며 또한 허락할 수도 없을 것이다. 따라서 여러분은 만약 제후나 세속 통치자가 교황 편에서 여러분의 신앙을 규제하거나, 어떠한 책을 없애라고 명령하는 경우, 여러분은 그들에게 다음과 같이 말하십시오. "자비로운 분이여, 육체와 재산에 관한 한 저는 당신에게 복종할 것입니다. 그러나 당신도 이 땅에서 당신에게 부여된 권한 안에서만 저에게 명령하십시오. 그러면 제가 복종하겠습니다. 그러나 만약 당신이 저에게 신앙을 규제한다거나 어떤 책들을 없애라고 명령한다면 제가 복종할 수 없습니다. 왜냐하면 이는 당신이 분수를 잊어버리고 폭군이 되어, 당신의 권리나 권한이 없는 영역에서 명령을 내리는 것이 되기 때문입니다."[99]

종교개혁에 대한 정치적 억압을 막는 것이 두 왕국 교리를 제시한 하나의 동기였다면, 그것의 지지자 및 동료 추종자들의 열광주의와 이상주의로부터 종교개혁을 구하는 것이 또 다른 하나의 동기였다. 영주나 제후 못지않게 일반 평신도 역시 그리스도의 이름으로 복음주의적 자유를 남용할 수 있었으며, 그리하여 개혁을 위험에 빠뜨릴 수 있었다.[100] 1520년대 초엽, 루터는 자신의 개혁운동을 위협하던 세 가지 급진적 운동들과 싸웠다. 첫째가 초기의 일부 지지자들 즉 안드레아 칼슈타트(Andreas Karlstadt, 1477~1541),[101] 츠비카우 예언자들(Zwickau Prophets),[102] 그리고 당시

---

99) *On Temporal Authority, LW* 45. 105, 111~112.
100) 앞의 책, 45.91.
101) 독일의 프로테스탄트 개혁가. 하나님의 은혜와 주권을 옹호하였으며, 루터의 「95개조 반박문」을 지지하여 1519년 에크와의 라이프치히 논쟁에서 루터의 이념들을 수용하였다. 하지만 후에 루터와는 달리 유아세례가 불필요하다고 생각하였고, 반성직자주의를 취하였으며, 성령의 직접적인 계시에 의한 설교를 주장하였다.
102) 루터는 급진적인 독일 개혁가 3사람, 즉 Nicholas Storch, Thomas Drechsel, Marcus Stübner를 이렇게 불렀다. 유아세례의 부정, 전문적인 목회사역의 필요성 부인,

기사를 공격하는 농민군

루터의 최대 경쟁자였던 토마스 뮌처(Thomas Münzer, 1490~1525) 등이 주도한 대중 혁명주의적 영성주의 운동이었다. 루터는 이들 모두를 어느 사회도 결코 실현할 수 없는 사회·정치적 꿈을 추구하는 위험한 광신자들로 간주하였다.103) 둘째가 복음으로 세상을 다스리며, 모든 세속적인 법률과 검을 폐지하고자 했던 광신적이고 파괴적인 재세례파, 평화주의자 그리고 분리주의자들이었다.104) 마지막 셋째는, 이 모든 움직임들 가운데서도 가장 불길했던 것으로, 성직자와 세속 봉건영주 모두에 대항하던 초기의 농민반란(Peasant's Revolt, 1524~1525)105)이었다. 루터와 당시

성령의 직접적인 역할, 환상과 꿈을 통한 영성의 계시 등을 주장한 이들은 또한 뮌처에게도 영향을 주었다. 그러나 이들은 천년왕국에 대한 맹목적인 신봉과 비텐베르그 전례에 대한 무분별한 비판으로 인해 1522년 비텐베르그에서 추방되었다.

103) S. Ozment, *Age of Reform*, pp. 341~342 ; *Mysticism and Dissent : Religious Ideology and Social Protest in the Sixteenth Century* (New Haven, 1978) chap. 3.

104) *On Temporal Authority, LW* 45.90~91.

많은 사람들은 이 농민반란을 루터를 추종하는 일부 사람들의 편협한 신앙 및 이상주의와 결부시켰다. 루터파 사제 크리스토프 샤펠러는 널리 알려진 메밍겐 농민들의 「12개조 강요」를 공동으로 작성하였는데, 이것이 바로 많은 소규모 농민반란들의 목표가 되었다. 사태를 초기에 진압하고자 원했던 루터는 1522년 반란에 가담했던 복음주의자와 농민 모두에게 한편의 논문을 특별히 헌정했던 바, 그는 여기서 자기 자신과 자신의 개혁운동을 혁명적인 정치적 전술들과 유토피아적인 사회적 목표들로부터 단호하게 분리시켰다.[106]

1520년대 루터에 있어서 극히 위험한 당대의 적들은 절대적인 문화적 획일성을 주장하는 자들로서, 이들의 목적은 교회와 국가를 동일시함으로써 종교와 사회를 함께 해체시키는 데 있었다. 이들 가운데 일부가 정무관과 제후들로서 이들은 교회와 영혼조차 자신들의 보호를 받아야 할 대상으로 간주하였다. 그리고 다른 일부가 복음주의적 광신자들로서, 이들은 일찍이 교황청이 교회법에 의해 세상을 다스리고자 했던 것처럼 산상수훈으로 세상을 지배하고자 하였다. 권력을 가진 자가 종교사와 세속사를 동일한 영역의 것들로 보는 한, 사회에는 한쪽이 다른 한쪽을 지배하려는 시도들로

---

105) 독일의 혁명적 대중운동. 독일지역 제후들이 농민들의 관습적인 권리들을 무시하고 새로운 조세를 도입하자 농민들이 이에 불만을 품고 있었는데, 당시 루터가 제후, 상인 그리고 성직자를 비난하자, 그의 신학적 견해를 오해한 뮌처와 농민들이 봉기를 일으키게 되었다. 1524년 스튀르링겐에서 시작된 농민봉기는 독일 중남부 지방으로까지 확산되었을 뿐만 아니라 다수의 농민들이 무기를 들게 되었다. 이들은 「12개조 강요」라는 지침을 통해 회중들에 의한 성직자 선출, 십일세 제도 개선, 농노제 철폐, 공유지 사용제한 철폐, 장원제 폐지, 법집행 개혁 등을 요구하였다. 하지만 루터는 농민들의 제휴 요구를 거절하였다. 봉기는 제후들이 결성한 연합군에 의해 1525년 5월 15일 제압되고 뮌처는 처형당했다.

106) *A Sincere Admonition by Martin Luther to All Christians to Guard Against Insurrection and Rebellion*, LW 45.57-74. 울리히 폰 후텐의 군국주의에 대한 루터의 비판은 *D. Martin Luthers Werke : Briefwechsel* (Weimar, 1930~48), 2.249 (16 January 1521) 참조.

⫶Der Psalter.

⫶I.

Ol dem der nicht wandelt im rat der Gottlosen/noch trit auff den weg der sünder/Noch sitzt da die Spötter

(Spötter) Die es fur eitel narheit halten/was Gott redet vnd thut.

sitzen.

Sondern hat lust zum Gesetz des WERRN/Vnd redet von seinem Gesetze tag vnd nacht.

Der ist wie ein bawm gepflantzet an den wasserbechen/der seine frucht bringet zu seiner zeit/Vnd seine bletter verwelcken nicht/vnd was er machet/das geret wol.

Aber so sind die Gottlosen nicht/ Sondern wie sprew/die der

b

(Gerichte) Das ist/sie werden weder ampt haben/noch sonst inn der Christen gemeine bleiben

der inn der Gemeine der gerechten.

Denn der WERR kennet den weg der gerechten/Aber der gotlosen weg vergehet.

⫶II.

Arumb toben die Weiden/Vnd die leute reden so vergeblich?

Die Könige im lande lehnen sich auff/vnd die Werrn ratschlahen miteinander/Wider den WERRN vnd seinen gesalbeten.

Lasset vns zureissen jre bande/vnd von vns werffen jre seile.

Aber der im Wimel wonet/lachet jr/Vnd der WERR spottet jr.

Er wird einest mit jnen reden inn

1534년 출간된 루터의 독일어판 성서

230

인해서 혼돈이 있을 뿐이었다. 이에 루터는 1523년 자신의 초기 정치적 논술에서 현세 정부의 한계를 밝혔을 뿐만 아니라, 합법적인 정부에 대한 외경과 복속이 그리스도 교도의 의무임을 주요 주제로서 역설하였다. 그에 따르면 하나님은 정무관과 제후들로 하여금 영혼을 다스리도록 허락하지 않았다. 이들에게는 명백히 신체와 재산만 다스리도록 하였다. 그러니까 통치자들의 권한이 한계를 가지고 있듯이, 그리스도인들의 이상도 한계를 가질 수밖에 없다는 것이었다.

루터는 강제와 예속이 없는 평등한 그리스도교 사회라는 재세례파와 영성주의자들의 이상에 동의하기를 거부했을 뿐만 아니라, 이들의 이상 그 자체를 광신적인 것으로 간주하고, 이것이야말로 내란과 파괴로 가는 지름길이라고 판단하였다. 이들의 주장이 때로는 매우 비현실적이었음에도 불구하고 츠빙글리와 부처는 결국 이에 동의하였다. 만약 그리스도 교도들은 본성적으로 올바른 일만 행한다고 가정하는 경우, 이들에게 강제적 정부가 필요하지 않다는 논리는 이론상 조금도 잘못이 아니다. 그러나 루터는 이에 대해 "누구도 본성적으로 그리스도 교도 내지 의로운 자라고 자처할 수는 없다. 스스로 그리스도인임을 고백하는 수천의 사람들 가운데 단 한 사람의 참된 그리스도인도 찾아보기 어렵다"고 경고하였다.[107] 따라서 이름만 그리스도 교도인 대부분의 사람들은 다수의 비그리스도 교도들과 마찬가지로 법률적 규제와 정무관의 현세권에 의한 보호를 필요로 하였다. 한편 "사랑으로 자신을 다스리고, 이웃에 대한 자신의 어떠한 불법도 용납하지 않는"[108] 극소수에 불과한 진정한 그리스도 교도들은 사랑의 법에 따라 스스로를 다스리며 이웃에 대해 여하한 불이익도 행하지 않는 자들로서, 이들은 자신의 세속 정부를 돕고 이에 협력함으로써 자신의 이웃들 역시 평화, 질서 그리고 정의의 복을 누리게 하는 자들이었

---

107) *On Temporal Authority, LW* 45.90-91.
108) 앞의 책, 45.95.

다.[109] 진정한 그리스도인은 심지어 사형 집행관이나 전사조차 될 수 있었다. 참된 그리스도인은 자신의 이웃들의 신체와 재산을 안전하게 보호하기 위해서, 그렇지 못한 자들을 처형하고 쳐부수는 일에 주저해서는 안 된다는 것이 루터의 판단이었다. 그에 따르면 참된 그리스도인이 그렇지 않은 사람들에 비해서 가지는 현저한 특징은 하나님과 이웃에 대한 봉사에 있었다. 이에 따라 루터의 결론도, "현세적 권한과 정부 역시 이 땅의 다른 여하한 사람들보다도 그리스도 교도들에게 속하는 것이 훨씬 바람직하다"는 것이었다.[110]

루터에 의하면 이 땅에서 하나님을 섬기는 두 영역 즉 종교사와 세속사의 영역은 상호 밀접하게 결부되어 있으면서도 두 개의 서로 구분되는 자율적 독립적 영역들이었다. 이처럼 인간의 내면 영혼을 구원하는 영역과 육체의 안전을 위한 영역으로 구분함으로써, 루터는 자신이 당대의 한 주요한 딜레마를 해결하였다고 확신하였다. 두 왕국 이론은 참된 그리스도 교도로서 어떻게 그리고 동시에 이 세상의 능동적 시민이 될 수 있는가를 사람들에게 제시하였다. 이제부터 사람들은 종교사를 위해서 현세사를 금하지 않을 수 있었으며, 종교사를 현세사에 종속시키거나 또는 어느 한 영역을 위해서 다른 영역을 변경하거나 침범하지 않을 수 있었다. 루터는 자신이 제시한 새로운 규범에 따라 현세 사회의 정치 제도를 통해서 그리스도인이 어떻게 이타적으로 이웃을 섬길 수 있는가에 대해 다음과 같이 자랑스럽게 해명하였다.

이 같은 방법으로 두 왕국은 멋지게 하나가 된다. 즉 내면적으로는 하나님의 왕국을 만족시키면서도 동시에 외연적으로는 이 땅의 왕국도 만족시킬

---

109) 앞의 책, 45.95 ; *Whether Soldiers, Too, Can Be Saved, in Works of Martin Luther* (Philadelphia, 1931), 5.35-36.
110) *On Temporal Authority, LW* 45.100.

수 있기 때문이다. 우리는 남을 보복하거나 사사로운 유익을 구하지 않기 때문에 악행과 불의를 당한다. 그러나 동시에 우리는 국가의 공직을 통해서 이웃의 원수를 갚고 이웃의 삶의 운명을 향상시킴으로써 악행과 불의를 징벌할 수 있다. 우리는 그리스도의 명령에 따라 악행을 감수하면서도 동시에 악행을 격퇴할 수 있는 것이다.[111]

두 왕국 교리는 사회를 높은 그리스도교적 이상에 맞게 개조하기 위해서 그리고 새로운 평등주의적 사회질서를 구축하기 위해서 의도적으로 만들어진 이론이 아니었다. 루터는 이 같은 야심이야말로 종교적 오류와 사회적 무정부 상태로 가는 길에 다름 아니라고 믿었다. 그럼에도 불구하고 그는 이 땅에서 평화와 질서가 성취되고 정의가 자유롭게 흐르기 위해서는 당대의 행정적 사법적 제도들이 의로운 자를 보호하고 악한 자를 징벌하라는 하나님의 신성한 명령을 충실히 수행해야 한다고 믿었다. 루터에게 있어서는 통치의 문제가 정치구조의 문제가 아니라 정치적 의지와 정치인의 문제로 판단되었다. 그리스도 교도가 통치 기능을 맡는 경우, 그는 이를 새로운 질서의 예언자로서가 아니라 기존 제도의 사형 집행관, 경찰관 및 재판관으로서 이 일을 담당하는 것이었다. 세속 사회에 대해 그것이 이룰 수 없는 완벽함을 주장하는 것은, 신도 이를 명하지 않았을 뿐더러, 극히 파괴적인 일이었다. 이는 마치 교회가 인간 능력과 신법을 넘어서 사람들에게 법률과 행위를 강요하는 것이 그리스도 교도 개개인들에게 얼마나 파괴적이었던가 하는 사실과 조금도 다르지 않았다. 이에 루터는 그리스도교 규범을 현세에 부과함으로써 "두 왕국을 혼합시키고자" 했던 사람들을 강력하게 비판하였다. 루터는 하늘의 예언자 칼슈타트에 대해 그를 역설적인 의미에서 교황의 복사판으로 간주하였다. 왜냐하면 그는 하나님이 인간에게 허용했던 바를 오히려 하지 말라고 주장했던 바, 이는

---

111) 앞의 책, 45.96.

사실상 교황의 행위와 다르지 않았다. 그와 교황 간에 유일한 차이가 있다면, 그것은 교황의 경우 하나님이 금한 바를 사람들에게 강요했다는 점에 차이가 있을 따름이었다.[112] 동시에 루터는 그리스도 교도의 권리로서 물질적인 소유와 정치적 자유를 한꺼번에 요구했던 농민들도 비판하였다. 루터는 농민반란 직전에 스와비아 농민들에게 두 왕국 이론을 교훈적으로 적용하여, 그들의 운동으로부터 "그리스도라는 이름은 떼어 내라"고 지시했던 것이다.

당신들의 이름과 직책은 반드시 본원적인 가르침에 따라 잘못됨과 사악함을 참을 수 없고 참아서도 안 된다는 확신 때문에 싸우는 자들의 그것이 되어야 한다. 당신들은 그리스도의 이름이 아니라 다른 이름을 반드시 가져야 한다. 왜냐하면 당신들은 지금 당신들이 하고 있는 일에 부합하는 이름을 가져야 하기 때문이다. 그럼에도 불구하고 그리스도 교도라는 이름을 당신들이 계속해서 유지하고자 한다면, 만약 실제로 그렇게 한다면, 나는 당신들을 교황과 황제보다도 더욱 내가 전하는 복음을 파괴하고 방해하는 적으로 간주할 수밖에 없다. 왜냐하면 당신들은 복음의 이름을 빙자하여 그것에 반대되는 행동을 하고 있기 때문이다.[113]

루터는 한 사회의 의로운 사형 집행관의 경우 당연히 그 사회의 목자가 될 수도 있다는 점을 누누이 강조하였다. 또한 그는 자신의 추종자들에게 양심과 하나님의 말씀에 반해서 행동하도록 명하는 모든 통치자에 대해 그에게 불복하도록 지시하였으며, 복음주의 사제들에게도 하나님의 말씀을 경멸하고, 자신에게 위탁된 공동체를 "마치 돼지나 개처럼" 다루는

---

112) *Against the Heavenly Prophets in the Matter of Images and Sacraments*, LW 40.89.
113) *Admontion to Peace : A Reply to the Twelve Articles of the Peasants in Swabia*, WML 4.234.

통치자들에 대해서는 "담대하게 그리고 공개적으로 질책하라"고 조언하였다. "하나님의 말씀이 통치자를 임명하였고, 이들을 '신의 대리인'으로 만들었으며, 이 땅의 모든 것을 이들에게 예속시켰다. 따라서 이들은 하나님의 말씀을 경멸해서는 안 된다. 오히려 이 말씀에 순복해야만 한다. 하나님의 말씀이 재판관들을 책망하며, 이들을 구성하고, 이들을 지배해야 한다"114)는 것이었다. 사제직이 가지는 도덕적 권위와 하나님의 왕국의 공동수호자로서 사제가 통치자와 가지는 동등한 지위에 비추어, 루터는 자신의 이 같은 비판을 결코 선동적이라고 생각하지 않았다. 그리고 경제적 불의와 사회적 무질서 역시 복음에의 억압과 조금도 다를 바 없이 하나님의 왕국에 대한 심각한 위협이라고 확신하였다.115)

루터는 자신이 스스로 주장했던 바를 실천한 좋은 본보기였다. 현대의 비평가에 의하면, 루터가 점증하던 농민들의 불만을 무마하려던 노력에 실패했던 이유는, 그가 통치자들의 불의를 지나칠 정도로 질책한 데 있었다. 그의 이 같은 비판을 알게 된 농민들은 자신들의 불만이 정당화되리라고 확신하였고, 그리하여 영주들에 대해서 더욱 반란적이 되어 갔다는 것이다.116) 루터는 많은 팸플릿과 소책자를 통해서 통치자들을 질책하였을 뿐만 아니라, 평시에도 서한을 통해서 이들을 정기적으로 훈계하였다. 실제로 그는 정치 권력자들에게 지위의 고하를 막론하고 천 통 이상의 편지를 보냈던바, 이렇게 함으로써 루터는 교회에 영향을 미치는 협량한 사안들뿐만 아니라, 사회, 경제, 정치, 제도라는 기본적인 문제들에 대해 깊숙이 개입하였다.117) 이 과정을 통해서 그는 작센 통치자들의 입지를

---

114) *Exposition of the 82nd Psalm, WML* 4.294~95 ; Ozment, *Age of Reform*, pp. 269~272.
115) *Expostion of the 82nd Psalm, WML* 4.297.
116) Johann Fundling (Findling), OX-BOD T.L. 44.98, p. A 4 a ; Marc Lienhard, *Luther Jahrbuch* 45 (1978), pp. 56~79 역시 참조하기 바람.
117) K. Aland, "Martin Luther als Staatsbürger," in *Kirchengeschichtliche Entwürfe*

강화하는 정책들을 수용하였고, 심지어는 이들에게 이용 당하기조차 하였다. 그러나 이 점은 통치자들의 도움을 통해서 종교개혁의 핵심적인 특징들을 탁월하게 유지했던 루터의 뛰어난 재능을 감안한다면, 그다지 놀랄 일이 아니다.

여기 공동 소유의 불쌍한 당나귀라고 동정적으로 묘사되는 소작농이 자신의 등에 정치적 폭군과 폭리를 취하는 상인을 태우고 있다. 그러나 로마 교회를 상징하는 무자비한 세 번째 기수인 영적 위선은 종교개혁을 통해 하나님의 말씀이 재발견됨에 따라 땅에 내던져졌다. 적어도 교회는 더 이상 평민을 거리낌 없이 착취하지 않을 것이다. 땅에 떨어진 영적 위선은 이렇게 불평한다.

> 나는 당나귀 탈 자격을 완전히 빼앗긴 채
> 슬픔에 잠겨 땅 위에 누워 있다.
> 예전에는 당나귀가 내 목소리 듣기를 좋아했고
> 내가 가르친 대로 모든 것을 하였다.
> 그는 나를 친절하게 태워 주었고, 내게 기꺼이 영양을 제공하였다.
> 그 덕분에 나는 부자가 되었고
> 편안하고 평화롭게 인생을 보냈다.
> 그러나 이제 당나귀는 나를 쫓아냈고
> 내게 먹을 것을 제공하지 않는다.

종교적 착취에서 해방된 평민은 이제 사회정치적 불법에 대항하여 반란

(Gütersloh, 1960), pp. 420~451 ; H. Kunst, *Evangelische Glaube und politische Verantwortung. Martin Luther als politischer Berater* (Stuttgart, 1976), pp. 399~402 ; E. Wolgast, *Die Wittenberger Theologie und die Politik der evangelischen Stände. Studien zu Luthers Gutachten in politischen Fragen* (Gütersloh, 1977) ; M. U. Edwards, Jr., *Luther's Last Battles : Politics and Polemics, 1531~1546* (Ithaca, 1983), pp. 38~67.

을 모의한다. 이성을 통해 자신의 눈에서 베일을 벗겨낸 평민은 이제 비로소 자신이 처한 진정한 상황을 본다. 평민의 등에 올라탄 폭군은 주인을 위해 노동하고 복종하는 생활이 농민의 운명이라고 주장한다. 한편 농민을 수탈하는 상인은 농민의 어떠한 저항도 보다 큰 힘에 부딪히게 될 것이며, 그의 생활은 더욱 악화될 따름이라고 경고한다. 불쌍한 당나귀는 이렇게 탄식한다.

> 이 세상에 나보다 더 비참한 동물은 없네,
> 비가 오든 바람이 불든 나는 일을 해서
> 온 세상이 소비할 것을 생산해야 하지만,
> 이에 대한 보상은 겨우 밀짚뿐이라네
> 두 명의 사악한 아이가 내 등에 앉아 있네
> 폭군은 내 머리통을 내려치고
> 날카로운 박차로 내 옆구리를 찌르네
> 뒤에 앉은 또 다른 폭군은 나의 생가죽을 벗기네
> 나는 날마다 피를 흘리네
> 오 정의여 속히 오소서
> 내가 고통으로 판단력을 상실하고
> 분노하여 그들에게 주먹을 휘두르기 전에.

루터는 자신의 경쟁자들이 제시한 새로운 사회적 정치적 제도들에 대해서, 비실제적이며 바람직하지 않다는 점을 들어 이들 모두를 거부하였다. 특히 분파주의적 재세례파, 영성주의자 그리고 사회적 유토피아를 꿈꾼 혁명적 농민들이 제기하였던 신정주의에 대해 단호한 태도를 취하였다. 그러나 이와 더불어 루터가 독일의 제후들에게 그들의 공적 업무를 참된 그리스도 교도로서 수행해 줄 것을 요구했다는 점도 오늘날의 연구자들은 거의 언급하고 있지 않다. 사실상 바로 이 점을 츠빙글리가 취리히에서 시도했다는 이유로, 그가 오늘날 학자들에게 높이 평가받고 있음에도 말이다.

아마도 루터가 자신의 정치철학에 대한 현대의 비판을 듣는다면 실소를 금하지 못할 것이다. 두 가지 맥락 즉 사회적 미덕과 그리스도교적 의로움을 첨예하게 구분하는 자신의 신학적 관점에 비추어 보든, 또는 당대 정치인들의 실제적 행위에 비추어 보든, 루터는 제후들이 하늘 나라에서 드문 존재가 될 수밖에 없을 것이라고 확신했기 때문이다. 세속 정부를 사랑과 용서라는 그리스도교 윤리 아래 두고, 이 땅에 새 예루살렘을 건설하는 데 세속 정부를 동원하는 것은, 인간의 본성을 잘못 이해하고, 인간의 삶에서 차지하는 정부의 제한적 기능을 잘못 이해한 데서 비롯된 위험한 발상이었다. 통치자들은 의무를 다하고, 법률을 지키는 의로운 자를 보호하고, 그렇지 않은 사악한 자를 벌하라는 분명하고 실천 가능한 신의 명령을 가지고 있었다. 정부의 선한 공직들은 단순히 사회적 질서와 정의를 이루기 위해서 있는 것이지, 광신적인 그리스도 교도들이 추구했던 것처럼 신정정치를 위한 제도가 결코 아니라고 루터는 확신하였다. 그리고는 당대의 재세례파, 영성주의자, 심지어 츠빙글리조차 이 범주에 포함시켜 그는 생각하였다. 오늘날 이 같은 이상주의로 무장하고, 또한 초기 근대 사회에서 바람직하며 실제적이라고 꿈꾸었던 종교적 공화정을 가지고, 루터를 평가하는 몇몇 현대 역사가들의 작업은 그야말로 오늘날의 사회주의적이며 그리스도교적인 환상을 독자들에게 전달하는 것에 지나지 않는다.

루터의 두 왕국 교리가 현세 정부를 신성불가침의 것으로 만들었다는 비난은 단순히 명백한 공식적 기록에 대한 왜곡에 지나지 않는다. 비록 야심적인 사회운동가는 아니었지만, 루터는 통치자가 십계명을 실천적으로 시행함으로써 세속적 정의를 하나님의 말씀에 부합하는 수준으로 향상시키기를 기대하였다. 그리고 만약 통치자가 의롭지 못한 경우에는 징벌을 피할 수 없을 것이라고 생각하였다. 성직자들의 질책과 평신도들의 사회적 불복종 그리고 하나님이 고취한 억압받던 신민들의 반란 및 외세의 침입

등이 복합적으로 일어나리라는 것이 루터의 판단이었다. 성서와 역사를 통해서 볼 때, 강퍅한 전제자들에게 내린 하나님의 복수는 언제나 같았다고 그는 경고하였다. 또한 그는 독일의 통치자들이 하나님을 두려워하지 아니하고, 법률을 올바르게 시행하지 아니하며, 가난한 사람을 돕지 아니하면, "이들은 독일에 불순종의 정신을 심고, 사람의 자손들 사이에 허욕과 아첨을 심을 것인바, 이는 마침내 독일인을 법률을 모르는 무도한 민족으로 전락시킬 것"이라고 주장하였다.[118]

루터 시대에는 오늘날 우리가 알고 있는 민주주의가 유토피아니즘과 뒤섞여 있었다. 만약 독일인들이 당시 공동체주의적 신정적 운동을 주도한 지도자들이 꿈꾼 것처럼 민주주의를 수용했더라면, 이는 3세기에 걸친 제후들의 전제보다 더 큰 해악을 독일에 불러오게 되었을 것이다. 이를테면 토마스 뮌처는 아마도 독일을 성급하게 20세기로 옮겨놓고자 했을 것인데, 그 방법을 우리들은 지금이라도 정확히 그려낼 수 있다. 1524년 7월 뮌처는 작센 사회가 어떻게 개혁되어야 할 것인가에 대해서 작센 제후들에게 설득할 수 있는 오랫동안 바랐던 기회를 가지게 되었다. 이는 뮌처로서는 자신의 견해가 루터의 그것과 어떻게 다른지를 제후들에게 해명할 수 있는 황금 같은 기회였다. 뮌처는 다니엘서 2장을 성서 본문으로 선택하였다. 예언자 다니엘이 뮌처와 비슷한 어려움에 처해 있었기 때문에, 다니엘서 2장은 뮌처의 목적에 딱 맞아 떨어졌다. 다니엘의 군주 느부가네살 왕은 역시 거짓 예언자들에 의해 잘못 인도되고 있었다. 왕을 구하기 위해서 다니엘은 자신이 역사를 통해서 신의 섭리를 보다 올바르게 이해하고 있기 때문에 거짓 예언자들보다 왕의 꿈을 더 잘 해석할 수 있음을 보여주었다. 이에 뮌처도 자신을 작센 제후들에게 새로운 다니엘로 부각시키면서, 한편 루터를 살찐 돼지 같은 수사라고 희화화하였다. 이를 통해 그는

---

118) *Admonition to Peace, WML* 4.242 ; *Exposition of the 82nd Psalm, WML* 4.292, 307~308.

루터를 오래 전 느부가네살 왕을 잘못 인도했던 부류의 거짓 예언자로 비하하였던 것이다.

그러나 작센 제후들은 뮌처의 사회종교적 평등주의에 전혀 공감하지 않았으며, 그의 주장에 현혹되지도 않았다. 이들의 단호한 거절은 뮌처를 좌절시켰다. 다음 날 뮌처는 작센 공 존에게 「나는 무분별한 그리스도교 사회를 그 근본에서부터 비난한다」는 도전적인 편지를 보냈다. 그리고 몇 주 후 그는 장거하우젠 도시에 있던 자신의 추종자들에게 분명하게 밝혔다. 만약 자신이 이 땅을 통치하는 제후들에게 새로운 다니엘이 될 수 없다면, 자신은 이들에게 복수의 검을 뽑는 천사가 되겠다는 것이었다. 오늘날 이 세상은 살육을 통해서 모든 것의 청소를 요구하고 있다고 주장하면서, 그는 이렇게 기록하였다.

> 나는 여러분들에게 진심으로 말한다. 불신앙으로 인해 유혈의 순간을 곧 맞게 될 것이다. 여러분들은 왜 아직까지도 스스로 코가 꿰기를 원하고 있는가? 사람들은 영주와 제후들의 지금의 모습이 그리스도 교도의 그것이 아니라는 점을 성서를 통해서 잘 알고 있으며, 또한 이는 증명될 수도 있다. 여러분들의 성직자와 수도승은 악마에게 기도하고 있으며, 이들 가운데는 그리스도 교도가 한 명도 없다. 설교사들은 모두가 위선자이며 인간을 숭배하는 자들이다. 왜 당신들은 여전히 그들에게서 희망을 찾고자 하는가?[119]

이로부터 1년이 채 지나지 않아서, 뮌처는 농민군을 이끌고 프랑켄하우젠의 싸움터로 나갔다. 뮌처는 이 싸움에서 패하여 포로가 되었으며, 1525년 5월 27일 사형 집행관에 의해 처형되었던바, 이로써 그는 자신의 생명뿐만

---

119) G. Franz ed., *Thomas Müntzer. Schriften und Briefe. Kritische Gesamtausgabe* (Gütersloh, 1968), p. 414 ; Ozment, *Mysticism and Dissent*, pp. 76~78 참조.

아니라 추구했던 명분 역시 잃고 말았다.

당시 루터가 민주주의를 권장하지 않았다고 그를 비난하는 것은, 루터가 자신의 세대에 관한 한 어떠한 영향력도 행사하지 않음으로써, 그 이후 세대들과 더불어 승리자가 되었다고 주장하는 것에 다름 아니다. 또한 이는 루터가 미래를 예견했던 것처럼 보이게 만들기도 한다. 왜냐하면 민주적 개념의 정부란 당시 그것을 위험스러운 무엇으로 만들고 있었던 뮌처와 같은 선동가들로부터 벗어날 때 비로소 생명력 있는 정치체제임을 스스로 입증할 수 있기 때문이다.

2) 경건주의 공동체

우리가 이 장에서 언급했던 많은 학자들은 공통적으로 청년 루터의 정치사상이 말년의 그의 견해와 일치되지 않는다고 지적하고 있다. 청년기의 루터가 영혼과 양심을 지배하려는 정무관들의 노력에 저항하였던 반면, 말년의 루터는 개혁의 대권을 이들에게 오히려 자발적으로 넘겨주었다는 것이다. 루터의 강력한 권고를 받은 독일의 제후들은 루터의 개혁 대리인이라는 지위를 활용하여 각자의 영토에서 절대적 권한을 확립해 나갔다. 이는 독립적 동맹체의 보다 자유로운 공기를 호흡하며, 보다 치밀한 정치가로 변신한 스위스의 종교개혁가들과는 달리, 루터는 정치적으로 낙후된 비텐베르그라는 도시의 소박한 지역 성직자로 남아 있었으며, 침체 속에 갇혀 있는 순진한 성직자로서 그의 신학적 탁월성도 작센 제후들의 전체주의적 야망에 맞서기에는 여전히 미흡한 무기에 지나지 않았다.[120] 더욱이

---

120) I. Höss, "Georg Spalatins Bedeutung für die Reformation und die Organization der lutherischen Landeskirche," *Archiv für Reformationsgeschichte*, 42 (1951), pp. 127~129. 비텐베르그의 정치구조가 현대 비판가들이 생각하는 것보다는 훨씬 복잡하였다. 도시민이 정무관을 선출하였고 정무관과 작센 선제후 또는 정무관과 도시 지배계층의 관계는 대립적이거나 강압적인 것이 아니라, 상호보완적이며 협조적이었다. E. Eschenhagen, "Beiträge zur Sozial und Wirtschafts-

루터는 세 신분질서의 원리라는 새로운 이론을 제안함으로써, 지금까지 두 왕국 이론에 입각해서 교회와 국가 사이에 설정해 놓았던 건강한 양극체제를 스스로 약화시켰다고 평가되기도 한다. 루터에 따르면 이 세 신분질서란 오이코노미아(*oeconomia* : 가계와 직업), 교회 그리고 국가로 구성되었던바, 이들은 각각 영원법에 근거를 둔 자율적이고 독자적인 영역들이었다.121)

또 다른 한 설득력 있는 주장에 따르면, 종교개혁에 대한 루터의 접근방식에 근본적인 변화가 일어난 계기는 1520년대 말엽 작센의 농촌 교구들에 대한 공식 조사에서 확인되었듯이 종교적인 권한 남용, 무관심, 기강 해이가 매우 심각했기 때문이다. 이 같은 조사 결과에 낙담했던 루터는 높은 종교적, 도덕적, 교육적 규범들은 강제에 의해서 비로소 유지될 수 있다고 판단하였다는 것이다.122) 말년의 루터에게 일어났던 사상의 변화가, 블리클의 주장처럼, 처음부터 그의 정치사상의 일부였던 군주제적 성향에서 유래된 것인지, 아니면 그의 사상의 다른 측면인 일원주의 내지 절대주의적 성향에서 유래된 것인지에 대해서는 학자들의 의견이 다양하다. 그러나 오늘날 많은 학자들이 루터의 말년의 견해에 변화가 있었다는 기본적인 전제에 대해서는 의문을 제기하지 않고 있다.

루터의 정치사상에 이 같은 근본적 변화가 실제 일어났던가? 그리고 실제로 루터가 정치적 절대주의의 변론가 내지 그 기수가 되었던가? 또한 루터의 종교개혁과 16~17세기 독일의 정치적 발전 사이에는 어떤 실질적

geschichte der Stadt Wittenberg in der Reformationszeit," *Luther Jahrbuch*, 9 (1927), pp. 2~3, 42~44, 52~55. 루터파 도시들의 자율적 공화주의에 대해서는 H. Schilling, *Konfessions-konflikt und Staatsfildung* (Gütersloh, 1981) 참조.

121) G. Müller, "Luthers Zwei-Reiche-Lehre in der deutschen Reformation," in *Denkender Glaube. Festschrift Carl Heinz Ratschow*, ed. O. Kaiser (Berlin, 1976), pp. 56~57.

122) H. Junghans, "Freiheit und Ordnung bei Luther während der Wittenberger Bewegung und der Visitationen," *Theologische Literaturzeitung*, 97 (1972), pp. 95~104, 특히 p. 101 참조.

인 관계가 있었던가? 이러한 질문들에 대해서 긍정적인 태도를 가지고 있는 학자들의 주된 근거는, 공동체의 종교적 자율을 변론했던 루터의 1523년 팸플릿 즉 「교리를 판단하고 교사들에 대해 임명 및 해고권을 가진 그리스도교 회중 내지 신도 공동체」였다. 이미 표제에 드러나 있는 이 팸플릿의 주장은 농민반란 직전인 1525년 초엽에 나온 「메밍겐 농민들의 12개조 강요」의 제1조에도 다시 언급되어 있다. 이 추상적인 정치원리에서 우리는 당시 제국의 자유 도시 및 스위스 동맹의 국가들에서 볼 수 있던 참여정부의 형태 역시 엿볼 수 있다. 루터는 1523년 팸플릿에서 마을과 도시들의 종교적 자율권에 적극적으로 동의했을 뿐만 아니라 이들의 정치적 완전성 역시 수용했던 바, 이것이야말로 공동체적 삶에 대한 제후들의 지배권이 거부하는 논리 그것이었다. 그런데 바로 이 제후들의 지배권을, 그 유명한 아우구스부르그 제후회의의 결의 즉 "각 지역의 통치자가 그 지역의 종교를 결정한다"[123]는 원리를 통해 종교개혁이 점차 확립해 나갔다는 점에 문제의 복합성이 있다.

그렇다면 1523년의 이 팸플릿이 실제로 그토록 중요한 정치적 진술이었던가? 무엇보다도 이 팸플릿은 형성의 초기 단계에 있던 라이스니히의 복음주의 신도집단을 위한 것이었다. 이들은 자신들이 원하는 성직자를 독자적으로 교구 사제로 임명했던바, 이 같은 조치는 가톨릭으로부터 복음주의에로 전환 과정에 있던 이 시기의 다른 도시와 마을들에서도 발생하고 있던 터였다. 루터가 이 같은 조치에 동의했던 것은 '그리스도교 신도집단 내지 공동체'의 고유한 속성에 대한 나름의 신념에 따라 판단했기 때문이다. 루터에 의하면 이 신도집단은 그리스도로부터 교리의 옳고 그름을 분별하는 양도할 수 없는 권리를 받았다. 왜냐하면 양떼들만이 자신들의 진정한 목자를 알아보며(요한복음 10장), 양의 탈을 쓰고 접근하

---

123) 이에 관해서는 블리클(Blickle)의 저서 이외에도 Müller, "Luthers Zwei-Reiche-Lehre," pp. 66~67 참조.

는 늑대를 식별할 수 있기 때문(마태복음 7장 15절)이었다.124) 루터는
이 같은 그리스도교 공동체를 세속적 정치적 공동체와는 끊임없이 구별하
였다. 왜냐하면 그는 신앙 공동체와 정치 공동체가 완전히 다른 원리들에
따라 운용되어야 한다고 확신했기 때문이다.

> 그리스도교 공동체의 운용은 그 방식에서 세속 공동체의 그것과 완전히
> 다르다. 이 땅에서는 세속 영주들이 자신이 원하는 바를 명령하고, 신민들은
> 이에 복속한다. 그러나 그리스도는 "이 같은 일이 너희들에게는 없어야
> 한다"고 말씀하셨다. 그리스도 교도들 사이에서는 서로가 서로에 대해서
> 재판관인 동시에 아랫사람이어야 한다.125)

더욱이 루터는 라이스니히 신도집단의 조치를 비상사태에 대한 자구책
으로서 그 정당성에 동의하였다. 이 도시에는 보다 적절한 조치를 취해
줄 상위의 그리스도교적 정부가 없었다는 점이 그 이유였다. 말하자면
당시 라이스니히 신도집단은 새로운 프로테스탄트 공동체를 관리해 줄
올바른 교회정치상의 관리체를 가지고 있지 못했기 때문에, 그들 스스로
제후 내지 주교로서 기능했던 것이다.

> 그리스도 교도는 비상시 병들고 불쌍한 영혼들의 요구가 있는 경우
> 제후나 주교의 공식적인 명령이나 문서가 없이도 형제애에 입각해서 행동
> 하여야 한다. 비상시에는 모든 법이 무효가 되며 어떠한 법도 적용될
> 수 없기 때문이다. 이 같은 상황 하에서 그리스도 교도는 그 자신 이외에는
> 달리 도와주거나 도움을 청할 사람이 없는 곳을 도와야 한다는 사랑의
> 의무를 부여받는다.126)

---

124) *Luthers Werke in Auswahl* 2.397.6~34.
125) 앞의 책, 2.398.10-15.
126) 앞의 책, 2.400.1-5.

작센의 프레데릭 현명공

그러니까 1523년 팸플릿의 의도는 결국 공동체의 정치적 주권이라는 일반 원리를 변론하려는 것이 아니었다. 오히려 그것은 "그리스도인의 영혼에 대해서 투르크인이나 유대인들과 꼭 마찬가지로 아무런 지배권도 없는 로마 교황청의 종교적 전제자로부터"[127] 개인적으로든 집단적으로든 교회의 관리권을 되찾아오는 것이 복음주의적 그리스도인들의 권리임을 주장하는 데 있었다.

루터는 일찍이 1520년에도 동일한 주장을 한 바 있었다. 이 때 그는 주교들의 개혁 의지가 부족하기 때문에 독일 귀족들로 하여금 교회 개혁에 앞장서야 한다고 촉구하였다. 루터는 선제후 프레데릭 현명공의 조언자로서 종교개혁을 지지하였던 게오르그 슈파라틴(George Spalatin, 1482~1545)[128]의 경고에 따라, 온건한 절차의 개혁을 일관되게 주장하였다.

---

127) 앞의 책, 2.397.6-8, 398.33-39, 400.31-35, 401.5-9, 402.1.
128) 독일의 종교개혁가. 에르푸르트와 비텐베르그 대학을 다녔으며, 1508년 훗날 작센의 선제후가 된 프레데릭(John Frederick)의 가정교사가 된 후 그의 고문 겸 비서로 일하였다. 루터의 초기 동역자로서 루터의 개혁운동을 널리 알렸으며, 현명공 프레데릭에게 많은 영향력을 행사하여 그로 하여금 루터에 대해 관용을 베풀고 그를 보호하게 하였다.

슈파라틴은 루터 추종자들의 노골적인 공격이 선제후의 법정[129]에서 오히려 역효과를 가져올 것이라고 지적해 둔 터였다. 그러나 루터는 교리상의 진리와 영혼의 구원이 극히 불확실한 만큼, 모든 그리스도 교도는 이른바 자유의 투사가 되어야 한다는 사실을 1520년대 내내 조금도 의심하지 않았다. 루터에 의하면, 모든 그리스도교 평신도들 즉 1520년의 그리스도 교도 귀족이든, 1523년의 지방 도시 신도집단이든, 또는 1526년 이후의 작센과 헤세의 제후든, 누구든 그리고 언제 어디서나 필요한 경우에 교회를 위해서 행동해야 할 권리와 의무를 가지는 일종의 비상 주교가 될 수 있었다.

이 같은 관점은 두 왕국 교리와도 일치하였다. 세속 정부라는 맥락에서 보면, 두 왕국 교리는 항상 두 가지 목적을 가지고 있었다. 하나는 종교개혁을 지지하는 성향의 통치자들에게 종교개혁은 정치적 반란이 아니라는 점을 확신시키는 일이었고, 다른 하나는 복음주의 교리에 적대적인 통치자들을 프로테스탄트 교회로부터 거리를 유지하도록 하는 일이었다. 프로테스탄트 교회의 입장에서 보더라도, 이 교리는 마찬가지로 두 가지 목적을 가지고 있었다. 하나는 신도들 특히 열성이 과도한 신도들에게 영적 세계와 세속 세계라는 두 세계 모두에 대한 이들의 책임을 강조하는 일이었고, 다른 하나는 새로운 신앙을 받아들임으로써 정치적인 박해를 받게 된 사람들을 위로하고 격려하는 일이었다. 이 이론은 여하한 의미에서도 프로테스탄트 교회에 우호적인 통치자들의 정치적 지원을 거부하는 논리가 아니었다.

사실상 모든 종교개혁가들은 이 같은 지원을 적극적으로 추구하였다. 이들은 프로테스탄트 교회가 살아남는 데 필요한 행정적 조직, 재정적 자원 그리고 외연적 기강 등이 정치적 후원 없이는 부족하리라는 사실을

---

129) Höss, "Georg Spalatins Badeutung für die Reformation," pp. 119, 127.

잘 알고 있었다. 처음부터 종교개혁가들의 최대의 목표는 법령과 제도의 개혁이었으며, 이 같은 목표는 교회와 국가를 불가피하게 서로 밀접하게 얽히도록 만들었다. 종교개혁을 위한 제후들의 행위들 가운데 루터가 마땅히 그러해야 한다고 주장했듯이, 제후들 나름의 고유한 판단에 따라 그리스도인 형제로서 행해진 것이었던가, 또는 두 왕국 이론이 함의하고 있듯이, 단순히 의인을 보호하고 악인을 징벌해야 한다는 세속 통치자들에게 부과되어 있던 신성한 책무에 의한 것이었던가 하는 구분은, 역사적 분석을 위해서는 아마도 지나치게 주변적인 요소일 것이다.130) 중요한 사실은 프로테스탄트 공동체들에서는 통치자와 종교개혁가들이 함께 밀접하게 일했다는 점이다. 이들 모두가 개혁이 성공적으로 수행되기 위해서는 반드시 상호 협력해야 한다든 사실을 누구보다도 잘 알고 있었던 것이다.

당연한 일이지마는, 통치자가 종교개혁에 우호적인 경우에는 1523년의 팸플릿에서 제기되었던 정치이론이 통치자란 자신의 영토의 종교적 신조도 결정한다는 원리의 성장에 기여하였다. 16세기 중엽 이 원리는 종교개혁에 의해 제국 내에서 야기되었던 거대한 종교적 갈등들 가운데 일부를 적어도 구조적으로나마 해결하기 시작했다. 루터는 정무관이 미사를 억제하고 대신 복음주의 예배의식을 집행하는 것을 전혀 반대하지 않았다. 그는 권력의 이 같은 행사를 양심에 대한 억압이 아니라 양심을 자유롭게 하는 조치로 보았기 때문이다.131) 그러나 루터는 공동체가 비복음주의 설교사를 선택하는 권리 및 복음주의 공동체가 자유롭게 가톨릭 진영으로 개종하는 권리에 대해서는 결코 인정하지 않았다. 루터는 재세례파들에

---

130) K. Holl, "Luther und das landesherrliche Kirchenregiment," in *Gesammelte Aufsätze zur Kirchengeschichte* (Tübingen, 1923), 1. 364-69, 372 ; I. Höss, "The Lutheran Church of the Reformation : Problems of Its Formation and Organization in the Middle and North German Territories," in *The Social History of the Reformation*, ed. L. Buck (Columbus, 1972), p. 322.

131) Holl, "Luther und das landessherrliche Kirchenregiment," pp. 361~362.

관한 한 어떠한 양심의 자유도 철저히 부인했던바, 이 점이 이 시기의 특징적인 태도였다. 이보다는 덜 특징적이었다 하더라도, 루터는 1540년대 초엽 작센의 통치자들이 유대인들을 그들 원래 지역으로 추방하기를 바랐다. 이 때 루터는 유대적 율법주의를 로마적 법률주의의 한 원형으로 간주하였고, 이들 모두를 자신의 개혁운동의 장애물로 여겼다. 종교개혁은 그 전개과정 어느 시점에서도 정치적 평등주의나 종교적 다원주의를 전혀 지지하지 않았다. 종교개혁이 수용했던 가장 과격한 이념을 든다면, 그리스도교 공동체가 스스로의 판단에 따라 가톨릭 교회의 전통을 무시하고 복음주의 원리들을 전파하는 권리에 대한 인식 그것이었다. 1525년 필립 멜란히톤은 스와비아 농민들의 강령 제1조 즉 농민들이 스스로 자신들의 사제를 선택하는 권리를 비난하였다. 왜냐하면 농민들은 자신들의 물질적 요구를 충족시켜 줄 지도자들만을 임명하고자 했기 때문인데 이는 결국 복음을 악의적으로 정략화한다는 것이 멜란히톤이 밝힌 이유였다.132)

루터 시기의 사람들 가운데 츠빙글리는 두 왕국 교리를 비롯한 루터의 여러 교리들을 잘 이해하고 있었던 것 같다. 츠빙글리 역시 가톨릭으로부터 복음주의 체제로 전환하는 과정에서 초래된 유사한 실천적 문제들을 안고 있었기 때문이다. 그리스도교 신도집단이 스스로 자신의 사제를 선택하는 권리를 루터가 변론했던 그 해에, 츠빙글리는 「신적 의로움과 인간적 의로움에 대하여」(1523)라는 표제의 설교를 통해서 두 왕국 이론에 대한 자신의 해석을 제시하였다. 루터가 작센 지역에서 그러했던 것처럼, 츠빙글리도 스위스 정무관들에게 자신의 개혁운동의 비혁명적 성격을 확신시켰다. 그리고 츠빙글리는 자신의 추종자들 특히 열성적이며 그 숫자도 늘고 있던 취리히의 재세례파 신도들에게 다음의 점을 분명하게 상기시켰다. "순종적인 시민들에게서 기대되는 '인간적 의로움'은 무한히 중요하다.

---

132) OX-BOD, T.L. 41,43, pp. C 1 a-b.

이는 그리스도 교도의 영혼을 개별적으로 구원하는 '신성한 의로움'이 하늘 나라에서 차지하는 비중에 비교될 수 있을 정도[133]라는 것이었다.

그 해 7월 츠빙글리는, 이 점에서도 루터와 비슷하게, 그리스도의 명령을 불성실하게 이행하고 무시하려는 통치자들을 처리하기 위해서, 일련의 지침서를 발간하였다. 츠빙글리는 여기서 부패한 시민에게 호의를 베풀고 정직한 시민을 억압함으로써, 자신들의 신성한 권한을 스스로 배신하는 지배자들에 특히 주목하여[134] 이들에 대해 다음과 같이 순차적으로 조치를 취할 것을 조언하였다. 첫째, 이들을 그 자리에 앉혔던 자들이 스스로 이들을 공직으로부터 합법적으로 제거할 것. 둘째, 필요하다면 죽음을 무릅쓰더라도 무저항 불복종의 사회운동을 전개할 것. 마지막으로는, 이것 이 종국적인 섭리적 구제책으로서, 다수의 고통당한 신민들이 신성한 영감에 따라 일으키는 반란을 끈기 있게 기다릴 것 등을 제안하였다.[135]

1529년 츠빙글리는 헤세의 변경 백 필립 공의 영지에 소재한 마르부르크 성에서, 성찬 예식에 그리스도가 어떻게 실재하는가 하는 문제를 놓고 루터와 논쟁을 벌였다. 그리 성공적이지 못했던 이 논쟁 이후 마음의 상처를 달래고 있던 츠빙글리는, 1529년 5월 4일 콘스탄스의 종교개혁가 암브로시우스 블라레르(Ambrosius Blarer, 1492~1564)[136]에게 보낸 서한

---

133) *Von göttlicher und menschlicher Grechtigkeit, wie die zemen sehind und standind,* in *Zwingli : Hauptschriften,* ed. F. Blanke (Zurich, 1942), vol. 7, 52, 70~71 ; S. Ozment, *The Reformation in the Cities : The Appeal of Protestantism to Sixteenth-Century Germany and Switzerland* (New Haven, 1975), pp. 133~134.

134) *Usslegen und gründ der schlussreden oder articklen, in Huldreich Zwinglis sämtliche Werke* 2.343.7-21.

135) 앞의 책, 2.244.17 ; 345.3 ; 345.17~346.10. 츠빙글리는 첫 번째 방법을 언급하면서 "암살, 전쟁, 반란"에는 의존하지 말라고 경고하였다. 공동체가 선거를 통해서 지배자를 선출했다면, 그는 선거를 통해 제거되어야 한다. 합리적 방법은 법률이 정한 절차에 따라 이를 처리하는 것이다. 츠빙글리는 신의 영감을 받은 반란으로서 구약성서에 등장하는 강퍅한 독재자들을 비유로 들었다. 이 가운데 한 예가 열왕기하 21장에 나오는 폭군 므낫세였다.

에서 루터의 두 왕국 이론을 이론과 실제 모두에 걸쳐 노골적으로 비판하였다. 블라레르와 츠빙글리는 일찍부터 콘스탄스의 정무관들이 겪을 수밖에 없었던 어려움들에 대해 공감하고 있었다. 특히 교회로부터 성상을 제거하고 미사를 억압하던 시기에는, 정무관들이 전체 시민단을 상대로 하여 종교개혁 운동을 전개하기 어려우리라는 점에 양자가 동의하였다. 이 과정에서 콘스탄스 정무관들이 종교개혁의 실행을 위해서 강제력을 사용하게 되자, 일부 시민들은 크게 분노하였다. 정무관이라 하더라도 이 같은 방식으로 양심을 지배하려고 하거나, 누구도 수용하지 않는 믿음과 관행들을 강요할 권리는 없다는 것이었다. 이 같은 반대자들 가운데는 여전히 가톨릭 교회에 충성하는 자들 이외에도 루터파 및 재세례파 등의 일부도 명백히 포함되어 있었다. 특히 이들은 "그리스도의 왕국이란 외면적인 것이 아니다"는 루터의 지적을 인용함으로써 자신들의 주장의 정당성을 변론하였다. 이들은 종교적 관행이란 강제로 부과될 수 없다는 자신들의 주장을 뒷받침하기 위해서 루터의 견해에 호소했던 것이다. 블라레르 자신도 이 문제에 대해 천천히 그리고 신중하게 대응하고자 하였다. 그가 츠빙글리에게 조언을 구했던 계기가 여기에 있었다.

츠빙글리는 마침내 회신에서 그리스도와 사도들의 예를 상기시켰다. 그에 따르면 그리스도와 사도들은 당대인들의 양심을 거슬리는 것을 개의치 않고, 이들을 설득하여, 이들조차 처음에는 반대했던 바를 실천하도록 하였다. 츠빙글리는 하나님의 왕국은 외형적인 것이 아니라는 루터의 주장을 "역설적인 진술에서 유래된 일종의 오류"[137]로 간주하였다. 신앙심이 약한 사람들에 대해서 동정심을 가져야한다는 점에서는 츠빙글리도

---

136) 츠빙글리파 사제. 성찬식에서 떡과 포도주는 그리스도의 살과 피를 상징할 뿐, 그 의식에 그리스도가 실제로 임재하지는 않는다는 츠빙글리의 주장을 옹호하였다. 콘스탄스의 성 스테판 교회에서 시무하였다.

137) Letter to Ambrosius Blarer (4 May 1529), in *Hulderich Zwinglis sämtliche Werke* 9.454.15-21, 458.17-18.

이와 비슷한 정서를 가지고 있었다. 그러나 그는 이것이 미사의 억압을 지연시키고, 콘스탄스 지역 교회들의 "우상적 성상의 숭배"를 허용한다는 점에서, 이를 정면 반박하였다. 츠빙글리는 정무관이 교회와 협의하여 "종교적인 사항들에 관해서도, 설령 상당수의 사람들이 반대한다 하더라도, 법률을 제정하고 이를 규제해야 한다……콘스탄스 시의회가 곧 교회는 아니다"라고 주장하였다. 스위스의 개혁가 츠빙글리는, 정직하고 경건한 정무관들이 교회를 위해서 이처럼 신중하고 관대하며 자비로운 조치를 취하는 것을 이를 나위 없이 적절한 행동으로 간주하였다.[138] 실제로 츠빙글리는 루터 역시 이 같은 관점에 완전히 동의하리라고 믿고 있었다.

츠빙글리가 블라레르와 콘스탄스 정무관들에게 보낸 편지의 핵심은 루터에 대한 그의 비판적 견해에 있었다. 츠빙글리가 루터를 비판했던 이유는, 그를 제대로 알지 못했던 많은 사람들이 오해했듯이, 루터가 그리스도교를 정치와 사회로부터 분리시켜 개인의 양심이라는 사적 영역에 제한했기 때문이 아니었다. 오히려 그 이유는 자기 자신과 루터가 공히 흔들리지 않는 확신을 가지고 있었던 종교적 신조를 시행함에 있어서, 루터가 자신의 후견인이었던 작센 선제후를 지나치게 성급하게 개입시켰다는 사실에 있었다. 이 서한의 핵심을 정리하면 다음과 같다.

콘스탄스 시정 협의회가 사제들과 협의하여 중요하다고 생각되는 외형적인 종교적 사항들을 판단하고, 명령하도록 하십시오. 그리고 앞서의 외형적인 사항들에 대해서 분란을 일으키는 자들이나, "그리스도의 왕국은 외형적인 것이 아니다"는 루터의 말을 악용하는 자들에 대해서는 이를 단호하게 무시하십시오. 이들은 루터의 말을 제대로 이해하지 못했거나, 또는 루터 자신이 의도했던 바 및 사건의 명백한 진실이 가리키는 바를 넘어 확대 해석하는 자들이기 때문입니다. 만약 루터가 실제로 양심에 관련된 사항들

---

138) 앞의 책, 9.456.30-35, 458.22-23.

에 대한 정무관의 개입이 결코 바람직하지 않다고 생각했었다면, 왜 그가 우리와의 성만찬 논쟁에서 자신의 주군인 작센 선제후로 하여금 그 자신의 생각과 말을 대변하도록 했겠습니까?, 왜 그가 우리의 책과 바젤의 개혁가 외코람파디우스(Oecolampadius, 1482~1531)의 책들을 물과 불로 금지하고 있겠습니까? 이는 대부분의 신실한 사람들의 생각이 우리와는 다르다고 믿었기 때문일까요? 만약 이것이 사실이라면, 제후의 명령은 필요하지 않았을 것입니다. 그렇습니다. 루터는 자신의 오류가 명백하게 노정되지 않도록 이 문제가 공론화되는 것을 두려워하고 있습니다. 루터의 동료인 뉘른베르그의 인문주의자 빌리발트 피르크하이머(W. Pirckheimer)가 폭력과 책략을 두려워하는 이유가 여기에 있으며, 루터가 광명한 한낮의 햇빛을 두려워하는 이유도 여기 있습니다. 이 점에서는, 교황이 자기가 미워하고 두려워하는 바를 저주하고 비난하는 것과 조금도 다르지 않습니다. 이것이 루터에 대한 우리들의 판단입니다.[139]

명백히 츠빙글리의 가르침은 작센 지방에 침투해 들어가지 못했다. 그러나 츠빙글리가 자신의 최대 경쟁자였던 루터에 대해 여러 부정적인 특징들을 들어 비난했던 것은 사실이다. 그럼에도 불구하고 그는 루터를 교회와 국가를 분리시키고, 복음을 사회 내지 정치 생활로부터 격리시키는

---

139) 앞의 책, 9.460.13-461.3. 최근 몇몇 학자들은 츠빙글리와 루터의 차이점이 이 편지에서 완벽하게 요약되어 있음을 발견하였다. 츠빙글리는 복음을 영혼의 문제에 한정했던 반면, 루터는 복음을 인간의 삶 전체, 즉 육체와 영혼 그리고 사회와 교회로까지 확대시키려 하였다. H. Lavater, "*Regnum Christietiam externum—Huldrych Zwinglis Briefe vom 4. May 1528 an Ambrosius Blarer in Konstanz,*" *Zwingliana*, 15 (1981), pp. 338~381 참조. H. Oberman은 Lavater를 근거로 이 편지를 " '비텐베르그'와 '취리히' 사이에서 취한 프로테스탄티즘 내부의 이념적 분화를 가장 분명하게 표현한 것"이라고 주장하였다. *Masters of the Reformation*, tr., D. Martin (Cambridge, 1981), p. 260 n. 3. 츠빙글리 자신은 이 편지를 한편으로는 " '비텐베르그'와 '취리히'의 상반된 선택을 드러내는 동시에, 다른 한편으로는 루터를 이해하지 못했던 루터파 일부를 비롯한 프로테스탄트 분파주의자들의 선택들 역시 분명하게 표현한 것"으로 파악하였다.

정적주의자(quietist)라고는 전혀 생각하지 않았다. 오히려 츠빙글리는 루터를 의심스러운 주관적인 신조를 지나치게 과격하게 비타협적인 방식으로 시행하려 한다고 비판했던 것이다.

3) 보다 적은 정치적 해악

인문주의자 에라스무스

종교개혁 이후의 독일 정치사는 루터의 두 왕국 이론으로부터 멀어져 갔다. 그리하여 이 정치이론으로 그 이후 수세기 동안의 독일의 정치적 역정을 설명하거나, 심지어 그 책임을 묻는 것은 사실상 불가능하다. 반대로 루터가 살아 있던 시기에는, 두 왕국 교리가 오히려 신민들의 정치적 예속을 도우고 조장했을 뿐만 아니라, 독일 제후들의 정치적 권한 역시 상당한 정도로 제한하였다.

독일의 역사 과정을 두 왕국 이론과 결부시켜 설명하는 일은 종교개혁 이전기의 독일 정치사의 전 영역을 충분히 고려하지 못한 것이다. 독일 절대주의의 대두에 관한 한, 이를 해명하는 요인으로는 여하한 유형의 루터의 가르침보다도 전통적인 분할과 분열의 역사가 여기에 훨씬 부합될 것이다. 아무튼 이 같은 논의는 종교개혁의 정치적 유산의 이원적 성격을 반영하고 있다고 하겠다.

루터의 정치적 신학적 이론보다는 그의 개인적 일대기가 독일의 정치적 예속의 기원들에 대해 보다 설득력 있는 단서를 제공할 것이다. 루터는 에라스무스와의 논쟁에서 의지를 제어할 수만 있다면 이 세상이 "혼돈으로 깨져 없어지는 것조차 감수하겠다"140)고 할 만큼 용기 있는 신학자였다. 그럼에도 불구하고 그는 사회적 정치적 무질서를 지극히 두려워한 인물이었다. 이 무질서의 문제는 루터의 논술들에서 매우 강하게 그리고 반복적으로 정죄되었다. 물론 루터는 민중반란에 대해 두 가지 견해를 동시에 표명하였다. 이는 한편으로는 분노한 신이 강퍅한 폭군들에게 응분의 징벌을 내리는 방식이었다. 그러나 다른 한편으로 이는 단순한 보복으로서 보다 고상한 목표를 이루는 데는 아무런 도움이 되지 않는다고 이를 비난하였다. "이는 결코 바람직한 결과를 가져오지 못한다.……일반적으로 이는 악한 자들보다 선량한 사람들을 해친다.……이는 언제나 공익보다도 해악을 더 끼친다"는 것이었다.

루터는 일찍이 1522년 자신은 "명분이 아무리 부당하다 하더라도 항상 반란의 표적이 되는 사람들 편에 설 것이며, 명분이 아무리 정당하다 하더라도 반란을 일으키는 사람들에 대해서는 그들을 반대할 것"이라고 선언하였다.141) 농민반란 이후 루터는, 열등한 자가 우월한 자를 상대로 정당한 반란을 일으킬 수 있는 상황이란 상상하기 어렵다고 밝혔다. 또한 그는 민중적 지배체제에 의해 불가피하게 초래될 혼란을 무릅쓰기보다는 "개선 가능성이 있는" 폭군을 견디는 것이 언제나 보다 나은 행동방향이라고 생각하였다. "폭군이라 하더라도 개선될 수 있으며, 교육을 받고, 지혜를

---

140) Ozment, *Age of Reform*, p. 299.
141) *Sincere Admonition*, *LW* 45.63.

익힐 수도 있고, 조언에 따라 나아질 수도 있다는 희망이 있다"는 것이 그의 주장이었다. 일단 반란과 군주 살해가 합법화되면, "사태가 악화되고, 사악한 사람들이 선량한 자를 폭군으로 내몰며, 자신들이 의도했던 사람들을 마음대로 처형한다는 것이 바로 역사의 교훈이 아니던가?"라고 그는 반문하였다.[142]

1530년 루터는 황제에 대한 제후들의 저항을 작센의 법학자들과 기타 복음주의 신학자들과 함께 정당한 행위로 승인해주었다. 그러나 그는 결코 민중들의 정치적 반란을 불만 해소에 유용한 합법적인 방법으로 인정해 주지 않았다. 우리는 루터가 한편으로는 "제후 및 영주들에 대해 그들의 죄를 알리지 않는 나태하고 쓸모없는 설교사들"을 비판하면서도, 동시에 다른 한편으로는 통치자들에 대한 평신도와 성직자의 개인적 불평들을 크게 우려했음을 보게 된다. 루터는 통치자들에 대한 은밀한 증오와 저주가 이 세상 모든 곳에서 진행되고 있음을 목격하였다. 또한 그는 "내밀스러운 불꽃이 사람들의 마음에 불복종, 반란, 평화의 파괴 및 정부에 대한 불신"을 초래함으로써,[143] 사회적 결속력이 위험할 정도로 낮아질 것이라는 점도 깨닫고 있었다. 이에 1526년 루터는 폭군에 대한 저항을 변론하는 주장들을 반박하면서, 이 땅에서의 평화와 질서가 얼마나 소중한 것인지를 이렇게 강조하였다.

하나님은 우리를 마귀가 지배하는 이 세상에 보냈다. 그리하여 우리는 이 곳에서는 천국을 이루지 못하며, 온갖 종류의 불행이 우리의 신체, 아내, 자녀, 재산 그리고 명예에 언제든지 닥쳐올 수 있다. 만약 한 시간 동안 열 가지 불행들이 일어나지 않는다면, 만약 한 시간 동안만이라도 불행의 공격을 받지 않고 살 수 있다면, 마땅히 당신은 다음과 같이 말해야

---

142) *Whether Soldiers, Too, Can Be Saved, WML* 5.44~45, 50.
143) *Exposition of the 82nd Psalm, WML* 4.296.

할 것이다. "오 하나님의 친절함이 실로 크시도다. 하나님, 당신께서는 이 시간 모든 불행들로부터 나를 보호해 주셨나이다!"[144]

이 같은 루터의 정서의 근거는 신학 또는 정치이론이 아니었다. 오히려 거기에는 정치적 무질서의 위험보다는 정치적 규제에 수반되는 위험을 훨씬 선호했던 그의 개인적 문화적 체험이 도사리고 있었다. 무정부의 망령이 전제정의 그것보다 더 크게 느껴지는 사회에서는 질서를 이룩하기 위해서 자유를 제한하게 되는데, 이 경우 개념상 아무리 매력적이고 바람직한 것이라 하더라도 모호한 이념을 추구하기 위해서 혼란을 무릅쓰는 일은 피하게 마련이었다. 일반적으로 보아, 전제 군주를 점진적으로 개선하는 일이 이들을 강제로 퇴진시키는 것보다 덜 위험한 길이었다. 오늘날도 정치적 자유 및 이에 수반된 사법제도들은 안전하고 안정적인 사회에서만 작동되고 있다. 더욱이 이를 16세기가 알 수는 없는 일이었다. 루터가 16세기에 대해서 가졌던 혼란 가능성에 관한 예민한 인식은 혼란으로 많은 것을 잃게 될 사람들 이외에도 대부분의 당대인들에 의해 공유되고 있었다. 제후로부터 농민에 이르기까지 16세기 독일 사회는 평등주의 이념에 의해 물들어 있지 않았다. 오히려 당대의 상황은 이와는 반대 방향으로 사람들을 내몰고 있었다. 자유로워진다는 말의 의미는 오늘날의 그것과는 달랐다. 자유가 기회의 균등이나 마음대로 오고가는 권리를 의미하는 것이 아니었다. 자유를 얻은 자라는 말은 보편적으로 공인되는 계서제 사회에서 보다 안전한 신분으로 상승한 사람을 의미하였다. 당시의 문헌들도 우리들에게 자유란 무엇보다도 다른 사람을 지배하는 권한과 밀접하게 결부되어 있음을 드러내고 있다. 게오르그 슈파라틴은 반란에 가담한 농민들을 "스스로 영주가 되고 자유로워지기를 원하는 사람들"[145]

---

144) *Whether Soldiers, Too, Can Be Saved*, WML 5.55.
145) H. Kirchner, "Der deutsche Bauernkrieg im Urteil frügen refomatorischen

이라고 비난하였다. 이에 루터는 "그리스도 교도의 최고의 자유"를 논하면서, 이는 "모든 사람을 지배하면서도, 누구에게도 예속당하지 않는 것"[146]이라고 규정하였다. 16세기 공동체의 전형적인 단위들이었던 촌락 사회와 도시 길드들은, 내부적으로는 나름의 대단히 엄격한 계서적 틀에 따라 움직이고 있었다. 이를테면 농촌 지역의 농민들과 도시의 장인들은 비교적 유력한 공동체 구성원들이었다. 그러나 이들 가운데서조차 보다 유력한 자들이 공동체 조직에 대한 지배권을 독점하고 있었다. 어느 곳에서나 약육강식의 원리가 지배하고 있었던 것이다.[147]

제국의 자유 도시들 역시 민주적 조직체의 좋은 예들은 아니었다.[148] 취리히는 사회적 측면에서 루터의 그것보다 더욱 진취적이라고 생각되었던 츠빙글리의 신학에 경도되어 있었다. 작센 정부보다 정치적으로 더욱 진보적이라고 상정되었던 스위스 동맹체 내의 취리히의 시민권은, 이 도시를 초기 근대 유럽 전체에서도 가장 진보적인 모델의 하나로 간주되도록 하였다. 그러나 츠빙글리의 생전에는 유럽 어디에서도 취리히보다

Geschichtsschreibung," in *Deutscher Bauernkrieg*, ed. Oberman, p. 100에서 인용.

146) *Von der Freiheit eines Christenmenschen,* in *Luthers Werke in Auswahl* 2.11.

147) Blickle, *Deutsche Untertanen*, pp. 56~57에 의하면, 공동체의 전적인 위임을 받은 구성원들 즉 토지 내지 재산을 소유한 계층의 가장들만이 마을과 소도시들에서 정치적 참정권을 부여받았다. 그리고 계서적이었던 농민계층에서는 하급 빈농이나 소작농 위에 군림했던 부농과 중농에게만 참정권이 부여되었다. 참정권을 둘러싼 토지보유 농민과 일일 노동자들 사이의 갈등에 대해서는 D. Sabean, "Family and Land Tenure : A Case Study of Conflict in the German Peasant War of 1525," *Peasant Studies Newsletter*, 3 (1974), pp. 1~15 참조.

148) 제국 도시들의 해체 내지 다원화에 대해서는 W. Andreas, "Die Kulturbedeutung der deutschen Reichsstadt zu Ausgang des Mittelalters," *Deutsche Vierteljahr-schrift für Literaturwissenschaft und Geistesgeschichte*, 6 (1928), pp. 62~113, 특히 65~66, 71~72, 75~76 참조 ; K. Blaschke, *Sachsen im Zeitalter der Reformation* (Gütersloh, 1970), pp. 34~35, 52~54, 76~77 ; T. Brady, *Ruling Class, Regime and Reformation at Strasbourg, 1520~1555* (Leiden, 1978) 참조. 묄러(B. Moeller)는 이 책을 근거로 중세 말기의 스트라스부르를 낭만화하는 작업을 시작하였다.

통제가 심했던 도시란 없었다. 취리히는 언제나 큰 형님[149]의 감시를 받았으며 인접 도시 정부의 사주를 받았던 주민들도 서로를 정탐하고 있었다.[150] 이 점에서 1520년대의 취리히는 존 캘빈이 체류했던 1540년대의 제네바의 상황과 매우 유사하였다.

그러나 당시로서는 이 모든 것이 조금도 이상하지 않았다. 16세기 인들이 이상 사회라고 평했던 여러 상상력이 풍부한 문헌들에 기록된 유토피아들에서, 작가들은 끊임없이 인간 특히 대중을 약하고 부패한 존재로 묘사하였다. 그리하여 이들은 최선의 국가에서조차 감독과 강제가 불가피한 존재로 묘사되었다. 16세기의 유토피아 문학에서는 중앙집중적인 권위주의 체제가 명백히 선호되었으며, 또한 여하한 독자적인 정치적 조직이나 반체제 인사들도 허용되지 않았고, 복종이 선량한 시민의 가장 소중하고 바람직한 덕목으로 미화되었다.[151] 루터와 당시 사람들은 정치적 자유나 평등보다도 더욱 기본적인 무엇 즉 생존 그 자체를 가정과 사회의 계서적 신분 구조를 통해서 보장하고자 했던 것이다.

현대 서구인들에게는 생존과 질서를 직결시키는 태도가 이상해 보일 수도 있을 것이다. 그러나 이는 현대인들이 초기 근대 세계에는 알려지지 않았던 수준의 물질적 안정을 이미 누리고 있기 때문에 가지게 되는 시각이다. 그러나 당시 사람들에 있어서 생명과 질서의 결부는, 지금까지 전통적으로 그러했던 것과 조금도 다를 바 없이, 신학 및 정치보다도 더욱 기초적인

---

149) 이는 당시 스위스의 도시동맹체 가운데 군사적으로 가장 강했던 도시인 베른(Bem)을 가리킨다.
150) W. Köhler, *Zürcher ehegericht und Genfer konsistorium*, vol, Ⅰ, *Das Zürcher ehegericht und seine Auswirkung in der Deutschen Schseiz zur Zeit Zwinglis* (Leipzig, 1932), pp. 154, 156, 202~203.
151) 당시 사람들은 자신들이 이 같은 정부의 시민이 되어야만 "무서운 사회·경제적 문제와 혼돈의 공포에 맞설 수 있다"고 생각하였다. M. Eliav-Feldon, *Realistic Utopias : The Ideal Imaginary Societies of the Renaissance 1516~1630* (Oxford, 1982), pp. 109, 119, 121~133.

신념의 지평에서 파생된 절박한 현안이었다. 한 사회가 살아남기 위해서는, 그 사회가 지배하는 자들과 복종하는 자들로 조직될 수밖에 없다는 본원적인 믿음이 이 시기에는 있었다. 마찬가지로 개인들도 서로 협력하고 희생하지 않으면 누구도 성장할 수 없다고 확신하였다. 16세기가 가부장제 및 계서제를 선호했던 기저에는 바로 이 같은 신념들이 깔려 있었으며, 이는 결혼제도, 자녀양육 및 교육 등에 대해서도 직접적인 영향을 미치고 있었다.[152]

사회적 인신적 무질서에 대한 개인적 공식적 반응들은 예외없이 법률, 질서 그리고 자아 규제에 대한 이 시대 사람들의 깊은 정서적 신뢰를 드러내고 있다. 예를 들어서, 사회적 반란과 개인적 술취함에 대한 이 시기의 비난을 검토해 보면, 이는 여하한 사회에서도 허용될 수 없는 바들에 대한 해명 및 여하한 개인도 스스로에 대해 허용해서는 안 될 바들에 대한 해명 바로 그것이었다. 반란적 농민들은 타고난 동물적 자기 방종에 빠진 자들로서 이들은 비본성적이고 비그리스도교적인 행위 지침들을 수용함에 따라 오만하게도 사회계약을 파기했다고 정죄되었다. 동시대 역사가와 주석가들은 반란적인 농민들을 '유물론자', '미친 개들', '패거리 폭력을 휘두르는 교만한 광신도들',[153] '방탕하고 무자비한 사람들'[154] 등으로 다양하게 비난하였다. 이들은 "마치 발이 머리를 다스릴 수 있을 것처럼 본성에 대항하고, 본성에 역행하는" 자들이라는 것이었다.[155] 루터

---

152) S. Ozment, *When Fathers Ruled : Family Life in Reformation Europe* (Cambridge, 1983), ch. 2, 4.

153) Kirchner, "Der deutsche Bauernkrieg," pp. 113, 116.

154) OX-BOD, T.L. 31.169, pp. D 2 b-3 a.

155) OX-BOD, T.L. 44.97, p. B 1 a-2 a. 루터와 마찬가지로 엔도르프의 황제 측 자문관도 '농민반란'을 올바르고 책임 있는 방법으로 통치하지 못한 귀족들에게 내린 하나님의 징벌로 보았다. 그는 농민반란 후, 귀족과 농민 양측에게 사회의 유기적이면서도 자율적인 특성을 인정하도록 촉구하였다. 눈이 손을 그리고 머리가 발을 필요로 하는 것과 마찬가지로, 통치자는 백성을 그리고 백성은 통치자를 필요로 한다고

파 사제인 요한 아그리콜라가 1525년 집필한 널리 읽혀진 한 팸플릿에서는, 주인에 대항해 반란을 일으킨 뮌처파 신도를 한 마리의 미친 늑대라고 불렀을 뿐만 아니라, 야수적 속성이 이 평범한 사람을 완전히 압도하게 되었다고 평가하였다.

> 당신은 '자유'를 원한다고 주장한다. 그러나 당신은 이로써 누구에게든 아무것도 주지 않는 자유를 가리킨다. 왜냐하면 당신에게는 순종심이 전혀 없기 때문이다. 누군가를 공격해서 강제로 그의 것을 빼앗으며, 스스로 내 것이라고 주장하는 자유, 일하지 않는 자유, 그리하여 길들여지지 않은 야생동물들처럼 폭식, 폭음, 오락, 매춘으로 스스로를 타락시키는 자유, 그래 이것이 바로 당신의 자유다.[156]

필립 멜란히톤은 농민반란이 일어나기 이전에 이미 스와비아 농민들의 「12개조 강요」에 대해서 일련의 판단들을 제시하였다. 그는 농민들에게 정부의 구조 형태는 사회적 평화나 질서만큼 중요하지는 않다고 밝혔다. "작센 지방은 라인 강 유역과는 다른 방식으로 재산을 분배한다. 그러나 복음은 어디서도 정부들에게 농노제를 종식하도록 요구하지는 않았다"는 것이었다. 위대한 교육가였던 그는 독일 민중들이 오히려 보다 많은 예속과 통제를 필요로 한다며, 이렇게 주장하였다.

> 독일인들처럼 길들여지지 않은 야만족에게는 오늘날 그들이 향유하는 정도의 많은 자유가 주어져서는 안 된다. 독일 사람들은 기율이 문란하고, 변덕스럽고, 피에 주린 민족이기 때문에, 항상 거칠게 다루어야 한다. 전도서 33장 25절은 '당나귀에게는 먹을 것과 채찍과 짐이 숙명인 것처럼,

---

그는 주장하였다.
156) OX-BOD, T.L. 44.95, p. A 4. a. 요하네스 브렌츠도 동일한 비판을 제기했다. OX-BOD, T.L. 43.85, p. A 3 b.

하인에게는 먹을 것과 징벌과 노동이 그들의 운명이다'라고 가르치고 있다.[157]

　16세기의 논술들 가운데 술취함 및 이와 유사한 개인적인 자아 파괴의 행위들 즉 춤추기, 매춘, 도박 등을 다룬 많은 글들에서는 인간을 본성적으로 어리석고 기율이 문란하며, 대부분의 경우 내면적 혼돈에 빠져 있다고 지적했으며, 이들의 생존 자체가 타고난 습관을 버리고, 절제하며, 자신의 삶을 규제하는 정도에 달려 있다고 묘사하고 있다. 작센 선제후의 궁정 설교사였던 제이콥 쉔크(J. Schenck)는 "인간은 본성적으로 과도하게 술을 마시려는 욕망을 가지고 있다"고 선언하였다. 따라서 정신적인 거듭남을 통해 성품이 변화되어야만 이 같은 욕망을 깨뜨릴 수 있다고 밝혔다.[158] 1528년 영성주의자 세바스찬 프랭크(S. Franck)는 독일의 가장 큰 사회적 문제라고 스스로 확신했던 주제를 다룬 한 논술에서, 만연된 음주야말로 모든 개인적인 비행과 사회악의 문이라며 이렇게 비난하였다. "음주는 육체를 약화시키고 생명을 단축시키며, 명예와 재산을 파괴하고, 걸인을 만들어 내며, 재판을 왜곡하고, 이성을 마비시키며, 범죄를 변명하고, 반역을 부추길 뿐만 아니라, 신성모독, 어리석음, 무지, 무모함, 혼음 등 모든 형태의 무질서한 생활을 조장한다. 더욱이 이는 사람들의 말, 일 그리고 행동을 천박하게 만들며, 또한 우상숭배를 하게 함으로써, 하나님의 보복적 분노가 사회 전체에 초래되도록 만든다. 이 모든 형태들이야말로 마지막 날의 확실한 징조다"[159]는 것이었다.
　1531년 작센의 통치자들은 그 지역의 도덕을 파괴하는 자들에 대해서 『신성모독과 술취함』이라는 표제의 지침서를 발간하였다. 이 지침서에

---

157) *Eyn schrifft... widder die artickel der Bawrschafft*, pp. C 3 b-4 a.
158) OX-BOD, T.L. 67.7, pp. A 4 b, F 2 a.
159) OX-BOD, T.L. 57. 23.

의하면 신성모독은 신법의 제1조에 어긋나는 가장 큰 범죄였으며, 술취함은 신법 2조를 위반하는 범죄였다. 작센 정무관들은 신성모독자들을 "하나님을 경멸하며, 불경스럽고, 무례하며, 난폭하고, 무모하면서도 방탕한 사람들"로 간주하였다. 또한 이들은 술취함을 독일의 가장 큰 악덕이라고 판단하였다. 당대인들은 독일 사람다운 행동의 의미를 곧장 술에 취한 듯한 행동으로 이해할 정도였다.

한편 이 지침서는 신성모독자와 알코올 중독자들을 신성한 권위와 세속 정부 모두를 무시하고, 자기들 마음대로 행동하는 인간 이하의 사람들이라고 묘사하였다.[160] 그런데 헤세의 개혁가 멜키오르 암바흐(M. Ambach)는 생식기까지 드러내 놓는 무절제하고 방탕한 춤 역시 사회적으로 보아 술취함과 다를 바 없는 방종이라고 생각하였다. 암바흐가 보기에 춤은 놀라울 정도로 점점 더 많은 사람들 사이에서 오락으로 자리잡고 있었다. 그리하여 이는 다른 어떤 범죄나 불법들보다도 허례, 교만, 열광, 증오, 무지, 기강 해이, 사치, 언쟁, 논란, 상해, 살인, 간음, 매춘의 원인이 되었다. 이에 암바흐는 하나님의 형상에 따라 피조된 인간에게 보다 적합한 대안적 오락으로서, 구약성서에 기록된 다윗과 미리암처럼, 하나님의 자비를 찬미하는 "정숙하고 경건한 춤 및 이를 통한 명예롭고 절제된 즐거움"을 제안하기까지 하였다.[161]

---

160) OX-BOD T.L. 106.7, pp. B 1 b, C 4 a, E 2 a.

161) M. Ambach, *Von Tantzen/Urteil/Auss heiliger Schrifft/und den alten Christlichen Lerern gestelt* (Frankfurt, 1544), British Library, 3307.bb.10(3), pp. B 2 a, B 3 a. L. Culman 역시 그리스도 교도답고 인간다운 생활에 어울리는 절제된 즐거움을 추천하였다. *Ein Christenlich Teutsch Spil/wie ein Sünder zur Buss bäkart wird/Von der sund Gsetz und Evangelion* (Nuremberg, 1530), British Library, 11747.a.41, p. A 4 a. 참조. 쾰른의 시의원이며 포도주 상인이었던 헤르만 바인즈베르그는 새롭게 나온 그의 가족 연대기에서 12쪽 반이나 할애하여, 포도주의 활용과 남용에 대해 설명하였다. 이를 절제하여 사용할 경우 통증 제거, 위로, 수면 유도, 소심한 자의 대화 유도와 같은 장점들이 있다고 지적하면서, 알콜 중독자들에 대해서는 이들을 다양한 종류의 동물에 비유하였다. *Das Buch Weinsberg*, ed.

전제정의 정치적 무절제가 반란을 낳고, 반란은 다시 전제정을 초래한다는 예정된 징계의 악순환의 와중에서, 사람들은 음주로 인한 도덕적 무절제를 사회적 정치적으로 표출된 신의 분노로 간주하였다. 팸플릿 작가들은 투르크족의 서유럽 침공을 독일의 고질적인 폭식과 술취함에 대한 하나님의 채찍이라고 불렀다. 그리하여 이 채찍은 독일이 다시 "진실되고 이성적이며 절제를 아는 백성"162)의 땅이 될 때까지 계속해서 독일에 내리쳐질 것이라고 주장되었다. 1546년 종교개혁이 외견상 제국 군대에 의해 패퇴당했던 것처럼 보였던 시기에 베르트 하임의 한 루터파 사제는 그 이유를 독일의 도덕적 타락에서 찾았다. 그에 의하면 독일에는 의복, 식량, 음료 등에 대해서 전례 없는 허영, 과욕 그리고 무절제함이 만연해 있었으며, 또한 걷잡을 수 없는 허욕이 사회질서를 깨뜨리는 광범위한 분쟁들을 야기시키고 있었다. "문제의 핵심은 누구도 다른 사람에게 예속되기를 원하지 않고, 모두가 다른 사람보다 우월하기를 원했기 때문"이라는 것이 그의 결론이었다.163)

당시 대부분의 독일인들 특히 소유와 지위를 가졌던 사람들뿐만 아니라 다수의 일반민들조차, 사회적 경험을 통해서 정치적 전제정보다도 사회적 무질서를 더욱 두려워하였다. 그런데 종교개혁이 가장 신랄하게 비난했던 바가 종교적 전제와 정치적 무정부 상태 바로 그것이었다. 당시 대규모의 반란에 가담했던 농민들조차 자신들의 기본적 불평들이 정당하다고 확신했음에도 불구하고, 반란적 행위의 정당성은 확신하지 못했기 때문에 반란의 와중에도 결정적인 공세를 취하지 못하고 망설였다.164) 명백히

J. Stein (Bonn, 1926), 5.260-65 참조.

162) OX-BOD, T.L. 117.6, pp. B 1 a-2 a ; J. W. Bohnstedt, *The Infidel Scourge of God : The Turkish Menace as Seen by German Pamphleteers of the Reformation Era* (Philadelphia, 1968).

163) OX-BOD, T.L. 75.26, pp. C 1 b-2 a.

164) 블리클은 농민들이 망설였던 이유를 초기에 지지를 보냈던 '개혁가와 부르주아들'

행위의 이 같은 우선순위는 건국 초기 미국인들의 그것과는 근본적으로 달랐다. 그런데 이 점은 초기 근대 유럽의 심각한 물질적 취약성 및 독일 고유의 만성적인 내정 상의 분열과도 밀접한 관련이 있었다. 독일은 다른 유럽 국가들과도 달리 300개 이상의 자율적인 정치적 단위들로 구성되어 있었다. 이 같은 여건 하에서는 강력한 지배라 하더라도 오늘날의 전제정치 만큼 두렵고 억압적인 정치질서는 아니었다. 당시 대부분의 사람들에게 양자 중 어느 하나를 택하게 했다면, 전제정을 보다 해악이 적은 것으로 선택할 것이었다.

루터의 정치사상은 사회적 정치적 무질서에 대한 독일인들의 두려움이 표출된 보수적 대응이었다. 그러나 동시대인들에 있어서 이는 당대의 문제들에 대한 건설적인 대응이기도 했다. 이를 균형 있게 평가하고자 하는 경우, 우리는 루터의 정치적 철학과 행위에 포함된 반권위주의적 요소를 그의 정치적 순복에 대한 예찬 못지않게 현저한 특징으로 파악하여야 한다. 다시 말해서 전제정에 대한 도전은 종교적인 것이든 정치적인 것이든 권위에 대한 순복 못지않게 종교개혁 유산의 명백한 일부일 수밖에 없기 때문이다.[165] 당대인들은 루터를 반란적인 동시에 반동적인 인물로 생각하였다. 농민반란 이후 작센의 농촌 지역을 순방하면서 루터는 자신의 『대 교리 해설서』(1529) 서문을 인용하며, 돼지와 소처럼 살고 있는 평민들의 모습을 비통해 하였다. 그러나 동시에 그는 평민들의 단순함과 정직한 행위를 모든 그리스도 교도들의 모범으로 칭찬했으며, 만인사제설 즉 모든 개인은 종국에는 다른 사람들의 말이나 의식이 아니라 자기 자신을 믿어야 한다는 논리에 따라 그들의 영혼의 평등함도 주장하였다.

이 평민들의 대의명분에 등을 돌렸기 때문이라고 보았다. 그는 평민들이 상대적으로 폭력을 자제한 것을—우리는 이를 당연히 그들의 군사적 무능력이라는 맥락에서 설명한다—그들이 정복자들에 비해 도덕적으로 우월하다는 증거로 해석하였다. *The Revolution of 1525*, p. 136 참조.
165) Ozment, *When Fathers Ruled*, pp. 172~177.

종교개혁은 한편으로는 독일 제후들에게 정치적 주권 및 여기에 입각한 통치 능력에 대한 새로운 인식을 가져다주었다. 그러나 동시에 이는 그들에게 심오한 윤리적 문화적 사명도 부여하였다. 이 측면에 대해서도 복음주의 성직자들은 주의를 소홀히 하지 않았다.[166] 여러 세기가 지난 이후 독일의 그리스도 교도와 정치인들은 판이하게 달라진 사회적 정치적 여건 하에서 전제정과 인종주의를 정당화하기 위해서 이 유산의 보수적 측면에 호소하였다. 그러나 이는 루터와 종교개혁이 책임질 수 있는 성격의 것이 아니다. 각 시대의 범죄는 각 시대 그 자체에 속할 수밖에 없다. 만약 이 때 종교개혁의 진정한 유산을 실천하고자 하는 의지가 있었다면, 이는 틀림없이 대단히 다른 결과들을 초래했을 것이다. 설령 루터의 정치이론이 독재자에 대한 저항의 문제에서 루터파 교회의 눈을 가렸다 하더라도, 그 잘못은 교사에게 있는 것이 아니라 가르침을 받은 자들에게 있는 것이다.

현대 세계에 추악한 독일인을 등장시킨 것은 정치적 보수주의와 예속주의적 태도 때문이 결코 아니다. 오히려 그 이유는 극단적인 문화적 낭만주의 및 이상주의적 미래주의 때문이라고 생각된다. 독일 종교개혁에 대해 확실하게 단정적으로 말할 수 있는 것이 있다면, 이는 제3 제국(Das Dritte Reich)[167]의 친구가 아니었다는 사실이다. 루터와 그 추종자들은 16세기에 종교와 사회 모두에 걸쳐 실험되었던 다양한 신정주의적 실험들에 대한 최대의 적이었다. 여기에는 칼슈타트 및 츠빙글리와 같은 온건한 신정주의

---

166) P. Althaus, *The Ethics of Martin Luther*, tr., R. C. Schultz (Philadelphia, 1972), pp. 51~54, 114 ; W. Maurer, "Die Entstehung des Landeskirchentums in der Reformation," in *Staat und Kirche im Wandel der Jahrhunderte*, ed. W. P. Fuchs (Stuttgart, 1966), p. 77 ; K. Holl, "Die Kulturbedeutung der Reformation," *Gesammelte Aufsätze zur Kirchengeschichte*, vol. Ⅰ : Luther (Tübingen, 1948), pp. 468~543.

167) 현대 독일사에서 히틀러가 주도했던 나치 국가를 일컫는 용어. 여기서는 종교개혁 당시 극단적으로 이상을 추구했던 분파주의자들을 나치류의 반역사적 맹목적 이상주의자들에 빗대어 표현하였다.

그리고 권력을 장악했던 토마스 뮌처의 혁명적 영성주의 그리고 1534년 잠시나마 천년왕국주의자들이 권력을 장악했던 뮌스터 시의 재세례파 유토피아주의 등과 같은 다양한 실험들이 혼재되어 있었다. 프로테스탄트 주류는 자신들이 종교적인 열정의 바다 위에 떠 있음을 알고 있었다. 그리하여 이들은 끈기와 절제를 가지고 단지 온건하고 느리게 나아가는 사회적 진보만을 기대하였다. 루터 자신도 이를 사회라는 직물에 헝겊을 대고 깁는 행위라고 부른 적이 있었다.[168] 종교개혁보다 평민들의 불가능한 꿈들의 실체를 드러낸 사건은 어느 시기에도 없었다. 또한 종교개혁보다 평민들을 그들 나름의 자기 기만으로부터 구출해 낸 사건도 없었다. 종교개혁이 성공할 수 있었던 한 중요한 이유는 종교개혁가들의 완강한 실용주의에 있었다. 이들은 역사적으로 보아 자신들의 시대에 실천 가능한 것이 무엇인가에 대해서 조금씩 깨닫고 있었던 것이다.

역사적으로 대중문화는 결코 정치적 자유와 사회적 평등의 피난처가 아니었다. 역으로 엘리트들에게 정치적 부자유와 사회적 불평등의 책임이 있다는 논리 역시 지나치게 단순해서 오늘날 쇠퇴하고 있다. 소수의 다수에 대한 전제 못지않게 다수의 소수에 대한 전제 또한 빈번히 있어 왔다. 과거 사람들에게 그들이 알지 못했고 또한 행할 수도 없었던 방법으로 행동했기를 기대하는 것은 온당한 태도가 아니다. 루터 시대의 현실적인 대안은 당대적 기준에 비추어 보아, 주요 형태의 정부들이 보다 효율적으로 권한을 행사하고, 보다 공정하게 신민들을 다루는 일이었다. 정부를 폭력적으로 전복시키는 것이 아니라 끈질기고 지속적으로 개선시키는 일, 이것이 바로 루터와 그 추종자들이 추구한 것이었다. 그리고 이는 농민반란 이후

---

168) "신성로마제국에서는 다른 정부가 수립될 가능성이 전혀 없기 때문에, 정부를 바꾸려 하는 것은 현명하지 못하다. 오히려 우리가 살아 있는 동안 능력있는 자로 하여금 이 정부의 구멍난 곳을 헝겊으로 깁게 하고, 권력 남용을 금하도록 하며, 곪은 곳에는 헝겊을 대고 기름을 바르게 하라." *Exposition of Psalm* 101, LW 13. 217.

적어도 부분적으로나마 평민들의 이익을 위해서 진전되기 시작하였다.[169] 농민반란 이후 지방 정부의 권위가 재확립되자 1526년 스파이에르 제후회의는 휴회 중에 이렇게 선언하였다.

　　최근의 반란에서 평민과 신민들은 자신들의 본분을 현저하게 망각하고 노골적으로 정부에 반대하는 행동을 하였다. 그러나 우리는 통치자들의 은총과 자비가 이들의 비이성적 행동보다 관대하며 또한 언제나 예비되어 있다는 것을 이들도 알 수 있기를 바란다. 이에 모든 정부는 기회가 주어지는 대로, 무조건 항복하고 자신의 행동에 대해 대가를 치룬 모든 신민들을 명예롭게 과거의 자리로 돌려보내기를 촉구한다. 정부는 이들을 다시 공직에 앉히고, 재교육을 통해서 조언, 재판, 증언 등의 일을 할 수 있도록 해야 한다. 또한 이들을 재무장시킴으로써, 이들이 항상 다른 사람들의 관심사와 불만들을 듣고, 사안별 특성에 따라 관대하고 유익한 결정을 내릴 수 있도록 해야 한다. 재임명된 정무관, 시장 그리고 그 밖의 공복들은 인민들에게 불합리한 짐을 부과하지 않도록 해야 하며, 법률을 지키는 자들을 방해하지 말아야 한다.[170]

　　종교개혁이 위대한 사회적 정치적 변화를 열망한 것은 아니었으며, 또한 이러한 변화를 만들어내지도 않았다. 종교개혁은 기존의 정치체제 내에서 질서와 안전이라는 소박한 약속만을 하였다. 또한 종교개혁은 신민과 지배자들이 기꺼이 각자의 역할을 담당하려는 경우에 한해서 보다 큰 자선과 정의를 실천할 수 있는 기회를 제공하였다. 종교개혁은 다음과 같은 점에서 긍정적으로 평가될 수 있다. 첫째, 그것은 쓸모없고 유해하다고 상정되었던 신조들로부터 일반민들을 해방시켰다. 둘째, 그것은 많은 사람들을 그렇게도 손쉽게 로마 교황청의 인정적 규범의 희생물로 만들었고,

---

169) 블리클 자신의 지적에 대해서는, *The Revolution of 1525*, pp. 168, 182 참조.
170) OX-BOD, T.L. 47.44, p. A 4 a.

전통을 수동적으로 수용케 했던 태도로부터 독일인들을 해방시켰다. 셋째, 그것은 사회적 예언자들의 기만적 꿈으로부터도 독일인들을 해방시켰다. 루터의 정치사상은 종교개혁이 담당했던 이 같은 역할의 불가결한 일부였다. 그의 정치적 견해는 당시 실현 불가능했던 정치적 이념들보다도 훨씬 더 건설적으로 일반 독일인들의 정신적 정치적 성숙에 기여하였다.

V. 법률에서 생활로 : 종교개혁의 사회화

1. 마르틴 루터의 가정생활 이론[1]

다수의 프로테스탄트 성직자들은 가톨릭 성직자들과는 달리 결혼을 하였다. 이들은 처음부터 혼인권을 주장하였다. 작센과 스위스의 종교개혁 가들에게 있어서 성직자의 혼인은 이신칭의 교리만큼이나 중요한 교리였다. 이들 개혁가들은 성직자의 혼인을 주창함으로써, 가정적인 문제는 물론 종교적 문제에서도 평신도의 그리스도교적 생활규범을 제시하려고 하였다. 혼인제도야말로 종교개혁이 이론적 지평에서 실제적 삶으로 전환되는 과정에서 프로테스탄트 성직자들의 관심을 강렬하게 사로잡은 화두였다. 이들은 새롭게 이룩한 가정에서 가톨릭 교회의 수도원이나 교구의 사제관에서는 찾아볼 수 없었던 정서적 따뜻함과 친밀감을 발견하였다. 프로테스탄트 성직자들은 아내와 자식을 가짐으로써, 가정 및 종교 문제에서 나름의 독특하고 진솔한 혼인 상담자 내지 아동 심리학자가 되었다. 그러나 혼인은 독신 성직자에게는 제기되지 않았던 문제들을 제기함으로써, 이들로 하여금 자신들의 종교 사상을 재검토하도록 하는 계기가 되었다.

---

1) 이 부분은 저자가 *When Fathers Ruled : Family Life in Reformation Europe* (Cambridge, Mass., 1983)을 집필하고자 작성한 것으로서, *Harvard Library Bulletin*, 32 (1984), pp. 36~55에 실었던 글이다.

심지어 마르틴 루터처럼 자기 확신에 찼던 인물조차 가정생활이 자신의 신학을 재구성하도록 요구하고 있음을 발견하였던 것이다.

우리들이 마르틴 루터에 대해 이야기할 때 우선 연상되는 점은 그가 교회개혁을 염원한 수도승이었던 동시에 신학자였다는 사실이다. 위대한 신의 사람 루터는 외견상 죄와 악마에 집착하였으며, 내세적 추구에 함몰해 있었던 것처럼 보인다.[2] 수도승 겸 신학자였던 루터는 「95개조 반박문」을 작성하였으며, 잉크병을 악마에게 던진 인물이었다. 그러나 동시에 루터는 남편이자 여섯 명의 자녀를 둔 아버지이기도 하였다. 1525년 결혼하기 이전에 이미 혼인 및 가정생활은 그의 중요한 관심사가 되었다. 독신 성직자로 있을 당시에 이미 루터는 가정생활에 관해서 폭넓게 글을 썼다. 루터에 의하면 혼인제도 역시 교회제도와 마찬가지로 위기를 겪고 있었으며 개혁이 필요하였다. 그는 "여성의 부정과 결혼의 불행만을 다루는 이교도 서적"을 도처에서 판매하고 돌아다니는 행상인들처럼 결혼생활 역시 "보편적으로 보아 평판이 매우 나쁜 제도"라고 지적하였다. 이는 그의 동시대인들 사이에 널리 퍼져 있던 여성 혐오 내지 결혼에 대한 부정적 정서를 연상시킨다. 여성과 결혼생활은 속설과 농담 등을 통해서 폭넓게 비하되었다.[3] 여성으로 인해 타락했던 아담, 삼손 및 다윗에 관한 성서의 이야기들이 널리 퍼져 있었다.[4] 뿐만 아니라 순결 및 독신 옹호론자

---

2) H. A. Oberman, *Luther : Mensch zwischen Gott und Teufel* (Berlin, 1981).

3) *The Estate of Marriage,* in *Luther's Works*, ed. J. Pelikan and W. I. Brandt (Philadelphia, 1962), 45 · 36 ; *Von dem Eelichen Leben. D.M. Luther durch ine gepredigt* (1522), Harvard Hughton Library, GC5 L9774.522vk, p. C Ir. 루터가 심중에 두고 있었던 여성혐오 사례에 관해서는 *Womanhood in Radical Protestantism 1525~1675*, ed. J. L. Irwin (New York, 1979), p. 67 및 W. Kawerau, *Die Reformation und die Ehe* (Halle, 1892), pp. 41~63 참조.

4) L. Culman, *Jungen gesellen/Jungkfrauen* and *Witwen/so Ehelich wollen werden/zu nutz ein unterrichtung/wie sie in ehelichen stand richten sollen* (Augsburg, 1568), British Library, 8416.aa.34, pp. A 3 r, D 6 v.

들은 사랑에 빠진 사람들에게 혼인 및 부모가 치러야 하는 희생과 고통을 끊임없이 강조하였다.[5]

놀랍게도 마르틴 루터는 여성의 권위와 결혼생활의 장점을 변론한 대표적 인물이다. 아마도 루터는 여성 신체의 해부학적 구조의 의미에 관한 익살로 널리 알려져 있는 것 같다. 어느 날 저녁 식탁에서 루터는 농담조로 "여성은 좁은 어깨와 커다란 엉덩이를 가지고 있지. 따라서 가정에 충실해야만 해. 여성의 신체적 조건은 신이 여성의 역할을 가정에 한정시킨 의도를 보여주는 표식이지"라고 말하였다는 것이다.[6] 그렇기는 하지마는 여전히 루터는 여성이란 '남성이 되는 데 실패한 존재'라는 아리스토텔레스의 여성관을 비판했던 16세기의 대표적 인물의 하나로 불릴 만하다.[7] 아리스토텔레스는 완벽한 창조 행위란 언제나 남성 후손으로 귀결된다고 주장하였기 때문이다. 또한 루터는 제롬, 키프리안(St. Cyprian, †258),[8] 아우구스티누스 및 교황 그레고리 1세 등의 교부들이 "결혼의 장점에 관해서는 전혀 언급하지 않았다"는 것에 대해서도 비판하였다.[9]

중세의 성직자들은 초기 교부들과 마찬가지로 처녀성과 성적 순결에

---

5) 특히 J. Gerson : Oeuvres complètes, ed. P. Glorieux (Paris, 1966), 7, pp. 416~421 참조.

6) Luthers Werke in Auswahl, vol. 8 : Tischreden, ed. O. Clemen (Berlin, 1950), p. 4, no. 55 (1531).

7) I. Maclean, The Renaissance Notion of Woman : A Study in the Fortunes of Scholasticism and Medieval Science in European Intellectual Life (Cambridge, 1980), pp. 9~10, 18 ; V. Bullough, "Medieval Medical and Scientific Views of Women," Viator, 4 (1973), pp. 485~501.

8) 초기 교회의 교부이자 아프리카 교회의 지도자. 그는 248년 카르타고의 주교가 되었으나, 로마 황제 데키우스가 그리스도 교도를 박해하자 카르타고를 탈출하였다. 251년 박해가 끝나자 배교자들과 이교도로부터 세례를 받은 이들의 처리를 둘러싸고 교회가 내부적으로 분열 상태에 빠졌다. 이에 키프리안은 이들을 단호하고 일관되게 처리하였다. 키프리안은 황제 발레리아누스 치세 하에서 순교 당하였으며, 교회의 계서적 질서를 강조하는 『교회의 단일성에 관하여』를 집필하였다. 그의 축일은 9월 16일이다.

9) LW, 8.209, no.3983 (1538).

집착하였다. 성 아우구스티누스는 천국에서의 성행위란 욕정과 충동 없이 이루어질 수 있으며, 아담과 이브도 부부로서의 성적 의무를 정숙히 이행함으로써 신을 조용히 명상할 수 있었다고 생각하였다.[10] 그리스도를 모방하여 인간의 성적 욕구를 억제하는 지경에까지 이르는 이와 같은 절제는 수도원적 삶을 고무하였다. 성직자들은 금욕적 이상을 실천하였을 뿐만 아니라 평신도의 사적 성생활에서도 절제의 모델이 되고자 하였다.

예를 들어서, 1494년의 속어판 교리 해설서에서는 "결혼의 의무를 이행해야 하는 평신도가 범하는 죄"라는 표제 하에 세 번째 중죄인 성적 부정들을 설명하였다. 이 교리 해설서에 따르면 평신도가 범하는 성적 범죄는 다음과 같았다. (1) 비정상적인 행위와 체위, 피임 및 자위행위, (2) 배우자와 성행위를 하면서 다른 대상에 대해서 가지는 성적 욕망, (3) 배우자와 성생활을 하지 않는 기간에 다른 대상에 대해 가지는 성적 욕망, (4) 정당한 사유 없이 부부의 의무를 이행하지 않음으로써, 배우자로 하여금 성적 욕구를 충족시키기 위해 일탈된 관계를 가지도록 조장하는 행위, (5) 성생활이 금지된 참회기간, 특히 사순절, 월경기, 출산이 임박한 주간 및 산모의 산욕기에 성관계를 가지는 행위, (6) 부정하다고 알려진 배우자와 지속적으로 성관계를 가지는 행위, (7) 죄악을 피하고, 이 땅에서 번성하라는 신의 명령보다는 순전히 쾌락을 추구하는 성관계 등이 그것이었다.[11]

루터 및 첫 세대 프로테스탄트 성직자들은 자신들의 신학과 사생활을 통해 성에 대한 교부적 금욕적 전통을 거부하였다. 이 같은 결별은 가톨릭 교회의 중요한 교리인 믿음, 선업 및 성사에 대한 도전 못지 않게 가톨릭 교회의 전통적인 가르침과 관행을 부정하는 위대한 혁명이었다. 문자 그대로 이들은 고대 이래로 수도원과 수녀원에 싸여 있었던 그리스도교의

---

10) Saint Augustine, *The City of God,* trans. M. Dods (Grand Rapids, 1956).

11) *Ain püchlein von der erkanntnuss der sünd* (Augusburg, 1494), p. C 4 b, in Ozment, *When the Fathers Ruled*, p. 12.

영광스런 전통을 혼인과 가정으로 옮겨놓았다. 4세기에 활동하였던 성 제롬은 순결 및 과부의 삶과 결혼생활을 수치상으로 흥미롭게 비교하였다. 그는 순결에 100, 과부의 삶에 60, 결혼생활에 30의 가치를 각각 부여하였던 것이다.12) 비텐베르그의 성직자 요하네스 부겐하겐은 1520년대 "순결이 아니라 신앙이 천국을 이룬다"고 주장하였다. 루터파 시인 에라스무스 알베루스는 "순결함이 천국을 이루는 반면에, 결혼이 현세를 이룬다"는 성 제롬의 적절치 못한 지적은 반드시 수정되어야 한다고 주장하였다. "오히려 혼인이 천국을 이룬다고 말하자"라고 그는 주장하였다.13)

　첫 세대 프로테스탄트 성직자들이 삶의 모든 영역에서 여성이 남성과 동등한 권리를 가진다고 주창하지는 않았으며, 오늘날의 여성학자들이 제시하는 엄격한 잣대를 이들이 통과할 수도 없다. 아마도 종교개혁가들의 결혼에 대한 긍정적인 평가에도 불구하고, 이들 여성학자들은 종교개혁이 여성에게 유익함보다는 해악을 더 많이 가져다주었다고 주장하고 있다. 프로테스탄트 개혁가들은 여성을 아내이자 어머니로 이상화시킴으로써, 근대 초기의 여성들이 '상당한 정도로 만족스럽게 자신의 존재'를 표현하는 기관이었던 당시의 수도원과 사창가를 이들은 어디서나 폐쇄하였다고 비판되었다. 또한 "종전에는 먹을 것을 해결했던 여성들이 엄청난 가난에 시달리게 되었으며, 대규모 여성 거지가 출현하게" 되었다는 주장도 제기되어 있다.14)

---

12) D. Herlihy, *Medieval Households* (Cambridge, Mass., 1985), p. 12에서 인용.

13) J. Bugenhagen, *Von dem ehelichen stande* (Wittenberg, 1525), pp. D I a-3 b ; E. Alberus, *Ein Predigt vom Ehestand* (Wittenberg, 1536), p. C 3 b.

14) D. Lorenz, "Von Kloster zum Küche : Die Frau vor und nach der Reformation Dr. M. Luthers," in *Die Frau von der Reformation zur Romantik*, ed. Barbara Becker-Cantarion (Bonn, 1980), pp. 25~26 ; L. Roper, *The Holy Household : Religion, Morals, and Order in Reformation Europe* (Oxford, 1989). 바이즈너의 견해가 보다 공정하고 타당하다. M. Weisner, *Working Women in Renaissance Germany* (New Brunswick, 1986).

이같이 거친 견해는 20세기 사회에서도 가장 평등주의적인 시각으로부터 나왔다. 그러나 프로테스탄트의 가정생활관은 중세의 종교문화 및 가사 관행에 비추어 이해할 때만 시대착오의 오류를 피할 수 있다. 이들은 16세기 여성의 복지와 밀접히 결부되어 있던 쟁점들을 제기하였을 뿐만 아니라, 당시 진행되고 있던 혼인제도의 개혁 과정에도 커다란 기여를 하였다.

1) 독신과 결혼

루터와 그 추종자들은 순결과 독신을 고귀하게 여기던 수도원을 당대의 반여성주의 및 결혼에 대한 적대적 태도의 주요한 근거로 간주하였다. 이에 프로테스탄트들이 지배하게 된 도시와 영지들에서는 수도원과 수녀원이 해산되었던바, 이는 성적 억압, 문화적 박탈감, 자질이 부족한 공격적인 남성 성직자 및 종교인들로부터 여성의 해방이라는 확고한 신념 아래 진행되었다. 대다수 여성들이 본인의 의지에 반하여, 그리고 수도원 생활에 대한 충분한 사전 지식도 없이 수도원에 갇혔다는 인식이 종교개혁 지도자들 사이에는 광범위하게 퍼져 있었다. 이들 지도자들은 수녀들이 수도승보다도 상급 수녀들로부터 곧잘 학대를 받았으며, 스스로의 선택에 따라 종교적 서약을 깨뜨리고 환속하기 어렵다는 점도 잘 알고 있었다. 종교개혁가들은 수녀원이 '여성의 특별한 장소'라는 인식을 여하한 형태로도 가지고 있지 않았다. 다시 말해서 이들은 수녀원을 세속사회에서 부정되었던 자유와 권위를 여성들에게 제공할 뿐만 아니라, 동시에 고달픈 결혼생활, 남편의 지배 및 계속되는 임신과 어머니의 역할로부터 벗어나게 해주는 공간이라고는 전혀 생각하지 않았다. 만약 종교개혁가들에게 이 같은 주장을 제기하였다면, 아마도 이들은 그것을 신이 여성에게 부여한 삶의 책임들을 회피하려는 반본성적 비그리스교도적 기도라고 맹렬하게 비난하였을 것이다. 이들 종교개혁가들은 수녀원의 여성들이야말로 16세기 프로테스탄트들에 의해 당시 여성들 가운데서도 성적으로 가장 억압된 집단으로 간주되었다는 현대 여성학자들의 지적에 대해 분명 경탄할 것이었다.

루터는 수도원이 미혼 여성들의 문제, 특히 귀족과 부유한 도시민 계층의 어린 소녀들의 문제를 해결하는 적절한 해법이 결코 될 수 없다고 생각하였다. 루터는 신분을 불문하고 모든 부모에게는 자녀를 결혼시킬 의무 및 자녀를 수도원에 보내는 우를

마르틴 루터의 부인 캐더린 폰 보라

범해서는 안 될 의무가 있다고 생각하였다.[15] 루터는 아버지들에게 자신들의 딸을 수녀원에서 해방시키라고 적극 권장하였으며, 이를 위해서 사용되는 강제력에 대해서도 암묵적으로 동의하였다. 예를 들어, 1523년 루터는 토르가우 시의 시민이었던 레오나르드 코프의 행위를 칭찬하였다. 코프는

---

15) "모든 아버지에게는 자녀를 합리적이고 매우 바르게 보이는 훌륭한 배우자와 결혼시킬 의무가 있다." 부모는 자녀들의 결혼을 강요해서도 안 되며, 방해해서도 안 된다. 자녀 또한 부모의 동의 없이 약혼을 해서는 안 된다(1524). in *LW* 45.392.

계책을 꾸며 자신의 딸과 열한 명의 수녀들을 그림마 근처의 님브쉔 수녀원에서 구출하였는데, 이들 가운데는 후에 루터의 아내가 된 캐더린 폰 보라도 포함되어 있었다. 이 수녀원에 청어를 정기적으로 헌납하였던 코프는 청어를 담았던 통에 수녀들을 몰래 숨겨 데리고 나왔던 것이다. 루터는 코프의 이 같은 행위를 수녀원에 자식을 둔 모든 부모의 귀감으로 삼았으며, 이 때 간행된 팸플릿에서는 코프의 수녀 구출을 이집트에서 유대인들을 구출한 모세의 행위에 비유하기까지 하였다. 루터는 부모들에게 딸들이 여전히 "어리고, 지혜롭지 못하며, 사회적 경험이 없는" 상태에서 수녀원에 보내지기 때문에 이 곳에서 여성으로서 겪게 되는 고통을 헤아려야 한다고 당부하였다. 루터는 이들 소녀들의 절대 다수가 성적 욕구를 억제할 수 없고 남자친구를 필요로 하는 사춘기임을 깨달아야 한다고 주장하였다. 이 같은 사실에 비추어 볼 때, 소녀들을 그러한 고통 아래 시간을 허비하도록 내버려 둘 사람들은 '무자비한' 부모와 '맹목적이고 정신나간' 성직자들뿐일 것이다. 다시 말해서 "여성이 창조된 이유는 처녀로 남기 위해서가 아니라 임신을 하고 자식을 낳기 위해서"16)라는 것이었다.

루터는 수녀원에 대한 자신의 비판을 실증적으로 보여주고자 서약을 파기한 수녀들이 폭로한 내용을 책으로 출간하는 것을 장려하였다. 한 가지 인상적인 사례가 귀족 가문 출신으로 여섯 살에 수녀원 생활을 시작한 오베르 바이마르 출신의 프로렌티나였다. 그녀는 열네 살 되던 해에 자신에게는 독신서약을 지킬 만한 자질이 부족하다는 것을 발견하고, 이를 상급 수녀에게 실토하였다. 하지만 그 이후에도 그녀는 수녀원의 계율을 어쩔 수 없이 지켜야 했으며, 수도원에서 벗어나려고 기도할 때마다 가해지는 따돌림, 조롱, 감금 그리고 심지어 채찍질을 감내해야 하였다.17)

---

16) M. Luther, *Ursach. Und anttwortt. das iungkfrawen kloster gottlich v[er]lassen* (Wittenberg, 1523), Harvard, Hougton Library, GC5.L9774.523ua, pp. A 3 v-4 v.
17) Florentina of Ober Weimar, *Eynn geschicht wye Got eyner Erbarn kloster Jungfrawen*

루터에게는 여러 번의 결혼 기회가 있었다. 종전에 수도승 내지 수녀였던 사람으로서 결혼한 사람들의 숫자가 1520년대에 급격히 증가하였다는 사실은 이에 대한 충분한 증거가 된다. 종교개혁이 성공적으로 이루어진 지역에서는 소년 및 소녀의 수도원과 수녀원 입회를 금지하는 새로운 법률이 제정되었으며, 다수의 수도승과 수녀들이 이미 은급을 받고 퇴직하거나 가족의 품으로 돌아갔다. 그리고 이들 가운데 결혼을 원한 사람들은 곧 혼인허가를 받았다.

당시 프로테스탄트들은 결혼 및 가정생활의 안정을 위협하는 것이 독신주의 이념만은 아니라고 생각하였다. 이들에게는 중세 교회의 결혼에 관한 법률이 독신주의 이념만큼이나 위험해 보였다. 루터는 이른바 '비밀결혼'을 인정한 교회법이 조혼과 불행한 결혼을 조장한다고 비판하였다. 이 같은 결혼은 부모의 사전 이해나 동의 없이 그리고 증인도 없이 행해지는 사적인 결합으로서, 교회법에서 규정한 최소 연령인 여성의 경우 12세, 남성의 경우 14세에 이루어졌다. 중세 교회는 혼전 성관계를 억제하고, 혼인을 교회의 도덕적 권위 아래 두고자 이 같은 결혼을 마지못해 승인해 주었다.

또한 루터는 중세 교회가 생물학적 법률적 및 정신적 관계 등의 극히 폭넓은 영역에서 혼인생활을 저해하는 다양한 '장애물'들을 설치함으로써 성숙한 결혼을 방해하였다고 비판하였다. 교회는 전통적으로 혈족 간의 결혼 및 팔촌 이내의 친족혼을 인정하지 않았다. 대부모도 '정신적 친척'으로 간주되었으며, 대자와 대부모 간의 결혼, 대부모의 형제자매와 그 자녀들과의 결혼도 모두 금지되었다. 입양에도 이와 유사한 장애물들이 있었다. 그리스도 교도는 비그리스도 교도와 결혼할 수 없었는데, 이는 '종교적

---

aussgeholffen hat. Mit eynem Sendebrieff D. Mar. Luthers. An dye Graffen tzu Manssfelt (Wittenberg, 1524), Harvard, Houghton Library, GC5.L9774.524fg, pp. B 1 r-3 v.

구별'을 위한 제약이었다. 중세 신학자들은 심지어 보는 것과 말하는 것에 결함이 있는 사람들에게도 합법적인 결혼을 금지하였다. 다시 말해서 장님과 벙어리가 결혼하고자 할 경우에는 교회로부터 혼인 허가를 받아야 만 하였다.[18)

루터파에게 있어서 젊은이의 비밀 결혼은 인생의 가장 진지한 결정과 사회의 매우 중요한 제도에 대한 무모한 접근을 의미하였다. 아이제나흐 (Eisenach)의 개혁가였던 야콥 스트라우스는 "신혼기가 끝나면, 우리는 배우자의 병든 육체와 씨름해야 하는데, 그리고 나서야 우리들은 욕정에 기초한 혼인 서약이 얼마나 오랫동안 지속될 것인가를 깨닫게 된다"고[19) 경고하였다. 일부 루터파와 츠빙글리파는 합법적인 결혼이 이루어지기 전에 부모의 사전 동의 및 교회에서 행해지는 혼인 서약에 대한 공식적 증인 조항이 혼인법에 새로이 첨부되어야 한다고 주장하였다. 그러나 이들은 이 같은 조치들의 중요성에도 불구하고 비밀 결혼을 종식시키지는 못하였다. 프로테스탄트들 역시 가톨릭 교도들과 마찬가지로 부모의 사전 동의 없이 행해진 결혼을 인정할 수밖에 없었다. 프로테스탄트 교도들도 사랑하는 젊은이들이 성관계를 맺고, 심지어 아이를 낳는 상황에 직면하였 기 때문에, 이들 역시 비밀 결혼을 인정할 수밖에 없었던 것이다.[20)

루터는 젊은이들의 개인적 판단에 따른 결혼에 반대하였음에도 불구하 고, 결혼을 원하는 모든 젊은이의 혼인권을 적극 옹호하였다. 루터는 원하지

---

18) 루터는 『교회의 바빌론 유수』라는 저서에서 결혼의 장애물들을 언급하였다. *M. Luther : Three Treatises* (Philadelphia, 1973), pp. 226~232 ; *The Estate of Marriage, LW* 45.22~30. 또한 F. Wendel, *Le Mariage à l'époque de la Réforme 1520~1692* (Strasbourg, 1928), pp. 125~143을 볼 것.

19) *Flugschriften des frühen 16. Jahrhunderts. Microfiche Serie 1978*, ed. Hans-Joachim Köhler (Zug, 1978~), 이하 Tü fiche, 290/838, p. B 3 r로 줄임.

20) H. Dieterich, *Das Prorestantische Eherecht in Deutschland bis zur Mitte des 17. Jahrhunderts* (Munich, 1970) ; Wendel, *Le Marriage* ; W. Köhler, *Zürcher Ehegericht und Genfer Konsistorium*, 2 vols. (Leipzig, 1932~42).

않는 결혼을 자식에게 강요함으로써 모두에게 불행한 결과를 초래했던 부모의 사례를 알고 있었다. 1524년 이 문제에 관해서 특별 소책자를 간행하였다. 『부모는 자식의 혼인을 강제해서도 그리고 방해해서도 안 되며, 자식 역시 부모의 동의 없이 혼인해서는 안 된다』라는 표제가 시사하듯이, 루터는 혼인이란 모든 가족 구성원들 특히 가장 중요한 당사자들의 염원을 존중하는 가족적 결정이 되어야 한다고 지적하였다. 젊은이가 미리 계획된 강제 혼인 이라는 '엄청난 불의'에 직면하는 경우, 그는 친지, 친구 및 동정적인 부모들에게 비공식적으로 요청을 제기해야 하고, 이것이 거부당하면, 그 지역의 정무관들에게도 도움을 청하라고 권고하였다. 또한 그는 이 같은 모든 노력이 수포로 돌아가는 경우, 젊은이는 다른 지역으로 도주하여 자신이 선택한 배우자와 그 곳에서 혼인하라고까지 조언하였다.[21]

　루터는 부모들에게 기꺼이 승낙할 수 없고, 쉽게 막을 수도 없는 자녀의 결혼에 직면하는 경우, 부모가 반대하는 이유를 솔직하게 밝히고, 결혼이 부모의 동의 없이도 이루어질 수 있다는 사실을 인정하도록 충고하였다. 그리하여 고집 센 자식은 경험을 통해서 부모의 지혜를 배우도록 내버려두라는 것이었다.[22] 루터는 한 사람의 남편이자 부모로서 사랑하는 젊은이들을 헤어지게 하는 고충과 두 젊은이를 본인의 의지에 반하여 억지로 함께 살도록 하는 것이 얼마나 부질없는 짓인가를 충분히 이해하였다. 루터에 의하면 남자와 여자는 결혼을 통해서 "본성적으로 성생활 및 자식을 공유하게 되며, 공동의 생활과 상호 신뢰 등"[23]을 가지게 될 것이었다. 그럼에도 불구하고 자신의 의지에 반하여 두 사람을 억지로 함께 살게 하거나 헤어지게 하는 것은 결혼의 목적에 위배되는 일이며, 더욱이 이는 사회 질서조차 위협할 것이었다.

---

21) *LW*, 45·388~89 (*Das Eltern die kinder*, pp. A 3 r-v).
22) 앞의 책, p. 392.
23) *Luthers Werke in Auswahl* 8.28, no. 185 (1532).

루터는 결혼과 관련하여 교회가 설치해 놓은 많은 제약들이 '단지 돈을 뜯기 위한 올가미'에 불과하다고 비판하고, 이를 강요하는 자들을 '몸을 파는 상인들'24)이라고 조롱하였다. 루터는 레위기 18장 6절로부터 18절에서 규정하고 있는 친인척간의 결혼금지 조항들만이 정당하다고 생각하였다.25) 루터파는 이에 근거하여 지금까지 금지되어 온 사촌간, 이복형제간 및 세상을 떠난 배우자와 약혼자의 형제자매간의 결혼 등을 인정하였으며, 대부와 입양 등의 정신적 법률적 근거에 따라 만든 결혼에 관한 모든 제약들을 부정하였다. "인간은 누구나 대부나 대자 또는 후원자 즉 대부모의 딸이든 자매든 누구라도 자신이 좋아하는 사람을 배우자로 취할 수 있으며,……그리고 이에 관한 인위적이고 이윤을 추구하는 단서조항들은 무시할 수 있다"26)고 루터는 생각하였다.

당대의 정치가들은 가정 문제에 있어서 프로테스탄트 신학자들만큼 과감하지 않았으며, 16세기의 결혼에 관한 법률과 제도들도 사실상 1520년대와 1530년대의 종교개혁가들이 기대했던 것처럼 급격하게 그리고 급진적으로 변하지도 않았다. 혼인에 대한 성서적 단서조항들은 대부분 그대로 유지되었다. 다만 혼인 법정이 개설되었다는 것이 새로운 변화였다. 그러나 혼인 법정은 세월이 흐르면서 점점 보수화되어 결혼생활의 도덕성을 엄격하게 감독하였다. 루터가 침실에서 교황을 제거하고 그 자리에 국가를 두고자 하였다는 주장은 여전히 지나친 과장에 불과하다.27) 프로테스탄트 지역에서는 혼인에 관해 보다 실제적이고 관대한 조치를 취할 수 있는

---

24) *The Bablylonian Captivity of the Church, in Three Treatises*, p. 226.
25) 특히 근친상간 즉 부모, 계모, 자매, 손녀, 외손녀, 이복 딸, 고모, 이모, 숙부, 자부 등의 근친상간을 금하고 있으며, 어미와 딸을 동시에 아내로 맞이하지 말 것과 할머니와 손녀 및 외손녀를 동시에 아내로 취하지 말라고 규정하였다.
26) *The Estate of Marriage*, in *LW* 45.24.
27) B. Beuys, *Familienleben in Deutschland. Neue Bilder aus der deutschen Vergangenheit* (Reinbeck bei Hamburg, 1980), p. 231.

토대들이 놓여졌다. 한편 새로운 법률이 제정됨에 따라 성숙되지 못한 혼인이 성사되기는 더 어려워진 반면에 성숙되고 준비된 혼인은 자의적 정신적 학대로부터 보다 자유로워지게 되었다. 종교개혁을 통해 고양되었던 가정생활에 대한 감독은 결혼과 가정에 안정을 가져다주었던바, 이는 결코 실현 불가능한 종교적 이상만은 아니었다.

2) 배우자

루터는 여성과 결혼에 대한 성직자들의 전통적인 공격에 역공을 가하기를 좋아하였다. 한 가지 예를 들어보자. 루터는 혼인을 자애로운 삶이 유지될 수 있는 유일한 제도로 이해하였으며, "인간은 결혼을 하지 않으면 죄를 짓게 마련이다"[28]고 주장하였다. 루터의 이 같은 주장은 독신 옹호론자들을 겨냥한 것이었다. 루터에게 있어 결혼은 매우 자연스럽고 필수불가결한 삶의 일부처럼 보였다. 그는 "짝짓기는 자연에 두루 퍼져 있다. 모든 피조물은 수컷과 암컷으로 나뉘어져 있으며, 심지어 나무마저도 접붙이기를 통해 짝짓기를 하며, 바위와 돌도 결합하고 있다"[29]고 직설적으로 말하였다. 루터 당시에는 많은 사람들이 비교적 늦게 결혼하였다. 여성들은 20대 초반에 그리고 남성들은 20대 중반 내지 후반에 결혼하는 경향이 있었다. 그런데 루터는 유대인들이 그러했던 것처럼 여성들에게 19세에 일찍 결혼할 것과 다산을 장려하였다. 또한 그는 자녀들로 인해 자신들의 여가와 기쁨이 반감되는 것을 두려워하여 어머니의 역할을 회피하는 여성들도 비판하였다.[30] 루터는 독신 옹호론자들에게 "우리의 구세주 그리스도

---

28) M. Fleischer, "The Garden of Laurentius Scholz : A Cultural Landmark of Late-Sixteenth Century Lutheranism," *Journal of Medieval and Renaissance Studies*, 9 (1979) pp. 43~44 ; Oberman, *Luther*, pp. 287~288 등 참고. *Luthers Werke in Auswahl* 8.32, no. 244 (1532).

29) 앞의 책, 8.1, no. 7 (1531).

V. 법률에서 생활로 : 종교개혁의 사회화 | 283

는 모성을 멸시하지 않았으며, 어머니의 모태로부터 육체가 형성되었다"[31)] 라는 구절을 상기시켰다.

루터는 혼인이라는 제도를 통해서 젊은이들이 인격을 형성하고, 여성이 남성을 교화하는 능력을 크게 인정하였다. 루터는 당대의 도덕주의자 대열에 합류하였으며, 이 세상을 생명으로 채우는 어머니 및 남편이라는 동물을 길들이는 아내로서의 여성을 칭송하였다. 한 번은 저녁 식탁에서 루터는 친구들에게 "동반자로서의 여성은 삶에 기쁨을 가져다준다네. 여성은 어린이에게 관심을 가지고, 이들을 양육하며, 가정을 꾸려갈 뿐만 아니라, 본성적으로 동정심을 많이 가지고 있네. 신은 여성을 본성적으로 동정심이 많도록 만들었기 때문에, 남성도 이를 본받으면 동정심을 가질 수 있지"[32)]라고 밝힌 적도 있었다. 심지어 루터는 여성을 비하하는 농담을 하는 경우에도 여성에 대한 찬사를 아끼지 않았다. 루터는 언젠가 식탁에서 "여성이 화술에 뛰어난 것은 자랑거리가 못 돼. 더듬거리고 어눌한 말투가 더 어울려"라고 말한 적이 있었다. 여성을 비하하는 이런 이야기는 독일을 방문중이었던 아마도 종교개혁가 로버트 반즈로 추정되는 영국인이 독일어를 몰랐기 때문에, 자신의 아내 캐더린 폰 보라로부터 독일어를 배워야 한다고 지적한 직후에 나온 말이었다. 루터에 따르면 캐더린은 독일어를 매우 유창하게 그리고 사실상 "독일어를 가장 우아하게 구사하는"[33)] 여성이었다. 루터는 공식 석상에서 여러 번 "아내가 주인이다. 아내는 상위 주군이고, 나는 하위 주군에 불과하다.……내가 아론이라면 아내는 모세다"[34)]라고 밝혔던 것이다.

루터는 이재에 둔하며 자애로움이 무분별하다는 아내의 따가운 핀잔에

---

30) 앞의 책, 8.304, no. 5458 (1542).
31) 앞의 책, 8.100, no. 3528 (1537).
32) 앞의 책, 8.1, no. 12 (1531).
33) 앞의 책, 8.223, no. 4081 (1538).
34) 앞의 책, 8.224, no. 4910 (1540) ; 8.275, no. 5189 (1540).

대해서도 외경심과 뛰어난 유머 감각으로 이에 대응하였다. 언젠가 루터는 아내와의 싸움을 의미하였던 '가정 불화'를 신의 진노, 즉 정치적 의미에서는 전쟁과 죽음에 대한 위협에 그리고 종교적 의미에서는 영혼과 천국에 대한 위협에 비유하였다. 그리고는 "죄로 인해 양심의 가책을 받고 있는 내가 악마의 진노로부터 살아남을 수 있다면, 아내인 캐더린 폰 보라의 노여움은 충분히 견디어 낼 수 있을 것이다"[35]라고 고백하였다. 루터는 유언장에서도 부인의 능력을 인정했을 뿐만 아니라, 이를 외경하였다. 루터는 독일의 전통적인 관행을 무시하고 아내를 '모든 재산의 상속자'[36]로 직접 지명하였던 것이다. 이는 유가족을 위해 사별한 남편의 재산 관리인으로 남자를 지명하던 당시의 일반적 관행과는 커다란 차이가 있었다.

캐더린 폰 보라는 남편 루터로부터 이처럼 존경을 받았으며, 모든 세상살이에서 남편보다 사실상 뛰어난 수완을 보여주었다. 한편 현대 여성학자들은 수녀원을 중세 여성의 이상적 공간으로 간주할 수도 있을 것이다. 왜냐하면 거리를 두고서 보면 수녀원의 삶은 오늘날 대학의 여성 교수의 그것과 매우 유사해 보이기 때문이다. 다시 말해서 여성 교수는 보호를 받고, 특권을 누리며, 실생활의 염려에서 자유로울 뿐만 아니라, 자신의 생각을 구현할 수 있는 능력과 여가를 가지고 있기 때문이다. 캐더린 폰 보라는 자신이 믿었던 삶을 위해 당대의 여성들에게 보다 나은 삶의 기회로 간주되었던 수녀원 생활로부터 이탈하였다. 캐더린은 가정 주부는 물론 성공한 여성 기업가의 모델이 된 것이다.

캐더린은 루터와 함께 기거하던 낡은 수도원을 30명의 학생과 손님을 수용할 수 있는 숙소로 개조하여 가사 수입을 증대시켰다. 또한 그녀는 수도원의 정원을 넓혔으며, 수도원의 양조장을 수리하였다. 그녀는 이 지방의 유명한 식물학자였을 뿐만 아니라, 그녀가 빚은 맥주는 루터가

---

35) 앞의 책, 8.140~141, no. 3692 (1538) ; 8.36, no. 255 (1532).
36) 앞의 책, 8.260, no. 5041 (1540).

이를 선제후의 궁정에 가지고 갈 정도로 명성이 높았다. 루터는 아내를 '비텐베르그의 새벽별'이라 불렀는데, 이는 캐더린의 하루 일과가 푸줏간이나 상인의 부인들의 그것과 마찬가지로 새벽 4시에 시작되었기 때문이다.37) 루터의 부인 캐더린의 사례가 보여주고 있듯이, 16세기 프로테스탄트 여성들은 높은 인플레이션과 새로운 국가 관료제로 인해 여성들의 취업 기회가 현저하게 줄어들었음에도 불구하고, 이전 세기들의 여성들에 못지않게 집 밖에서도 일할 수 있었다.

루터가 "이 땅에서 행복한 결혼생활이 가져다주는 달콤한 유대감보다 더 좋은 것은 없으며, 파경보다 더 고통스러운 것은 없다"38)라고 한 말의 의미는 분명하였다. 우리는 결혼생활에 대한 루터의 태도에서 결혼 문제에 대해 사려 깊게 생각하는 노련한 남편상을 발견하게 된다. "사랑은 남녀관계의 시작에 있어서 뜨거운 불처럼 사람을 흥분하게 만들고, 사람의 눈을 멀게 한다. 그리고 상대를 향해 달려가 포옹하게 만든다"고 루터는 분석하였다. 그러나 일단 결혼을 하게 되면, 사람들은 서로에 대해 싫증을 느끼게 마련인바, 이는 마치 "가까이 있는 것들을 싫어하는 반면에, 멀리 있는 것들을 좋아하게 된다"는 오비디우스의 경구를 확인시켜 주는 것 같다고 그는 지적하였다.39)

누구나 아내를 쉽게 맞이할 수 있으나, 여기에는 변치 않은 사랑을 해야 한다는 도전이 따른다. 결혼생활을 통해서 이 사실을 발견한 남편은 그로 인해 신에게 감사해야 한다. 따라서 그대는 결혼에 진지하게 접근해야 하며, 서로 사랑하면서 함께 인생을 보낼 수 있는 착하고 경건한 배우자를 달라고 신에게 기도하라. 결혼생활에 있어서 단지 성만으로는 아무것도 얻지 못하기 때문이다. 가치와 성격에 대한 합의가 또한 반드시 있어야만

---

37) Beuys, *Familienleben in Deutschland*, pp. 224~225.
38) *Luthers Werke in Auswahl* 8.35, no. 250 (1532).
39) 앞의 책, 8.100~101, no. 3530 (1536).

한다.[40]

루터는 여기서 프로테스탄트와 가톨릭 진영 모두를 포함하는 당대의 도덕적 권위자들이 폭넓게 공유했던 견해를 피력하고 있다. 신체적 매력은 혼인을 성사시키는 데 중요한 역할을 하지만, 그것이 지속적인 결혼생활을 가능하게 하는 토대는 아니라는 점이다. 서로가 희생을 마다하지 않는 의지가 결혼생활을 영속시키는 중요한 요소라는 사실이다. 배우자를 구하면서 늘 고려해야 하는 가장 중요한 점은 사랑하는 대상이 존경과 신뢰를 받을 만한 사람인가, 즉 동반자로서의 자질을 갖추고 있으며, 말에 대해 책임을 질 줄 아는 사람인가 하는 점이다. 루터는 자신과 아내가 이 같은 배우자가 되기 위해서 결혼하기 전부터 "신의 은총과 인도를 간절히 기도하였다"고 고백하였다.[41] 사실 이들은 1523년부터 1525년 사이에 비텐베르그에서 오랫동안 교제하였다. 그리하여 이들의 관계는 사람들의 입방아에 오르내리기도 하였다. 왜냐하면 루터는 자신의 감독 하에 서약을 파기한 수녀 캐더린이 거주하고 있던 루카스 크라나흐 댁을 지속적으로 방문했기 때문이다. 루터는 캐더린을 위해 두 번이나 중매를 주선하였으나 허사였다. 가톨릭 팸플릿 작가들은 루터와 캐더린이 "결혼하기 이전에 비텐베르그에서 동거하였다"고 기술하고 있다.[42] 이 이야기의 신빙성 여부와는 별도로, 이는 당시 성직자들 사이에서는 일종의 관행이었다. 츠빙글리는 미망인과 비밀 결혼을 했다는 사실을 자식이 태어나기 직전에야 공개했을 정도였다.[43]

---

40) 앞의 책, 8.318~19, no. 5524 (1542~43).
41) 앞의 책, 8.28, no. 185 (1532).
42) 이는 작센공 게오르그의 비서였던 요하힘 폰 데르 헤이든(Johachim von der Heyden)이 행한 비난이다. Tü fiche, 64/165, p. A v. 루터와 폰 보라의 관계에 대한 험담은 멜란히톤으로부터 비판을 받았다. R. Friedenthal, *Luther*, trans, J. Nowell (London, 1970), pp. 431~433을 볼 것.
43) S. Ozment, *The Age of Reform, 1250~1550*, p. 388.

종교개혁가들은 결혼에 수반되는 동반자 관계의 중요성을 고려하여 애정 없는 결혼생활에 대한 해결책으로서 중혼을, 특히 유력한 지배자들의 경우 허용하였다. 이처럼 중혼이 묵인되었던 이유는 종교개혁가들이 필요로 했던 보호를 이 통치자들이 제공했을 뿐만 아니라 이들의 무절제한 생활을 사실상 규제할 수 없었기 때문이다. 또한 종교개혁가들은 서구 그리스도교 사회에서 최초로 진정한 의미에서 이혼과 재혼을 합법적으로 허용하였다. 물론 이들은 혼인을 다른 모든 인간관계를 뛰어넘는 정신적 유대로 간주하였다. 그러나 이것이 지속적인 상태로 내내 유지될 수는 없다고 생각하였다. 혼인은 현세적 영속성을 명백히 종식시킬 수 있었으며, 또한 혼인은 별거한 배우자들에게 새로운 영속성을 시작할 수 있도록 하였다. 루터는 혼인 문제에 관한 초기 저술들에서, 교회가 배우자의 간통으로 인해 화해가 전혀 불가능하고 별거 상태에 있는 사람들의 재혼을 금지하는 것은 '매우 놀라운 일'이라고 지적하였다. 루터는 "그리스도는 간통한 경우 이혼을 허용하였으며, 누구에게도 미혼으로 살도록 강요하지 않았다. 성 바울 역시 지금 욕정을 불태우다 후에 지옥에 가기보다는 결혼이나 재혼을 하도록 우리들에게 권하였다"[44]고 주장하였다.

중세 교회에 있어서 이혼이란 혼인의 유대 및 재혼권의 해소가 아니었다. 이는 단지 부부가 침실과 식탁을 함께 사용하지 않음을 의미하였다. 중세 교회의 입장에서 보면, 부부가 모두 살아 있고 혼인이 무효화되지 않은 한, '이혼 상태'에 있는 부부라 하더라도 여전히 남편과 아내였다. 그리하여 교회의 영향력이 지배적이었던 지역에서는 법률 역시 이들을 부부로 간주하였다. 이 같은 상황은 실제에 있어서 결혼생활이 파경에 이른 부부의 경우 이로 인해 야기되는 혼란으로부터 결코 벗어날 수 없음을 의미하였다.

이와는 대조적으로, 프로테스탄트 개혁가들은 주로 다음의 다섯 가지

---

44) *The Babylonian Captivity of the Church, in Three Treatises*, p. 236.

근거에 기초하여 이혼과 재혼을 인정하였다. 간통, 고의적인 배우자 유기, 만성적인 발기부전, 생명에 위협적인 적개심 및 악의적인 기만, 즉 결혼하기까지는 처녀인 줄 알았던 아내가 혼전에 서자를 낳았거나 또는 혼인 후에 다른 사람의 아이를 가졌음이 밝혀진 경우 등이 여기에 속했다. 대부분의 프로테스탄트 저술가들은 부부가 애정을 공유하지 않고 모든 대화가 단절된 경우 진정한 결혼생활이 불가능하다고 지적했던 스트라스부르의 종교개혁가 마르틴 부처의 견해에 동의하고 있었다.45)

　루터는 결혼생활이 회복 불능의 파경에 이르렀을 때 이혼이나 재혼보다는 은밀하게 이루어지는 중혼을 개인적으로 선호하였다. 루터는 일찍이 1521년 발기부전의 남편을 둔 여성에게 중혼을 허용하였다. 루터는 이와 같은 곤경에 처한 여성이 불명예에 대한 공포로 인해 이 사안을 이혼법정에 넘길 수 없는 경우, 상호 합의하에 남편의 형제나 다른 배우자와의 비밀 결혼에 동의하고, 재혼 후 태어난 모든 자식들도 전 남편과의 사이에서 태어난 자식들과 마찬가지로 양육하라고 충고하였다. 루터는 공개적인 이혼보다는 중혼이라는 중재안을 선호하였다. 루터가 이를 선호했던 이유는 중혼이 배우자에 대한 지속적인 동반자 관계와 부양을 제공하였기 때문이다. 이 경우 남편에게는 심리적 안정을 그리고 아내에게는 경제적 도움을 제공할 수 있었으며, 또한 이는 건강한 배우자인 아내에게 정기적으로 성적인 탈출구가 되었던 윤락과 간통을 방지할 수 있었다.

　중혼은 명백히 성적으로 불구자가 된 배우자 측의 예외적인 관용을 필요로 하였다. 그런데 루터는 이 같은 자비심이 언제나 쉽게 생기지는 않는다는 사실을 알고 있었다. 이에 루터는 성적으로 불구인 배우자가 이 같은 중재안에 동의하지 않고, 반면에 건강한 배우자의 성적 욕구는

---

45) *The Judgement of Martin Bucher Touching Divorce. Taken Out of the Second Book Entitled, Of the Kingdom of Christ*, trans. J. Milton, in *The Complete Works of John Milton* (New Haven, 1959), 2.471~74.

매우 강렬할 경우, 건강한 배우자에게 다른 사람과 결혼한 다음 중혼에 대한 세간의 비난을 받지 않고 남편과 아내로서 함께 생활할 수 있는 새로운 지역으로 이주할 것을 권고하였다.[46]

프로테스탄트 혼인 법정은 관계가 악화된 부부를 먼저 재결합시키고, 이들의 결혼생활에 새로운 활력을 불어넣기 위해서 가능한 모든 노력을 기울인 다음에야 비로소 이혼과 재혼을 인정하였다. 모든 이해당사자는 어떠한 경우에든 재결합이 이혼보다 나은 해법이라고 생각하였다. 성직자들은 간음에 대하여 성서에 기록된 대로 가혹하게 처벌해야 한다고 주장은 하면서도, 사실상 이에 대한 극형을 선호하지는 않았다. 성직자들이 극형을 선호하지 않았던 이유는, 간음한 아내가 추방이나 벌금형에 처해짐으로써 남편을 더욱 곤경에 빠뜨릴 수 있듯이, 이미 벌어진 부부 관계를 더욱 악화시키지 않기 위해서였다. 언젠가 식탁에서 한 친구가 간음한 사람은 약식 재판을 통해 처형해야 한다고 주장하자, 루터는 그 지역에서 시행되었던 가혹한 처벌이 해당 부부에게 유익보다는 해악을 끼쳤다고 지적함으로써 이를 비판하였다. 남편과의 사이에 자식을 네 명이나 낳은 신실한 부인이 어느 날 외간 남자와 바람을 피웠다. 이에 화가 난 남편은 부인을 공공장소에 끌고 나오기까지 하였다. 그 이후 루터, 부겐하겐 및 필립 멜란히톤은 이 부부를 설득하여 화해하도록 하였다. 남편은 아내를 등 뒤로 숨기고 과거지사를 기꺼이 잊어버릴 수 있다고 하였다. 그러나 아내는 공공 장소에 끌려나왔다는 사실과 결과적으로 남편과 자식들을 버렸다는 소문으로 인해서 극도의 수치심을 느낀 나머지, 멀리 떠나 다시는 나타날 수 없었다. "이 예에서 보듯이, 우리는 처벌에 앞서 반드시 화해를 모색해야 한다"[47]고 루터는 제시하였다. 하지만 습관적이고 의도적이며 공개적인 간통에 대해서는 엄중하고도 가차없는 처벌이 뒤따랐다.

---

46) *The Babylonian Captivity of the Church, in Three Treatises*, pp. 233~234.
47) *Luthers Werke in Auswahl* 8.241, no. 6934.

루터 신학은 종교적 사회적 관점 모두에서 남편과 아내로 구성된 가족 공동체를 사회의 가장 기본적인 근거로 간주하였다. 혼인의 연대는 남편과 아내 사이에 모든 대화, 애정 및 존경심이 회복 불능의 상태에 있을 때조차도 유지되어야 할 만큼 중요하였다. 또한 혼인의 연대는 너무나 중요해서 먼저 이를 지키기 위해 노력하지 않는 경우에는 결코 이혼이 허용되어서는 안 되었다. 프로테스탄트들은 16세기에 이혼 및 재혼의 권리를 가지게 되었다. 그러나 실제로 이를 행사하는 데는 적지않은 어려움이 있었다.

3) 자녀

루터는 다산을 장려하였으며, 여성이 여러 차례 임신함으로써 야기되는 신체적 쇠약에 대해서는 민감한 반응을 거의 보이지 않았다. 인구 과잉은 루터 당시에는 심각한 사회 문제가 되지 않았으며, 남녀를 불문하고 당시 모든 사람들은 자녀의 출산과 양육을 여성에게 부여된 고유하고 신성한 의무라고 간주하였다. 루터는 가임 여성이 불임 여성에 비해 보다 건강하며 행복하다고 생각하였던 것이다. 이에 그는 주부들에게 많은 자녀를 가지도록 거듭 촉구하였다. 1522년 당시 독신이었던 루터는 "심지어 여성이 기진맥진하거나, 간신히 자신의 몸을 지탱할 정도로 지친 경우에 있어서조차, 임신이야말로 여성의 존재이유다"[48]라고 말하였다. 수도승이었던 루터는 매우 늦은 나이인 마흔두 살에 혼인하여 부모가 되는 기쁨을 맛보았다. 이 때 루터는 경제적으로 안정을 누렸고, 국제적인 명성도 가지고 있었다. 이 점에서 루터는 과거에 스스로 범했던 우로부터도 자유로워질 수 있었던 것 같다. 사실 그는 자식을 축복으로 생각하지 않는 부모들을 조롱한 적이 있었고, 넉넉지 못한 가정이 많은 자녀들로 인해 져야 했던 부담에 대해서도 거의 아무런 이해를 가지지 못했을 정도로 무지했던 것이다.[49]

---

48) *The Estate of Marriage*, in *LW* 45.45 (*Von dem Eelichen Leben*, p. D 3 r).

가정사에 관한 한 그는 언제나 순결과 독신 생활을 변론하는 자들에 맞섰던 가정 예찬론자였다. 루터는 당대의 시대적 분위기가 결혼과 부모로서의 역할에 대해 부정적이라고 생각하였다. 그러나 그는 이에 조금도 개의치 않고 모든 점에서 그리고 전적으로 높은 가치를 가정에 부여하였다.

부모로서의 루터의 행위와 어린이에 대한 그의 견해는 프로테스탄티즘을 어린이에 대한 부정적 정서와 결부시키는 현대 학자들의 비판과는 사뭇 다르다. 이들에 따르면 프로테스탄티즘은 인간의 원죄 및 의지의 예속성을 가르침으로써 어린이를 폄하하였다는 것이다.[50] 루터는 갓 태어난 신생아를 '어린 이교도'라 불렀으며, 어린이야말로 이 땅에서 가장 완벽한 상태라고 예찬하였다. 루터는 언젠가 식탁에서 "어린 시절이 인생에서 가장 복되고 아름다운 시기다. 어린이들은 세상 걱정이 없으며,……죽음과 지옥에 대해서도 두려움을 가지고 있지 않다. 이들은 오직 순수한 사고와 행복에의 추론만을 할 따름이다"[51]라고 지적하였다. 그리고는 "늙고 어리석은 우리네 어른들이 신의 말씀을 두고 논쟁을 벌이는 반면에, 어린이들은 신의 말씀에 의문을 제기하지 않고 순수한 신앙심을 가진다"[52]라고 밝혔다. 루터는 자신의 자녀들이 놀다가, 말다툼하며, 싸우다가도 곧 화해하고 서로를 껴안는 모습을 보면서 "신은 어린이들의 삶과 놀이를 참으로 즐거워하신다. 어린이들이 서로에 대해서 저지른 잘못은 이미 용서된 잘못들이다"[53]라고 주장하였다.

---

49) *Luthers Werke in Auswahl* 8.122~23, no. 3613 (1537).

50) 로렌스 스톤은 이 점을 매우 직설적으로 표현하였다. L. Stone, *The Family, Sex and Marriage in England 1500~1800* (New York, 1979), 특히 p. 125 참조.

51) H. Buchwald, *D. Martin Luther. Ein Lebensbild für das deutsche Haus* (Leipzig, 1902), p. 354에서 인용. 루터는 어린아이가 7세까지는 죽음에 대한 공포를 느끼지 못한다고 믿었다. 죽음에 대한 두려움을 드러내는 것은 어린이가 어른으로 성장했음을 보여주는 징후라는 것이다. *Luthers Werke in Auswahl* 8.113, no. 3576 (1537).

52) *Luthers Werke in Auswahl* 8.2, no. 18 (1531).

53) 앞의 책, 8.208, no. 3964 (1538).

가족들의 식사

　루터는 여섯 살 미만의 어린이가 특히 도덕적 가르침과 종교적 미덕에 예민하다고 판단하였다. 그리고 그는 이를 어린이의 이성적 추론 능력이 충분히 발달하지 못한 데 기인한다고 생각하였다. 그러나 이 같은 견해가 이성을 함양하면 자기 마음대로 하려는 성향이 강해지고 신성을 모독하는 행동도 꾀하게 된다는 점을 말하려던 것은 결코 아니었다.[54] 루터파는 자녀 교육에서 교리 해설서에 입각한 도덕적 훈육에 매진하였다. 단지 이들은 자녀가 청소년에 달한 경우 즉 사춘기 이후의 훈육이 이들의 도덕성을 형성하는 데 현저한 역할을 할 것인지에 대해서는 상당한 의구심을 가졌던 것 같다.[55] 나무가 지속적으로 자라지마는 그 잔가지의 방향은

---

54) K. Petzold, *Die Grundlagen der Erziehungslehre im Spätmittelater und bei Luther* (Heidelberg, 1969), pp. 84~90.

일찌감치 정해지듯이, 인간의 도덕 생활에서도 성인으로 간주되기 시작하는 열네 살까지 선한 쪽으로 나아가게 될 방향이 정해진다는 것이다.

가정, 교회 그리고 학교에서의 교육은 어린이로 하여금 이기적 행동을 억제하고 타인을 배려하며, 자기 희생의 덕성을 함양하는 데 있었다. 이들의 교육 목표는, 오늘날 일부 학자들이 주장하듯이, 결코 어린이를 자기 확신이 부족하고 윗사람의 의사에 쉽게 체념하는 유형의 사람으로 키우는 데 있지 않았다. 루터파의 가정 교육은 무엇보다도 어린이로 하여금 다른 사람에게 관대하며, 다른 아이들과 잘 어울리고, 또한 용기있는 사람이 되도록 하는 데 있었다. 루터는 소년과 소녀를 동시에 포함하는 모든 어린이들에 대해 사회적 종교적 교육을 해야 할 학교 운영의 권리와 책임이 정부에게 있다고 밝혔으며, 부모들에게도 자식은 "부모의 소유가 아니라 오히려 신의 소유물"[56]임을 가르쳤다. 이에 따라 그는 어린이들이 단지 부모들의 자의에 맡겨질 것이 아니라 '신성한' 규율과 기대에 의해 양육되어야 한다고 주장하였다. 사회적으로 유용하고 책임감 있는 사람으로 양육하고, 세상을 관리할 뿐만 아니라 신을 기쁘게 하는 성인으로 만드는 일은 부모, 교사 및 담당 정무관 모두의 공동 책임이라는 것이었다.

한스, 엘리자베스, 막달레인, 마르틴, 폴 및 마가레타라는 모두 6명의 자녀를 두었던 루터는, 높은 도덕적 수준과 엄격한 규율 아래 이들을 가르쳤다. 루터는 한 번은 식탁에서 자녀들을 앞에 놓고 "내가 너희들에게 바라는 최대의 소망은 너희들 가운데 누구도 법률가가 되지 않는 것이다"라고 밝힌 적이 있었다. 이는 그 자신이 했던, 법률 공부의 경험에 비추어 이것이 허영심의 발로이며 사회적으로 무익할 뿐만 아니라, 법률가들은

---

55) G. Strauss, *Luther's House of Learning : Indoctrination of the Young in the German Reformation* (Baltimore, 1978), pp. 100~102.

56) *D. Martin Luthers Werke : Kritische Gesamtausgabe* 30.2 (Weimar, 1909), p. 532.

유대인 및 교황권주의자 등과 더불어 이웃에 대해 자비심이 없고 이들의 신앙적 구원에 관해 무관심하며 더욱이 탐욕적이고 자기 정당화에만 익숙한 심성을 가지고 있다는 자신의 비판적 판단을 반영한 것이었다.[57]

루터는 엄격한 아버지였던 것처럼 보인다. 구체적으로 그 내용이 알려지지는 않았지만 도덕적으로 잘못을 범한 장남 한스에게 한 번은 사흘간 자신 앞에 나타나지 못하도록 하는 엄한 벌을 내렸다. 마지막 3일째 되는 날 루터는 한스에게 반성문을 작성하도록 했으며, 이에 대한 답신에서 그는 자식을 잘못 키우느니 차라리 그가 빨리 죽기를 바라겠노라고 밝힐 정도였다.[58] 그럼에도 불구하고 루터는 부모들에게 모든 자녀의 독특한 개성을 고려하면서 선견지명을 가지고 사려 깊게 훈육하도록 충고하였다. 한 번은 그가 자신의 수도원 입회에 대해 설명하면서, 부모의 지나치게 엄격한 기율이 싫어서 저지른 비겁한 행동이었으며, 이 때문에 스스로 소심한 인물이 되었다는 나름의 생각을 밝히기도 하였다. 그는 부모의 훈계나 체벌 그 자체가 잘못되었다거나 부당하다고는 생각하지 않았다. 그러나 자신의 부모가 그를 체벌하면서 효과를 충분히 고려하지 않은 점에 대해서는 섭섭하게 생각하였다. 다시 말해서 그들은 자신의 어린 시절 고유하게 가지고 있던 기질에 부합하는 벌을 주지 못했다고 생각하였다. 그리하여 부모의 훈육은 루터 자신을 강하게 한 것이 아니라 오히려 약하게 만들었다고 판단하였다.[59] 부모의 올바른 훈육은 어린이의 기질에 부합하는 것이어야 하며, 어린이의 자신감을 높여주는 동시에 잘못된 행동도 바로잡아 주는 것이어야 한다고 그는 주장하였다.

자식의 죽음에 대한 반응이 부모의 성격을 이해하는 한 시금석이 될

---

57) *Luthers Werke in Auswahl* 8.140, no. 3690 (1538). 또한 H. G. Haile, *Luther : An Experiment in Biography* (New York, 1980), pp. 87, 285~287을 볼 것.
58) Buchwald, *D. Martin Luther*, p. 356.
59) *Luthers Werke in Auswahl* 8.111, no. 3566A (1537).

수 있다면, 루터는 깊은 애정을 가진 아버지였다. 루터는 딸 엘리자베스가 태어난 지 불과 8개월 만에 죽자, "엘리자베스의 죽음을 너무나 애통해한 나머지 심한 병을 앓았다. 내 마음도 흔들리고 허약해졌다. 자식을 떠나보낸 아버지의 마음이 이렇게나 고통스러울지는 미처 생각지 못하였다."60)라고 비통한 심경을 토로하였다. 또한 루터는 1542년 딸 막달레인이 열세 살에 세상을 떠나자, 신에 대한 믿음을 잃을 정도로 충격을 받았다. 루터는 친구 유스투스 요나스에게 보낸 서신에서, 막달레인이 이제 육신을 벗고 악마에서 벗어났으니 자신과 아내가 마땅히 신에게 감사해야 함에도 불구 하고 그렇지 못했다고 술회하였다.

> 우리들의 본성적 사랑의 힘이 너무나 강렬해서……우리들은 마음으로부 터의 통곡과 비애로 인해 감사드릴 수 없었다. 그것은 마치 우리들 자신이 죽음을 경험하는 것 같았다.……매우 순종적이고 대견스러웠던 딸의 생전 의 모습, 언어, 몸짓과 임종 때의 모습은 우리들 가슴속 깊이 각인되었다. 심지어 그리스도의 죽음마저도……당연히 그렇게 되어야 함에도 불구하 고, 이 모든 것을 우리들로부터 없앨 수 없을 것이다. 따라서 당신이 우리들 을 대신해서 신에게 감사해 주기를 바란다.61)

신학자로서 루터는 죽음이 그리스도 교도의 신앙에 필적할 수는 없다고 가르쳤다. 1531년 루터는 모친이 숨을 거두려 하자, "만약 죽음에 대한 생각이……우리를 두렵게 만든다면, 자 저와 함께……말하시지요. ……죽음 아……네가 살아서 나를 두렵게 하는데 어찌된 일이냐? 너는 그리스도에 의해 네가 정복당했다는 사실을 모른단 말인가? 죽음아 너는 네가 완전히 죽었다는 사실을 모르는가?"62)라고 말하면서 어머니를 위로하였다. 루터

---

60) Buchwald, *D. Martin Luther*, p. 356.
61) *LW*, 50.248.
62) 앞의 책, 50.19.

는 막달레인이 죽고 몇 달이 지난 후에도 동생의 죽음으로 인한 슬픔을 달래지 못한 한스가 의연히 대처하지 못하는 것을 보면서, 여전히 세상을 떠난 막달레인을 원망하였다.[63] 더욱이 루터가 막달레인의 죽음을 현실로 인정했을 때조차도, 그의 신학과 신앙은 잃어버린 자식에 대한 충분한 위로가 되지 못하였다. 장례식을 마치고 집으로 돌아온 루터는 소년에 비해 보다 많은 배려와 보호를 필요로 하는 소녀들에게 자신은 언제나 더욱 동정적이었다고 말함으로써 애써 자위를 하였다. 또한 그는 "나는 이제 하나님에게 막달레인을 바쳤다. 하나님은 내 딸이 필요로 하는 모든 보살핌과 보호를 베푸실 것이다"라고 말하기도 하였다. 그러나 루터는 "나는 내 딸을 기꺼이 가슴 깊이 간직할 것이다"[64]라고 비통스럽게 고백하였다. 이 일이 있은 후 1544년 다시 열 살 난 딸 마가레타의 죽음이 임박하자, 마가레타 역시 죽을 수밖에 없다면, 막달레인이 죽었을 때 자신이 명백히 그러했던 것처럼 "하나님을 원망하지는 않겠다."고 자신의 심경을 토로하였다.[65]

저자가 알기로는, 이 일을 제외하면 전 생애에 걸쳐 루터가 자신을 위협한 적들에 대해 자신의 신학과 신앙으로 제대로 대응하지 못한 경우가 없었다. 그는 신성로마제국의 황제, 독일의 제후 그리고 여러 교황들에 도전하였다. 그는 악마를 저주했고 또한 조롱하였다. 더욱이 생애 말년에는 유대인, 투르크인, 교황권주의자 및 사악한 그리스도 교도들이 자신의 종교개혁을 무산시키기 위해 국제적인 음모를 획책하고 있다고 판단하고서 이를 극렬하게 비난하였다. 그의 신학과 신앙이 성공적이지 못했던 경우는 오로지 자신의 어린 자녀가 죽음을 당했을 때뿐이었다. 혹자는 이 위대한 개혁가가 신에 대한 신뢰보다도 어린이를 더 좋아하였다는

---

63) 앞의 책, 50.248.
64) *Luthers Werke in Auswahl* 8.313, no. 5500 (1542).
65) *LW*, 50.246.

사실에 실망할 수도 있을 것이다. 그러나 그는 신학자였으며 신앙의 사람이었을 뿐만 아니라, "이 땅에서 부모의 권한보다 더 고귀하고 위대한 것은 없다"[66]고 가르쳤던 한 사람의 남편이었으며 또한 아버지이기도 했다. 고난의 연속이었던 루터의 생애 가운데 그의 결혼생활과 부모로서의 삶이야말로, 논쟁의 여지가 있기는 하지만, 가장 만족스러운 부분이었다. 그의 종교개혁이 가장 성공적이었던 영역도 역시 논란의 여지가 있기는 하지만, 가정생활에 관한 영역이었다. 그러니까 그가 하나님을 원망했던 이유도 사랑하는 자식이 죽음으로 인해 부모로서의 자긍심에 상처를 받았기 때문이다.

2. 프로테스탄트의 변화 : 내부로부터의 혁명[67]

시정을 장악하고 새로운 신조를 암송하는 일이 대중의 마음과 정서를 반드시 사로잡는 것은 아니었다. 종교개혁의 역사는 이 점을 여실히 보여준다. 프로테스탄트들이 정치적으로 성공을 거두고 거의 20여 년이 지난 1539년, 필립 멜란히톤은 복음주의자들과 '교황권주의자들'을 여전히 갈라놓고 있는 쟁점들을 정리하였는데, 그가 작성한 쟁점목록을 보면 교황의 '위조' 즉 널리 알려진 '인정적 규범'들을 비난했던 1520년대 초엽 팸플릿 작가들의 논술에서 제기된 쟁점들과 사실상 동일하였다.[68] 프로테스탄트 성직자들은 자신들의 신조가 공식적으로 채택되고, 교회와 학교에 대해서도 새롭게 통제력을 갖게 되었음에도 불구하고, 전통적인 종교적 관행

---

66) 루터의 이 유명한 경구는 아이스레벤의 루터파 성직자였던 캐스퍼 귀텔(Kasper Gütel)에 의해 더욱 정교한 논리로 발전하였다.

67) 본 장의 상당 부분은 원래 독일어로 번역 · 출간되었다. "Die Reformation als intellecktuelle Revolution," in *Zwingli und Europa*, ed. P. Blickle (Zurich, 1985), pp. 27~45.

68) P. Melanchton, *Die fürnemisten…*(Augusburg 1539), OX-BOD T.L. 66.6, arts. 1-16.

및 민간 신앙이 여전히 강력하게 지속되고 있다는 사실을 발견하였다.[69) 일반 대중이 단기간에 그리고 책을 통해서 복음주의자가 될 수는 없었던 것이다.

그런데 법률적 변화와 행위의 변화가 반드시 일치하지는 않는다 하더라도, 그렇다고 해서 양자 사이에 아무런 연관성도 없음을 말하는 것은 결코 아니다. 종교개혁은 과거의 오류를 인식하고, 이를 개혁할 필요를 절감한 소수의 전통적인 성직자와 평신도 집단에 의해 시작되었으며, 정무관과 제후들의 지배 하에 있던 도시와 농촌이 각각 종교적 및 세속적 이유들로 인해 복음의 가르침을 법제화함으로써, 이는 역사를 바꾸는 운동이 되었다. 새로운 법령, 교과과정 및 교리 해설서 등을 통해서 프로테스탄트 체제는 대중의 신앙을 소수의 독실한 신앙에 일치시키고자 하였다.

팸플릿 작가들의 혁명은 어떻게 법률을 통해 제도화되었고, 어떻게 설교와 교리 해설서를 통해 일상화되었으며, 프로테스탄트 지역의 대중들의 삶을 실제로 어떻게 변화시켰을까? 종교개혁이 평신도의 정서와 양심에 미친 영향을 과연 우리가 측정해낼 수 있을까? 공공정책 및 공식적인 관행의 변화에 걸맞은 '내부로부터의 혁명' 역시 수반되었던가? 종교개혁이 대중의 마음에 뿌리를 내렸으며, 이들의 세속적인 일상생활 방식에도 영향을 미쳤던가?

---

69) 이 같은 저항은 종교개혁과 대중문화에 대한 다양한 연구의 핵심 주제가 되었다. G. Strauss, *Luther's House of Learning : Indoctrination of the Young in the German Reformation* (Baltimore, 1978) ; D. Sabean, *Power in the Blood : Popular Culture and Village Discourse in Early Modern Germany* (Cambridge, 1985) ; S. Karant-Nunn, *Zwickau in Transition : The Reformation as an Agent of Change* (Columbus, 1987). 프로테스탄트 평신도의 일상적인 종교적 삶에 관해서는 특히 B. Vogler, *Vie religieuse en pays rhénan dans la seconde moitié XVIe siècle*, 3 vols (Lille, 1974) 및 P. Zschunke, *Konfession und Alltag in Oppenheim: Beiträge zur Geschichte von Bevölkerung und Gesellschaft einer gemischkonfessionelllen Kleinstadt in der frühen Neuzeit* (Wiesbaden, 1984) 등 참조.

이 같은 문제들의 해답을 찾고자 한 역사가들은 종교적인 신념과 행위에 관한 간접적이고 매우 일반적인 사항들에 관심을 집중하였다. 특히 유언, 유서의 형식 및 기증 내용 그리고 혼인, 출생, 토지거래, 세금목록 등의 기록을 통해 포착할 수 있는 종교적 헌신에 관한 정보들에 초점을 맞추었다. 물론 이 같은 작업들은 소중하다. 그러나 이러한 자료들은 일상생활의 실체를 재구성하는 데 있어 단지 피상적인 것들만을 다루고 있다. 일반적 지평에서 볼 때, 과거인들은 이 자료들에 담긴 빈약한 통계수치를 통해 여러 세기가 지난 현대인들에게 증언하고 있는 셈이다. 이는 마치 인간이 남긴 기록들 가운데 가장 형해화된 형태라 할 문서대장을 암호 해독관이 해독하는 작업 정도에 해당할 것이다.

한편 이 같은 사료들에 만족하지 못한 다른 역사가들은 과거의 종교적 신앙과 관행을 보다 잘 이해하기 위해서 교회력과 대중적 종교성에 초점을 맞추었다.[70] 이를테면 종교적 신앙심의 실체적 내용을 담은 단서로서, 그리고 문화에 미친 종교의 영향력을 측정할 단서로서, 전통적 제식, 축제, 성사 및 교리를 통한 영혼 치유, 법정 송사, 이단재판 등의 해명 작업에 관심을 기울였다. 얼마나 많은 사람이 이 같은 종교행사 내지 의식에 참여했던가? 실제로 어떤 일이 성지순례 도상에서 일어났으며, 성체성사 집전 시에 일어났고, 이단 혐의자의 심문 과정에서 행해졌던가? 평신도들은 수동적이었던가, 아니면 자신들의 주장을 적극적으로 개진하고 기존 의식 에다 자기 나름의 신앙과 가치관을 능동적으로 반영했던가? 평신도와 성직 공직자 간에 갈등은 없었던가? 엘리트 문화와 대중 문화는 서로 어떻게 상호작용하였던가?

유감스럽게도 이 같은 공식 행사나 활동들에 관한 기록을 통해 우리가

---

70) R. W. Scriber, "Ritual and Popular Religion in Catholic Germany at the Time of the Reformation," *Journal of Ecclesiastical History* 35 (1984), pp. 47~77 ; Bossy, *Christendom in the West 1400~1700* (New York, 1985) 참조.

추론할 수 있는 것은 거의 예외 없이 다수 대중의 신앙심에 대해 이미 알려진 내용들이었다. 왜냐하면 이들 대중은 직접적이거나 개인적인 정보를 거의 기록으로 남기지 않았기 때문이다. 간혹 이 사료들이 특정 개인에 초점을 맞추고, 그 혹은 그녀의 말을 언급하는 경우도 있다. 근년에 역사가들은 이탈리아의 이단재판 기록을 통해서 세속적 적극적인 방앗간 주인의 삶을 묘사하고, 프랑스의 법정 기록을 통해서 영악하고 교활한 농촌 부인의 삶을 재현한 바 있다.[71] 그러나 기본적으로 이러한 류의 사료들은 극히 포괄적이고 묘사적일 뿐, 구체적이고 해명적인 경우는 거의 없다. 우리는 이 같은 기록들로부터 평신도들이 교회력의 진행에 따라서 그리고 교회 성직자들의 요구에 따라서 행해야 했던 바를 파악할 수는 있다. 하지만 이 사료들을 가지고 종교행사에 대한 평신도의 사적인 생각이나 교회의식이 평신도의 사생활에 미쳤던 영향 등에 대해 알기란 사실상 어렵다. 우리는 단지 이들의 행위, 말, 생각, 정서들을 왕왕 냉담하고 비동정적인 공식 기록들에 불충분하게 남아 있는 바를 통해 파악할 따름이다. 더욱이 이 기록들은 평신도는 사용할 줄도 몰랐던 라틴어 또는 공식적 지방어로 성직자들에 의해 기록된 것들이다. 결국 이 사료들은 당대의 목소리를 직접적으로 전하지 못하며, 일반 평신도들도 직접적으로 접촉하기란 어렵다. 그럼에도 불구하고 이들을 연구하고 고찰하면 할수록, 이들 역시 오늘날 우리와 비슷하게 판단하고 말했던 것처럼 보이는 것이 사실이다.

이 같은 문제점이 시사하는 바는 대중의 종교문화를 연구하는 학자들이

---

71) C. Ginzburg, *The Cheese and the Worms : The Cosmos of a Sixteenth-Century Miller*, trans. J. Tedeschi and A. Tedeschi (Baltimore, 1980) ; N. Z. Davis, *The Return of Martin Guerre* (Cambridge, 1983). 이 책들은 우리 말로도 번역되었다. C. 진즈부르그, 김정하·유제분 옮김, 『치즈와 구더기』 (문학과지성사, 2001) ; N. Z. 데이비스, 양희영 옮김, 『마르탱 게르의 귀향』 (지식의 풍경, 2000). 문화인류학적 방법론을 도입한 탁월한 연구성과물인 W. Christian Jr., *Local Religion in Sixteenth Century Spain* (Princeton, 1989) 역시 비교해 보기 바람.

자신들의 평소 주장과는 달리, 여전히 종교를 일상생활의 유기적 일부로 파악하지 않고 소수의 눈요깃거리 내지 특별한 행사로 간주하고 있다는 사실이다. 결국 대중들의 신앙 형태에 대한 연구는 사료상의 한계와 일정한 형식으로 인해서 단지 또 다른 공식적 견해에 불과한 것으로 보이는데, 일반민의 경험에 관한 한 오늘날의 정부 연대기나 신학적 논술과 조금도 다르지 않는 것처럼 보인다. 그러나 이 경우에도 사료에 담긴 직접적 개인적 증언들의 한계 내지 결핍 때문에 사회과학자들의 도움을 받고 있는 현대의 역사가들은 인간의 동기 및 행위에 관한 나름의 역사학적 이론을 오늘날의 연대기 작가와 신학자들의 이론으로 대체하기에 이르렀다. 이 같은 변화는, 사건을 실제로 겪었던 사람들보다도 수세기가 지난 이후의 사람들이 그 사건을 보다 잘 이해할 수 있다는 전제를 이해한다면 충분히 타당하다. 그러나 바로 이 점 때문에 이러한 사료들이 널리 선호되고 있으며, 인류학과 사회학이 새로운 역사학의 불가결한 요소라는 주장에 대해 필자는 상당한 의구심을 가지고 있다.

평신도들이 일요일과 축제일에 행한 종교적 행위 및 고해 사제, 교리 교사, 순찰관, 이단 심문관 앞에서 행한 종교적 행위가 당대의 일상생활 속에 스며 있던 종교성을 드러내는 가장 좋은 근거는 아니다. 이러한 상황 하에서 평신도들은 성직자가 마련한 무대에서 성직자가 작성한 규범에 따라 행동할 수밖에 없게 되어 있다. 물론 여기에서도 우리가 배워야 할 점들은 있다. 그러나 이것들은 문제의 핵심과는 거리가 멀다. 종교개혁이 평신도에게 미친 문화적 영향을 고찰하려 할 때 무엇보다도 우리가 염두에 두어야 할 점은, 당시 평신도들이 영위한 일상적인 생활에서 과연 종교가 어떤 의미를 가졌던가를 명확히 파악하는 일이다. '그리스도 교도'이다는 의미를 단지 종교적인 가르침으로 간주했던가, 또는 이를 마음으로부터 받아들였던가, 혹 그렇지 않았던가 등이 문제일 것이다. 당시의 평신도들에게 종교의 의미란 진정 무엇이었을까? 대중에 관한 한 개인적인 견해와

302

신앙에 관한 직접적인 기록은 남아 있지 않기 때문에, 이들의 일상생활을 공정하고 깊이 있게 묘사할 수 있는 사료가 존재하지 않는다는 사실을 인정하는 경우, 우리는 한 시대를 어떻게 일반화할 것인가라는 문제에 직면하게 된다. 다시 말해서 우리가 당대의 목격자나 오늘날의 연구자들처럼 대중의 행동에 대한 나름의 주관적인 이론과 신앙에 따라 아니면 우리들의 일반화 작업을 제한적이기는 하지만 직접적이고 개인적이며 세밀한 당대의 사료에 입각하여 진행할 것인지 결정해야 한다. 아마도 우리는 글을 읽고 쓸 줄 알았던 평신도의 기록들을 연구함으로써 가톨릭에서 프로테스탄트로 개종하는 과정을 보다 정확하게 파악할 수 있을 것이다. 16세기에는 역사상 최초로 가족 연대기, 일기, 가계록 및 특히 서한 등의 상세한 자서전적 사료들이 상당수 등장하기 시작하였다.[72] 이 같은 사료에서는 남녀를 막론하고 16세기 사람들이 자신들의 행위와 시대에 관해 직접적으로 이야기하고 있어, 이것들은 프로테스탄트들의 논리, 선전, 법률, 교리 등이 미친 영향에 관한 개인적인 기록들을 제공하고 있다. 이 기록들이야말로 16세기의 신앙과 행위에 관한 훌륭한 사료들이다. 물론 이 기록들은 글을 읽고 쓸 줄 아는 사람 내지 교육을 받은 사람들이 남긴 것이기 때문에 어떤 의미에서는 '엘리트' 계층의 산물이기는 하다. 그러나 이 기록들은 일반 대중의 삶, 정서 및 경험들에 대한 증언 내지 기록들이다. 문맹의 여부 또는 소유의 정도는 여러 근본적인 지평에서

---

72) 해설이 포함된 전집인 M. Beyer-Fröhilich, *Deutsche Selbstzeugnisse,* vol. 4 : *Aus dem Zeitalter des Humanismus und der Reformation* (Leipzig, 1931), vol. 5 : *Aus dem Zeitalter der Reformation und der Gegenrefomation* (Leipzig, 1964) ; H. Wenzel, *Die Autobiographie des späten Mittelaters und der frühen Neuzeit,* 2 vols. (Munich, 1980) ; E. W. Zeeden, *Deutsche Kultur in der frühen Neuzeit* (Berlin, 1968), pp. 479~481 ; K. von Greyerz, "Religion in the Life of German and Swiss Autobiographers : Sixteenth and Early Seveneenth Centuries," in *Religion and Society in Early Modern Europe, 1500~1800* (London, 1984), pp. 223~241 등 참조.

특정 시기나 문화에 속한 인간 집단들을 구별하는 기준이 되지 못한다. 뿐만 아니라 이들은 존재론적 요구를 뛰어넘어 종교가 보편적으로 충족시키는 지평에로 특정 집단을 상승시키지도 못한다. 만약 우리가 과거의 종교적 신앙을 일반화할 수밖에 없다면, 당사자는 배제시킨 채 실제로 말하는 사람의 추론만 담고 있는 이 사료들에 입각해서 작업하는 것이 보다 안전할 것이다.

물론 자서전적 사료들에도 문제가 없지는 않다. 즉 이것들은 의도적인 기록들로서, 여기에 등장하는 인물들의 자화상은 실제 모습이 아니라 후손들을 위해 묘사된 모습들이다. 그러나 적어도 이 사료들을 통해서 접하는 인물들은 자신들이 실제로 경험하고 성찰한 사건들에 관해서 자신들의 언어로 직접 증언하고 있다. 우리는 축제 기간, 사순절 기간 동안 대중들의 행위에 관한 많은 일반적인 기록들과 성직자 재판관들이 남긴 평신도 심문에 관한 대량의 기록들보다도 때로는 잘 정리된 한 개인의 삶을 통해 종교가 그 시대에 가졌던 의미를 훨씬 깊이 이해할 수 있을 것이다. 상당히 신뢰할 만한 전기적 자서전적 사료들을 활용하여 보다 폭넓은 추론을 해 나가지 않는다면, 과거의 종교적 신앙에 관한 우리의 지식은 집단적 행위에 대한 비개인적 유형의 정보로 한정될 수밖에 없다. 그리하여 이는 일반 대중들이 고유하게 가졌던 개인적인 정서와 견해를 사실상 배제해 버리게 된다.

여기서는 훌륭하게 입증된 두 평신도의 자서전에 언급된 종교에 관한 견해를 통해 이 시대에 종교가 갖는 의미를 알아보도록 하겠다. 첫 번째 인물이 스위스 태생의 토마스 플래터(Thomas Platter, 1507?~1582)다. 청소년기인 1520년대에 취리히에서 프로테스탄트 교도로 개종하고 노년에는 바젤의 프로테스탄트 정부 치하에서 여생을 보냈다. 두 번째 인물은 헤르만 바인즈베르그(Hermann Weinsberg, 1518~1597)다. 그는 쾰른 시민으로서 평생 가톨릭 교도로 살았으며, 아마도 독일 도시들 가운데 종교적으

304

로 가장 전통적이고 보수적이었던 도시에서 종교개혁과 가톨릭 종교개혁 모두를 체험하였다. 양 진영의 종교개혁이 제기했던 쟁점들에 대해서 깊이 성찰한 헤르만은 그 시대에 일어난 변화들을 진솔하게 기술하였다. 또한 그의 생애는 새로운 프로테스탄트라는 정부 아래서 평신도가 겪은 종교적 경험들을 추정할 수 있게 해주는 중요한 정보들을 제공하고 있다. 한 평신도가 프로테스탄트 체제 하에서 산다는 것이 반드시 프로테스탄트라는 새로운 신앙의 수용을 의미하는 것은 아니듯이, 강력한 가톨릭 정부가 유지되었다고 해서 프로테스탄트 신앙에 대한 대중들의 공감을 저해하지도 않았고, 또한 예수회 및 가톨릭 종교개혁에 도전하여 고수되었던 전통적인 가톨릭적 관행의 준수를 방해하지도 않았다는 것이다.[73]

이들 두 사람은 모두 사실에 근거하여 기록을 남겼다. 플래터는 1572년 그의 나이 65세 되던 해에 기억과 오랫동안 보관했던 자료에 입각하여 충실한 자서전을 완성하였다. 이 해에 그와 40년간 동거동락한 부인 안나가 세상을 떠났는데, 아내의 죽음을 계기로 플래터는 자서전을 만들게 되었던 것 같다. 그는 아내와 사별한 지 두 달도 안 되어 사실상 재혼하였다. 오늘날의 시각에서 보면 이런 행동은 다소 성급해 보일 수 있다. 그러나 16세기 사람들은 정서적 이유뿐만 아니라 인간적이고 실제적인 이유에서 결혼을 하였다. 당시로서는 늙은이가 따뜻하고 자상한 보살핌을 받지 못할 경우 얼어죽거나 굶어죽기도 하였기 때문에, 65세였던 플래터에게는 누군가의 도움이 절실히 필요하였다. 이와 같은 삶의 변화를 체험하게 되자 플래터는 후손들을 위해 자신의 이야기를 해야 할 시점이 되었다는 결론에 도달했던 것 같다.

---

73) R. Po-Chia Hsia, *Society and Religion in Münster, 1535~1618* (New Haven, 1985) ; M. R. Forster, *The Counter Reformation in the Bishopric of Speyer* (Ithaca, 1991)를 비교해 볼 것. 포스터는 종교개혁 이후의 가톨릭 지배체제의 이러한 변화를 기록한 문헌들을 정리하였다.

바인즈베르그는 42세 되던 1560년에 자신의 연대기를 집필하기 시작하였다. 이 연대기는 16세기 독일에서 나온 가장 충실하고 훌륭한 자서전으로서, 저자는 기억, 체험적 목격담 및 가족 기록에 대한 나름의 조사에 입각해서 자신의 삶을 재구성하였다. 1560년 이후 1597년 그가 숨을 거둘 때까지의 연대기는 꼼꼼하게 작성된 일기 형태를 띠고 있다. 한편 두 사람 모두 생애 초반에 경험한 것들을 생애 후반의 성숙한 시각에 맞추어 재구성하였다. 두 사람 모두 사건이 실제로 일어났던 상황에 대해서는 서술하지 않았다. 단지 바인즈베르그의 자서전의 경우 1560년 이후의 기록들은 왕왕 그 날의 기사와도 같았다. 일기의 성격이 원래 그러하듯이, 각각의 자서전은 서로 다른 그러나 확고한 종교관에 입각해서 의도적으로 작성되었다. 또한 각각의 저자들은 모두 자료들을 재수집했을 뿐만 아니라 이를 해석하였기 때문에 이들의 이야기는 분명하고 강력한 도덕적 메시지를 담고 있었다. 이와는 대조적으로 다음 장에서는 보다 비의도적이며 덜 정제된 자료인 젊은이들이 우연히 남긴 편지들을 검토해 보도록 하겠다.

독자들은 플래터와 바인즈베르그가 각각 자신들의 종교적 신념에 매우 충실한 인물이었음을 명확히 이해하게 될 것이다. 그렇다고 해서 이들이 완고한 사람이었다고 보아서는 안 된다. 사실상 독자들은 이 글의 말미에 이르면 이들은 16세기 사람들이고, 신앙 문제와 관련하여 모든 면에서 오늘날의 우리들처럼 계몽되어 있었다고는 생각하기 어려울 것이다. 그러나 앞에서 살펴보았듯이, 종교개혁은 특히 프로테스탄트 성직자들 가운데에서 새로운 유형의 바리새인들을 태동시켰다. 이들 바리새인들은 강박관념에 사로잡혀 있고, 비관용적이며, 용서할 줄 모르고, 교리를 위해 삶을 기꺼이 바칠 준비가 되어 있었다는 점에서, 오늘날 냉소적으로 붙인 '프로테스탄트 기질'이라는 이미지에 맞아떨어지는 자들이었다.[74] 그렇다고 해서

---

74) P. Greven, *The Protestant Temperament : Patterns of Child-Rearing, Religious Experience, and the Self in Early America* (New York, 1977).

프로테스탄트 교도들의 속성을 규정하기 위해 이 같은 기질을 활용한다면, 과거에 대해 오늘날 우리의 도덕적 우월감을 과신하는 오류를 범하는 일이 될 것이다. 이번 장과 다음 장의 인물들이 보여주듯이, 프로테스탄트적 정서는 우리가 생각하는 것보다는 훨씬 복잡하고 흥미로운 현상이다.

1) 토마스 플래터

토마스 플래터는 스위스의 전통적인 가정에서 성장하였으며, 사람들은 그가 성직자가 되리라고 기대하였다. 그의 운명은 태어난 순간부터 예견되었다. 참회주일(Shrove Sunday)[75]의 미사 종이 울리는 바로 그 순간에 태어났기 때문이다. 이 때문에 그의 출생은 가족의 집단기억 속에 확고하게 각인되었으며, 토마스도 끊임없이 자신의 출생에 관련된 이야기를 들으면서 성장하였다.

아버지는 그가 매우 어렸을 때 사망하였기 때문에 아버지에 관해서는 아는 바가 없었다. 어려서는 병약하였는데, 어머니가 젖을 먹이지 못해 출생 후 4년 동안 우유를 먹어야 했다. 당시에는 젖소의 우유를 사람에게 먹이는 것이 건강에 좋지 않을 뿐만 아니라 인간의 심성까지 짐승처럼 변하게 만든다는 속설이 있었기 때문에 그로서는 결코 유쾌한 기억이 아니었을 것이다. 그러나 가정형편 때문에 유모를 둘 수 없었던 토마스 가족으로서는 우유만이 유일한 대안이었다. 그런데 다섯 형제들 가운데 토마스가 가장 오래 산 것을 보면, 장기적으로 볼 때 우유가 그에게 전혀 나쁜 영향을 미치지 않은 것이 분명하다.

토마스의 가정은 유복하지 못했다. 의붓 아버지의 빚 때문에 가난에 시달렸던 자식들은 어려서부터 가족의 생계를 떠맡아야 했다. 토마스의 누이들은 어려서부터 하녀로 일해야 했고, 토마스도 겨우 여섯 살 난

---

75) 사순절이 시작되기 직전의 일요일.

나이에 염소치기 일을 시작하였다. 처음에는 친척의 염소를 돌보다가 후에는 부유한 농민의 염소를 돌보았다. 아홉 내지 열 살 무렵부터는 근교 가젠 마을의 심술궂고 연로한 성직자인 숙부 안토니의 집에 기거하게 되었다. 이는 토마스가 숙부를 통해 정규 학교수업 및 앞으로 성직자의 삶을 준비하는 데 필요한 라틴어 성서를 배우도록 하기 위해서였다. 그러나 숙부 안토니는 '지독히 화를 잘 내는 사람'이었다. 왕왕 토마스를 때렸으며 그를 자기 키만큼이나 들어올리기도 하였다. 그러면 토마스는 "막대기에 맞은 염소처럼 울부짖었고", 이웃 주민들은 저러다 토마스가 죽을까 봐 염려를 해야 했다.

토마스가 숙부의 집에 오래 머물지 않았던 것은 충분히 이해가 된다. 토마스는 사촌인 폴 서머매터가 가젠 마을을 방문한 기회를 틈타 그를 따라 숙부의 집을 뛰쳐나왔다. 이후 거의 10여 년간 이곳저곳을 전전하였으며, 온갖 궂은 일을 하면서 독학하였다.[76]

1520년대 초엽 그는 취리히의 한 학교에 등록하였고, 이 시기를 그는 미사와 '우상들'이 교회 안에 공존해 있기는 했지만, '복음의 빛이 움튼 시기'로 회상하고 있다. 취리히에서는 이 같은 성상들이 1524년 7월 2일에, 그리고 미사는 1525년 4월 12일에 가서야 사라졌다. 가톨릭에서 프로테스탄트로 개종한 초기 혼돈기에 토마스 곁에는 그의 후견인인 오스왈드 미코니우스가 있었다. 미코니우스는 토마스가 다녔던 교회 학교의 감독으로서 취리히의 종교개혁을 주도한 인물이었는데, 일찍이 아버지를 여의었던 토마스는 미코니우스를 아버지처럼 따랐고, 후에는 실제로 그를 '아버지'라고 불렀다.

새로운 복음주의적 신앙 때문에 미코니우스는 자신에게 부과된 의무인

---

76) T. Platter, *Lebensbeschreibung*, ed. A. Hartmann (Basel, 1944), pp. 24~26, 28~33, 35. 저자는 토마스의 출생연도가 1499년이 아니라 1507년이라는 편집자들의 견해를 따랐다. 앞의 책, pp. 153~154.

전통적인 미사와 진혼 미사의 집전을 달가워하지 않았다. 그리하여 그는 자신의 피부양인이자 조수인 토마스에게 이 의식들 가운데 일부를 대신 집전해 주도록 부탁하였다. 당시 토마스는 여전히 전통적 종교적 신앙을 가지고 있었기 때문에, 성직자로서의 삶을 준비하면서 미코니우스를 대리하여 기꺼이 이 의식들을 집전하였다.

그러나 토마스가 미코니우스의 부탁을 수락했다고 하여 전적으로 순진한 것만은 아니었다. 그에게 맡겨진 책무 중의 하나로 교회 난로에 장작을 피우는 일이 있었다. 그런데 어느 날 아침 불을 피워야 하는데 장작은 없고, 츠빙글리의 설교 시간은 다가오고 있었다. 이 때 그의 머리에 떠오른 것이 교회에 걸려 있는 '많은 우상들'이었다. 그는 아무도 없는 예배당에 들어가 성 요한을 그린 성화인 「요하네스」를 끄집어내려 땔감으로 써 버렸다. 이 그림을 난로에 넣으면서 "꼬마 요한, 머리를 숙이지 그래"라고 말하였다고 그는 회고하였다. 토마스에 의하면, 성화를 분실하여 곤경에 처한 성직자들은 루터주의자가 그 그림을 몰래 훔쳐갔다고 생각하였다. 토마스는 이 일로 죄책감을 느꼈지만, 자신의 후견자인 미코니우스에게 이 사실을 알리지 않은 채 오랫동안 비밀로 간직하였다.

미코니우스의 사례와 츠빙글리의 설교로 인해 젊은 토마스의 마음에 가톨릭 교회에 대한 회의가 일어났다. 당시 프로테스탄트 팸플릿 저술가들이 주장하였듯이, 그 역시 교황청이 '온통 재앙'으로 가득찼다고 생각하였다고 훗날 그는 술회하였다. 그러나 성직자를 꿈꾸던 그로서는 이러한 견해에 거부감을 가졌고, 점차 전통적 종교적 경건성에 더욱 집착하게 되었다. 그리하여 그는 실제로 자신이 원했던 것보다 더 많은 기도와 금식을 행했으며, 새로운 수호 성인도 숭배하게 되었다고 기술하였다. 이를테면 그는 그리스도를 대신하는 보자인 성모 마리아를 숭배했으며, 자신의 학업을 도와주던 성 캐더린(St. Catherine of Sienna, 1347~80),[77] 그리고 성사를 받고서야 비로소 죽음을 맞이하도록 해주는 성 바바라(St.

Barbara)[78] 및 천국의 문을 열어주는 성 베드로 등을 숭배하였다.

또한 토마스는 매일 그날 그날의 잘못을 일기에 기록하고, 학교 수업이 없는 목요일과 토요일에는 예배당에 혼자 앉아 의자의 수를 세곤 하였다. 그는 성인의 유해가 안치된 취리히 근교의 아인지델른(Einsiedeln)을 여섯 번이나 순례하였고, 자주 고해성사 드리러 가곤 하였다. 한 번은 엄격한 금식기간에 무심코 치즈를 먹다가 발각되어 성직자에게 용서를 구한 적이 있었다. 그러나 이 성직자는 먼저 고해를 하지 않으면 죄를 용서할 수 없다고 말했고, 그는 이에 모멸감을 느꼈다. 토마스로서는 이 고해 요구가 즉석에서 받아들이기 어려운 것이었기 때문이다. 이 때문에 그는 다른 학생들과 함께 성사에 참여할 수 없었으며 저녁식사에서도 배식을 받을 수 없었다. 토마스에게는 이중의 고통이었던 셈이다. 다행히 토마스의 딱한 처지를 이해한 다른 성직자가 자비를 베풀어 그의 잘못을 용서해 줌으로써 사건이 마무리되었다.

이 이야기는 가톨릭 신앙과 프로테스탄트 신앙이 토마스의 내면에서 서로 상쟁하고 있던 시기의 민감한 정서를 드러내고 있다. 그는 스스로 일종의 자기학대를 행함과 동시에, 다른 한편으로는 확신을 갖고 프로테스탄트 교도로 돌아선 무례한 친구들에 맞서서 가톨릭 교회를 변론하기도 했다.[79]

---

77) 도미닉회 수녀, 신비주의자. 시에나에서 출생하였으며, 16세에 도미닉회에 입회하였다. 명상과 빈민들에 대한 헌신으로 명성이 높았다. 1461년 교황 피우스 2세에 의해 성인으로 추대되었고, 1970년 교회 박사가 되었다. 축일은 4월 29일이다.

78) 실존 여부가 분명하지 않은 처녀 순교자. 일설에 따르면 3세기 말엽 로마제국의 황제 막시밀리안 치하에서 순교 당했다고 한다. 그녀의 아버지는 바바라가 그리스도교로 개종하자, 딸을 로마 총독에게 넘겼다. 그러나 혹독한 고문에도 불구하고 딸이 그리스도교를 포기하지 않자 아버지는 딸을 산꼭대기로 데리고 가서 목을 잘라버렸다. 그런데 갑자기 하늘에서 번개가 쳐서 아버지는 즉사하고 말았다는 것이다. 이 사건을 계기로 바바라는 번갯불과 연계되었으며, 포병의 수호성인이 되었다. 축일은 12월 4일이다.

79) 앞의 책, pp. 62~63.

그러나 츠빙글리가 요한복음 10장에 기초하여 행한 「나는 선한 목자」라는 감동적인 설교는 마침내 토마스의 마음의 벽을 무너뜨렸다. 목자는 잃어버린 양을 돌보는 책무를 신으로부터 부여받았다는 츠빙글리의 설교를 듣는 순간, 토마스는 마치 머리털이 곤두서는 듯한 전율을 느꼈다고 술회하였다. 이후 토마스는 가톨릭 교회의 성직자 제도를 강렬하게 비판했으며, 성서 공부에 몰두하고 인문주의자들과의 교분도 강화하였다. 그는 이제 종교적인 관점과 실제적 행위에서 공공연히 프로테스탄트 교도화하였다.[80]

프로테스탄트로 개종하자마자 토마스의 신상에는 즉각 새로운 문제들이 야기되었다. 그는 취리히를 이단의 소굴로 여기던 자신의 친척들과도 언쟁을 벌이기 시작하였다. 츠빙글리가 교황을 비판하고 미사를 공격하며, 교회에서의 성상 활용에 반대하였다는 사실이 사람들 사이에 널리 알려져 있었던 것이다. 토마스는 이 시기에 '극심한 가난'에 시달렸던 것 같다. 왜냐하면 종교개혁의 영향을 받은 취리히 시민들이 탁발 수도사 및 기타 직업적 '거지'들의 오랜 권한 남용에 대한 항의의 표시로서 공공 용도의 기부금 지원을 중단했기 때문이다. 토마스는 돈과 양식을 위해 천한 일도 해야 했고, 심지어는 구걸하여 얻은 소금 섞인 물만으로 여러 날을 연명하기도 하였다. 종교개혁가들은 고아가 공공 장소에서 행하는 구걸 행위를 인정했는데, 토마스도 가난한 고아처럼 먹을 것을 위해 노상에서 '노래'를 부르기도 했다. 이러한 그의 행위는 지나가는 행인들로부터 조롱거리가 되었다. 부분적으로는 당시 그가 이미 십대 후반으로서 어린이가 아니었기 때문이며, 다른 한편 무엇보다도 취리히의 프로테스탄트 교도들은 구걸을 매우 수치스러운 행동이라고 생각하였기 때문이다. 얼마 후 토마스는 츠빙글리와 미코니우스의 전령으로 일하게 되었다. 스위스에서 취리히와

---

80) 앞의 책, pp. 63~64.

가톨릭 지역 프로테스탄트 동조자들을 연결하는 메시지 전달자의 역할을 하게 된 것이다.[81]

종교적 신조를 바꾼 이후 토마스는 새로운 직업을 가지게 되었다. 취리히의 복음 설교사들은 육체 노동을 존중하였으며, 이마에 땀을 흘려 생계를 해결하라는 성 바울의 가르침을 따르지 않는 다수의 성직자들을 비판하였다. 토마스는 신학 공부를 포기하고 사업을 배우기 시작하였다. 이는 종교개혁이 불러일으켰던 신학자들에 대한 적대감으로 인해 당시 많은 사람들이 택한 일이었다. 그는 일명 루돌프 암부엘이라 불린 밧줄 제조공 루케르너의 도제가 되었다. 취리히의 스승들로부터 영향을 받았던 루케르너는 사업과 결혼을 위해 일찌감치 성직자의 길을 접은 인물이었다. 토마스는 도제로서의 견습 활동에 필요한 대마를 구입하기 위해 어머니로부터 물려받은 얼마 되지 않은 유산마저 처분하였다.[82]

도제 생활을 마친 후 바젤로 이사한 토마스는 그 곳에서 새로운 사업을 시작하였다. 하지만 자신의 첫 사랑이었던 책읽기를 포기할 수 없어, 밤이든 휴일이든 심지어 작업중에도 특히 고전에서는 손을 떼지 못했다. 언젠가는 주인이 자리를 비웠을 때 학자 겸 인쇄업자 안드레아 크라탄데르로부터 선물 받은 플로투스(Titus Maccius Plautus, †184)[83]의 작품을 대마 사이에 숨겨 몰래 읽기도 하였다. 또한 그는 인문주의자들과도 더욱 빈번히 접촉하였다. 저명한 독일인 학자 베아투스 레나누스와 위대한 인문주의자 에라스무스도 만났는데, 그는 이미 레나누스의 제자들과는 친구로 지내고 있던 터였다. 토마스는 어린 시절 취리히에서 미코니우스와 정기적으로 식탁을 함께한 히브리어 학자 테오도르 비브리안데르로부터

---

81) 앞의 책, pp. 66~70.
82) 앞의 책, pp. 76~77.
83) 로마의 희곡작가. 그의 작품들은 로마인들로부터 많은 사랑을 받았으며, 르네상스 이후의 유럽의 드라마에도 많은 영향을 끼쳤다. 그는 작품에 다양한 비유를 가미하고, 노래와 춤의 요소를 도입하였으며 유머를 활용하였다.

히브리어를 사사 받은 적이 있었는데, 이 즈음 그는 어린 소년들에게 기초 히브리어를 가르치기 위해 잠시 사업을 그만두기로 하였다. 토마스는 성 레온하르트 교회의 교구 학교에서 이 곳의 박식한 교장이었던 요하네스 오포리누스가 편집한 구약성서의 요나서를 하루에 한 시간씩 학생들에게 가르쳤다.[84]

1529년 토마스는 스승의 가정부로서 취리히의 학창시절부터 알고 지냈던 자신보다 몇 살 연상의 여성과 결혼하였다. 미코니우스 가족은 처음부터 이들의 결합에 대해 오히려 토마스 자신보다 관심이 더 많았다. 이들은 두 사람의 결혼을 격려하였을 뿐만 아니라, 그들을 상속자로 삼겠다는 약속까지 하였다. 결혼 초기에는 신혼 생활에 대한 열정이 부족하여 6주 동안이나 부부 관계를 가지지 않았다. 결국 미코니우스의 조언을 듣고 난 다음에야 이들은 비로소 정상적인 부부 생활을 하게 되었다. 토마스와 안나가 잠자리를 함께하지 않는다는 사실을 알게 된 미코니우스가 이들에게 부부의 의무를 가르쳤던 것이다. 토마스는 자신과 아내가 "잠자리를 함께하는 것을 부끄러워하였으나, 언젠가는 잠자리를 함께 할 수밖에 없음을 알고 있었으며, 마침내 그렇게 되었다"고 술회하였다.[85]

토마스는 결혼 직후 안나와 함께 자신의 고향 발리스를 방문한 적이 있었다. 그러나 자신이 성직가가 되기를 바랬던 가족들은 이들을 환대하지 않았다고 기록하고 있다. 성직자치고는 말투가 거칠었던 숙부 안토니는 어느 날 이웃 비습(visp) 마을의 성 마르틴 교회에서 조카 토마스를 만나자 아내를 집에 데려온 것이 사실이냐고 물었다. 토마스가 그렇다고 대답하자, 숙부는 창녀를 집에 데려온 것이 나을 뻔했다고 대꾸하였다. 토마스가 성직자가 되었더라면 부인이 아닌 창녀를 데리고 왔을 것이기 때문이다. 그러자 토마스는 "숙부님, 아내보다 창녀를 두는 것이 좋다는 이야기는

---

84) 앞의 책, pp. 80~81.
85) 앞의 책, pp. 86~87.

성서의 어느 구절에서도 발견하지 못할 것입니다"라고 응수하였다. 이는 성서 전문가라는 자부심을 가지고 있던 숙부의 자존심을 건드렸다. 토마스는 "숙부님은 성서를 읽는 데 많은 시간을 할애하지만, 사실상 이해하지는 못하고 있습니다"라고 대꾸하였다. 이 일로 두 사람의 관계는 더욱 소원해졌다.[86]

토마스와 안나는 비습에 살면서 일하였다. 안나는 양모를 잣고, 토마스는 밧줄을 만들면서 학생들을 가르쳤다. 토마스의 기록에 의하면, 겨울에는 30명의 학생을 가르쳤지만 여름에는 학생이 '겨우 여섯 명'밖에 되지 않았다. 부부관계는 좋아졌지만, 당시 모든 배교자들에게 따라다니던 '루터주의'라는 낙인 때문에 토마스는, 비록 지역 성직자들의 관계 개선에 노력했지만 지역 성직자들과는 멀어지게 되었다. 그는 "내 양심에 반하여 성상 숭배에 동조해야 하고, 한 순간도 내 생각을 자유롭게 말할 수 없었기 때문에" 교회에 가는 것과 미사 때 성가를 부르는 것이 큰 고역이었다고 회상하였다. 이에 토마스와 안나는 양심의 소리에 따라 그리고 미코니우스의 조언을 받아들여 바젤로 되돌아가기로 결정하였다.

그러나 이들의 출발은 아내의 첫 출산으로 지연되었다. 자녀 출산은 이들이 새로운 복음주의 신앙에 확신을 가지는 또 다른 기회가 되었다. 안나의 분만이 시작되자 산파들이 분만 여성의 수호성자인 성 마가렛의 이름으로 그녀 주변에 나무로 된 묵주를 가져다 놓았다. 이들은 안나에게 미사를 드릴 것을 권유하였다. 그러나 안나는 미사를 거절하고, 이 모든 도움을 넘어서 "오, 참된 하나님이시여, 나는 당신께서 이 분만의 산고에서 나를 도와주시리라 확신합니다"라고 호소하였다. 오히려 안나가 산파들을 안심시켰다. 토마스는 이 지역의 관습에 따라 아내의 출산에 참관하였다. 남편을 참관시켰던 의도는 무엇보다도 부부관계를 견고히 하려는 데 있었

---

86) 앞의 책, pp. 87, 90~91.

다. 그리고 산파들로서는 순산을 위해 인간으로서 할 수 있는 모든 조치를 다했음을 아이 아버지에게 직접 확인시킨다는 의도도 있었다. 실제로 산파들의 일에는 많은 위험이 수반되었고, 산모나 신생아가 죽거나 상해를 입게 되면 분만을 도와준 이들이 종종 증오와 혐오의 대상이 되기도 하였다.

안나는 딸을 순산하였으며, 딸에게는 '꼬마 마가렛'이라는 세례명이 주어졌다. 그러나 마가렛은 1년도 안 되어 죽고 말았다. 토마스는 딸이 태어난 며칠 후 시내에서 몇몇 친척들이 위선적이게도 자신이 성직자가 되기로 한 약속을 저버린 데 대한 징벌로서, 안나가 아이를 출산하다가 죽기를 바랬다는 얘기를 사람들로부터 듣게 되었다. 화가 치밀어 오른 토마스는 친척들에게 그들이 원한 성직자가 되기보다는 차라리 무덤을 파는 사람이나 교수형 집행자가 되는 편이 낫겠다고 퉁명스럽게 대꾸하였다.[87]

바젤로 이사한 토마스는 우선 오포리누스의 조수로 일하면서 그로부터 인쇄업 일을 배웠다. 그 후 다시 브룬넨트루트라는 도시로 이주하였는데, 여기서 의사의 조수역을 하면서 잠깐 동안이나마 의사직을 직업으로 고려하기도 하였다. 그러나 그는 앞으로 평생 직업이 될 분야로 서서히 방향을 전환하였다. 토마스는 지텐이라는 가톨릭 마을의 학교 교장직을 지원하였다. 그러나 자신보다 자질이 떨어지는 경쟁자가 담당 주교에게 그에 대해 험담을 하는 바람에 낙방하고 말았다. 이 경쟁자는 토마스가 금식을 하지 않고, 가톨릭 교도들을 '우상숭배자'라 부르며, 이들에게 협력하거나 함께 일하기를 거부하였다고 혹평하였다. 다시 말해서 편협하기 짝이 없는 프로테스탄트 교도인 토마스가 교장이 되면 논쟁과 분열만 조장하게 될 것이라고 비판하였던 것이다.[88]

그렇다고 해서 토마스가 모든 것을 잃은 것은 아니었다. 바젤에서 인쇄업

---

87) 앞의 책, p. 94.
88) 앞의 책, pp. 113~115.

을 익혔던 토마스는 훗날 자신의 가게를 열어 크게 성공하였다. 이 성공으로 토마스는 바젤의 관리들로부터 존경을 받게 되었고, 이들로부터 바젤의 학교 교장으로 일해 달라는 요청도 받았다. 이 청을 받아들여 교장이 된 토마스는 31년 동안 그 자리에 있으면서 감독권을 가진 상급기관인 이 지역의 대학으로부터 학교의 자율성을 훌륭하게 보전하였다. 특히 교과과정을 수정하여 학생들이 자유학예와 높은 수준의 논리학을 충분히 공부할 수 없도록 만들고자 한 바젤 대학 인문학부 교수들의 시도에 강력하게 저항하였다. 토마스의 감독 아래 학교에서는 학생들에게 자유학예 과목들을 충분히 가르쳤다. 그리하여 이 학교를 졸업하고 대학에 진학한 학생들은 소수의 인문학 과목만 들어도 되었다.[89) 또한 시민들은 토마스가 성직에 대한 어릴 적 포부와 가족의 기대 모두를 저버렸던 인물로서, 자신의 교육 원칙을 완화하여 적당히 타협하도록 종용하는 자들에 맞서서도 소신을 지키기를 기대하였다. 토마스는 교실에서는 물론 양심적으로도 부끄러움이 없었던 인물로서 누구의 위협에도 굴복하지 않았다.

토마스와 안나 플래터의 삶의 특징은 가족 및 공적 권위에 맞서 언제나 자신들의 양심을 따랐다는 점이다. 종교개혁 운동이 절정에 달하자 토마스와 안나의 복음주의 신앙은 이 같은 품성을 더욱 고취하였다.[90) 이들은 당시 주변 세계에서 진행되고 있던 변화를 개인적으로 그리고 종교적으로 적극 수용하였다. 이들은 종교적 원칙 내지 삶의 행복이 문제될 경우, 주저 없이 전통과 결별하였으며, 보다 참된 견해와 보다 효과적인 행동지침으로 판단되는 것을 기꺼이 받아들였다. 이들은 선대로부터 내려오던 신앙을 거부하였는데, 이는 토마스에게 있어서 중대한 직업상의 변화를

---

89) 앞의 책, pp. 131~135.
90) 캘빈파들의 가족의 권위와 공적 권위의 구분에 관해서는 다음의 논의를 비교해 볼 것. D. R. Kelly, *The Beginning of Idelogy : Consciousness and Society in the French Reformation* (Cambridge, 1981).

의미하였다. 그는 전통적인 성상 숭배와 정신적 강압에 맞서서 양심에 따랐던 것이 자기 생애에서 가장 중대한 결정이었다고 고백하였다. 우리는 그의 자서전을 통해 종교개혁이 신학자와 팸플릿 저술가들에 의해 확산되었으며, 정무관과 제후들에 의해 법제화됨으로써, 일반 대중의 삶에서 구체적으로 실체화했음을 발견하게 된다.

토마스는 전문 신학자가 아니었다. 그러나 그는 삶에 대해 나름의 명확한 종교적 인식을 가지고 있었다. 그는 중년기와 노년기를 회고하면서 인생에서 점하는 신의 섭리의 중요성을 거듭 강조하였다. 이 점이 매우 세속적인 연대기에서도 반복적으로 확인되는 그의 신학의 특성이었다. 그는 어린 시절 염소치기를 할 때부터 위험에서 자신을 보호해 주고 죽음으로부터는 세 번씩이나 직접적으로 자신을 구원해 준 신에 대해 확신을 가지고 있었다. 또한 토마스는 신이 츠빙글리의 삶을 높이 들어 기념하기 위해서, 이 위대한 스위스의 개혁가로 하여금 "들판에서……양떼와 함께 죽음을 맞도록 하였다"고 생각하였다.[91] 한편 물려받은 유산이라고는 거의 없었던 토마스와 안나는 오로지 열심히 일한 대가로 바젤에 네 채의 집을 동시에 소유할 수 있게 되었는데, 이 역시 이 땅의 삶에 개입하는 신의 섭리라고 생각하였다. 뿐만 아니라 출신 신분이 극히 비천한 자신이 30여 년 동안이나 바젤의 어린이들을 가르치는 학교 교사가 된 것 역시 신의 섭리라고 믿었다. 아들 펠릭스에게 자신이 겪은 위험과 모험으로 가득찬 삶을 이야기했던 토마스는, 자서전 끝부분에서 "내가 어떻게 지금까지 살아 있고, 서 있으며, 걸을 수 있었겠는가?"라고 자문하였다. 그리고 이에 대한 답변으로서 "신이

---

91) T. Platter, *Lebensbeschreibung*, pp. 22~33, 70~71, 92. 츠빙글리가 주도하였던 종교개혁에 의해 스위스의 6개 주가 프로테스탄트로 전향하였으나, 나머지 5개 주는 가톨릭을 완강하게 고수하였다. 이들 프로테스탄트 교도들과 가톨릭 교도들 간의 적대감이 비화하여 스위스 연방은 내전에 돌입하게 된다. 1531년 10월 프로테스탄트군의 지도자 츠빙글리는 카펠 전투에서 부상당한 후 사망하였다. 본문 내용은 그의 이 같은 최후를 가리키고 있다.

천사를 통해서 나를 보호해 주었기 때문에 이 모든 일이 가능하였다"[92]라고
결론지었다. 이처럼 토마스는 새로운 종교적 신앙을 통해서 내면적 확신은
물론 이 세상에서 위험을 이기는 용기도 가지게 되었던 것이다.

2) 헤르만 바인즈베르그

프로테스탄트 종교개혁은 가톨릭 지역 평신도들의 삶에도 많은 영향을
미쳤다. 물론 가톨릭 정부는 종교개혁을 공식적으로 인정한 것이 결코
없었으며, 프로테스탄트 교도에게 자유로운 집회도 허용한 적이 없었다.[93]
그러나 우리는 헤르만 바인즈베르그(1518~1597)[94]를 통해서 가톨릭 지역
의 평신도로서 종교개혁의 영향을 깊이 받았던 한 전형적인 인물을 접하게
된다. 그는 다소 괴팍스러웠던 전직 법률가로서 열네 번이나 시정 위원회의

---

92) 앞의 책, pp. 142~143.

93) 1569년 쾰른 대주교의 주교좌 방문은 "적그리스도, 재세례파, 프로테스탄트,
   루터파, 캘빈파 등의 이념으로부터 강한 영향을 받았던" 118개 교구 중 40개
   교구의 사례를 보여주고 있다. 이 가운데 루터파라고 이단으로 비난받았던 교구는
   단지 4개 교구에 불과했다. 평신도의 성사 수용 및 사제의 결혼 등과 같은 쟁점에
   대해서는 다수 사람들이 에라스무스적이거나 개혁적 가톨릭의 정서를 가지고
   있었으며, 성직자의 권한 남용에 대한 강력한 비판에도 불구하고, 여전히 프로테스
   탄트는 미미한 실정이었다. A. Franzen, "Die Visitation im Zeitaler der
   Gegenreformation im Erzstift Köln," in *Die Visitation im Dienst der kirchlichen
   Reform*, ed. E.W. Zeeden and H. Molitor (Münster, 1967), pp. 16~17. 16세기
   쾰른 지방의 개혁운동에 관해서는 J. Klersch, *Volkstum und Volksleben in Köln*
   vol. 3 (Cologne, 1968) 및 P. Holt, "Beitrag zur Kirchengeschichte Kurkölns im
   16. Jahrhundert," *Jahrbuch des kölnischen Geschichtsvereins E.V.* 18 (1936), pp.
   111~143을 볼 것.

94) 바인즈베르그의 생애에 관해서는 J. Stein, "Herman Weinsberg als Mensch und
   Historiker," *Jahrbuch des kölnischen Geschichtsvereins*, 4 (1917), pp. 109~169 ; S.
   Ozment, *When Fathers Ruled : Family Life in Reformation Europe* (Cambridge :
   Mass., 1983) 및 R. Jütte, "Household and Family in Late Sixteenth Century Cologne
   : The Weinsberg Family," *Sixteenth Century Journal*, 17 (1986), pp. 165~182
   등 참조.

위원직을 역임한 바 있는 쾰른의 소규모 포도주 상인이었다. 1555년부터 1596년 사이에 기록된 여러 권으로 구성된 그의 연보는 예외적일 정도의 솔직하고도 개인적인 정보들을 담고 있는데, 여기서 우리는 전통과 변화 사이에서 심각하게 분열되었던 한 인간의 모습을 만날 수 있다. 한편으로 그는 소심하고 은둔자적인 성격의 소유자였다. 그리하여 그는 학창기의 젊은 시절 및 역병이 돌 때 이웃마을로 이따금씩 피난했던 시기를 제외하고는, 평생을 쾰른에서 살았다. 뿐만 아니라 그는 쾰른 시정의 핵심적인 중간 관리자이기도 하였다. 그의 보수적 성향은 부분적으로는 젊은 시절 발병하여 평생토록 그를 괴롭혔던 탈장 때문이었다. 탈장의 원인에 대해 모친은 바인즈베르그가 차고 기름진 수프를 먹은 탓이라고 생각하였던 반면, 부친은 그가 학교에서 구타를 당했거나 아니면 달리기를 너무 열심히 하고 점프 놀이를 심하게 한 탓이라고 생각하였다.[95]

한편 헤르만은 집안에서는 물론 집 밖에서도 논쟁하기를 좋아하였다. 노골적으로 반성직자주의를 표방하였던 그는 에라스무스를 공개적으로 존경하였으며, 가톨릭 교회에 대한 프로테스탄트의 비판 내지 개혁안을 상당 부분 공유하였다. 그는 프로테스탄트 교도들이 쾰른의 시정 위원회에서 활동할 수 있는 권리를 인정하였으며, 그리고 이따금씩 16세기 후반에 들어 그 수가 증가하고 있던 웨스트팔리아의 캘빈파 성직자들과도 교류에 들어갔다.

프로테스탄티즘은 쾰른에서도 종교적 실체로 성장하였다. 그러나 헤르만은 프로테스탄티즘이 실제로 제기하는 위협에 비해서 고위 성직자 및 시정 당국자들의 비판이 지나치게 과장되었다고 생각하였다.[96] 그의 기록

---

95) 헤르만은 탈장으로 인해 여성들 앞에서 수줍음을 가지게 되었으며, 자식을 가지지 못할 것이라는 염려를 하였다. *Das Buch Weinsberg. Kölner Denkwürdigkeiten aus dem 16. Jahrhundert* vol. 1. ed. K. Höhlbaum (Leipzig, 1886), p. 50 ; *Das Buch Weinsberg* vol. 5. ed. J. Stein (Bonn, 1926), p. xiii.

96) *Das Buch Weinsberg* vol. 3, ed. F. Lau (Bonn, 1897), p. 21.

에 의하면, 1578년 가을 쾰른 대주교는 이단적인 프로테스탄티즘이 팸플릿의 형태로 파급되고 있을 뿐만 아니라, 도시의 개인 집들과 노상에서도 설교되고 있다고 경고하였다. 이에 그 해 9월에는 시정 위원회가 쾰른의 출판물들에 대해 보다 엄격한 감독을 지시하였다. 그리고 12월에 신성로마 제국의 황제 루돌프 2세(Rudolf II, 1552~1612)[97]와 마인츠의 선제후가 보낸 프로테스탄트들에 대한 경고문을 쾰른의 시정 위원회가 논의하였다. "쾰른의 많은 시민들이 가톨릭보다도 신흥 종교에 경도되어 있다"고 생각하였던 황제와 선제후도 시 정무관들에게 새로운 종교가 '사회적 소요와 불안'[98]을 야기하기 전에 프로테스탄트의 사사로운 가르침에 대해 조치를 취하도록 촉구하였던 것이다.

그런데 종교개혁은 쾰른 시민과 성직자들에게 실제로 문제를 일으키기도 하였다. 헤르만은 대학의 교수자격증(licentiate)을 소지한 법률가로서 시정 위원회에 새로이 선출된 한 젊은이의 사례를 언급하였다. 그는 종파를 벗어나서 결혼함으로써 지위를 위협받고 있었다. 문제의 이 젊은이는 비가톨릭 교도였던 첫 번째 부인이 죽자 도시 외곽에 그녀를 매장하였으며, 역시 가톨릭 교도가 아닌 두 번째 부인을 맞이하려고 하였다. 자신의 재혼이 도시 협의회의 다른 위원들로부터 반발을 사지 않을까 두려워했던 그는 법률가 길드의 지원을 요청하였다. 당시 헤르만은 이 법률가 길드의 대표(banneret)[99]로 봉사하고 있던 터였다. 결국 그는 시정 위원회의 위원직

---

97) 신성로마제국의 황제(1576~1612), 헝가리의 군주(1572~1608) 겸 보헤미아의 군주(1575~1611). 막시밀리안 2세를 이어 제위에 올랐으나, 정신이상의 발작과 과학에 지나치게 몰두한 탓에 정사는 등한시하였다. 독일의 천문학자 케플러의 후원자이기도 하였다. 그의 가혹한 종교탄압에 반발한 헝가리인들이 1604년 소요를 일으켰으며, 1608년 그의 형제 마티아스가 헝가리와 보헤미아를 장악하였다. 1609년 보헤미아인들에게 종교적 자유를 허용하였다.

98) 앞의 책, p. 24.

99) banneret란 원래 다른 기사들을 명령하는 지위를 가진 기사를 가리켰다. 흔히 기령기사로 옮겨졌으며, 이는 훗날 도시의 길드에도 적용되어 길드의 대표를

을 유지하였다. 그러나 그는 가톨릭에 대한 충성 서약과 교회의 개혁운동들에 관여하지 않겠다는 약속을 하고서야 간신히 그 직책을 보존할 수 있었다.[100]

1579년 1월 쾰른시 치안관은 프로테스탄트라는 혐의가 있었던 복음주의적인 양복재단사를 고문하여, 그가 프로테스탄트들의 사적인 집회에서 본 적이 있다고 밝힌 명단을 근거로 도시의 프로테스탄트 교도들을 체포하였다. 헤르만에 따르면 몇몇 시정 위원들을 포함한 다수의 시민들이 이 사건에 연루되었다. 정무관들은 이들이 "자신의 집이나 다른 사람들의 집에 은밀히 모여 설교 및 종교적 활동을 주도하거나 이에 참여하였다"고 비난하였다. 이들 가운데는 헤르만의 조카의 결혼식 집례자도 포함되었다. 헤르만에 의하면, 그 사람은 서품을 받은 사제가 집전하는 혼례식이 아닌 '비가톨릭적' 방식 즉 교회 밖에서의 결혼을 통해 아내를 맞이했다는 죄목이 추가되어 기소당하였다. 체포된 사람들 가운데 루터파의 공식 신조였던 아우구스부르그 신조[101]를 철회하라는 요구를 거부하거나 공인된 교회에서 자녀들의 세례식을 행하지 않았던 자들에게 부과되었던 벌과금을 납부하지 않은 이들은 투옥되었다. 헤르만은 "교회로 침투하는 것이 무엇인지에 대해서는 아무런 관심도 갖지 않으면서, 자신들 나름의 사적 예배를 드리고자 했던 자들의 색출에 시정 위원회 및 성직자 모두가 지대한 관심을 가졌다"[102]고 지적하였다.

헤르만의 가족들은 오랫동안 전통적인 신앙에 확고하게 뿌리를 내리고

가리키게 되었다.
100) 앞의 책, p. 25.
101) 아우구스부르그 제후회의에서 멜란히톤이 작성한 신조. 아우구스부르그 신조는 루터파의 핵심 교리를 형성하고 있었다. 모두 28개 조항으로 구성되었으며, 첫 번째 조항으로부터 21번째 조항까지는 믿음에 의한 구원을 강조하고 있으며, 나머지 조항들은 성직자의 권한남용 및 이에 대한 처방을 담고 있다. Ⅲ장 pp. 120~121 참조.
102) 앞의 책, p. 29.

성 아폴로니아

있었다. 이들은 마리아 베들레헴(Maria of Bethlehem)이라는 프란시스회 수녀원을 건립하여 이를 헌납하였다. 이 수녀원은 헤르만의 누이들과 그의 유일한 자녀로서 서출의 딸이었던 안나의 고향이 되었다. 안나는 스무 살에 그 수녀원에 입회하였으며, 결국 수도원장이 되었다. 헤르만은 일생 동안 수녀원을 재정적으로 적극 후원하였다. 기질상 보수적이었던 그는 종교를 포함한 모든 일에 중용을 행동 규범으로 삼았다. 그는 즐겨 스스로를 '온건한 사람' 내지 '중도적인 사람'으로 묘사하였으며, 그의 삶의 모토도 "온건한 자는 복이 있나니"라는 성서 구절이었다.103)

---

103) 헤르만은 자신보다 유복한 경쟁자들이 자신에 대해서 '그가 생각했던 것보다도 더욱 학식 있고 글도 잘 읽기를 바란다'고 말한 데 대해 분개하였다. 이에 그는 연대기에서 "나는 너무 많이 배우지도, 그렇다고 너무 못 배우지도 않은" 사람이라고 자신을 변론하였으나, 스스로 '중산층 시민'으로서 라틴어와 독일어 그리고 법률과 역사를 충분히 배웠다고 밝혔다. 그는 다른 측면에서도 자신을 '중간 계층'이라고 불렀다. 즉 자신은 "토지 소유의 정도에서 매우 부유하지도 않고,

헤르만의 신앙은 계몽적이고 비판적이었던 동시에 지나치게 단순하고 경신적이었다. 그는 젊은 시절 성 아폴로니아(St. Apollonia)에게 입 안의 통증을 치유해 달라고 기도하였다. 어려서 감염된 이 질병은 치아와 잇몸 조직의 일부를 수술로 제거해야 할 정도로 심하였다.[104] 헤르만은 집안이 세웠던 수녀원의 수녀로 있던 누이 아그네스가 전염병으로 세상을 떠나자, 누이가 영광의 나라에 이르렀다고 기록하였다. 헤르만의 기록에 의하면, 이 수녀원의 수녀들은 한 수녀가 세상을 떠나는 경우 그녀가 천국에 도착하였음을 알리는 신호를 다른 수녀들에게 보낸다고 생각하고 있었다. 그런데 이 수녀들은 아그네스가 죽은 직후 하늘에 유난히 빛났던 별을 자신들과 헤르만에게 보내는 그와 같은 징후로 간주하였던 것이다.[105] 또한 헤르만은 두 명의 아내 바이즈긴과 드러트긴의 기일을 전통적인 방식으로 그리고 정기적으로 추모하였다. 언젠가 헤르만은 드러트긴의 묘소에서 거행된 경야기도, 미사, 촛불, 진혼곡 등의 추모 행사에 기타 인건비 및 의식비를 포함해서 126 굴덴(gulden)이라는 많은 액수의 돈을 지출하기도 하였다.[106] 그리고 그는 성직자의 도움을 받아 유언장을 작성하였으며, 이를 성 제임스 교회의 보관함에 맡겨 두었다.[107]

헤르만의 전통적인 신앙심은 그가 느꼈던 죄책감과 수치심에서도 확인된다. 그는 딸 안나의 어머니이자 집안의 하녀였던 그라이트긴과의 관계를 회상하면서, 자신을 '사악한 잡초'[108]라고 묘사하였다. 세월이 흐르면서

그렇다고 매우 가난하지도 않으며, 시정에 있어서도 매우 영향력이 있지 않고, 그렇다고 극히 하찮은 사람도 아니다"라고 생각하였다. 그는 '중간 계층'에 대해 분명한 자긍심과 만족감을 가지고 있었다. *Das Buch Weinsberg* 5.270~71.

104) *Das Buch Weinsberg* 1.49~50, 59.
105) *Das Buch Weinsberg* 5.2~3.
106) *Das Buch Weinsberg*, vol. 2, ed. K. Höhlbaum (Leipzig, 1887), pp. 277~279 ; 앞의 책, 5.23.
107) *Das Buch Weinsberg* 5.46~48.
108) *Das Buch Weinsberg* 1.231.

그가 고해성사에 참석하는 숫자는 점점 더 줄어들었다. 이제 그 횟수가 1년에 두 번을 넘지 않게 되었다. 그는 어린 시절의 고해성사를 고통스러운 경험으로 간주하였다. 일곱 살 때 처음 행한 고해성사에 대해서, 그는 "차라리 불 속을 지나가고 싶었을 정도였다"라고 당시를 회상하였다. 그러나 고해성사가 일종의 정례적인 습관이 되자, 참회는 그에게 단지 소수의 묵주기도나 기타의 기도들을 부과하는 정도로 가벼워졌으며, 성사가 주는 양심의 가책도 없어졌다. 헤르만은 오히려 그것이 마음 편하다고 생각하기에 이르렀다.[109] 1574년 56세가 되자 헤르만은 이 세상에 죄 없는 사람은 하나도 없는 만큼 죄를 고백하는 것이 더 이상 전혀 부끄럽지 않다고 선언하였다. 그 이후 참회에 대한 부담을 덜게 된 그는 걸핏하면 환경 탓으로 돌렸던 자신의 과오와 신의 수많은 내면적인 은총 모두에 대해 후손들에게 공개적으로 고백하기에 이르렀다. 16세기의 상황에 비추어 볼 때, 이 같은 진술은 매우 이례적이고도 솔직한 신앙 표현이었다.

먼저 헤르만의 단점들을 살펴보도록 하자. 영광 및 '특별한 명예'를 추구하는 자로서, 의복에 대해서는 허영심이 거의 없지만 가문의 명성에 대해서는 강박관념을 가지고 있고, 또한 돈에 대해서도 인색하다고 자신을 밝혔다. 그러나 이 같은 인색함은 탐욕스러워서가 아니라 근검절약과 부족한 수입으로 인해 형성된 것이라고 그는 설명하였다. 게다가 그는 사안이 중대할 경우 자신과 친구의 이해관계를 완강하게 보호하였으며, 고압적인 자세에 비해 친절한 대우에 의해 마음이 훨씬 더 누그러지는 성품을 가지고 있었다. 그는 '아름다운 몸매의 미인'을 좋아했으며, 악한 욕구가 악한 행위 그 자체보다도 더욱 나쁘다는 점도 충분히 알고 있었다고 고백하였다. 한편 그는 낯선 사람에 대해서는 반감을 가지고 있었다. 먹고 마시는 것들에 집착하였던 그는 포만감을 느낄 때까지 식탁에서 일어나지

---

109) 앞의 책, 1.40~41.

않았으며, 강제적인 금식을 매우 싫어하였다. 물론 반드시 금식을 해야 하는 경우에는, 그 역시 이를 이행하기도 하였다. 그는 교회에 가서 설교 듣는 것은 좋아하였으나 기도와 성서 읽기에는 흥미가 없었으며, 종교적인 일보다는 세속적인 일에 더욱 많은 관심을 가졌다. 헤르만은 다른 사람들에 대해 자비롭고 동정적이었지마는 이 같은 정서에 기대어 행동하는 것은 좋아하지 않았다. 그는 사람들과 담소하고 잡담하는 것을 좋아하였던 반면에, 불가피한 경우가 아니면 공적 모임에서 말하는 것을 꺼렸다. 그의 타고난 품성은 수줍어하는 편이지마는, 화를 냈을 때는 대범하고 공격적이 되었다.

다음으로는 헤르만의 명백한 장점들을 살펴보기로 하자. 그는 자신을 유익한 조언자 내지 조정자로 인식하였다. 여하한 어려움에도 낙담하거나 슬픔에 빠지는 일이 없었다. 또한 그는 아첨이나 간청에 흔들리지 않는다고 스스로 생각하였다. "나는 누구로부터도 필요 이상을 요구하지 않았으며, 누구에게도 필요 이상을 주지 않았다⋯⋯나는 내 소유를 잘 보존함으로써 어떠한 형태로든 다른 사람에게 짐이 되지 않았다"고 그는 밝혔으며, "나는 내 소유를 잘 보존하기 위해서 노력하였다. 그리고 다른 어떤 사람에게도 경제적 도움을 구걸하지 않았다"고 말할 정도로 낭비를 싫어하였다. 그는 혹 어려운 문제가 불거지는 경우에도 이를 인위적으로 처리하지 않았으며, 이로 인해 악의를 품거나 원한을 갚으려 하지 않았다. 헤르만은 화가 나지 않은 이상 남을 저주하거나 모욕하거나, 업신여기지 않았다. 그는 예절, 질서, 관습 등을 존중하였으며, 예의에 어긋난 행동을 하는 사람에 대해서는 주저 없이 꾸짖었고, 여하한 상황에서도 거짓말은 용납하지 않았다. 물론 명예를 존중하는 사람으로서 대개의 경우 정의롭게 처신하였다. 그러나 그 역시 이해관계에 따라 마음이 흔들린 적도 있음을 솔직히 시인하였다. 그는 성직자들을 재정적으로 후원하였으나, 이들의 '권한 남용, 교활함, 탐욕 및 교만'에 대해서는 분개하였다. 물론 그는 일반 대중을 좋아하기는 하였다. 그러나 이들을 다룰 때는 매우 신중하게 행동하였다.

요컨대 헤르만은 자신의 표현을 빌리면, "단지 조용하고 평화로운 삶을 영위하기를 바랐던"[110] 사람이었다. 그는 사실상 모든 문제에서 갈등과 변화보다는 인내와 연속성을 선호하였다. 주변 환경이 평화를 심각하게 방해하지 않는 한, 그는 이러한 환경에 적응할 준비가 되어 있었던 것이다.

헤르만은, 기꺼이 고백했듯이, 전통적인 신앙을 가지고 있었다. 그럼에도 불구하고 그는 가톨릭 성직자들과 종종 부딪혔으며, 부당하게도 가족과 친구들 사이에서 반성직주의 및 은밀하게 복음주의 정서를 가진 인물로 간주되고 있었다.[111] 헤르만의 비판은 오늘날의 독자가 당시의 가톨릭 평신도에게 기대하는 정도 이상으로 신랄한 것이었다. 그것은 왕왕 프로테스탄트 팸플릿 저술가들의 비판에 버금 갈 정도였다. 예를 들어서 1575년 봄 성 조지의 도시 참사회가 성 제임스 교회의 유명한 교사를 강제로 면직시킨 법정 소송이 마무리된 후, 헤르만은 이 사건에 대한 자신의 진술을 매듭지으면서, "성직자들은 모임을 가지고, 무엇이 옳은가를 결정하며 교회법에 따라 이 사건을 처리하는 데 비해서, 평신도는 신이 도와줄 때까지 참고 견딜 수밖에 없다는 사실이 나를 괴롭힌다"[112]라고 밝혔다. 이로부터 3년 뒤 헤르만은 "지금까지 일단 입에서 꺼내기만 하면 이단이나 모반 혐의를 뒤집어 써야 할 성직자의 교활함, 탐욕, 모략 및 권한"에 대해 불만을 토로하였다. 그나마 다행스러운 사실은, 자신과 같은 평신도가 이제 "성직자들의 음모를 꿰뚫어 보고 있다"는 점이며, 성직자들이 보다 엄격한 세속적 규제 하에 놓이게 되었고 성직자들이 종전처럼 토지와 재산을 쉽게 축적할 수 없게 된 점이라고 그는 지적하였다.[113]

---

110) *Das Buch Weinsberg* 2.269~71.
111) 앞의 책, p. 67.
112) 앞의 책, p. 297.
113) *Das Buch Weinsberg* 5. 129.

헤르만은 1579년 네덜란드에서 종교전쟁이 절정에 달할 즈음, 네덜란드, 질랜드,114) 플랑드르, 브라방(Brabant)115) 등지에서 가톨릭 교회들이 파괴되었던 반면에 프로테스탄트 교도들의 숫자가 증가하는 것을 목격하였다. 이 같은 사태의 진전에 비추어 그는, 교회와 수도원을 새롭게 건립하여 기부하는 것이 좋은 일인지, 그렇지 않으면 자신의 유산을 바인즈베르그 가문과 그 후손들을 위해 투자하는 것이 좋은 일인지를 숙고하였다. 그리고 자신의 시대는 자신의 가계를 돌보도록 변론하고 있다는 결론에 도달하였다. 그는 재정적으로 안정된 '종교적 가장들'의 숫자가 많은 반면에 이들만큼 유복한 평신도 가장의 숫자는 매우 적다고 생각하였다. 성직자들이 투자가 아니라 평신도들의 기부를 통해 그들의 미래를 보다 안전하게 준비했기 때문이다. 오늘날 쾰른 시에는 기증된 교회, 수도원, 부속 성당들로 넘쳐나고 있으며 특권을 가진 성직자와 종교인들로 가득차 있고 이들 가운데 다수는 평신도를 2급 그리스도 교도로 간주하고 있다고 그는 생각하였다. "교회법은 어디에선가 예언자 발암(Balaarm)116)을 성직자 신분에, 그리고 그가 탄 당나귀는 속인 신분에 비유하였다. 이제야 비로소 나는 이것이 의미하는 바가 무엇인지를 확실히 깨닫게 되었다"고 밝혔던 그는, 자신의 견해를 입증하기 위해서 성직자들이 쾰른 시내에 보유하고 있던 수많은 재산들을 구체적으로 제시하기까지 하였다.117)

1591년 6월 헤르만은 쾰른 시에서 오랫동안 번성하였던 종교단체로서

---

114) 덴마크 최대의 섬. 뉴질랜드라는 이름도 여기서 유래되었다.
115) 벨기에 중부에 있는 지역. 네덜란드어를 사용하는 플레미쉬(Flemish) 브라방과 프랑스어를 사용하는 발론(Wallon) 브라방으로 구성되어 있다. 농업이 주산업이며, 직물업과 건축재 산업이 발달하였다.
116) 구약성서에 등장하는 이방인 선지자. 모압 왕 발락의 초청으로 모압으로 가는 도중에 타고 가던 당나귀가 제 멋대로 길을 가자, 발암은 세 번씩이나 채찍을 가하였다. 그러나 당나귀가 말을 한 후 발암은 신의 말씀을 예언하게 되었으며, 유대인들을 축복하였다. 민수기 22-24장 참조
117) 앞의 책, pp. 150~151, 153~154.

아우구스티누스회, 프란시스회, 도미닉회, 카르멜리트회(Carmelites)[118] 등의 종교단체들을 지목하고 이들을 비판하였다. "어떤 황제도 이들 교단이 보유했던 근사하고 수도원들처럼 많은 수의 훌륭한 궁정이나 성을 보유하지는 못했다"라고 그는 불만을 토로하였다. 또한 그는 성직자들의 수가 '믿을 수 없을 정도로 많으며', 이들의 지대 수입이 '헤아릴 수 없을 정도'로 엄청나다고 생각하였다. 뿐만 아니라 그는 쾰른의 성직자들이 평신도들을 감언이설로 속이거나 이들을 위협하여 노동도 하지 않고서 이들의 것들을 차지한다고 비판하였다.

과거에는 성직자의 불로소득이 유서 깊은 관습과 법률에 의해 금지되었으나, 오늘날 수도승들은 선량한 사람들에게 적선을 구걸하고 탁발을 함으로써 청빈을 가장하고 있다. 이 수도승들은 선량한 대중들을 감언이설로 속이거나 또는 이들을 협박하기도 한다. 이들은 자신의 이익을 위해서 지옥을 극히 무서운 곳으로 설명하였으며, 여기에 덧붙여 연옥까지 그와 같이 무서운 곳으로 묘사하였다.[119]

헤르만은 자신이 살던 세계가 겪던 분쟁의 많은 부분이 성직자의 '탐욕적인 모략'에서 기인한 것이라고 비판하였다. 헤르만이 이 같은 결론에 도달하였던 것이 1578년 여름의 일이었는데, 이 즈음 그와 그의 형제들은 친척한 사람을 그 지역 수녀원에 입회시키려다 실패한 터였다. 협상이 결렬된 이유는 베긴회(Beguines)[120]의 담당 수녀가 그 친척을 수녀원에 입회시키

---

118) 12세기 중엽 카르멜산의 은자들에 의해 설립된 탁발수도회. 은둔생활, 금욕, 금식, 침묵 등을 실천하였다. 1238년 무슬렘에 의해 팔레스타인 지역에서 쫓겨났으며 키프러스에 근거지를 두었다. 1240년대 말 교황 이노센트 4세에 의해 공식 인정을 받았으며, 13세기 말경에는 전 유럽에 걸쳐 150개 이상의 수도원을 거느렸다.
119) 앞의 책, pp. 356~357.
120) 13세기 초엽 프랑스의 리에즈(Liège)에서 시작된 여성 종교집단으로 나병환자, 질병자 및 가난한 자들을 돌보는 일에 전념하였다. 북서 유럽의 교역로를 따라

는 조건으로 입회자의 전 재산을 기부할 것을 요구하였기 때문이다. 헤르만은 이 일로 인해 격분하였다. 그에 의하면 이는 성직자 신분이 반드시 지켜야 할 지침과는 달리 평신도를 함부로 대했던 또 다른 사례였다.

수도자들은 자신을 신에게 바치고자 수도원에 입회한 자들이었다. 그러나 시간이 지남에 따라 이들은 세상의 절반을 소유하기에 이르렀다. 일단 이들에게 기증된 것은 모두가 이들의 소유가 되었기 때문이다. 아마도 이들의 탐욕스런 계략이 그리스도교 세계가 오늘날 겪는 심각한 갈등의 주 요인일 것이다. 가톨릭 성직자들이 구태의연한 종교적 방식으로 엄청난 권력과 재산을 소유하였던 것과 마찬가지로, 오늘날에는 이들의 경쟁자들 역시 새로운 방식으로 이 같은 일을 자행하고 있다.……가톨릭 성직자들이 오랜 기간에 걸쳐 교활함과 감언이설로 대중을 속여 점진적으로 탈취하였다면, 오늘날 이들의 경쟁자들은 무력과 칼로써 이를 차지하려고 한다. 오늘날 우리들은 수많은 지역과 도시들에서 이 같은 현상을 목격하고 있다.[121]

개인적인 종교적 생활에 관한 한 헤르만은 사적으로 교회와 평화를 유지하였다. 그는 교회가 행할 수 있는 선에 대한 믿음과 더불어 교회의 철학적 불완전성도 인정하였다. 그가 독실한 신자였음에도 불구하고, 교회에 대한 그의 헌신에는 체념도 포함되어 있었던 것이다. 1588년 초엽 헤르만은 고해성사를 하기 위해서 아우구스티누스회 수도원으로 향했다. 이는 그가 45년간이나 지속해 온 연례행사였다. 그는 이 날 여기서 자신의 일상적 고해 사제가 아닌 젊은 수도승을 만났다. 이 젊은 수도승은 헤르만에

확산되었으며, 특히 쾰른에서 강력한 힘을 발휘하였다. 이들과 대비되는 남성 수도사들을 베가드회(Beghareds)라 부른다. 신에 대한 헌신, 독신 및 선업이 이들 삶의 주요한 특징이었다. 15세기경에는 많은 베기인회 공동체가 자선단체로 발전하였다.

121) *Das Buch Weinsberg* 3.10~11.

믿음이라는 덕목

게 사람을 살인한 적이 있는지, 살인 집단에 가담한 적이 있는지, 간통을 한 적이 있는지 혹은 가톨릭을 비판하거나 해치는 행동을 하는 집단에 가담한 적이 있는지 등을 물었다. 헤르만은 이 젊은 조사관이 고해성사 축약본처럼 보이는 서적을 손에 들고 이 같은 질문들을 읽고 있음을 깨달았다. 헤르만은 신의 은총에 힘입어 자신이 이러한 중죄로부터 벗어날 수 있었음을 마음으로부터 알고 있다고 고백하였다. 또한 그는 만약 자신이 의도적으로 그와 같은 범죄를 저지른 적이 있다면, 이미 오래 전에 여러 차례에 걸쳐 이 같은 죄악을 고백하였을 것이라고 밝혔다. 물론 이 같은 고백은 진심에서 우러나와서 그렇게 한 것이라기보다는 그 젊은 수도승을 안심시키기 위한 것이었다.

하지만 수도승은 헤르만을 괴롭혔다. 결국 그는 가난을 핑계삼아 여러 권의 책을 사는 데 필요한 돈을 헤르만에게 요구하였다. 헤르만은 수도승의 청을 거부하였으나, 수도승이 자신의 죄를 사해 주자, 측은한 생각에 6알부스를 주었다. 헤르만의 이 같은 개인적인 행적에 대한 언급은 쾰른의 공식적인 종교적 관행에 대한 그의 모호한 태도와 더불어, 이 같은 관행에 대한 그의 억제된 그러나 지속적인 헌신을 모두 보여주고 있다.

인간이 고해성사를 통해서 묻거나 조사하거나 설명하려고 한 것은 참으로 궁금한 일이다. 나도 고해성사에서 분명 이상한 이야기들을 들었다. 그러나 이와 관련하여 많은 말을 하는 사람은 반가톨릭 교도로 비판받을 것이다. 오늘날 쾰른 시민들은 종교 및 교회와 관련해서 야기되는 온갖 스캔들을 잘 알고 있다. 나는 선의를 가지고 평화를 위해서, 다른 중요한 사안들이 거기에 게재되어 있지 않는 한, 이들을 수사하지 않았다. 아무리 거룩하고 좋은 일이라 하더라도 폐해가 있음을 부정하기는 어려운 만큼, 이 같은 일은 여기서도 일어날 수 있다. 따라서 선한 것은 언제나 선한 채로 남아 있지마는 악한 것은 보다 나은 상태로 변화하지 않는 한 계속 악한 채로 남아 있다는 사실을 우리는 명심해야 한다.[122]

헤르만은 쾰른의 성직자들에 대해 불만을 가지고 있었음에도 불구하고, 자신이 종교적 계몽기를 살고 있다고 확신하였다. 물론 이러한 확신의 근거가 성직자들이 보다 엄격히 평신도의 통제를 받게 되었다는 이유 때문만은 아니었다. 한 번은 그의 방에 있던 두 개의 초가 마루에 떨어짐과 동시에 즉각 종이 울리는 일이 발생하였다. 외견상 이는 밀접하게 결부된 일처럼 보였다. 헤르만은 이 같은 우연이 어떻게 과거에는 늘상 초자연적 힘에 관한 화젯거리로 각색되었던가를 따져 보았다.

이처럼 우연한 일들은 정령, 영혼, 꼬마 요정, 간교한 여인 및 마술에 관한 이야깃거리들을 낳았다. 많은 사람들이 무엇인가를 보았다고 주장하였다. 그러나 오늘날에는 이 같은 일들을 그와 같은 것들과 결부시켜 설명할 필요는 없다. 신에게 감사할지어다. 종교와 믿음에 관해서 너무나

---

122) *Das Buch Weinsberg* 5.302~3.

많은 논의들이 있기 때문에, 어떤 이들은 이러한 주제들을 숫제 회피하려 할 정도다. 과거 일부 성직자들은 자신의 이익을 도모하기 위해서 속임수와 계책을 꾸며 일반 대중들을 위협하였다. 나는 모든 것들을 바로잡는 문제를 신에게 맡기고 있으며, 이에 대해서는 어떠한 견해도 가지지 않는다. 신학자들이 성서 지식을 통해서 아마 이를 가장 잘 알고 있을 것이다. 그러나 이들 역시 오류를 범할 수 있다. 신학자들 간에도 의견이 분분하며, 가톨릭 신학자들은 프로테스탄트 신학자들과는 다른 견해를 가지고 있다. 혹자는 유령을 악마의 속임수라 하고, 다른 이들은 착시현상이라고 주장하고 있다. 정신적으로 성숙하지 못하여 무엇이든 쉽게 믿는 사람들은 사악한 속임수인 이 같은 예언들을 곧 확신하고 만다. 신구약 성서에는 이 같은 우연을 기만적인 예언들도 증명하고자 했던 몇몇 사례들이 언급되어 있다. 나는 이 사례들이 입증하고 있는 바가 무엇인지를 전혀 알지 못하며, 그렇게 주장하는 사람들이 성서를 바로 이해하였다거나 제대로 해석하였다고 생각하지도 않는다.[123]

세 가지 지적 원천이 초자연의 세계에 대한 헤르만의 회의주의와 성직자의 권한 남용에 대한 그의 비판적 태도를 해명해 줄 것 같다. 무엇보다도 자아 존중과 자기 신뢰를 강조하는 성서적 함의가 깔려 있던 상식적 대중적 전통이 첫 번째 원천이었다. 헤르만의 기록에 따르면 바인즈베르그 가에서 3대에 걸쳐 사용된 경구들로는 다음의 것들이 있었다. "당신에게 굽실거리도록 요구하는 사람으로부터는 아무것도 빌리지 말라," "열심히 일하지 않는 이에게 빵은 무가치하다" 등의 경구가 그것이었다. 헤르만이 개인적으로 좋아했던 것으로는 "항상 황금마차를 타기 위해서 노력하라. 설령 그 마차를 타지 못한다 하더라도, 여전히 당신은 황금으로 된 마구용

---

123) 앞의 책, pp. 147~148. 마녀적 광기에 대한 헤르만의 반감 및 마녀와 결부된 현상에 대해 그가 추구했던 자연과학적 설명에 대해서는 Stein, "Hermann Weinsberg als Mensh und Historiker" 참조.

편이라도 얻게 될 것이다"라는 경구가 있었다. 그는 시장이라는 최고위 직책에 대해 야망을 가짐으로써, 결과적으로 시정 위원회에서 확고한 지위를 굳히게 되었는데, 이를 통해서 그는 이 경구를 실천하였다고 스스로 생각하였다.[124]

에라스무스는 헤르만의 생애에서 두 번째로 중요한 지적 영향력을 행사한 인물이었다. 헤르만은 1532년과 1533년 엠메리히에서 열린 에라스무스의 강연회에 두 번이나 참석하였으며, 1569년에는 그의 출생지인 로테르담을 방문하기도 하였다. 헤르만은 위대한 인문주의자들의 저작을 다수 소장하였으며, 이들을 읽었다고 주장하였다. 헤르만은 라틴어로 작성된 연보의 도입부에서, 1536년 에라스무스의 죽음에 대해 "세상에서 가장 학식 있고 우아한 불빛이 이제 사라졌다"[125]라고 회고하였다. 그가 세상을 떠나기 1년 전인 1595년 헤르만은 16세기를 회고하면서 에라스무스야말로 세속적 종교적 분야를 막론하고 모든 지적 영역에서 가장 탁월한 당대의 지성인이라고 평가하였다. 헤르만은 교회에 헌신적이었던 동시에 매우 비판적이었던 에라스무스에게서 자신의 기질에 부합하는 모델을 발견하였던 것이다.

헤르만의 세 번째 지적 원천은 종교개혁 그 자체였다. 당시 종교개혁은 쾰른 시내에서든 외곽지역에서든 그리고 중대한 문제에서든 사소한 문제에서든 현저한 영향을 미치고 있었다. 헤르만의 기록에 따르면, 1567년 한 캘빈파 야외 설교사는 1000여 명이 넘는 쾰른 시민들을 운집시킨 집회를 개최하였다. 이는 쾰른 시에서 예수회의 영향력이 증대되고 있었고, 이같은 집회에 참석하는 것이 공식적으로 금지되어 있었음을 감안한다면, 캘빈파가 거둔 중대한 성공 사례의 하나였다.[126] 1579년 헤르만은 한

---

124) *Das Buch Weinsberg* 5.197~98.
125) *Das Buch Weinsberg* 1.111, 2.193, 5.430.
126) *Das Buch Weinsberg* 2.162. 쾰른에서의 예수회와 가톨릭의 종교개혁에 관해서는

캘빈파 설교사를 저녁식사에 초대하면서, 사전에 그 설교사에게 식탁에서는 처제 및 한눈에 보아도 수녀였던 조카와의 신학적인 논쟁을 삼가 줄 것을 부탁하였다. 이 날 저녁 헤르만은 조카 수녀를 종교적인 문제에 관한 한 고집불통이며 교조적이라는 뜻에서 '훌륭한 예수회 회원'이라고 소개하였다.[127] 헤르만에 따르면, 이 설교사가 자신의 감정을 억제해야 하는 힘든 시간을 보냈음에 비해서, 이 설교사의 종교적 신념이 무엇인지를 알고 있었던 조카도 이 설교사와 격렬한 논쟁을 벌이고 싶어했다. 하지만 이들은 모두 즐거운 저녁시간을 보낼 수 있었다.

1548년 3월 2일 헤르만은 이 '시대에 일어난 많은 변화들'이라고 스스로 밝혔던 사건들에 대한 개인적 성찰을 다음과 같이 기록하였다. 마르틴 루터에 의해 야기되었던 종교상의 변화가 으뜸 가는 화두였다.

서로 다른 수많은 신조, 종파, 소요 및 전쟁들이 일어났으며, 이로 인해 독일, 영국, 스코틀랜드, 덴마크, 스웨덴, 프랑스 및 기타 여러 공국들에서 교회, 수도원, 부속성당 등이 파괴되었다. 내가 처음 접했던 제식, 설교에서의 일반적인 관행, 미사, 성무일과, 성지순례 및 행렬 등은 이제 더 이상 지켜지지 않게 되었다.[128]

헤르만은 루터에 관해서조차 상당한 정도로 중립적인 입장에서 서술하였다. "루터의 종교개혁의 공과에 대한 종국적인 평가는 오직 신의 영역에 속한다"라고 지적했던 그는 자기 집안의 선조들이 그러했던 것과 꼭 마찬가지로 루터 역시 가톨릭 교회에 대해서 충성심을 유지하고자 했던 인물로

B. Garbe, "Reformmassnahmen und Formen der katholischen Erneuerung in der Erzdiözese Köln (1555~1648)," *Jahrbuch des kölnischen Geschictsvereins*, 47 (1976), pp. 136~137, 145~146 참조.

127) *Das Buch Weinsberg* 5.143.

128) *Das Buch Weinsberg* 3.232. 헤르만은 자신의 출생일(1518년 1월)을 루터의 종교개혁의 시작과 결부시켰다.

이해하였다. 또한 헤르만은 바젤의 인문주의자로서 프로테스탄트 종교개혁가였던 요한 외코람파디우스(Oecolampadius, 1482~1531)가 1531년 세상을 떠난 사실도 기록하였다. 그는 외코람파디우스가 탁월한 학자였다고 밝히고, 그가 가톨릭 교회라는 울타리를 떠나지 않았어야 했다는 안타까움을 피력하기도 했다. 헤르만은 프로테스탄트 역사가 요하네스 쉴레이다누스의 저작을 주로 인용했던 메어리 튜더에 관한 기록을 시작하면서 저서의 도입부에서 그녀의 지배를 피해 도망갔던 프로테스탄트 교도들을 '보다 순수한 종교'[129]를 추종했던 자들이라고 묘사하였다.

이처럼 헤르만은 16세기 말엽 북유럽의 가장 전통적인 도시의 하나였던 쾰른에서조차 프로테스탄트 종교개혁이라는 혁명이 성공을 거두고 있었음을 인정하였다. 헤르만이 살았던 시대, 장소 및 그의 기질은 토마스 플래터와 안나 플래터의 삶을 특징지웠던 개인적 종교적 실험을 일깨우지는 못하였다. 헤르만의 세계는 이들의 세계에 비해 역동적이지 못했으며, 그의 세계관 역시 새로운 것들에 대해 충분히 개방적이지 못했다. 게다가 헤르만은 자신을 둘러싼 주변 세계의 불완전한 점들에 대해 보다 많은 인내심을 가지고 있었다. 가족의 기대에 대한 도식적인 부정 내지 교회의 기본 교리에 대한 거부감조차 그의 마음을 완전히 사로잡지는 못하였다. 그러나 헤르만은 자신의 전통적인 가톨릭적 신앙체제 내부에 교회의 지나친 확대 및 경신적 평신도들에 대한 착취 등의 요소가 있음을 깨닫고, 이를 1520년대 여느 프로테스탄트 팸플릿 작가들과 다를 바 없이 비판하였다. 헤르만은 쾰른 시 정무관들이 교회의 권한과 특권을 제한하기 위해서 추진했던 법제 개혁을 지지하였다. 그는 혁명적인 인물이 아니었으며 특별히 용기 있는 사람도 결코 아니었다. 그럼에도 불구하고, 나름의 방식으로 성직자 또는 개인적 신앙심이 자신의 삶을 좌지우지하지 못하도록

---

129) *Das Buch Weinsberg* 1.21, 76 ; 2.50.

했던 인물이었다.

헤르만의 삶이 잘 보여주고 있듯이, 프로테스탄트 종교개혁이 16세기의 개혁적 정서의 유일한 원천은 아니었다. 그렇기는 하지마는 종교개혁은 무엇보다도 지금까지의 다른 종교 운동들에서는 찾아볼 수 없었던 개혁적 정서에 호소하였기 때문에 평신도들 사이에서 지속적으로 승계되었다. 종교개혁은 순수히 역사적인 전통들이라 하더라도, 설령 그것이 매우 유서 깊고 신성한 경우에 있어서조차, 정신적 재정적으로 부담이 되면 언제든지 혁파될 수 있다는 인식을 광범위하게 확산시켰다. 신이 인간이 된 이유가 인간에게 고통을 주기 위함은 아니었다는 것이다. 종교개혁은 전통의 권위 내지 전통에의 충성이 성서에 부합된다는 성직자들의 주장에 대해서 지속적이며 심각한 회의주의적 태도를 형성하였다. 그리하여 종교개혁은, 설령 모든 종교개혁가들이 항상 그러했던 것은 아니라 하더라도, 평신도들로 하여금 성서를 직접 읽음으로써 종교 문제에 관한 한 스스로 믿고 생각해야 한다는 인식을 가지도록 하였다. 이처럼 새롭게 자각된 정신적 독립성은 성서의 복음주의적 가르침에 의해 약화되기는커녕 오히려 강화되었다. 그리하여 마침내 이는 평신도들로 하여금 과거 로마 가톨릭에 저항하였던 것처럼 프로테스탄트 성직자들에게 저항하도록 만드는 힘으로 기능하였다. 왜냐하면 이들 일부 프로테스탄트 성직자들은 그들 나름의 종교적 일치를 강제하고자 했기 때문이다. 본래 종교개혁에 의해 고무되었던 평신도들의 새로운 종교적 확신이 마르틴 루터를 비롯한 다수의 성직자들에게 피르루스(Pyrrhus)[130]적 승리를 가져다주었다는 점은

---

130) 그리스 에피루스의 군주(BC 307~272). 에피루스 군주로 등극하였다가 한때 권좌에서 쫓겨났으나 다시 복귀하였다. 치세 기간 내내 크고 작은 전투에 참여하였으며, 마케도니아와 데살로니아의 많은 영토를 병합하였다. 기원전 280년 헤라클레아 전투에서는 로마군을 격퇴하였으나, 루카니아 전투에서는 많은 손실을 입었다. 이로부터 '피르루스의 승리'는 '많은 대가를 치르고 얻은 승리'라는 함의를 가지게 되었다. 후에 그는 스파르타와의 전투에서 패배하여 아르고스로 도주하였

역설적인 사실이 아닐 수 없다.

그러나 종교개혁의 본원적 영감이 갖는 고유한 성격에 비추어, 종교개혁이 성공적이었다는 증거를 확인할 수 있는 최후의 근거는 프로테스탄트 교리 해설서를 기계적으로 암송하고, 그 법률을 수동적으로 따랐던 평신도들이다. 평신도의 이러한 행태가 성직자의 목표가 될 수는 있었을 것이다. 그러나 이것이 결코 평신도 종교개혁의 목표는 결코 아니었으며, 더욱이 이것이 역사적 운동으로서 종교개혁의 실체적 업적도 아니었다. 불순종과 불일치는 종교적 분열상 및 교조주의뿐만 아니라 종교적 활력 및 성장세 역시 드러내고 있다. 16세기든 20세기든 종교개혁이라는 혁명의 유산은 일반 대중 가운데에 살아 있다. 이들 대중이야말로 전통의 신성함에 의문을 제기하고, 스스로 인간의 동의보다도 더욱 위대하다고 자처하는 잘못된 제도들에 도전하며, 신의 이름을 빙자하여 개인의 양심을 짓밟는 법률을 부정하는 용기를 가진 자들일 것이다.

3. 청소년의 신앙

우리는 전근대 사회의 서구 청소년들이 그들의 문화를 반영하고 있다고 생각한다. 종교개혁 시기의 청소년들은 오늘날의 청소년들에 비해 문화적으로 매우 통합된 세계에서 성장하였다. 물론 청소년이 하는 일과 성인이 하는 일이 구별되어 있었던 것은 사실이다. 청소년들에게는 공식적인 것이든 비공식적인 것이든 나름의 고유한 한시적 조직이 있었다. 이를테면 학교에는 학생조직이 있었으며, 작업장에는 직인조합 등이 있었던 것이다. 당시의 청소년도 현대의 청소년과 마찬가지로 자신의 솔직한 감정을 숨기는 방법을 체득하고 있었다. 도시에서든 농촌 사회에서든 이 시기 부모들 역시 오늘날의 부모들과 마찬가지로 자녀들에게 자신들의 가치관을 가르

으나 살해당하였다.

치려고 하였다. 그러나 과거의 성인 세계는 청소년들의 독립적 경쟁적 문화와는 판이했던바, 이 점은 오늘날의 사정과 조금도 다를 바 없었다. 부모, 자식 그리고 공공 기관들 사이에는 옳고 그름 및 인간이 영위해야 할 최선의 삶의 방식 등에 대해서 기본적인 합의가 있었다. 청소년들은 열악한 생활 환경으로 인해 부모, 후견인 및 스승들에게 심지어 이십대가 되어서도 의존적이었다. 물론 청소년들도 순응과 복종이 자신들의 앞날의 성공과 행복을 위해서 무엇보다 중요하다는 사실을 잘 알고 있었다. 지배적인 사회 규범이 성인들의 삶의 복지 못지 않게 청소년들의 삶의 여건에도 중요하였기 때문에, 청소년들의 조직도 그것에 도전하기보다는 오히려 그것을 강화하였다. 농촌의 젊은이들은 신혼부부나 자식이 없는 부부를 위해서 세레나데를 시끄럽게 불러댔다. 이는 공동체의 규범과 여망을 거칠게나마 널리 알리는 행위였다. 도시의 직인길드는 길드의 축제를 주관하거나, 길드의 내규를 집행하였다.[131] 다시 말해서 청소년도 보수주의의 근거가 되었던 것이다.

청소년의 언어, 복장, 오락 및 지혜가 성인의 그것들과 달라지게 된 것은 극히 최근에 와서의 일이었다. 초기 근대 사회에서는 성인들이 젊은이들의 생활방식을 부러워하고 모방하였다는 기록을 사실상 찾아볼 수 없다. 청소년 역시 종래와 마찬가지로 부모들의 종교적 도덕적 가치를 매우 신뢰하였고, 또한 이를 공유하였다. 청소년과 성인 모두에 있어서 생명력을 가진 문화는 단지 하나밖에 없었다. 이는 다름이 아니라 독립과 특권이었다. 이를 위해서 모두가 노력했으며, 이는 단지 성인들의 세계에서 찾아볼 수 있었다.

이와 같은 사회적 합의는 청소년을 보다 조숙하게 만들었다. 초기 근대 유럽에서 열네 살 내지 열다섯 살에 이른 청소년들은 유용하고 생산적인

---

131) R. van Dülmen, *Kultur und Alltag in der frühen Neuzeit* vol. 1, *Das Haus und seine Menchen 16~18. Jahrhundert* (Munich, 1990), pp. 124~128.

기술들을 많이 익히고 있었다. 이 점을 현대 사회의 또래 집단에 비교해 볼 때, 이들이 훨씬 성숙했다고 볼 수 있다. 사실상 청소년들의 이러한 조숙은 직업상 성인 세계에 진입하기 위한 것으로서, 여기에는 대가도 지불되었다. 정서적으로 볼 때 이들은 여전히 어리고 사춘기에 머물러 있었으며, 이들에게는 성인들이 누렸던 독립과 특권들도 부여되지 않았다. 하지만 때이른 직업상 완성도와 때늦은 성인으로서의 지위 간의 강제적 결합이 심각하고 치열한 세대 간의 갈등을 불러일으키지는 않았다. 물론 젊은이들은 자신들의 의존적 삶이 늘어나는 것에 대해 불만을 가지고 있기는 하였다. 그렇지만 청소년이 일찌감치 직업 기술을 습득한 점은 이들 자신의 생활 안정에 기여하였으며, 자식과 부모 모두에 있어서 인내심, 협동심, 강인함 및 끈기를 기르도록 하는 데도 도움을 주었다. 초기 근대 유럽에서 젊은이들은 자신들의 지위와 함께 자신들의 재능도 충분히 이해하고 있었다.

이와는 대조적으로, 오늘날 서구 세계의 상당수 국가들은 청소년이 유용하고 생산적인 일을 익히기도 전에 그리고 정서적으로도 이들이 여전히 십대에 머물러 있을 때, 이미 이들에게 성인의 지위를 부여하고 있다. 반면에 정서적 행복이란 직업상의 능력을 통해 얻게 마련이라고 믿었던 근대 초기의 부모들은 어려서부터 자녀들에게 일과 도제 수업을 가르쳤다. 그러나 현대 사회의 부모들은 직업적 성공보다는 정서적 성장이 선행되어야 한다고 믿고 있으며, 어린이가 스스로를 '규정'하기 이전에 먼저 자신을 '발견'해야 한다고 믿고 있다. 오늘날의 부모들은 청소년들에게 직업 기술보다는 심리상담사가 더욱 필요하다고 생각하고 있는 실정이다.

그러니까 초기 근대 유럽의 청소년은 그들을 둘러싼 주변 세계를 잘 반영하고 있다. 이는 당시 세계의 문화적 통합성에 비추어 볼 때, 그리고 여느 시기에든 젊은이가 어른에 비해 덜 신중하게 행동한다는 사실에 비추어 볼 때 더욱 그러하다. 청소년들은 성인에 비해 보다 감성적이며 또한 보다 반동적이다. 이들은 자신들에게 호의적인 문화를 무조건적으로 수용하며, 자신들의 기대에 부응하지 못한다고 생각되는 문화를 맹렬하게 배척한다. 유아기 어린이들이 청소년들에게 신뢰와 열정을 가지는 데 비해, 청소년들은 예속성에 대해서 회의감과 의구심을 가지게 된다. 그러나 여느 시기에든 청소년은 문화적 이슈들을, 긍정적으로든, 부정적으로든, 극적으로 만드는 재능을 가지고 있다.

성인에 대한 의존적 삶은 근대 초기 유럽의 청소년들을 매우 계산적으로 만들었다. 이 같은 형태는 다른 재원을 거의 가질 수 없었던 시대에 부주의한 행동으로 인해 기본적인 재정 지원을 받지 못하는 사태가 발생하지 않도록 하기 위함이었다. 우리는 당시 청소년들이 당대의 성인들에 비해서 감정을 자유롭게 표현하지는 않았지만, 기성 세대의 비위를 잘 맞추어 가며, 자신들의 삶에 영향을 미치는 이들의 마음을 움직이는 방법을 터득하고 있었다는 사실을 알 수 있다.

본 장의 주인공들은, 몇몇 예외를 제외하고는 뉘른베르그(Nuremberg)[132] 출신의 열다섯 살에서부터 스물다섯 살에 이르는 4명의 청소년들이다.[133] 이들은 뉘른베르그의 주요 가문이었던 베하임 가에서 분가한 두 계열의 3대에 걸친 후손들이었다. 이들의 생존기를 모두 종합해 보면

---

132) 독일 남부지방의 페그니츠(Pegnitz) 강가에 있는 도시. 상업과 산업의 중심지이자 교통의 요충지. 특히 다뉴브 강과 메인 강을 연결하는 루드비히 운하가 있다. 1219년 신성로마제국의 자유도시가 되었으며, 1356년 이후에는 사실상 신성로마제국의 수도 역할을 하기도 하였다.

133) 동시대인들에게 있어서 이들은 청소년으로서 자식이 없었을 뿐만 아니라 당대의 기준에 비추어 볼 때 완전한 성인도 아니었다. 도제 수업을 받았던 독일 젊은이들의 노동과 문화에 대해서는 K. Wesoly, *Lehrlinge und Handwerksgesellen am Mittelrhein. Ihre soziale Lage und ihre Organization von 14. bis ins 17. Jahrhundert* (Frankfurt am Main, 1985) 참조. M. Beer, *Eltern und Kinder des späten Mittelaters in ihren Briefen. Familienleben in der Stadt des Spätmittelates und der frühen Neuzeit mit besonderer Berücksichtigung Nürnbergs (1400~1550)* (Nuremberg, 1990)는 폭넓은 시각에서 이 주제를 다루고 있는 중요한 연구서이다.

1525년에서부터 1640년에 이르는 한 세기 이상에 걸친 종교개혁의 전 과정을 포괄하고도 남는다. 이들은 오랫동안 집을 떠나 있으면서 가족과 친구들에게 많은 편지를 보냈다. 새로운 경험들을 기록하였으며, 종교를 포함한 다양한 여러 주요 주제들에 대해서 개인적인 견해와 느낌을 피력하였다.

첫 번째 소년인 미카엘 (1510~1564)은 세 자녀 가운데 막내로서 열두 살에 집

베하임 가의 문장

을 떠나 밀라노 및 브레슬라우(Breslau)[134]에서 상인 도제 수업을 받았다. 사업에 성공했던 그는 18년 후에 고향으로 돌아왔다. 두 번째 소년은 바울(1557~1612)로서, 그는 네 명의 자녀 가운데 가장 많은 특권을 누렸던 장남이었다. 열다섯 살에 부모 곁을 떠났던 그는 라이프치히(Leipzig)[135] 및 파두아(Padua)[136]에서 6년 동안이나 수학하였다. 사십에 이르러 그는

---

134) 폴란드 남서부에 위치한 항구도시. 오데르 강을 끼고 있으며, 상업, 교통 및 산업의 중심지로서 양모, 곡물, 철강 등의 중요한 교역시장이기도 하다. 13세기에 다수의 독일인들이 정착하면서 브레슬라우라는 독일 이름을 가지게 되었으며, 13세기 말에는 독일 한자도시동맹의 일원이 되었다. 폴란드에서 가장 인구가 많은 도시 중의 하나다.

135) 독일 중동부 지방의 도시. 여러 강이 합류하는 지점으로 2년마다 개최되는 박람회로 유명하다. 18세기부터 제2차 세계대전까지 독일 출판산업의 중심지였다. 12세기에 특허장을 부여받은 라이프치히는 15세기에 자치권을 확득하였으며, 30년 전쟁(1618~48) 기간에는 수차례에 걸쳐 포위되기도 하였다.

뉘른베르그에서 아마도 가장 영향력 있는 정치인이 되었다. 바울의 동생 프레데릭(1563~1613) 역시 형을 뒤를 따라 열네 살에 부모 곁을 떠나 처음에는 알도르프(Altdorf)[137] 근교에서 그리고 후에는 파두아에서 수학하였다. 그는 이십대 후반에 한 마을의 촌장이 되었다. 마지막 인물이 스테판 카알(1612~1638)이었다. 그 역시 열다섯 살에 학업을 위해 뉘른베르그를 떠났으며, 귀족의 궁정에서 일하였고, 종국에는 신세계에서 군인이 되었다. 정서적인 문제를 안고 있었던 스테판은 하는 일마다 실패하였는데, 그가 스물여섯 살의 나이로 요절할 당시, 그는 브라질의 네덜란드 서인도회사에서 근무하였다.[138]

당대의 기준에서 볼 때, 이들 네 명은 상류 중산층 출신들이었다. 이들 몫의 재산 내지 부모로부터 상속받게 될 유산이 각각 천에서 삼천 굴덴 정도였다. 뉘른베르그 시의 의사와 교사의 연 수입이 50~60굴덴이었으며, 뉘른베르그 시의 주요 자문관의 연평균 수입이 400굴덴이었음을 감안한다면, 이들의 수입이 꽤 높았음을 짐작할 수 있다.[139] 그러나 엄격히 말하면 이들 재산은 장부상의 소유에 불과하였다. 젊은 시절 내내 재산을 자유롭게 사용할 수 없었으며, 또한 그것은 후견인과 가족들의 엄격한 통제 하에 있었다. 한편 이들은 모두 십대에 아버지를 여의었으며, 가계의 지출이

---

136) 이탈리아 북동부의 도시. 이탈리아어로는 파도바(Padova)로 불린다. 유럽에서 가장 유서깊은 대학의 하나였던 파두아 대학은 법학 분야에서 명성이 높았다. 성 안토니 교회에는 파두아의 수호성인인 성 안토니의 유해가 안치되어 있으며, 스크로베니 교회에는 피렌체 출신의 화가 지오토가 그린 유명한 프레스코가 있다.

137) 뉘른베르그에서 남동쪽으로 26킬로미터 떨어져 있으며, 수레로 두 시간 정도 걸린다.

138) 4명 가운데 미카엘, 프레데릭 및 스테판 카알 등의 이들 세 청소년의 특징들은 저자가 편집한 서한에서 드러났다. *Three Behaim Boys : Growing up in Early Modern Germany : A Chronicle of Their Lives* (New Haven, 1990).

139) R. Endres, "Zur Einwohnerzahl und Bevölkerungsstruktur Nürnbergs in 15/16. Jahrhundert," *MVGN*, 57 (1970), pp. 260~261.

소총수(musket)들과 그 지휘관

수입에 걸맞지 않게 많았다. 그리하여 이들 모두는 성장기 내내 절제하고 근검절약하였으며, 절박한 경제적 위기감을 끊임없이 가지고 있었다. 미카엘은 10년간의 도제 수업 기간 동안 사실상 노동자의 삶을 살았다. 스테판 카알은 전쟁이 가져다주는 무서운 박탈감을 여러 번 경험하였다. 즉 그는 전쟁포로가 되었으며, 30년 전쟁 동안 여러 차례 부상을 당했고, 종국에 가서는 신세계에서 가난한 소총수로 전사하였다.

베하임 가의 젊은이들의 종교적 인식 내지 행위는 네 가지로 분류될 수 있다. 첫째, 무엇보다도 이들은 시대정신의 일부였던 종교적 경건성을 공유하고 있었다. 이 같은 종교적 경건성을 프로테스탄트 교도든, 가톨릭 교도든, 유대인이든 교회에서 출교당한 사람든, 또한 많든 적든 당대인들은 공통적으로 가지고 있었다. 둘째, 이들은 의식적으로든 잠재의식적으로든 스스로를 숭고한 반가톨릭 논객으로 간주하였다. 여러 해에 걸쳐 뉘른베르그에서 행해진 설교와 교리해설 수업은 이들의 정신에 뿌리 깊게 자리잡게 되었다. 셋째, 이들에게는 명백히 젊은이의 편견과 자기 도취를 반영하고 있는 매우 이기적이고 수사적인 루터주의가 있었다. 마지막으로 이 베하임 가 사람들은, 어린이로서든 부모로서든 예외없이, 각각의 삶을 통해서 죄의 용서 및 신과 인간 모두와의 도덕적 화해 등에 대한 고전적인 루터파의 가르침을 여실히 보여주고 있다.

1) 경건과 섭리

종교적 신앙을 가졌던 16세기 인들은 예외없이 자연과 하늘의 비일상적인 사건들을 신적 징후들로 간주하였다. 기형적 동물이나 기형아의 출생, 식물의 비정상적인 성장, 혜성의 소멸, 북녘 하늘의 별들의 모습, 해무리의 출현 등과 같은 모든 현상들을 임박한 신의 진노로 해석하였다. 아무리 사소한 현상이라 하더라도, 비일상적 현상은 즉각적인 예언이 되었던바, 이에 관한 대표적인 사례가 1560년 프라하 근교의 과수원에서 목격된 '수염 달린 포도'였다.

베하임 가의 사람들도 다른 이들과 마찬가지로 이 같은 현상들을 쉽게 일종의 예언으로 간주하였다. 이 소년들은 모두 자연과 역사뿐만 아니라 개인의 삶과 직업 세계에서도 신의 손길을 느끼고 있었다. 1529년 3월 미카엘은 그의 사촌 겸 후견인으로서 프레데릭 8세의 부계 할아버지였던 프레데릭 7세에게 보낸 서신에서 브레슬라우 상공에 나타났던 '무서운 징후'를 기록하였다. 피묻은 칼을 찬 무장한 남자가 커다란 별에게 절을 한 후 근처에 앉아 있던 노파의 목을 베어 버렸다. 미카엘 역시 거의 동일한 시간에 리그니츠 상공에서 무장한 다수의 군인을 목격하였다고 기술하였다. 그는 이 현상이 시사하는 바를, "우리가 반드시 신에게로 돌아가야 한다"는 것이라고 결론지었다. 물론 그는 이 같은 광경을 서구인

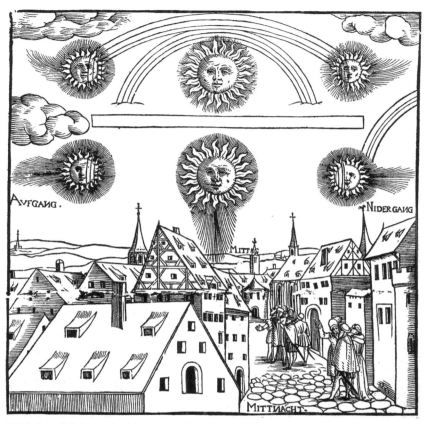

임골슈타트, 뉘른베르그 및 레겐스부르그 하늘에 뜬 무지개

들이 범한 죄악에 대한 응분의 징벌로서 신의 영감을 받은 투르크족의
서유럽 침략과도 결부시켰다. 루마니아에서 투르크족이 승리하였다는
소식을 접한 미카엘은, "독일이 그 죄악으로 인해 눈멀게 되었으며, 투르크
족의 지배와 같은 징벌을 받게 되었다"[140]라고 생각하였다.

---

140) Friderich VII Behaim, Briefe, 1524~1533, Historisches Archiv, Germanisches
    National Museum (이하 FB VII로 약기함), 14, July 1532. 미카엘은 서한들을
    그의 조카 겸 후견인이었던 베하임 프레데릭 7세에게 발송하였으며, 프레데릭은
    이것들을 보관하였다. 프레데릭의 이름에 로마 숫자 7이 붙은 것은 베하임 가에서

1580년 젊은 프레데릭 베하임은 알도르프[141] 상공에 나타난 세 개의 해와 네 개의 무지개에 관해 언급하였다. 그는 이를 곧 불어닥칠 제후들 간의 무서운 폭풍과 갈등의 징조로 해석하였다. 이와 동일한 현상이 목격되었던 알도르프 근교 뉘른베르그의 한 미술가는 이를 시 정무관들 및 성직자들에 대한 반란의 경고로 간주하였다. 한편 스테판 카알도 비록 이러한 목격담을 기록하지는 않았지만, 신의 섭리에 대해서는 이와 유사한 신앙을 가지고 있었다. 1635년 스웨덴 군을 이탈했던 그는 신이 독일의 '섭정자 내지 내정 관리자'가 될 것이며, 자신의 영토로부터 모든 외세를 축출하고 '영혼을 구원하는 참된 종교'를 보존할 것이라는 희망을 기록하였다.[142]

　　베하임 가의 소년들은 자신들의 삶에 대한 신의 직접적인 개입에 대해서 각별한 관심을 드러냈다. 1634년 4월 신성로마제국의 크로티아 군의 포로가 된 스테판 카알은 이 불행을 '신의 특별한 의지 내지 운명' 탓으로 돌렸으며, 자신이 많은 죄악과 사기행각을 저지른 만큼 '무서운 처벌과 응징'을 받는 것이 오히려 신의 뜻이라고 생각하였다.[143] 한편 그는 1535년 여름 라인강을 따라 암스테르담에 도착하기까지 신이 자신을 안전하게 인도하였으며, 난폭한 농민, 무서운 물살 및 약탈을 일삼는 군인들로부터 여러 차례에 걸쳐 신이 자신의 생명을 구해주었다고 믿었다.[144]

　　이들 가운데 미카엘은 자신의 생명을 보호한 신의 섭리를 가장 강렬하게 의식하였다. 그가 프로테스탄트 교도로 개종하기 이전인 1520년대에 밀라

프레데릭이라는 이름을 일곱 번째로 가졌기 때문이다. English : *Three Behaim Boys* no. 18 (22 March 1529), p. 52 ; no. 32 (14 July 1532), p. 70.

141) Friederich VIII Behaim, Briefe, 1578~1582, Historiches Archiv, Germanisches National Museum (이하 FB VIII로 약기함), 14 January 1580 ; *Three Behaim Boys*, no. 63 (14 January 1580), p. 136.

142) Stephan Carl Behaim, Briefe, 1622~1639, Historiches Archiv Germanisches National Museum (이하 SCB로 약기함), 10 October 1635 ; *Three Behaim Boys* no. 63 (10 October 1635), p. 259.

143) SCB, 17 April 1634 ; *Three Behaim Boys*, no. 7 (17 April 1634), p. 239.

144) SCB, 21 August 1635 ; *Three Behaim Boys*, no. 53 (21 August 1635), p. 254.

노에 체류했던 시기 동안, 그는 신앙심이 돈독한 십대로서 특히 성모 마리아에게 헌신적인 소년이었다. 이 기간에 그가 밀라노와 브레슬라우에서 작성한 것으로 전해져 내려오는 서한들에는 "신과 마리아에게 찬양을"이라는 인사말이 기록되어 있다. 1525년 밀라노에 무서운 역병이 창궐하자 그는 로레토(Loreto)145)의 성모 마리아상에서 종종 기도를 드리곤 하였다. 이 때 죽음으로부터 생명을 구원해 준 이가 성모 마리아였다는 것이 그의 믿음이었으며, 이에 대한 감사의 표시로 그는 로마로부터 북쪽으로 약 40킬로미터 정도 떨어져 있던 성모 마리아의 유해를 순례하기로 서약하였다.146)

한편 1528년 새해가 밝으면서 미카엘의 편지에서는 성모 마리아가 완전히 사라졌다. 이후의 그의 서신에는 "우리 주 예수 그리스도에게 찬양을"이라는 간결하면서도 새로운 복음주의적 문안 인사가 등장하였으며, 그리고 몇 주가 지난 후에는 이 문구조차 "언제나 신에게 찬양을"147)이라는 단순한 문구로 대체되었다. 이 같은 변화가 당시 그가 겪었던 종교적 신앙의 커다란 변화에서 유래되었든, 또는 종교개혁 이후 뉘른베르그에서 유행한 서한체 형식의 변화를 반영한 것이든, 이십대 이후에는 미카엘도 어려움에 처했을 때 자신의 안전을 보호하기 위해서 신에게 이처럼 노골적으로 기도하지는 않았다. 이후에도 그는 신이 베푼 은총에 깊이 놀랐던 것 같다. 이를테면 1532년 5월 그는 '신의 뜻에 따라' 심각한 부상을 입었으며,

---

145) 중부 이탈리아의 아드리아 해 근처에 있는 소도시. 유명한 성지 순례지로서, 전설에 의하면 성모 마리아가 나사렛에서 살았던 집이 남아 있었다고 한다.
146) FB VII, 14 March 1525 ; *Three Behaim Boys*, no. 3 (14 March 1525), p. 19.
147) FB VII, 6 January 1528 ; *Three Behaim Boys*, no. 7 (6 January 1528), p. 26. 스테판 카알의 학교친구 게오르그 빌헬름 퓌머는 스테판 카알에게 보낸 서한에서 다음과 같은 매우 프로테스탄적인 인사말을 사용하였다. "위선이 없고 총애와 구원의 원천인 그리스도로부터 문안하노라," SCB, 17 March 1630 ; *Three Behaim Boys*, no. 24 (17 March 1630), p. 199. 이 문안 인사는 그리스도를 유일한 구원자이자 중재자로 부각시킴으로써 가톨릭적 견해와의 결별을 은근히 드러내고 있다.

그로 인해 고통을 당했고, 그가 고백하고 있듯이, 이는 그의 오른손을 영구히 못쓸 정도로 심각한 것이었다. 그는 후견인에게 이 사건을 자세히 설명하면서, 신이 신속하게 치유해 준 것에 대해 감사를 표하면서도, 신이 자신에게 자비를 베풀어 부상으로부터 이처럼 회복시켜 주리라는 것을 기대하지 못했다고 고백하였다.[148]

1528년 이후 미카엘에게 있어서는, 중재자 내지 기적을 베푸는 성모 마리아의 역할이 인간을 구원하고자 했던 그리스도 및 인간에게 고통을 주기도 하고 동시에 이를 신비롭게 치유하기도 하는 신으로 대체되었다. 다른 소년들에게 있어서와 마찬가지로, 미카엘에 있어서도 새로운 프로테스탄트 신앙에 의하면, 신은 인간이 확실하게 신뢰할 수 있는 인격체로서가 아니라 인간이 의지할 만한 힘으로 간주되었다. 루터가 찬송가[149]를 통해서 잘 표현했듯이, 신은 강력한 요새였던 것이다. 그러나 신의 율법은 이제 매우 느슨해져 있었다. 중세 말기에 지배적이었던 토마스주의 전통과는 달리 고전적 프로테스탄트의 전통들인 루터파와 개혁교회파 모두에 있어서 신의 자유와 주권이 그의 선의와 사랑을 능가하는 것으로 해석되었다. 물론 프로테스탄트들도 신의 선의와 사랑을 매우 실제적이라고 믿기는 했지만 말이다. 그리하여 인간이 신에게 다가감에 있어서도 선업을 쌓고 공정함을 기대하는 방식이 아니라 소박한 믿음과 신앙을 가지고 자비를 구하는 방식으로 신에게 다가가게 되었다. 이 같은 종교적 인식은 중세 말기의 아우구스티누스주의와 오캄주의에 뿌리를 둔 것으로서, 프로테스탄트 교도들에게 개인의 도덕적 삶의 질이 어떠해야 되는가 하는 문제보다는 무엇이 신의 속성인가 하는 문제를 훨씬 더 뜨거운 논쟁거리로 만들었다. 종교에서 무엇보다도 중요한 요소는 신이 스스로 행한 말씀을 얼마나

---

148) FB VII, 21 May 1532 ; *Three Behaim Boys*, no. 30 (21 May 1532), p. 68.
149) 루터가 1526년 시편 46편에 기초하여 작사·작곡한 찬송가 384장 '내주는 강한 성이요'를 가리키고 있다.

이행하는가 및 성서에 기록되어 있는 신의 선함을 그가 어떻게 입증 할 것인가 등의 문제였다. 신이 거짓말쟁이로 판명되면 어떻게 할 것인가? 신에게 강력한 힘이 없고, 신의 말씀이 진실하지 않다면 어떻게 할 것인가? 인간이 현세에서 경험하는 외견상 상호 모순되는 신의 속성이 내세에서도 지속된다면 어떻게 할 것인가? 루터를 가장 곤혹스럽게 만들었던 문제는 루터 자신이 양인가 또는 염소인가 하는 문제가 아니었다. 오히려 그것은 결과적으로 신이 육식성인가 아니면 초식성인가 하는 류의 문제였다. 후자가 해결되기까지는 전자 역시 무의미할 것이었다.

한 사람의 프로테스탄트 교도로서, 미카엘은 신에 관한 견해에 있어서 신중하고도 낙관적인 인물이 되었다. 이제 그는 더 이상 나약하고 의존적인 유년기의 가톨릭 소년이 아니었다. 부분적으로 이는 단순히 그의 성장의 결과였다. 그러나 동시에 이는 그의 변화된 종교적 신앙을 반영하고 있었다. 그럼에도 불구하고 자신에게 좋은 일이 일어나는 경우, 그는 그것의 원천 내지 "신에게 찬미를"이라는 관행적인 대구에 관해 결코 의구심을 가지지 않았다.

베하임 가의 소년들이 자연, 역사 및 자신들의 개인적 운명에 대한 신의 절대적 주권을 깊이 인식하였음에도 불구하고, 이들과 이들의 부모들은 물리적 행복과 세속적 성공이 종교적 경건성과 밀접하게 결부되어 있다고 생각하였다. 서신을 통해서 이들에게 종교의 중요성을 상기시켰던 부모와 후견인들은 무엇보다도 종교의 공리적 가치를 마음으로부터 신뢰하였다. 이들은 독실한 신앙심을 가진 어린이의 삶이 보다 안정적이고 전도도 유망하며, 이들은 매독에 걸리거나 형장의 이슬로 사라지도록 하는 죄악의 유혹으로부터도 보다 쉽게 벗어날 수 있고, 또한 이들이 천한 직업에 종사하거나 실직한 상태에서 생을 마감할 가능성도 보다 줄어든다고 생각하였다.

대상인이었던 안드레아 임호프가 바울의 아버지이자 크라코프[150]에서

풋내기 도제생활을 하였던 바울 베하임(1519~1568)의 후견인이 되었던 1534년, 그는 당시 15세였던 베하임에게 자신의 주인들과의 모든 거래에 있어서 이들을 도우며, 명예를 존중하고 양심적일 것을 충고하면서, 무엇보다도 "신을 두려워하는" 사람이 되도록 권고하였다. 임호프는 "이것이 가장 중요하다. 네가 이것을 가지면, 모든 것을 가진 것이다"라고[151] 지적하였다. 안드레아는 신에 대해 외경심을 가진 바울이 좋은 훈련을 받아, 큰 명성을 누리며, 점차 그의 기술도 향상될 뿐 아니라, 마침내 훌륭한 상인이 될 것이라고 생각하였다. 한 세기 후에 스테판 카알의 후견인들도 그에게 신의 명령에 따라 살면, 틀림없이 많은 부와 성공을 얻게 될 것임을 확신시켰다.[152] 독실한 루터파 교도였던 마그달레나 베하임 부인도 기본적으로 같은 성격의 신앙을 가지고 있었으며, 더욱이 그녀는 종교가 질병 전반을 예방하는 힘을 가지고 있다고 믿었다. 그리하여 그녀는 아들 프레데릭이 1581년 파두아 법학대학에서 첫 해를 보내고 있었을 당시 그에게 "이탈리아어로 드리는 가톨릭 예배의식에 정례적으로 참석하여 그리스도교적 신앙심"을[153] 함양하라고 조언하기도 하였다.

한편 미카엘은 다른 청소년들에 비해 자신의 사업상의 성공을 신의 섭리와 강하게 결부시켰다. 이 같은 그의 확신은 계속해서 심한 곤경에

---

150) 크라코프(Kraków) 지방의 주도. 비스툴라 강가에 위치하고 있으며, 폴란드 남부지방의 산업, 문화 및 교육의 중심지이자 폴란드 제3의 도시다. 12세기에는 폴란드 왕국의 수도가 되었으며, 1430년 한자도시동맹에 가입하였다.

151) 13 December 1534. "Aus Paulus Behaim I. Brefwechsel," ed. J. Kamann, *MVGN* 3 (1881) : 134. 근대 초의 문헌에 따르면, 종교가 소녀들의 순결을 지키고, 혼전 성관계로 인한 많은 부작용을 방지하는 매우 확실한 방안이라는 것이다. C. N. Moore, *The Maiden's Mirror : Reading Material for German Girls in the Sixteenth and Seventeenth Centuries* (Wiesbaden, 1987)를 볼 것.

152) SCB, 28 December 1630 ; *Three Behaim Boys* no. 33 (28 December 1630), p. 218.

153) 프레데릭은 그녀의 서신이 더 이상 존재하지 않는다고 기록하고 있다. 주 163을 볼 것.

처하면서도, 예상 밖의 큰 성공을 거두게 된 데 기인하였던 것 같다. 미카엘은 1530년대에 브레슬라우에서 힘겨운 도제생활을 하면서도 신이 자신을 저버리지 않을 것이며, 신의 은총에 의해 '존경받는 인물'이 될 것이라는 희망을 거듭 밝힌 바 있었다. 그에게 있어서 존경받는 사람이란 사업에 성공한 상인을 의미하였다. 브레슬라우의 재력가 집안의 여인을 아내로 맞은 것도 바로 신의 은혜라고 그는 믿었다. 그는 그녀를 진심으로 좋아하고 사랑하였다. 미카엘은 비교적 젊은 나이인 스물세 살에 브레슬라우 상인의 딸인 마가레타 엠메리히와 약혼하였는데, 약혼식은 사실상 비밀리에 거행되었다. 미카엘은 약혼 사실을 뉘른베르그의 친척들과 상의하지 않았으며, 후견인의 동의 없이 스스로 결정하였다. 이는 당시의 관행에 현저하게 반하는 처사로서, 가족들을 심히 분노케 하였다. 뉘른베르그 법률에 의하면 부모의 동의 없이 혼인한 아들은 서른 살이라는 뒤늦은 나이에도 상속권을 박탈당할 수 있었다.[154]

브레슬라우에서 거행된 미카엘의 결혼식에는 친척이 단 한 명도 참석하지 않았다. 미카엘의 친척들은 평소에 그가 아내를 맞이할 때 상당한 역할을 할 수 있을 것으로 기대하였으며, 그의 아내가 뉘른베르그 출신이 아닌 외지인이 되리라고는 전혀 생각지 못했다. 이 일이 있은 후에 미카엘이 후견인에게 아무런 상의 없이 처신한 것에 대해 누누이 변명하고 이를 사과하자, 후견인은 이를 신의 섭리에 거역하는 혼인이라고 통렬하게 비난하였다. 또한 그 후견인은 혼인이란 본인의 의지의 결과라기보다는 신의 의지의 결과여야 한다고 지적하였다.

이처럼 신은 미카엘에게 뉘른베르그의 법률과 미카엘의 모든 가족들이 즉각적으로 허용하지는 않았던 일을 그에게 허용하였다. 미카엘은 스스로의 결정에 따라 타지역 출신 여성과 혼인하였던 것이다.

---

154) *Nürnberger Reformation* (1479), title 12, law 2, in *Quellen zur neueren Privatrechtsgeschichte Deutschlands*, ed. W. Kunkel (Weimar, 1936), p. 7.

가톨릭을 신봉하던 모습은 젊은이들 역시 이와 비슷한 처지에 있었다. 그러나 누구도 혼사와 관련하여 가족을 분노케 했던 자신의 행동을 변명함에 있어서, 미카엘이 그러했던 것처럼, 당당하게 이를 해명하지는 못했다. 미카엘은 다음과 같이 자신의 행동을 변론하였다.

> 마가레타, 그녀는 내 눈을 사로잡았고, 나는 그녀의 눈을 사로잡았으며, 우리는 신에 의해 하나가 되었다. 신은 스스로의 의사에 따라 이 일을 행하였다. 우리 가족 누구도 부끄러할 필요가 없는 착하고 존경할 만한 여인을 주신 신에게 나는 감사드린다. 솔직히 말하자면, 그 도시의 화젯거리였던 부유하지만 행실이 좋지 못한 창녀와 나와의 관계를 들어 신은 나를 징벌할 수도 있었을 것이다. 그런데 신은 그렇게 하지 않았다.[155]

인용구의 후반부에서 명확하게 보여주고 있듯이, 미카엘은 역사의 커다란 흐름에 있어서도 직접 개입하는 신의 예측하기 어려운 의지를 예민하게 느끼고 있었다. 신은 자연과 하늘의 질서를 재편할 뿐만 아니라, 개인의 삶을 망하게 하거나 고귀하게 할 수도 있다는 것이었다. 모든 소년들은 말하자면 신이 종종 위상에 걸맞지 않게 행동하기도 한다고 믿었으며, 이 같은 행동은 주권자인 신의 속성의 당연한 일부라는 사실도 받아들이고 있었다. 신은 세속적 성공이나 행운을 부여할 경우 그것에 상응하는 공적에 따라 보상한다는 성서의 원칙이나 무자격자에게 자비를 베풀어서는 안 된다는 성서의 말씀에 엄격하게 구속되지는 않는다는 것이었다. 미카엘이 스승들의 삶에서 목격했듯이, 게으르고 무능한 사람이 성공할 수도 있고, 반면에 정직하고 열심히 일하는 사람이 실패할 수도 있는 것이 세상의 일이었다.[156] 인간이 성서를 어떻게 이해하든, 설교를 어떻게 받아들이든,

---

155) FB VII, 25 July 1533 ; *Three Behaim Boys*, no. 39 (25 July 1533), p. 79 ; 또한 앞의 책, no. 36 (22 May 1533), pp. 75~76을 볼 것.

156) *Three Behaim Boys*, no. 9 (31 August 1528), p. 29 ; no. 10 (1 November 1528),

신은 피조물들이 자신의 역할을 수행했다고 해서 이들에게 반드시 최선을 다해야 할 의무는 없다는 것이었다.

이러한 신 인식이 초래한 한 가지 분명한 결과는 하나님과 종교를 건성으로 받아들이는 경향을 낳았다는 사실이다. 신은 실재적이며 강력하고, 자신이 원하는 바를 언제나 행한다는 사실에 대해서, 베하임 가의 소년들도 전혀 의심하지 않았다. 그러나 동시에 이들은 신의 주권에 대해서 여하한 형태로든 심각히 염려하지도 않았으며, 또한 이들은 비정상적일 정도로 신에게 매달려 호소하지도 않았다. 이들은 신이 자신에게 허용한 것들 가운데 좋은 것은 감사한 마음으로 받아들였다. 그리고 좋지 못한 것에 대해서도 가능한 최선의 방식으로 이를 활용하거나, 그렇게 하기 어려운 경우에는 아무튼 이를 자기 나름의 방식으로 처리하였던 것이다. 미카엘의 경우에는 신의 특별한 개입의 결과가 다행히도 행복한 것이었다.사실 미카엘은 설령 하나님이 허락하지 않았더라도 자기 나름의 판단을 실천했을 것이다. 그런데 다행히도 신은 미카엘에게 스스로의 판단을 따르도록 하였으며, 이 과정에서 새로운 부와 자립을 허락하였던 것이다.

2) 반가톨릭주의 논객들

미카엘의 조카로서 두 번씩이나 옮겨다닌 바울 베하임 2세는 네 명의 소년들 가운데 루터파라는 자기 인식을 가장 강하게 가지고 있었다. 미카엘과 마찬가지로 그 역시 이탈리아에 체류하였으며, 역병의 공격을 받았고, 소유의 일부를 잃기도 하였다. 그는 이를 자신의 범죄에 대해 신이 내린 응분의 징벌로 이해하였다. 하지만 그 역시 신이 자신에게 보다 중요한 의미에서 많은 은총을 베풀었다고 생각하였다. 예를 들면, 신은 미카엘의 영혼을 보호하였다. 그리하여 그가 살던 지역에서 신의 말씀이 명백히

p. 34 ; no. 24 (2 September 1530), p. 60.

악용되던 시기에도, 그는 여전히 이에 대해 강한 신앙심을 가질 수 있었다.[157] 우리는 바울 베하임 2세의 서신들에서 1520년대에 공포된 루터파 팸플릿 저술가들의 반가톨릭적 논쟁들이 뉘른베르그의 설교 및 교리 해설서들을 통해서 종교개혁 이후에도 오랫동안 유지되었음을 확인하게 된다. 바울은 1576년 6월 8일 모친에게 보낸 서신에서 파두아의 수호성인 성 안토니(St. Anthony of Padua, 1195~1231)[158] 축제에 관해 언급하면서, 다음과 같은 말로 편지를 끝맺었다.

> 6월 8일 파두아에서는 안토니 축제가 열렸는데, 이 곳에서는 이와 같은 현상을 일년 중 다른 시기에는 결코 찾아볼 수 없습니다. 이 안토니는 돼지와 함께 있던 이집트의 은수자 안토니가 아니고, 아마도 뉘른베르그 시민들이 알고 있을 그 지역의 다른 성인도 아닙니다. 이 안토니는 파두아의 수호성인으로서 많은 진기한 일 등을 행한 것으로 알려져 있는데 이 가운데는 순진한 대중들을 속이고자 거짓말도 많이 만들어진 것처럼 보입니다.[159]

바울은 파두아에서 자기 나름의 사적 예배 의식을 행하였다. 그는 노이베르판 루터 찬송가(the Neuber edition of Luther's hymnal)와 경건한 루터파의 종교 서적들을 보내달라고 어머니에게 부탁하면서, 다른 사람의 눈에 띄지 않는 안전한 장소에서 읽을 것이라고 어머니를 안심시켰다.[160] 뉘른베르그가 프로테스탄트의 중심지로서 명성을 얻게 되자, 뉘른베그르 상인들

---

157) 3 January 1577, in "Deutsches Studentenleben in Padua 1575 bis 1578," ed. W. Loose, *Beilage zur Schul-und Universitätsgeschichte* (Meissen, 1879), p. 25.

158) 리스본에서 출생한 프란시스회 수사. 15세에 아우구스티누스회에 입회하였으며, 후에 프란시스회에 가담하였다. 그는 이탈리아와 프랑스의 대도시에서 신학을 가르쳤으며, 특히 파두아 지방을 중심으로 설교를 하였다. 교황 그레고리 9세에 의해 1232년 성인 반열에 올랐으며, 1946년 교회 박사로 명명되었다. 파두아와 포르투갈의 수호성인인 그의 축일은 6월 13일이다.

159) 앞의 책, 8 June 1576, p. 42 n. 94.

160) P. S. 4 January 1576, 앞의 책, p. 22.

은 남쪽 지역으로 프로테스탄티즘을 전달하는 전령으로 의심을 받았다. 그리하여 이 시기에는 이 점을 각별히 주의해야 하였다. 이보다 두 해 전인 1574년 루카(Lucca)[161]의 성직자들이 훗날 바울의 동서가 된 발타자르 파움가트너 2세와 여타의 뉘른베르그 상인들을 그 지역의 종교적 성일과 축일을 준수한다고 주장하며 괴롭힌 적이 있었다. 1590년대에도 루카의 종교재판소가 왕래가 빈번한 뉘른베르그 상인들을 감시하자, 발타자르와 그의 동료들은 뉘른베르그 시정 위원회에 이를 항의하였던 것이다.[162]

한편 바울의 동생 프레데릭은 형과는 매우 대조적으로 이탈리아의 종교적 관행에 쉽게 적응하였다. 파두아에 체류하는 동안 그리스도교 신앙을 간과하지 말라는 서한을 어머니로부터 받았던 그는 파두아의 공식적인 예배의식에 참여하겠다고 약속하였다. "어머님의 권고에 따라 저는 가능한 한 그렇게 할 것입니다. 왜냐하면 저 또한 이탈리아 성직자의 설교를 통해 그리스도교의 가르침을 배울 수 있으니까요. 이는 이탈리아어를 습득하는 데도 매우 유익하지요. 저녁 기도송을 부르는 것도 그리 나쁘지 않습니다"라고 밝힘으로써, 그는 모친을 안심시켰다.[163] 편지의 초고에서는 심지어 "좋아한다"는 표현까지 동원될 정도였다.

이 같은 행동이 시사하는 바는 루터파의 가르침이라고 해서 열렬한 평신도들을 고집불통의 인간들로 자동적으로 개조하지는 않았다는 점이다. 심지어 바울 베하임과 같이 프로테스탄트로서의 자기 인식이 매우 강했던 젊은이조차, '이탈리아적 종교'에 대한 우월감과 내면적 확신을

---

161) 이탈리아 중부지방에 있는 도시. 올리브, 채소 및 포도주의 교역 중심지이며, 모직물, 종이 및 가구가 대표적인 제조업이다. 12세기 이래로 자유도시가 되었으며, 1369년 도시공화국이 되었다.

162) S. Ozment, *Magdalena and Balthasar : An Intimate Portrait of Life in 16th Century Europe* (New Haven, 1989), pp. 187~188 n. 142.

163) FB VIII, 29 November 1581 ; *Three Behaim Boys* no. 98 (29 November 1581), pp. 156~157.

근거로, 이탈리아의 법률에 의해서나 사업상의 필요에 따라 가톨릭의 종교적 관행을 수용해야 할 경우 이에 어렵지 않게 적응할 정도였기 때문이다. 이들로서는 가톨릭 교회의 오류로부터 내면적으로 자유로워지는 것으로 충분하였던 것이다.

3) 수사적 루터주의

한 개인의 마음과 정신의 내면으로부터 특정한 종교적 가르침이 설득력을 잃는 경우에는, 그 교리 자체가 그것을 통해서 변화시키고자 했던 사람의 노예가 될 수도 있다. 당대의 모든 기준에 비추어 볼 때, 통제불능 상태의 젊은이였던 스테판 카알이 이 경우에 속하는 것 같다. 그는 자신의 재산에 비해 과도한 소비를 계속해서 하였다. 그는 알도르프에서의 학업을 1년 만에 포기함으로써 그의 가족들 가운데 학교를 그만둔 최초의 인물이 되었다. 한편 궁정에서 일하게 된 그는 주인으로부터 식사시중을 들지 말라는 주의를 들을 정도로 일에 서툴렀다.

스테판 카알의 가족들은 일찍부터 그의 도덕적 약점을 잘 알고 있었다. 그의 어머니는 "여러 날 뜬눈으로 밤을 지새웠단다. 신의 말씀을 인용하고 있는 네 편지들이 완전히 위선이라는 것 외에는 다른 결론을 내릴 수 없었기 때문이다"라고 말한 바 있는데, 이는 스테판 카알이 학교에서 저지른 비행과 도둑질에 대해 여러 가지 변명을 늘어놓은 후 그의 어머니가 쓴 편지에 기록된 내용이었다.[164] 카알이 정규 학업을 중단하자 그의 이복형이며 후견인이었던 루카 프레데릭은 카알이 어릴 때 사탕을 훔친 적이 있으며 품성도 좋지 않았던 자로서, 스스로를 저버린 인물이라고 술회하였다. 프레데릭은 이 같은 소년에게는 방종에 대한 벌로서 밥을 굶기거나 매를 들기를 주저하지 않는 선생님이 필요하다고 지적하였다.[165]

---

164) SCB, March 1629 ; *Three Behaim Boys*, no. 5 (March 1629), p. 168.

스테판 카알은 자신의 잘못을 변명하고, 돈이 필요할 때마다 이를 얻기 위해서, 상습적으로 종교를 들먹거렸다. 그는 자신의 성실함을 인정받고 용서를 받기 위해서는 주변의 영향력 있는 사람들을 어떻게 설득해야 하는가를 알고 있었으며, 또한 돈을 수중에 넣는 방법도 본능적으로 체득하고 있었던 것처럼 보인다. 요컨대 그는 경건한 종교적 항변과 위장적인 개종에 관한 한 탁월한 능력의 소유자가 되었다.

근대 초기 종교성의 한 대변인으로서 명백히 스테판 카알은 상궤를 벗어난 인물이었다. 350여 년이 지난 오늘날 우리가 그의 서신들을 읽더라도, 우리 역시 그의 가족 못지 않게, 그의 글이 그의 진솔한 개인적 감정을 말하고 있음을 확신할 수밖에 없다. 그러나 그가 너무도 명백하게 자기 잇속만 챙기는 자였다는 사실 바로 그 점으로 인해서, 그가 밝혔던 종교적 신념은 당시 주변 사람들이 가졌던 종교적 가치들이 무엇이었던가를 드러내고 있다. 왜냐하면 그는 이들이 듣기를 원한다고 믿었던 모든 것을 주도면밀하게 말했기 때문이다. 그리하여 그의 편지는 아무런 수치심도 없이 자신의 종교적 심성이 아니라 당대의 평신도 대중의 종교적 심성을 아마도 독자들에게 전하고 있다.

1629년 봄 어머니에게 보낸 그의 서신이 여기에 해당하는 한 사례다. 나쁜 습성을 계속하는 데 필요한 비용을 마련하기 위해 교과서를 팔다가 어머니에게 붙잡혔던 스테판 카알은 최후의 배수진을 쳤다. 처음에 그는 거짓말을 했다. 카알은 그 책이 가난한 학생의 것으로서 자신은 그를 위해 단지 중개인 역할을 하였다고 주장하였다. 모친 프라우 베하임은 전에도 거짓말과 위선을 일삼는 자식을 꾸짖은 바 있었다. 그런데 이번에 어머니가 아들에게 교만이라는 범죄까지 추가하였다. 이 같은 비난이 가해지자 그 사건을 이러저러하다고 둘러대던 열일곱 살 난 카알은 이

---

165) SCB, 2 March 1630 ; *Three Behaim Boys*, no 19 (2 March 1630), p. 91.

가장 사악한 죄악인 교만에 관해서 지금까지 들었던 모든 이야기들을 격렬하게 쏟아냈다. 실제로 그의 변명은 필사본 전체를 채울 정도로 그 양이 많지만, 여기서는 단지 간략한 일부만을 인용해 보도록 하겠다.

전능한 신은 성서의 거의 모든 페이지에서 우리들에게 겸손을 명령하고 있으며, 인간의 교만을 가장 싫어한다고 강력하게 경고하고 있습니다. 다음의 구절들은 우리가 알고 있는 말씀의 일부에 불과합니다.……"신은 교만한 자를 물리치지마는, 겸손한 자에게 자비를 베푸신다." "스스로 높아지고자 하는 자는 엎드리게 될 것이며, 스스로를 낮추고자 하는 자는 높아질 것이다……".

신이 교만을 얼마나 싫어하는지는 쉽게 알 수 있습니다. 즉 신은 교만을 이 땅에서는 물론 천상에서도 용서하지 않을 것입니다. 악마가 천국에서 지옥으로 떨어진 이유가 무엇이겠습니까? 교만해지기 시작하여 동료 천사들을 증오하였기 때문입니다. 인류의 조상들이 왜 천국에서 쫓겨났던가요? 이들의 교만 내지 신과 같이 되려는 욕망이 그 원인이었습니다. 매우 교만한 파라오는 전능한 신에 맞서 전쟁을 선포하였으나, 성서에 기록된 바와 같이 소중한 자식을 잃어버렸습니다. "신의 진노는 교만한 자에게 임한다"고 민수기 16장에 기록된 바와 같이, 모세와 이스라엘 군주들에 대항해 반란을 도모한 고라, 다탄, 아비람 및 이들에게 동조한 폭도들은 산 채로 땅에 삼킴을 당했습니다.

이 같은 죄악에 관한 사례들은 얼마든지 열거할 수 있지만, 이제 지면과 특히 시간이 부족해서 더 이상 언급할 수 가 없습니다. 여기서 각별하게 언급된 것은 교만의 결과입니다. 그리하여 피조물은 믿음을 잃게 되었고, 조물주로부터 멀어지게 되었으며, 신의 진노를 자초하게 되었습니다. 신의 진노보다 악을 더 쉽게 태어나게 할 수는 없습니다. 신의 손으로부터 떨어지는 것은 무서운 일이며, 지존자의 은총을 잃어버리는 것은 참을 수 없는 일입니다. 그렇다면 누가 지옥의 모든 문들로 인도하는 교만을 저주하지 않을 것이며, 육체와 영혼 모두를 죽이는 독약 앞에서 그러한 것처럼, 누가 교만 앞에서 떨지 않을 수 있겠습니까?

제가 아니라 사랑하는 어머니께서, 이들 말씀에 비추어, 제가 죄인인지 아닌지 이제 결론을 내리셔야 합니다. 그러나 거듭 부탁드립니다만, 어머님의 생각을 명확하게 저에게 말씀해주시기 바랍니다.[166]

교만에 대한 이 장문의 서신에서 스테판 카알은 문제가 된 도덕적 쟁점을 거의 언급하지 않았다. 그러나 바로 이 점이 그의 어머니에게 자식의 잘못된 도덕적 품성을 어느 때보다도 확신시켰다. 위의 인용문은 오늘날의 독자들에게 당시의 젊은이들에 관해 적어도 한 가지 점은 분명하게 말해주고 있다. 비록 스테판 카알의 사례처럼, 성서가 실제로는 젊은이들의 심성에 거의 침투해 들어가지 못했고, 또한 이들의 행위에 아무런 영향도 미치지 못했다 하더라도, 여전히 이들의 머리 속에는 교리 해설서의 가르침들로 가득차 있었고, 언제든지 이들은 성서를 인용할 수 있었다는 사실이 그것이다. 스테판 카알은 교만을 저주하는 성서 구절을 인용하며 어머니에게 강렬한 인상을 줌으로써 그녀의 자비를 다시 얻을 수 있으리라는 믿음을 가지고 있었다. 그러나 그의 어머니는, 오늘날 우리들이 그러한 것과 마찬가지로, 교리 해설서에 대한 지식이 그리스도 교도의 심성 구조를 이해하는 확실한 잣대가 아님을 잘 알고 있었다. 더욱이 이 점이 종교개혁의 성공에 대한 확실한 증거는 결코 될 수 없었다.

악마와 마녀에 대한 믿음은 소년들의 종교적 신앙의 다른 한 특징이었다. 그리하여, 이들은 자신들의 앞길을 방해하는 자들에 맞서서 이에 호소할 채비가 되어 있었다. 이는 스테판 카알과 그의 사촌 게오르그 빌헬름 피머가 알도르프의 학교에서 저지른 비행을 교사의 부인이 이들의 부모에게 발설한 직후에 등장하였다. 교사의 부인이 자신들의 소행을 일러바친 것을 알게 된 이들은 그 이야기를 들었던 사람들 앞에서 그녀를 악마로

---

166) SCB, 25 May 1629 ; *Three Behaim Boys*, no. 8 (25 May 1629), pp. 172~173.

둔갑시켰다. 스테판 카알은 어머니에게 보낸 편지에서 이렇게 말하였다.

달력을 한 번이라도 본 사람이라면, "악마가 화를 낼 것이고 마음대로 행동할 것이다"라고 기록된 그 주간의 구절을 발견하게 될 것입니다. 달력에는 그 주간의 성서 구절이 기록되어 있습니다. 또한 악마가 사악한 짓을 하기 위해서 사람의 마음에 침투하지 못하는 경우에는, 늙은이를 대신 보낸다는 이야기도 상식에 속합니다. 악마는 언제나 거짓말쟁이였으며, 오직 거짓말만 합니다. 그리고 지금도 악마는 단지 어머님의 비위를 맞추기 위해 저에 관해 많은 거짓말들을 하고 있습니다.[167]

이 일이 있은 후에 스테판 카알은 자신의 후견인에게 '어리석고 조심성 없는 짐승'인 그 노파는 독약을 먹고 죽어도 당연하다고까지 저주하였다.[168] 그의 사촌 게오르그 빌헬름도 이 부인을 마녀라고 말했을 뿐만 아니라 심지어 살해할 생각까지 하였다. 그는 "복수가 영혼과 육체를 위험에 빠뜨리지만 않는다면, '복수란 삶 그 자체보다도 더욱 감미로운 것이다'라고 했던 시인 주비날(Juvenal)의 경구를 실행하는 것이 얼마나 기쁘랴" 하고 스테판에게 털어놓았다. "그러나 내 장래를 생각하면, 진노가 나를 지배하도록 내버려둘 수는 없는 일이지. 진노는 신에 속한 일이 아닌가"[169]라고 그는 밝혔다.

스테판이 종교를 수사적으로 활용한 마지막 예는 1635년 봄 암스테르담에서 발송한 그의 서신에서 확인된다. 기병으로 참전했던 바바리아 전투에서 이탈하여 암스테르담으로 도주했던 그는, 마침내 서인도제도로 건너가서 네덜란드의 서인도회사에서 새로운 삶을 시작하려는 계획을 세웠다. 그가 학교를 그만두고 힘겨운 생활을 한 지도 벌써 5년째나 되었다. 그는

---

167) SCB, 23 June 1629 ; *Three Behaim Boys*, no. 13 (23 June 1629), p. 179.
168) SCB, 9 July 1629 ; *Three Behaim Boys*, no. 16 (9 July 1629), p. 183.
169) SCB, 6 July 1629 ; *Three Behaim Boys*, no. 14 (6 July 1629), p. 180.

1518년 달력

매번 실패할 때마다 어머니로부터의 경제적 독립을 약속하고, 어머니가 세상을 떠나기 전에 슬픔보다 훨씬 많은 기쁨을 가져다드리겠다고 맹세하였다. 그는 어려움에 처할 때마다 이 약속을 되풀이하였다. 그에게 필요했던 돈은 20탈러(thaler) 즉 30굴덴이었는데, 이 돈으로 암스테르담에서 여러 가지 장신구를 사서 신대륙의 원주민들에게 많은 이윤을 남기고 팔면, '손쉽게 여행 경비'가 마련될 수 있었다. 그는 진정으로 회개하였고, 마침내 잘못된 행실을 고치기로 결심하였다고 고백하였다. 또한 그는 신대륙으로 향하는 항해를 자신과 같은 중죄인이 참회할 수 있는 최상의 방안이라고 생각하였다. 그리하여 그는 어머니에게 신대륙으로의 여행이 수도원에 들어가는 것이나 다를 바 없는 참회의 여정이라고 설명하였다.

경건한 루터파 교도였던 그의 어머니에게 이 같은 비유는 기념비적 출발점이 되었음이 분명하다. 물론 스테판 카알이 상정한 수도원은 교회의 교부들이나 전통적인 그리스도교 수도원과는 확연히 달랐다. 스테판 카알은 신대륙을 향한 자신의 출발을 다음과 같이 묘사하였다.

어머니께서 자비를 베푸셔서 저의 잘못을 용서해 주실 뿐만 아니라, 지금까지 제가 독일에서 행한 모든 일들도 잊어 주시기를 진정으로 간청드립니다. 큰 죄를 지은 죄인으로서 수도원에 들어가는 것 이외에는 다른 좋은 대안이 없기 때문에, 수도원에서 악한 행실을 고치고 선업을 행함으로써 신에게 봉사하고, 모든 세속적 욕망과 행위를 포기하고자, 저는 이제 가장 신성한 수도원에 들어가고 있습니다. 그 곳에서 세상의 모든 사치는 잊어 버리고, 신이 가장 필요로 하는 바를 깨닫도록 하겠으며, 그리하여 인간이 아니라 신에게 헌신하고자 합니다. 과거의 모든 잘못을 교정함에 있어서, 이 같은 항해를 시작하는 것보다 더 좋은 방법이 없음을 저는 잘 알고 있습니다.[170]

---

170) SCB, 21 August 1635 ; *Three Behaim Boys*, no. 53 (21 August 1635), p. 255.

아마도 동인도나 서인도를 향해 암스테르담을 떠났던 다른 가톨릭 청소년들도 희생이 뒤따랐던 항해와 신대륙에서의 새로운 원시적 삶을 종교적 소명에 비유하고 해석하였을 것이다. 그리고 뉘른베르그 출신의 루터파 젊은이에게 있어서 '가장 신성한 수도원'은 오직 세속사회에서의 소명을 통해서 신과 인간에게 봉사하는 일이었을 것이다. 그러나 우리는 스테판 카알의 진술을 통해서, 한 세기에 걸쳐 프로테스탄트 지역에서 진행된 프로테스탄트들의 수도원 생활에 대한 비판과 수도원들의 해체에도 불구하고, 루터파 평신도들 사이에서조차 수도원의 전통적인 종교적 이미지의 영향력이 줄어들지 않았음을 명확하게 확인하게 된다. 스테판 카알은 수도원의 전통적인 내용을 교체함으로써 종교적 이미지를 개조하였다. 하지만 그와 그의 가족에게 있어서 이 같은 이미지는 여전히 종교적 함의를 지니고 있었다. 이들의 신앙에 비추어 볼 때도 자기 부정과 자기 헌신은 변함 없이 신이 원하는 덕목으로 간주되었기 때문이다.

손쉽게 여행 경비를 조달할 수 있다는 수사는 모친으로부터 돈을 얻기 위한 것이었다. 그러나 스테판의 수사는 성공하지 못했다. 암스테르담에서 몇 개월 체류하는 동안 자신을 돌보아 주던 가족들의 동의 하에 그가 암스테르담의 중개인으로부터 빌려쓴 돈이 수백 굴덴에 이르렀다. 그의 사치스러운 생활을 발견한 후견인들은 중개인에게 빌려준 돈의 상환을 오랫동안 거부하였다. 이들은 스테판 카알에 대한 중개인의 감독 부실을 결코 달가워하지 않았다. 오래지 않아 브라질에서 고립되었던 스테판 카알은 암스테르담에서 갚지 못한 빚 때문에 어느 곳에서도 대출을 받지 못할 위험에 처했다. 이에 그는 가족들에게 빚을 즉시 갚아줄 것을 다시 간청하였다. 이 과정에서 그는 언제나 그러했던 것처럼, 이번에도 기지를 발휘하여 레시프라는 새로운 채권자를 만났다. 뉘른베르그 출신의 이 채권자는 스테판 카알의 가족들을 알고는 있었다. 그러나 스테판으로서는 다행스럽게도, 그가 가족들로부터 소외당했다는 사실을 알지 못했으며,

암스테르담에서 그가 빚을 갖지 못했다는 사실도 몰랐다.

4) 신뢰와 용서

이 베하임가 사람들은 의존적인 관계가 지배적이었던 세계에서 살았다. 이 점은 부모들에게 있어서 특히 그러하였다. 부모는 자식들을 학교에 보내거나, 도제수업을 받게 하거나, 궁정에서 일하게 하거나 혹은 군에 복무시킬 경우에도, 자식들을 돌보아 주고 가르침을 베풀 개인 및 낯선 스승들의 선의에 전적으로 의존하였다. 이처럼 상호 의존적인 사회에서는 신뢰야말로 한 개인이 누릴 수 있는 가장 바람직하고 존경스러우며 명예로운 인격적 품성이었다. 의무를 다하고 친절을 베푸는 것은 취약한 문명세계를 하나로 결합시키는 인적 유대였으며, 이는 혜택을 받은 사람에게 평생의 의무가 되었다. 베하임 가 사람들은 이 같은 행동들의 경우, 비록 이 땅에서 가족 구성원들로부터 충분하게 보상받지 못한다 하더라도, 죽은 후에는 신으로부터 완전한 보상을 받을 것이라고 믿었다. 한 가지 예를 들어 보기로 하자. 미카엘의 누이는 바울의 아버지가 세상을 떠나자 그에게 보낸 서신에서 아직 의지할 만한 어머니가 있고 좋은 친구들도 여러 명이나 있음을 상기시켰다. 어려움에 처한 바울을 격려했던 그녀는 새로운 후견인이 된 안드레아 임호프에게 바울 자신과 동생들의 모든 문제를 맡기도록 조언하였다. 그녀는 "임호프를 안심시켜 드려라. 네게 베푸는 그 분의 호의를 너나 형제들이 갚을 수 없다면, 우리 주 하나님께서 그에게 천배나 갚아주시도록 너는 기도해야 할 것이다"라고[171] 충고하였다. 스테판 카알이 정규교육을 중도에 그만두자, 그의 이복형제가 알텐부르그 제후의 궁정에서 일하던 오랜 친구의 도움을 받아 그 궁정 내의 일자리를 스테판에게 마련해주었다. 그 이복형제는 친구의 호의에 다음과 같이 감사를 표하였

---

171) "Aus Paulus Behaims I. Briefwechsel.," p. 110~111.

다. "모든 선한 행동을 보상하시는 신께서 자네의 커다란 호의로 인해 내 주인과 주인의 가장 사랑하는 가족들을 보상할 것이다. 우리들을 사랑하고 염려하는 어머니의 끊임없고 감동적인 기도는 이 같은 소원을 반드시 이룰 것이다"172)라고 그는 그 친구에게 편지를 보냈다.

신앙이 인간들에게 신의 불확실한 속성을 감내하도록 만드는 것과 조금도 다를 바 없이, 베하임 사람들은 신뢰를 통해서 인간관계의 확실성을 유지하였다. 사실 당시 사람들은 하나님과의 관계에서든 낯선 사람들과의 관계에서든, 모든 관계들에서 주로 말과 약속에 의존할 수밖에 없었다. 그런데 하나님은 어디에나 존재하는 동시에 어느 곳에도 존재하지 않는 분이기 때문에, 그리고 영주나 중개인들은 흔히 멀리 떨어져 있기 때문에, 이들 모두와의 관계에 엄청난 거리를 두고 있었던 만큼, 이들과 행한 말과 약속은 단지 그것을 믿는 만큼 확실해 질 수 있을 따름이었다.

심지어 제멋대로 살았던 스테판 카알마저도 신뢰를 그리스도 교도의 특징적인 품성으로 간주하였다. 암스테르담에서 6개월 동안 매우 방탕한 생활을 했던 그는, 이러한 낭비벽을 스스로 크게 후회하고 있으며, 이것이 자신의 진정한 품성이 아니라는 점을 후견인에게 확신시키기 위해서 다시금 십자가 뒤로 자신을 숨겼다. "만약 제가 후견인들이 비난하고 있듯이, 그처럼 엄청난 돈을 아무런 거리낌도 없이 제멋대로 사용하였다면, 저는 그리스도 교도가 될 수 없을 것입니다.……그리고 만약 제가 어머니에게 진정 말로 다 표현할 수 없는 슬픔을 가져다주었다면, 신은 저의 영혼과 육체를 현세에서 뿐만 아니라 심지어 내세에서도 영원히 벌할 것입니다!"173)

한 개인에 있어서 신뢰성이 중요한 덕성이었다면, 다른 사람을 용서하고

---

172) SCB, 16 November 1629 ; *Three Behaim Boys*, no. 19 (16 November 1629), p.189.
173) SCB, 18/28 November 1635 ; *Three Behaim Boys*, no. 55 (18/28 November 1635), p. 260.

적들과 화해하는 일을 위해서는 신뢰성이 더욱 중요하였다. 인간이 여러 측면에서 취약할 수밖에 없었던 사회에서, 우애가 선택 가능한 대안이 될 수 있는 경우에조차, 인간적으로든 종교적으로든 적을 만든다는 것은 무분별한 일이었다. 이에 베하임 가 사람들은 끊임없이 과오를 뉘우치고, 잘못을 저지른 사람들을 용서하며, 이들과 화해할 뿐만 아니라, 이들에게도 자비를 베풀라고 서로를 격려하였다. 이렇게 하는 것이 결과적으로 누구와도 적대적인 관계를 만들지 않는 길이었다.

자식이 학교에서 저지른 음주 및 도둑질이 처음 발각되자, 카알의 어머니가 아들에게 즉각 취한 행동들은 신의 자비와 참회의 필요성을 상기시킨 일이었다. 어머니는 "내가 무엇을 생각하고 있는지 너는 쉽게 짐작하겠지"라며, 이렇게 기록하였다.

신의 자비가 너에게 함께하기를 기도한다. 이제 너는 어미에게 맥주잔이 아니라 샘물이 가장 큰 기쁨입니다라고 말한다. 뿐만 아니라 네가 이 말을 교회에서 듣더라도, 너는 '동의합니다'라고 말한다. 참된 그리스도 교도라면 마땅히 그렇게 해야 하지. 그러나 사실상 너는 네 자신에게 필요한 약간의 돈을 훨씬 좋아한다. 바로 그와 같은 생각과 행동이 너를 교수대와 불길이 타는 지옥으로 이끌고 있다.……

그러나……네가 성 금요일 날 성체성사에 참여할 것이라는 사실을 알기 때문에, 너와 네 영혼의 구원을 위해서 또다시 기도하겠다.……신 앞에서 마음속 깊은 곳에서부터 우러나오는 겸손함을 너는 가져야 한다. 진정 참회하는 마음으로 너의 무겁고 큰 죄악을 신 앞에 고백하여라.……그리고 예수 그리스도의 공로에 힘입어 용서를 구하여라.……그리하여 네가 저지른 수많은 죄로 인해 오랫동안 슬픔에 잠겨 있던 천사들이 죄인인 네가 참회함으로써 기뻐하기를 기원한다.[174]

---

174) SCB, 1630. 이 서신의 작성 날짜에 관해서는 *Three Behaim Boys*, no. 5 (March 1629), p. 168을 볼 것.

스테판 카알과 그의 사촌 게오르그 빌헬름은, 우리가 이미 살펴보았듯이, 학창 시절의 비행을 부모님에게 알린 교사의 부인으로 인해 고통을 느꼈다. 이들 두 소년은 처음에는 그 부인을 악마로 생각하고, 심지어 죽일 생각까지 하였지만, 마침내 게오르그 빌헬름은 스테판 카알에게 그녀를 용서하자고 제안하였다. 스테판 카알이 성체성사에 참여하리라는 사실을 알게 된 게오르그 빌헬름은 그에게 편지를 보내어 참회하는 의미에서 그 부인과 화해하도록 조언하였다.

> "우리에게 죄지은 자를 용서하는 것과 같이"라는 주기도문의 다섯 번째 기원의 말씀을 사려 깊게 생각하면서, 그 부인을 용서하기를 네게 간청한다. 분명 그녀는 진실을 왜곡하였으며, 그렇게 큰 잘못도 아닌 일을 실제보다 확대시켰다. 그러나 신이 네 잘못을 용서해주기를 바란다면, 고통스럽기는 하겠지마는, 너 역시 그 부인을 용서해주어야 할 것이다.[175]

베하임 가의 구성원들은 가족간의 관계도 하나의 동일한 행동규범에 묶어두고자 하였다. 파두아 대학의 법학부 학생으로 있던 시기에 바울 베하임은 1년 생활비의 삭감 문제를 놓고 어머니와 심각한 견해차를 보였다. 모자간에 상당히 거친 말들조차 오고갔다. 나중에 자신의 행위를 뉘우치고 반성했던 바울은 어머니에게 잘못을 고백하고 용서를 구하는 서신을 작성하였다. 매우 면밀하게 선별된 언어들임에 분명한 그의 편지는 내면의 종교적 전제 및 도덕적 가치와 더불어 친밀한 관계를 회복해 가는 방법을 다시 한 번 보여주고 있다. 이 편지의 언어는 루터파 도시였던 뉘른베르그의 문화가 소년들에게 심어주었던 종교적 윤리적 가르침이 평신도의 경우 어떤 형태를 띠었던가를 드러내고 있다.

---

175) SCB, 8 July 1629 ; *Three Behaim Boys*, no. 15 (8 July 1629), p. 181. 이 대목은 루터파의 교리 해설서와 매우 유사하다. 이 책의 IV부 1장을 참조.

신은 어머니를 통해서 제가 태어나게 하셨습니다. 그러니까 신 다음으로 어머니에 대해서도 제가 가진 모든 것에 대해, 아무리 감사드려도 언제나 부족할 따름입니다. 저는 이제야 비로소 내 어머니가 어떤 분인가를 처음으로 체험하고 깨닫게 되었습니다. 지난 6주 이상 저는 분노의 악마에 사로잡혀 여러 가지 모양으로 어머니를 모독하고 화나게 하였습니다. 이 일을 생각하면 저는 진심으로 두렵고 후회스러울 뿐입니다. 어머니께 저를 당신의 자식으로 봐달라고 청할 면목이 없습니다. 이제 저는 어머니께서 제가 지은 죄와 악행을 더 이상 문제삼지 않으리라고 굳게 믿습니다. 제발 저를 한때 어리석었고 길을 잃었던 자로 여기셔서 저를 용서해 주시고, 제 잘못을 사해 주십시오.176)

특정한 종교적 신조와 특정한 형태의 도덕적 행위를 결부시키려는 노력이 야기하는 문제점은 삶이 결코 교리처럼 명확하지 않다는 점이다. 교리적으로 규정된 종교와 실제적인 생활상의 종교는 매우 긴 여파가 수반되는 서로 다른 목적들을 가지고 있다. 그 여파가 길 뿐만 아니라, 여기에는 수많은 비종교적 고려들과 기본적인 정서적 욕구 등이 끊임없이 개입하고 있으며, 또한 이는 대다수 사람들에 있어서 그들이 고백하는 복음의 내용은 물론 그들의 행위에 대해서도 영향을 미친다는 것이다. 이 점에서 종교적 행위는 가정에서의 행위에 비교될 수도 있을 것이다. 한 가정에서 남편과 아내의 관계 그리고 부모와 자식의 관계 등은 남성의 역할 내지 여성의 역할 그리고 부모의 역할 내지 자녀 양육 등에 대한 유력한 학문적 이론과는 전혀 다른 나름의 고유한 내면적 논리와 힘을 가지고 있다. 예를 들면, 유럽의 르네상스기 및 종교개혁기의 실제적 가정 생활에서 부인과 어린이들은 성 및 가정에 대한 현대 문헌들의 언급은 물론 이 주제에 관한 오늘날의 대부분의 이론과는 상당한 차이가 있다. 이 시기 도시 가정의 부인들은

---

176) Loose, "Deutsches Studentenleben in Padua 1575 bis 1578," p. 17.

현대적 추정과는 달리 훨씬 더 많은 존경을 받았으며, 훨씬 더 많은 권위를 향유하였다. 그리고 어린이들도 부모로부터 훨씬 더 많은 사랑과 보다 빈번한 환대를 받았다.

아마도 우리는 베하임 가의 소년들에게서 볼 수 있었던 종교적 견해 내지 행위들과 유사한 것들을 당시의 가톨릭 젊은이들에게서도 발견할 수 있을 것이다. 이들 역시 신의 섭리를 믿었고, 반성적적 언사를 구사했으며, 교회로부터 신이 자신들을 용서해준 것과 마찬가지로, 자신들도 다른 사람을 용서해야 한다고 배웠을 것이다. 그러나 이 같은 가능성이 베하임 가 소년들의 행위에 미친 프로테스탄트 교리의 영향력의 중요성을 감소시키지는 않는다. 루터파가 주도했던 도시의 종교 문화로부터 깊은 영향을 받지 않았더라면, 아마도 이들은 자기 자신들과 자신들의 세계를 다르게 인식했을 것이며, 삶의 여정에서 내린 수많은 결정들도 실제로 그들이 했던 바와는 다르게 내렸을 것이다. 오늘날 신중한 역사가들은 한두 세대 이전의 역사가들이 그러했던 것과는 달리 신학과 문화를 불가분한 하나로 직결시켜 생각하지 않는다. 따라서 이 같은 방법론을 우리들의 연구에 활용한다면, 근대 초기 유럽의 평신도들의 도덕적 행위의 정신적 계보에 관해서는 여전히 검토해야 할 사항이 많이 있다.

물론 역사상의 어떤 운동의 동기를 규정하는 일은 그것의 종국적 가치를 평가하는 작업과 모든 점에서 결부되어 있다. 만약 우리가 종교개혁의 원래의 목표를 유럽의 도시와 농촌들에서 보다 경건한 그리스도 교도들을 양성하는 데 있었다고 이해하고, 또한 종교개혁의 새로운 신조와 교리를 암송할 줄 알고, 알코올 중독과 간음 등의 일반적인 도덕적 결함을 극복하며, 새로이 형성된 종교적 정치적 권위를 위로부터 부여된 것으로 간주하고 이를 수동적으로 수용하는 정도의 인간상을 지향했다고 이해한다면, 그것은 우리들이 천박하고 실패한 종교개혁을 미리 상정하는 것에 다름아니다. 종교개혁은 이보다 훨씬 더 복합적인 사건이었으며, 보다 예리한 해석을 요구하고 있다.

종교개혁을 초기에 주도했던 개혁가들과 팸플릿 저술가들의 본래의 의도는 순종적이며 경건한 그리스도 교도를 양성하려는 것이 아니었다. 오히려 그것은 덜 경신적인 그리스도 교도를 양성하는 데 있었다. 종교적으로 경신적이며 탐욕스러웠던 평신도는 로마 교황만큼이나 프로테스탄트들을 싫어하였으며, 또한 이들의 팸플릿, 설교, 교리 해설서, 도덕적 규범 등의 주제 역시 마찬가지로 혐오하였다. 종교적 분쟁이 치열하게 전개되었던 독일 지역에서는 적어도 1520년대 복음주의 설교사들이 평신도들에게 가급적 전통을 수용하지 말도록 조언했으며, 또한 면벌부, 유해, 성지 순례, 죽은 자를 위한 미사, 교황의 권위, 성직자의 특권 등을 통해서 성서적 근거가 확실하지 않고 진정한 사목적 의미도 부족한 이른바 대중 종교적 신앙과 관행이라는 엄청난 미신의 세계를 인식하도록 조언하였다. 종교개혁 초기의 두드러진 특징이기도 한 혁명적 문헌들에서는 바람직한 그리스도 교도의 모습을 이렇게 묘사하였다. 즉 참된 그리스도 교도는 무엇보다도 성서를 깊이 이해하고, 스스로 종교생활을 절제할 줄 알며, 인위적인 종교적 조작으로부터 자유롭고, 양심의 문제에서 억압당하지 않는 자였으며, 또한 그리스도교적 유토피아 사상 내지 사회정치적 이상들을 이해하는 인물로서, 한편으로는 전통을 존중하되 이를 비판적으로 따르지는 않는 평신도였다.

우리는 베하임 가 사람들을 한 세기 이상 진전된 종교개혁이 낳은 전형적인 평신도의 표본적 예들로 간주할 수 있다. 이 평신도들이 수용했던 종교개혁의 예들은 수십 년 후에 지배적이 된 교리 해설서 중심적인 종교개혁기의 그것에 비해 1520년대 팸플릿 저술가들이 제시했던 평신도의 모습에 보다 가까웠다. 베하임 가 젊은이들은 신앙을 인식하기는 했으나, 교조적이지는 않았으며, 교리에 사로잡힌 인물들도 전혀 아니었다. 개념적으로 그리고 존재론적으로 이들은 자신이 믿었던 바에 분명한 흔적을 남겼으며,

자기 자신의 필요에 따라 나름의 종교를 구성하였다. 또한 이들은 '믿음에 의한 구원'이라는 루터의 경구로 압축되었던 종교적인 신앙과 관행의 복합체에 대해서도 그들 나름의 견해를 가지고 있었다. 바로 이 신앙이 평상시는 물론 유사시에도 이들을 인도하고 훈계하고 용기를 북돋우며 위로를 제공하였다. 루터는 '이신칭의론'으로서, 성서에 기록된 대로 하나님의 말씀을 믿는 것 이외에는 인간이 자기 자신의 구원을 위해서 할 수 있는 것은 절대적으로 아무것도 없다고 주장하였다. 그런데 베하임가 사람들처럼 일반적인 평신도들에게 있어서 이는, 결과적으로 인간의 종교적 에너지란 인간이 이해할 수 없고 통제할 수 없는 사물들에 대해서 그것이 발산되거나 사용되어서는 안 된다는 것을 의미하고 있었다.

VI. 맺는 말

현대 세계는 종교적인 편견과 경쟁을 과거의 일로 간주하는 경향이 있다. 또한 종교적 신조들의 과거와 현재를 비판적으로 검토하는 작업은 피할 수 없는 논쟁을 초래하기 마련이다. 저자는 로마 가톨릭 교도인 어머니와 프로테스탄트 교도인 아버지 사이에서 태어났다. 따라서 본인은 이 같은 비교작업을 하는 데 있어서, 이를 공정하게 수행하는 데 요구되는 최소한의 유전적인 성품은 가지고 있다고 생각된다.

프로테스탄티즘은 지금까지 많은 전투에서 승리를 거두어 왔다. 그러나 그것이 반드시 전쟁에서의 승리를 의미하지는 않는다. 프로테스탄티즘은 유럽인들의 다수 종파가 되지 못했으며, 전 세계를 놓고 본다면 그 신도들의 비중은 훨씬 줄어든다. 상황이 이처럼 진행되리라는 점은 16세기에 이미 분명해 보였다. 당시에도 다수의 유럽인들은 새로운 프로테스탄트 신앙에 비해 가톨릭 신앙을 선호했으며, 또한 민속적인 믿음들에 물들여져 있었다. 오늘날 특정 종교를 믿지 않는 일반 문화사가들에 있어서 종교는 단지 보다 기본적인 사회적 실체에 접근하는 통로일 뿐인데, 이 경우에도 전통적인 종교적 관행이 프로테스탄티즘에 비해 본원적으로 보다 폭넓은 접근로임을 밝히고 있다.

프로테스탄티즘이 실제에 있어서 그리고 지적으로도 제한된 호소력만을 가진다는 사실을 설명하기는 어렵지 않으며, 이는 예측되었던 것이기도 하다. 전통적인 가톨릭 신앙과 민속적 믿음들은 훨씬 더 유서 깊고 풍요로운 종교적 체제들이며, 그것에는 추종자들의 정서적 요인들도 깊숙이 개입되어 있다. 또한 이들은 인간의 약함과 어리석음을 보다 따뜻하게 어루만지며, 이들의 상대편인 프로테스탄트에 비해 결코 적지 않은 사회활동도 보장하고 있다. 살아있는 자들의 세계와 죽은 자들의 세계 간의 연속성에 대한 이들의 믿음, 죄와 용서 간의 예측 가능한 순환적 연계, 현란한 사원, 번득이는 축제, 탐미적이고 구체적인 신앙 행태 등, 이 모든 요소들은 경건한 평신도 및 호기심을 가진 민속학자들에게 전통적 종교를 더욱 매력적이게 만들고 있다.

상대적으로 프로테스탄트 신앙은 지나치게 단순하고 또한 무미건조한 종교로 비춰졌다. 이를테면 그것은 절제를 강제하는 냉수욕에 해당하는 정신적 신조체계였던 것이다. 또한 프로테스탄트들은 자신들의 능력 밖의 것들을 기대하는 경향도 있었다. 인정적 규범(Menschensatzungen)과 평신도들의 경신성에 대한 그들의 강렬한 비난에도 불구하고, 16세기 프로테스탄트들은 여전히 종교적 상상력에서 나름의 환영 내지 망상을 가지고 있었다. 이를테면 악마들의 연회 혹은 유대인의 밀교 등이 여기에 속했다. 비록 그 숫자가 줄어들고, 그 성격의 탈물질화가 있었다고는 하지마는, 프로테스탄트 신도에게도 자신의 신조와 관행을 명확히 하는 것은 여간 중요한 일이 아니었다. 이들 역시 죄, 사망, 악마의 전능 등을 두려워하며, 이들 역시 종교를 통해서 보다 확실한 보호를 받고자 열망하였기 때문이다. 게다가 새로운 프로테스탄트 성직자들에 의해서도, 교황의 전제에 대한 과거 프로테스탄트들의 비난이 기대하도록 만들었던 바와는 달리, 회중을 위협하는 일이 단호히 중단되지는 않았다. 오히려 프로테스탄티즘에서는 성직자가 평신도에 대해 본원적인 정신적 우위를 보장받지 못했기 때문에, 성직자로서는 회중들 앞에서 자신의 지위를 확보하고 높이는 데 가톨릭 성직자들보다도 훨씬 큰 어려움을 겪게 마련이었다. 성서적으로 계몽된 양심을 가진 이는 누구든 권위를 가지고 말씀을 전한다고 믿었던 종파의 일원으로서, 프로테스탄트들은 눈부신 웅장함을 조금도 좋아하지 않았으며, 계서체제에 대해서도 결코 관용적이지 않았다. 프로테스탄트들은 경험과 전통을 통해서 이들 모두를 위선 내지 전제와 본능적으로 결부시키도록 훈련되어 있었던 것이다.

전통적인 관행과 비교해 볼 때, 종교개혁은 종교 생활을 과격하게 단순화시켰다. 이 점은 오늘날도 여전히 현저하게 두드러지는데, 가톨릭 미사와 프로테스탄트 예배에 각각 참석해 보면 즉각 느낄 수 있다. 명백히 많은 사람들은 전통적인 종교적 관행의 압력으로부터 상당한 정도의 자유를 느끼게 되었다. 그러나 이번에는 종교개혁이 다른 유형의 새로운 정신적 위협을 평신도들에게 제기했다. 프로테스탄티즘이 보다 단순한 종교적 제식을 가지게 된 것은 사실이지마는, 그러나 각각의 제식이 급속히 절대화하였으며, 각 제식의 중요성도 지금까지 매우 중요하다고 주장되어 온 의식들의 숫자가 줄어듦에 따라, 개별적으로는 오히려 증대되었다. 이렇게 함으로써 프로테스탄티즘은 경건한 신도들을 정신적으로 크게 고양할 수 있었으며, 그리하여 종교생활로부터의 나태함도 배제할 수 있었다. 그러나 시간이 지남에 따라 분명해진 것은, 제식의 감소 및 절대화와 더불어 인간적인 유대와 위로 역시 상당한 정도로 소멸되었다는 점이다. 결국 종교개혁가들이 창출해 낸 신앙의 유형은 원래 이들이 격렬하게 반대했던 엘리트주의적 종교 바로 그것이었다. 단지 이번에는 사회적 의미에서가 아니라 그야말로 정신적으로만 엘리트주의적이었다. 프로테스탄티즘의 사회적 함의에 따르면, 평신도와 성직자는 신의 눈으로 볼 때 모두가 평등한 지위를 가졌다. 프로테스탄티즘은 전통적 신앙생활의 감미로운 기만을 뒤로할 수 있었던 모든 사람들을 위한 종교였다.

성서에 관한 새로운 검증은 프로테스탄트들에게 자의적 정신적 권위에 관한 강력한 무기를 제공하였다. 도대체 누가 이른바 그리스도의 대리자를 성공적으로 패배시킨 사람들의 정신을 새삼스럽게 교화하며, 그들의 양심을 억압할 수 있겠는가? 역사상 종교개혁 시대의 독일만큼 기존의 종교적 세속적 권위에 대해 대담하고 성공적인 도전을 감행했던 나라는 없었다. 독일인 가톨릭 교도들에게 독일인 프로테스탄트가 되도록 호소함에 있어서 엄청난 내면적 자존심과 정신적 우월감이 민족적 의지를 토대로 분출되었다. 수세기에 걸친 영토상의 분열과 신조상의 혼합 구성에도 불구하고 종교개혁은 모든 독일인들에게 하나의 통합된 민족으로서의 새로운 인식을 가져다주었다.

그러나 이 점에서도 종교개혁은 약간의 씨앗을 뿌렸다. 평신도들이 손쉽게 성서를 접하게 되고, 프로테스탄트 국가의 젊은이들이 교리문답으로 무장하게 되자, 새롭고 강력한 종교적 권위가 내부로부터 형성되었다. 이제 예민한 평신도들은 자신들이 다른 유형의 정신적 위협에 잠재적으로 직면하고 있음을 깨닫게 되었던 것이다. 이 위협은 나름의 양심에 기초한 것으로서, 사제, 주교 및 로마 교황과는 달리 쉽게 논박되기가 어려운 성격의 것이었다. 또한 이 새로운 권위에 입각했던 요구들은 항상 명료하고 진지하게 그리고 끊임 없이 주장되고 있었다.

종교란 태생적으로 사회적 문화적인 것이기 때문에, 인간의 정신적 신념에 영향을 미치는 것 못지 않게 사람들의 도덕적 행위에 대해서도 이를 심원하게 교화하고 형성한다. 이 점은 역으로 종교란 정신적 신념이나 도덕적 행위에 별다른 영향을 미치지 않는다고 할 수 있을 정도다. 종교적 교리와 기도는 명제들이기 때문에, 이들은 사람들이 자신의 일상생활을 통해서 실천할 때 비로소 실체가 된다. 종교개혁은 독일 사회에 도덕적인 영향을 미쳤다. 이는 프로테스탄트 국가들의 공공 제도 및 이에 따라 생활하는 일반인들의 행동에서 구체적으로 확인된다. 이 가운데 가장 대담한 명제는 전통적 그리스도교 및 대중적 종교문화의 남용으로부터 독립을 선언한 것이다. 종교개혁가들은 정신적 회의주의와 도덕적 비판주의를 새로운 지평으로 끌어올렸다. 에라스무스가 '우신의 시대'라고 예찬했던 시기를 살아감에 있어서, 루터와 그 추종자들은 더 이상 이러한 시대의 일부가 되기를 거부하였다. 그리고는 스스로 절제되고 계몽된 삶을 영위하고자 했다. 이렇게 함으로써 예속과 자기 기만을 극복하고, 신의 명료한 말씀과 소박한 진리에 온전히 거하고자 했던 것이다. 이 과업을 성취하려는 과정에서 이들은 모든 독일인에게 자신들이 하나의 민족이라는 자존의식 및 종교적 민족적 우월주의라는 환상에 저항하는 내면적 자질이라는 두 가지 유산을 물려주었다. 사실 모든 국가와 민족들에게 첫 세대 프로테스탄트들은 자신들의 의도와는 무관하게 정신적 자유와 평등이라는 유산을 물려주었다. 이 점에서 프로테스탄티즘의 유산은 오늘날도 역사의 무대에서 살아있는 실체로 작용하고 있다.

부　록

1. 종교개혁 연구의 동향

종교개혁은 참된 혁명이었던가? 종교개혁은 진정한 의미에서 인간의 행동에 변화를 초래하였고, 통치제도에 영향을 미쳤던가? 이 같은 질문들은 오랫동안 학자들의 관심을 끌어 왔으며, 오늘날도 이 관심은 결코 줄어들지 않고 있다. 이 질문들에 대해 종국적으로 어떻게 답변해야 할 것인가 하는 점이 서구 문명사에서 점해 온 16세기 종교개혁의 전통적 중요성이 앞으로 어떻게 변화될 것인가 하는 문제를 결정하는 관건이다.

종교개혁에 관한 견해는 실로 다양하다. 일부 학자들은 이를 충실한 고전적 의미의 정치적 봉기로 규정하였다. 즉 종교개혁을 통해서 세속통치자들은 전통적인 주교의 권위를 무너뜨리고 중세 교회에 의해 유지되어 온 사회체제를 종식시켰으며, 그리하여 프로테스탄트 도시와 지역들에서 통치 엘리트 집단의 교체가 일어났다는 것이다. 다른 학자들은 프랑스의 캘빈주의와 영국의 청교도주의를 근대적 사상 혁명의 맹아들로 간주하였다. 이들은 그 같은 해석을 통해서 혁명을 특정 명분에의 헌신이 전체적 압도적이 됨으로써, 삶의 그 밖의 모든 요소들이 부차적이 되는 상황으로 규정하였다.

이와는 대조적으로, 다른 한 유서 깊은 학문 전통에 따르면 종교개혁의 가장 혁명적인 특징은 의식적 내지 의도적 측면이 아니었다. 이 같은 시각은 19세기 사회학자 막스 베버(Max Weber)를 추종하는 학자들에게서 특히 두드러졌다. 베버에 따르면, 종교개혁은 프로테스탄트들에게 종교적 불안을 각자의 성공적인 직업을 통해서 해소하도록 가르쳤다. 베버는 이 땅에서의 성공에 대한 이 같은 추구가, 원래의 의도와는 무관하게도 자본주의적 기업방식의 발달에 적합한 윤리를 창출하였다고 믿었다. 그리하여 종교개혁은 그것이 실제로 그러했던 것보다도 훨씬 더 혁명적이고 근대적인 것으로 보이게 되었다고 해석하였다. 이러한 시각에 따라 일부 학자들은 종교개혁을 모든 종교로부터 점차 멀어지게 되는 자기중심적 세속 문화의 대두와도 결부시키게 되었다.

한편 몇몇 학자들은 종교개혁을 그것이 원래 부정하고자 했던 바를 사실상 강화시킨 사건으로 평가하였다. 많은 평신도들의 마음에서 전통적인 가톨릭적 신앙과 의식을 성공적으로 해체하였던 종교개혁은, 본의 아니게도 전통적인 신앙과 의식의 많은 부분을 훨씬 저급한 민속 신앙 내지 주술 류의 미신으로 대치하였다는 것이다. 이 같은 주장에 따르면 16·17세기에 있었던 마녀에 대한 엄청난 공포도 사실은 성공적인 종교혁명이 초래한 새로운 공포와 불안을 해소하려는 노력이었다. 또한 다른 일부 학자들에 따르면 종교개혁은 유럽의 종교적 통일성이라는 지각을 와해시킴으로써 잠복해 있던 구전적 종교 문화 즉 일상적인 유럽인들의 들리지 않던 소리를 표면화시킨 사건이었다. 이를 당시 프로테스탄트들은 이교적 내지 이단적이라고 박해하였다는 것이다.

반면에 오늘날 다수의 학자들은 종교개혁을, 그 영역을 스스로 한정했으며 세속 정치 권력에 의해 쉽게 조작되었다는 측면에서, 매우 온건한 정신적 운동으로 그리고 16세기의 다른 사회적 정치적 봉기들과 비교해 볼 때, 역사상 그 비중이 작은 사건의 하나로 평가하고 있다. 이들에 따르면 종교개혁은 여하한 사회적 정치적 의미에서도 과거와의 급속한 단절을 이룩한 사건이 아니었다. 이와 유사한 시각을 우리는 종교개혁이란 워낙이 위대한 사회적 꿈을 품고 있었다든가, 진정한 정치적 실천 계획을 가진 것은 아니었다는 일부 학자들의 견해에서도 발견할 수 있다. 이들의 해석에 따르면 종교개혁은 언제나 절반 정도는 이교도적이었던 토착적 주변 문화를 극복하기 위해서 그리스도교 엘리트 성직자들이 일으킨 보수적 신앙운동이었다.

이 시각에 의하면 프로테스탄트 성직자를 가톨릭 성직자로부터 구별하는 요소는 오직 보다 강한 프로테스탄트적인 훈련 및 열정뿐이었다. 뿐만 아니라 이와 맥을 같이하는 해석으로서, 종교개혁을 교육이 부족하고 자발적이지 않은 일반인들에게 다분히 이들 자신의 희망에 반해서, 나름의 고유한 문화적 경험과는 판이하게 다른, 그리스도교적 생활양식을 부가하고자 했던 지나치게 야심적인 시도로 보는 평가도 제기되어 있다. 오늘날 또 다른 유형의 학자들은 종교개혁을 본원적으로 반동적인 사건으로 평가하고 있다. 종교개혁은 애초부터 새로운 우주론 및 과학의 대두를 저해했을 뿐만 아니라, 그것은 당시 유럽에서 사회적 정치적으로 현상 유지를 도모하는 세계관과 결부되기 마련이었다고 이들은 해석하였다. 이들에 의하면 종교개혁은 근대 세계의 시점이 아니라 중세의 마지막 만세소리였던 것이다.

2. 95개조 반박문*

진리에 대한 사랑과 이를 해명하려는 열정을 근거로 비텐베르그의 신부이며, 인문학부 및 신학부 교수 겸 비텐베르그 대학의 정교수인 마르틴 루터는 다음의 명제들에 대해 논쟁하고자 한다. 그러므로 본인은 구두로 토론하기 어려운 경우에는, 직접 찾아오지 않더라도, 서신을 통해서 토론에 참여해 주기를 당부한다. 우리 주 예수 그리스도의 이름으로 아멘.

독일어 | Aus Liebe zur Wahrheit und in dem Bestreben, diese zu ergründen, soll in Wittenberg unter dem Vorsitz des ehrwürdigen Vaters Martin Luther, Magisters der freien Künste und der heiligen Theologie sowie deren ordentlicher Professor daselbst, über die folgenden Sätze disputiert werden. Deshalb bittet er die, die nicht anwesend sein und mündlich mit uns debattieren können, dieses in Abwesenheit schriftlich zu tun. Im Namen unseres Herrn Jesu Christi, Amen.

영어 | Out of love for the truth and from desire to elucidate it, the Reverend Father Martin Luther, Master of Arts and Sacred Theology, and ordinary

---

* 이 장에 실린 「95개조 반박문」의 독일어 본문은 http://www.luther.de/leben/anschlag/95thesen.html에서, 그리고 영어 본문은 http://www.luther.de/en/95thesen.html에서 각각 재인용하였다.

lecturer therein at Wittenberg, intends to defend the following statements and to dispute on them in that place. Therefore he asks that those who cannot be present and dispute with him orally shall do so in their absence by letter. In the name of our Lord Jesus Christ, Amen.

1. 우리들의 구주이시며, 스승이신 예수 그리스도가 "참회하라"고 말했을 때, 그리스도는 신도들의 삶 전체가 참회의 삶이기를 요구한 것이었다.

독일어 | Da unser Herr und Meister Jesus Christus spricht, "Tut Buße" usw. (Matth. 4,17), hat er gewollt, daß das ganze Leben der Gläubigen Buße sein soll.

영어 | When our Lord and Master Jesus Christ said, "Repent" (Mt 4:17), he willed the entire life of believers to be one of repentance.

2. 이 말이 사제에 의해 집전되는 고해성사의 고백과 용서를 가리키는 것으로 해석되어서는 안 된다.

독일어 | Dieses Wort kann nicht von der Buße als Sakrament - d. h. von der Beichte und Genugtuung -, die durch das priesterliche Amt verwaltet wird, verstanden werden.

영어 | This word cannot be understood as referring to the sacrament of penance, that is, confession and satisfaction, as administered by the clergy.

3. 이는 단지 내면적 참회만을 의미하지 않는다. 이러한 내면적 참회란 그것이 다양하고 구체적인 현세적 변화를 수반하지 않는 한 무가치하다.

독일어 | Es bezieht sich nicht nur auf eine innere Buße, ja eine solche wäre gar keine, wenn sie nicht nach außen mancherlei Werke zur Abtötung des Fleisches bewirkte.

영어 | Yet it does not mean solely inner repentance; such inner repentance is worthless unless it produces various outward mortification of the flesh.

4. 진정한 참회인 자아에 대한 증오가 계속되는 한 죄에 대한 징벌은 우리들이 천국에 들어갈 때까지 계속된다.

독일어 | Daher bleibt die Strafe, solange der Haß gegen sich selbst - das ist die wahre Herzensbuße - bestehen bleibt, also bis zum Eingang ins Himmelreich.

영어 | The penalty of sin remains as long as the hatred of self (that is, true inner repentance), namely till our entrance into the kingdom of heaven.

5. 교황은 자신의 권위 및 교회법의 권위에 의해 부과된 징벌 이외에는 여하한의 징벌도 면제하려고 해서도 안 되며, 면제할 권한도 없다.

독일어 | Der Papst will und kann keine Strafen erlassen, außer solchen, die er auf Grund seiner eigenen Entscheidung oder der der kirchlichen Satzungen auferlegt hat.

영어 | The pope neither desires nor is able to remit any penalties except those imposed by his own authority or that of the canons.

6. 교황은 신이 죄를 사하였다는 점이 선포되고 입증되는 경우 및 자신의 재판권에 속하는 사건들에 관해 죄를 사해 주는 경우 등을 제외하고는 여하한의 죄도 사면할 수 없다. 이 같은 경우들에 대해 죄를 사면해 주는 교황의 권리가 지켜지지 않을 때는 죄가 용서될 수 없다는 사실은 의심할 여지가 없다.

독일어 | Der Papst kann eine Schuld nur dadurch erlassen, daß er sie als von Gott erlassen erklärt und bezeugt, natürlich kann er sie in den ihm vorbehaltenen Fällen erlassen; wollte man das geringachten, bliebe die Schuld ganz und gar bestehen.

영어 | The pope cannot remit any guilt, except by declaring and showing that it has been remitted by God; or, to be sure, by remitting guilt in cases reserved to his judgment. If his right to grant remission in these cases were disregarded, the guilt would certainly remain unforgiven.

7. 신은 모든 일에서 스스로를 낮추며, 자신의 대리자인 성직자에게 순복하지 않는 한, 누구에게도 죄를 사해 주시지 않는다.

독일어 | Gott erläßt überhaupt keinem die Schuld, ohne ihn zugleich demütig in allem dem Priester, seinem Stellvertreter, zu unterwerfen.

영어 | God remits guilt to no one unless at the same time he humbles him in all things and makes him submissive to the vicar, the priest.

8. 참회에 관한 교회법은 단지 살아 있는 사람들에게만 구속력이 있다. 따라서 죽음에 임박한 사람들에게는 어떠한 것도 명령할 수 없다.

독일어 | Die kirchlichen Bestimmungen über die Buße sind nur für die Lebenden verbindlich, den Sterbenden darf demgemäß nichts auferlegt werden.

영어 | The penitential canons are imposed only on the living, and, according to the canons themselves, nothing should be imposed on the dying.

9. 교황이 칙령을 통해서 죽음과 궁핍에 관한 조항을 예외로 하는 경우에는 교황을 통한 성령은 우리들에게 항상 유익하다.

독일어 | Daher handelt der Heilige Geist, der durch den Papst wirkt, uns gegenüber gut, wenn er in seinen Erlassen immer den Fall des Todes und der höchsten Not ausnimmt.

영어 | Therefore the Holy Spirit through the pope is kind to us insofar as the pope in his decrees always makes exception of the article of death and of necessity.

10. 임종을 앞둔 사람에게 연옥에서의 교회법적 징벌을 부과하는 성직자

들은 무지하고 악의적인 행동을 하는 것이다.

독일어 | Unwissend und schlecht handeln diejenigen Priester, die den Sterbenden kirchliche Bußen für das Fegefeuer aufsparen.

영어 | Those priests act ignorantly and wickedly who, in the case of the dying, reserve canonical penalties for purgatory.

11. 교회법의 참회에 대한 징벌이 연옥에서의 징벌로 변형될 수 있다는 견해는 마태복음 13장 25절에 기록되어 있는 바와 같이 명백히 주교들이 수면을 취하고 있는 동안 뿌려진 잡초와 같은 것이다.

독일어 | Die Meinung, daß eine kirchliche Bußstrafe in eine Fegefeuerstrafe umgewandelt werden könne, ist ein Unkraut, das offenbar gesät worden ist, während die Bischöfe schliefen.

영어 | Those tares of changing the canonical penalty to the penalty of purgatory were evidently sown while the bishops slept (Mt 13:25).

12. 지금까지는 교회법 상의 징벌들이 진정한 회개의 징표로서 사면 이후가 아니라 사면 이전에 부과되었다.

독일어 | Früher wurden die kirchlichen Bußstrafen nicht nach, sondern vor der Absolution auferlegt, gleichsam als Prüfstein für die Aufrichtigkeit der Reue.

영어 | In former times canonical penalties were imposed, not after, but before absolution, as tests of true contrition.

13. 임종을 앞둔 사람들은 죽음으로 인해 모든 징벌로부터 해방된다. 또한 임종을 앞둔 사람들은 교회법적 해석에 의하면 이미 죽은 사람들이다. 그리고 이들은 모든 징벌들로부터 자유로울 권리가 있다.

독일어 | Die Sterbenden werden durch den Tod von allem gelöst, und für die kirchlichen Satzungen sind sie schon tot, weil sie von Rechts wegen davon befreit sind.

영어ㅣThe dying are freed by death from all penalties, are already dead as far as the canon laws are concerned, and have a right to be released from them.

14. 죽음에 임박한 사람의 신앙심과 신에 대한 사랑은 불완전하다. 이는 불가피하게 죽음에 임박한 사람에게 커다란 두려움을 불러일으키고, 사랑이 작아지면 작아질수록 두려움은 더 커진다.

독일어ㅣIst die Haltung eines Sterbenden und die Liebe (Gott gegenüber) unvollkommen, so bringt ihm das notwendig große Furcht, und diese ist um so größer, je geringer jene ist.

영어ㅣImperfect piety or love on the part of the dying person necessarily brings with it great fear; and the smaller the love, the greater the fear.

15. 이러한 두려움과 공포는 그것 자체로 다른 것들에 관해 침묵을 지키게 하는 데 충분하며, 연옥에서의 고통을 결정하는 데도 충분하다. 왜냐하면 두려움과 공포는 절망의 공포에 아주 가까운 것이기 때문이다.

독일어ㅣDiese Furcht und dieser Schrecken genügen für sich allein - um von anderem zu schweigen -, die Pein des Fegefeuers auszumachen; denn sie kommen dem Grauen der Verzweiflung ganz nahe.

영어ㅣThis fear or horror is sufficient in itself, to say nothing of other things, to constitute the penalty of purgatory, since it is very near to the horror of despair.

16. 지옥, 연옥 그리고 천국의 차이점은 절망, 공포 그리고 구원에 대한 확신의 차이점과 유사하다.

독일어ㅣEs scheinen sich demnach Hölle, Fegefeuer und Himmel in der gleichen Weise zu unterscheiden wie Verzweiflung, annähernde

Verzweiflung und Sicherheit.

영어 | Hell, purgatory, and heaven seem to differ the same as despair, fear, and assurance of salvation.

17. 연옥의 영혼들에게 있어서는 공포가 필연적으로 줄어들고 사랑이 필연적으로 증대하는 것으로 보인다.

독일어 | Offenbar haben die Seelen im Fegefeuer die Mehrung der Liebe genauso nötig wie eine Minderung des Grauens.

영어 | It seems as though for the souls in purgatory fear should necessarily decrease and love increase.

18. 더구나 연옥의 영혼들에게 있어서는 사랑이 성장할 수 없는 은총의 상태 밖에 있다는 것이 이성에 의해서든 성서에 의해서든 증명되지 않았다.

독일어 | Offenbar ist es auch weder durch Vernunft- noch Schriftgründe erwiesen, daß sie sich außerhalb des Zustandes befinden, in dem sie Verdienste erwerben können oder in dem die Liebe zunehmen kann.

영어 | Furthermore, it does not seem proved, either by reason or by Scripture, that souls in purgatory are outside the state of merit, that is, unable to grow in love.

19. 연옥의 영혼들에 대해 설령 우리가 그들의 구원을 완전히 믿는다 하더라도, 적어도 그들 가운데 일부는 자신의 구원을 보장할 수 없는 것처럼 보인다.

독일어 | Offenbar ist auch dieses nicht erwiesen, daß sie - wenigstens nicht alle - ihrer Seligkeit sicher und gewiß sind, wenngleich wir ihrer völlig sicher sind.

영어 | Nor does it seem proved that souls in purgatory, at least not all of them, are certain and assured of their own salvation, even if we ourselves may be entirely certain of it.

20. 그러므로 교황의 모든 징벌로부터의 완전무결한 사면이 의미하는 바는, 단순하게 모든 징벌로부터의 사면이 아니라 교황 스스로가 부과했던 징벌들만을 가리킨다.

독일어 | Daher meint der Papst mit dem vollkommenen Erlaß aller Strafen nicht einfach den Erlaß sämtlicher Strafen, sondern nur derjenigen, die er selbst auferlegt hat.

영어 | Therefore the pope, when he uses the words "plenary remission of all penalties," does not actually mean "all penalties," but only those imposed by himself.

21. 따라서 인간이 교황의 면벌부에 의해 모든 징벌로부터 사면되며, 구원을 얻는다는 주장은 면벌부 설교사들의 오류다.

독일어 | Deshalb irren jene Ablaßprediger, die sagen, daß durch die Ablässe des Papstes der Mensch von jeder Strafe frei und los werde.

영어 | Thus those indulgence preachers are in error who say that a man is absolved from every penalty and saved by papal indulgences.

22. 실제에 있어서 교황은 연옥에 있는 영혼들에 대해 어떠한 징벌도 사면할 수 없다. 교회법에 따르면 이 영혼들에 대한 징벌은 현세에서 속죄되었어야만 한다.

독일어 | Vielmehr erläßt er den Seelen im Fegefeuer keine einzige Strafe, die sie nach den kirchlichen Satzungen in diesem Leben hätten abbüßen müssen.

영어 | As a matter of fact, the pope remits to souls in purgatory no penalty which, according to canon law, they should have paid in this life.

23. 모든 징벌들에 대한 사면이 누군가에게 부여될 수 있다면, 명백히 그것은 가장 완전한 사람 이외에는 주어질 수 없다.

독일어 | Wenn überhaupt irgendwem irgendein Erlaß aller Strafen gewährt werden kann, dann gewiß allein den Vollkommensten, das heißt aber, ganz wenigen.

영어 | If remission of all penalties whatsoever could be granted to anyone at all, certainly it would be granted only to the most perfect, that is, to very few.

24. 이 같은 이유로 대부분의 사람들은 징벌로부터 해방된다는 무분별하고 기만적인 약속들에 의해 어쩔 수 없이 속고 있다.

독일어 | Deswegen wird zwangsläufig ein Großteil des Volkes durch jenes in Bausch und Bogen und großsprecherisch gegebene Versprechen des Straferlasses getäuscht.

영어 | For this reason most people are necessarily deceived by that indiscriminate and high-sounding promise of release from penalty.

25. 교황이 연옥에 대해 가지는 일반적인 권한은 주교가 자신의 주교구에 대해, 그리고 사제가 자신의 교구에 대해 가지는 개별적인 권한과 동일하다.

독일어 | Die gleiche Macht, die der Papst bezüglich des Fegefeuers im allgemeinen hat, besitzt jeder Bischof und jeder Seelsorger in seinem Bistum bzw. seinem Pfarrbezirk im besonderen.

영어 | That power which the pope has in general over purgatory corresponds to the power which any bishop or curate has in a particular way in his own diocese and parish.

26. 교황이 스스로 가지고 있지도 않은 천국 열쇠의 권한에 의해서가

아니라 연옥에 있는 영혼들을 위한 중보기도의 방식으로 이들에게 사면을 해준다면 이는 매우 적절한 행위다.

독일어 | Der Papst handelt sehr richtig, den Seelen (im Fegefeuer) die Vergebung nicht auf Grund seiner - ihm dafür nicht zur Verfügung stehenden - Schlüsselgewalt, sondern auf dem Wege der Fürbitte zuzuwenden.

영어 | The pope does very well when he grants remission to souls in purgatory, not by the power of the keys, which he does not have, but by way of intercession for them.

27. 면벌부 교사들이 돈이 돈궤에 땡그랑 하고 떨어지는 순간 영혼이 연옥으로부터 승천한다고 주장하는 것은 단지 인위적 교리를 전파하는 것이다.

독일어 | Menschenlehre verkündigen die, die sagen, daß die Seele (aus dem Fegefeuer) emporfliege, sobald das Geld im Kasten klingt.

영어 | They preach only human doctrines who say that as soon as the money clinks into the money chest, the soul flies out of purgatory.

28. 돈이 돈궤에 땡그랑 하고 떨어지면 탐욕과 물욕은 명백히 증대될 수 있다. 그러나 교회가 중보기도를 하는 경우에도, 그 결과는 오직 신의 손에 달려 있다.

독일어 | Gewiß, sobald das Geld im Kasten klingt, können Gewinn und Habgier wachsen, aber die Fürbitte der Kirche steht allein auf dem Willen Gottes.

영어 | It is certain that when money clinks in the money chest, greed and avarice can be increased; but when the church intercedes, the result is in the hands of God alone.

29. 연옥에 있는 모든 영혼이 구원받기를 원하는지를 어떻게 알겠는가? 왜냐하면 전설로 전해져 내려오듯이 성 세베리누스나 성 파스칼과 같은 예외도 있지 않은가?

독일어 | Wer weiß denn, ob alle Seelen im Fegefeuer losgekauft werden wollen, wie es beispielsweise beim heiligen Severin und Paschalis nicht der Fall gewesen sein soll.

영어 | Who knows whether all souls in purgatory wish to be redeemed, since we have exceptions in St. Severinus and St. Paschal, as related in a legend.

30. 설령 완전한 사면을 받은 경우에도 누구든 자신의 회개의 진실성을 확신할 수는 없다.

독일어 | Keiner ist der Echtheit seiner Reue gewiß, viel weniger, ob er völligen Erlaß (der Sündenstrafe) erlangt hat.

영어 | No one is sure of the integrity of his own contrition, much less of having received plenary remission.

31. 실제로 면벌부를 사는 사람 가운데 진정으로 회개하는 사람은 매우 드물다. 사실상 이 같은 사람은 거의 없다.

독일어 | So selten einer in rechter Weise Buße tut, so selten kauft einer in der rechten Weise Ablaß, nämlich außerordentlich selten.

영어 | The man who actually buys indulgences is as rare as he who is really penitent; indeed, he is exceedingly rare.

32. 면벌부를 가졌기 때문에 자신의 구원을 확신할 수 있다고 믿는 사람들과 그것을 가르친 교사들은 물론 영원히 저주받게 될 것이다.

독일어 | Wer glaubt, durch einen Ablaßbrief seines Heils gewiß sein zu können, wird auf ewig mit seinen Lehrmeistern verdammt werden.

영어 | Those who believe that they can be certain of their salvation because they have indulgence letters will be eternally damned, together with their teachers.

33. 교황의 면벌부는 헤아릴 수 없이 큰 신의 선물로서, 사람들은 이를 매개로 신과 화해한다고 주장하는 자들에 대해 반드시 특별한 경계를 해야 한다.

독일어 | Nicht genug kann man sich vor denen hüten, die den Ablaß des Papstes jene unschätzbare Gabe Gottes nennen, durch die der Mensch mit Gott versöhnt werde.

영어 | Men must especially be on guard against those who say that the pope's pardons are that inestimable gift of God by which man is reconciled to him.

34. 따라서 면벌부의 은총은 인간이 만든 제식적 요건에 따른 징벌들에만 해당된다.

독일어 | Jene Ablaßgnaden beziehen sich nämlich nur auf die von Menschen festgesetzten Strafen der sakramentalen Genugtuung.

영어 | For the graces of indulgences are concerned only with the penalties of sacramental satisfaction established by man.

35. 영혼을 연옥에서 구해내고자 하는 사람 및 고해면책권을 사고자 하는 사람들이 반드시 회개해야 하는 것은 아니라고 가르치는 사람들은 비그리스도적인 교리를 전파하는 것이다.

독일어 | Nicht christlich predigen die, die lehren, daß für die, die Seelen (aus dem Fegefeuer) loskaufen oder Beichtbriefe erwerben, Reue nicht nötig sei.

영어 | They who teach that contrition is not necessary on the part of those who intend to buy souls out of purgatory or to buy confessional privileges preach unchristian doctrine.

36. 진정으로 참회를 한 그리스도 교도는 설령 면벌부가 없더라도 징벌과 죄의 완전한 사면을 받을 권리가 있다.

독일어 | Jeder Christ, der wirklich bereut, hat Anspruch auf völligen Erlaß von Strafe und Schuld, auch ohne Ablaßbrief.

영어 | Any truly repentant Christian has a right to full remission of penalty and guilt, even without indulgence letters.

37. 모든 진정한 그리스도 교도는 살아서든 죽어서든, 그리스도와 교회의 모든 축복에 참여한다. 이는 설령 면벌부가 없더라도 신이 보장하고 있다.

독일어 | Jeder wahre Christ, sei er lebendig oder tot, hat Anteil an allen Gütern Christi und der Kirche, von Gott ihm auch ohne Ablaßbrief gegeben.

영어 | Any true Christian, whether living or dead, participates in all the blessings of Christ and the church; and this is granted him by God, even without indulgence letters.

38. 그럼에도 불구하고 교황의 사면과 축복이 결코 경시되어서는 안 된다. 왜냐하면 이미 6조에서 밝혔듯이 이들이 신성한 사면의 선언이기 때문이다.

독일어 | Doch dürfen der Erlaß und der Anteil (an den genannten Gütern), die der Papst vermittelt, keineswegs geringgeachtet werden, weil sie - wie ich schon sagte - die Erklärung der göttlichen Vergebung darstellen.

영어 | Nevertheless, papal remission and blessing are by no means to be disregarded, for they are, as I have said (Thesis 6), the proclamation of the divine remission.

39. 가장 박식한 신학자들도 사람들에게 면벌부의 사면권과 참된 회개의 필요를 동시에 해명하는 것은 매우 어려울 것이다.

독일어 | Auch den gelehrtesten Theologen dürfte es sehr schwerfallen, vor dem Volk zugleich die Fülle der Ablässe und die Aufrichtigkeit der Reue zu rühmen.

영어 | It is very difficult, even for the most learned theologians, at one and the same time to commend to the people the bounty of indulgences and the need of true contrition.

40. 진정으로 회개를 한 그리스도 교도는 자신의 범죄가 수반하는 징벌의 대가를 기꺼이 치르고자 한다. 그런데 면벌부의 사면권은 징벌에 대해 둔감하게 만들고 징벌을 증오하도록 가르친다. 적어도 면벌부의 사면권은 징벌을 미워하도록 조장한다.

독일어 | Aufrichtige Reue begehrt und liebt die Strafe. Die Fülle der Ablässe aber macht gleichgültig und lehrt sie hassen, wenigstens legt sie das nahe.

영어 | A Christian who is truly contrite seeks and loves to pay penalties for his sins; the bounty of indulgences, however, relaxes penalties and causes men to hate them - at least it furnishes occasion for hating them.

41. 교황의 면벌부는 반드시 분별력 있게 가르쳐져야 한다. 그렇게 함으로써 사람들이 면벌부를 사랑에 근거한 선한 행위들보다도 우선시하는 오류를 방지할 수 있다.

독일어 | Nur mit Vorsicht darf der apostolische Ablaß gepredigt werden, damit das Volk nicht fälschlicherweise meint, er sei anderen guten Werken der Liebe vorzuziehen.

영어 | Papal indulgences must be preached with caution, lest people erroneously think that they are preferable to other good works of love.

42. 면벌부의 구매를 그 어떤 형태로든 자비의 행위와 비교하려는 것은 교황의 뜻이 아님을 그리스도 교도들에게 가르쳐야 한다.

독일어 | Man soll die Christen lehren: Die Meinung des Papstes ist es nicht, daß der Erwerb von Ablaß in irgendeiner Weise mit Werken der Barmherzigkeit zu vergleichen sei.

영어 | Christians are to be taught that the pope does not intend that the buying of indulgences should in any way be compared with works of mercy.

43. 가난한 사람들을 돕고 곤궁한 사람들을 구제하는 것이 면벌부를 구매하는 것보다 나은 선행임을 그리스도 교도들에게 가르쳐야 한다.

독일어 | Man soll den Christen lehren: Dem Armen zu geben oder dem Bedürftigen zu leihen ist besser, als Ablaß zu kaufen.

영어 | Christians are to be taught that he who gives to the poor or lends to the needy does a better deed than he who buys indulgences.

44. 왜냐하면 사랑은 사랑의 행위에 의해 성장하며, 이를 통해서 사람은 보다 선해지기 때문이다. 그런데 면벌부를 통해서 사람은 보다 선해지지는 않으며, 단지 징벌로부터 부분적으로만 사면될 따름이다.

독일어 | Denn durch ein Werk der Liebe wächst die Liebe und wird der Mensch besser, aber durch Ablaß wird er nicht besser, sondern nur teilweise von der Strafe befreit.

영어 | Because love grows by works of love, man thereby becomes better. Man does not, however, become better by means of indulgences but is merely freed from penalties.

45. 곤궁한 사람을 보고도 그를 지나치고 대신에 면벌부를 구매하는 것은 교황의 면벌부를 사는 것이 아니라 신의 분노를 사는 행위임을

그리스도 교도들에게 가르쳐야 한다.

독일어ㅣMan soll die Christen lehren: Wer einen Bedürftigen sieht, ihn übergeht und statt dessen für den Ablaß gibt, kauft nicht den Ablaß des Papstes, sondern handelt sich den Zorn Gottes ein.

영어ㅣChristians are to be taught that he who sees a needy man and passes him by, yet gives his money for indulgences, does not buy papal indulgences but God's wrath.

46. 생활에 필요한 만큼 여유롭지 못한 경우에는 가족들의 생활을 위해 먼저 충분히 준비를 해야 하고, 결코 면벌부를 구매하는 데 낭비해서는 안 된다는 사실을 그리스도 교도들에게 가르쳐야 한다.

독일어ㅣMan soll die Christen lehren: Die, die nicht im Überfluß leben, sollen das Lebensnotwendige für ihr Hauswesen behalten und keinesfalls für den Ablaß verschwenden.

영어ㅣChristians are to be taught that, unless they have more than they need, they must reserve enough for their family needs and by no means squander it on indulgences.

47. 면벌부의 구매는 자유의사에 따른 선택의 문제이지, 반드시 해야 하는 의무는 아니라는 사실을 그리스도 교도들에게 가르쳐야 한다.

독일어ㅣMan soll die Christen lehren: Der Kauf von Ablaß ist eine freiwillige Angelegenheit, nicht geboten.

영어ㅣChristians are to be taught that they buying of indulgences is a matter of free choice, not commanded.

48. 교황이 면벌부를 부여함에 있어서 이를 구입한 자들의 돈보다도 그들의 간절한 기도를 더욱 필요로 하고 바란다는 사실을 그리스도 교도들에게 가르쳐야 한다.

독일어 | Man soll die Christen lehren: Der Papst hat bei der Erteilung von Ablaß ein für ihn dargebrachtes Gebet nötiger und wünscht es deshalb auch mehr als zur Verfügung gestelltes Geld.

영어 | Christians are to be taught that the pope, in granting indulgences, needs and thus desires their devout prayer more than their money.

49. 교황의 면벌부는, 이를 구입한 자가 면벌부를 맹신하지 않는 경우에만 유용할 뿐, 만약 이를 구입한 자가 면벌부로 인해 신에 대한 두려움을 잃는다면 그것이 매우 유해하다는 사실을 그리스도 교도들에게 가르쳐야 한다.

독일어 | Man soll die Christen lehren: Der Ablaß des Papstes ist nützlich, wenn man nicht sein Vertrauen darauf setzt, aber sehr schädlich, falls man darüber die Furcht Gottes fahrenläßt.

영어 | Christians are to be taught that papal indulgences are useful only if they do not put their trust in them, but very harmful if they lose their fear of God because of them.

50. 만약 교황이 면벌부 설교사들의 수탈 방법을 알았더라면, 교황은 그리스도 교도의 가죽, 살 그리고 뼈로 성 베드로 성당을 짓기보다는 차라리 그것을 완전히 불태우고 말리라는 사실을 그리스도 교도들에게 가르쳐야 한다.

독일어 | Man soll die Christen lehren: Wenn der Papst die Erpressungs-methoden der Ablaßprediger wüßte, sähe er lieber die Peterskirche in Asche sinken, als daß sie mit Haut, Fleisch und Knochen seiner Schafe erbaut würde.

영어 | Christians are to be taught that if the pope knew the exactions of the indulgence preachers, he would rather that the basilica of St. Peter were burned to ashes than built up with the skin, flesh, and bones of his sheep.

51. 교황이 몇몇 면벌부를 강매하는 자들에게 돈을 수탈당한 많은 사람들에게, 심지어 성 베드로 성당을 팔아서라도, 교회의 돈으로 그것을 되돌려 주고자 한다는 사실을 그리스도 교도들에게 가르쳐야 한다.

독일어 | Man soll die Christen lehren: Der Papst wäre, wie es seine Pflicht ist, bereit - wenn nötig -, die Peterskirche zu verkaufen, um von seinem Gelde einem großen Teil jener zu geben, denen gewisse Ablaßprediger das Geld aus der Tasche holen.

영어 | Christians are to be taught that the pope would and should wish to give of his own money, even though he had to sell the basilica of St. Peter, to many of those from whom certain hawkers of indulgences cajole money.

52. 설령 면벌부 판매사 또는 교황이 면벌부로써 자신의 영혼 구원을 보장했다 하더라도, 면벌부를 통해 구원을 믿는 것은 무익하다.

독일어 | Auf Grund eines Ablaßbriefes das Heil zu erwarten ist eitel, auch wenn der (Ablaß-)Kommissar, ja der Papst selbst ihre Seelen dafür verpfändeten.

영어 | It is vain to trust in salvation by indulgence letters, even though the indulgence commissary, or even the pope, were to offer his soul as security.

53. 면벌부를 팔기 위해서 일부 교회들에서 신의 말씀을 전파하는 것을 금지하는 자들은 그리스도와 교황의 적들이다.

독일어 | Die anordnen, daß um der Ablaßpredigt willen das Wort Gottes in den umliegenden Kirchen völlig zum Schweigen komme, sind Feinde Christi und des Papstes.

영어 | They are the enemies of Christ and the pope who forbid altogether the preaching of the Word of God in some churches in order that indulgences may be preached in others.

54. 설교를 함에 있어서 신의 말씀보다 면벌부에 보다 많은 시간을 할애하는 것은 신의 말씀에 위배된다.

독일어 | Dem Wort Gottes geschieht Unrecht, wenn in ein und derselben Predigt auf den Ablaß die gleiche oder längere Zeit verwendet wird als für jenes.

영어 | Injury is done to the Word of God when, in the same sermon, an equal or larger amount of time is devoted to indulgences than to the Word.

55. 만약 조금도 중요하지 않은 면벌부가 한 번의 종소리, 행렬 및 의식으로 찬미된다면, 극히 중요한 복음은 수백의 종소리, 행렬 및 의식들로 설교되어야 한다는 것이 명백한 교황의 생각이다.

독일어 | Die Meinung des Papstes ist unbedingt die: Wenn der Ablaß - als das Geringste - mit einer Glocke, einer Prozession und einem Gottesdienst gefeiert wird, sollte das Evangelium - als das Höchste - mit hundert Glocken, hundert Prozessionen und hundert Gottesdiensten gepredigt werden.

영어 | It is certainly the pope's sentiment that if indulgences, which are a very insignificant thing, are celebrated with one bell, one procession, and one ceremony, then the gospel, which is the very greatest thing, should be preached with a hundred bells, a hundred processions, a hundred ceremonies.

56. 교황이 면벌부를 부여하는 근거가 되는 교회의 진정한 보화에 대해서

는 그리스도 교도들 사이에 충분히 검토되지도 않았고 알려져 있지도 않다.

독일어 | Der Schatz der Kirche, aus dem der Papst den Ablaß austeilt, ist bei dem Volke Christi weder genügend genannt noch bekannt.

영어 | The true treasures of the church, out of which the pope distributes indulgences, are not sufficiently discussed or known among the people of Christ.

57. 면벌부는 명백히 이 땅의 보화가 아니다. 왜냐하면 많은 면벌부 설교사들은 면벌부를 무상으로 부여하지 않고 오히려 그것을 통해 재화를 모았기 때문이다.

독일어 | Offenbar besteht er nicht in zeitlichen Gütern, denn die würden viele von den Predigern nicht so leicht mit vollen Händen austeilen, sondern bloß sammeln.

영어 | That indulgences are not temporal treasures is certainly clear, for many indulgence sellers do not distribute them freely but only gather them.

58. 면벌부는 그리스도와 성자들의 공덕이 아니다. 왜냐하면 그리스도와 성자들의 공덕은 교황이 없더라도 인간의 내면적 영혼을 위해 은총으로 역사하며, 인간의 외향적 육체를 위해서 십자가, 죽음 및 지옥으로 기능하기 때문이다.

독일어 | Er besteht aber auch nicht aus den Verdiensten Christi und der Heiligen, weil diese dauernd ohne den Papst Gnade für den inwendigen Menschen sowie Kreuz, Tod und Hölle für den äußeren bewirken.

영어 | Nor are they the merits of Christ and the saints, for, even without the pope, the latter always work grace for the inner man, and the cross, death, and hell for the outer man.

59. 성 라우렌티우스는 교회의 보화가 바로 교회의 가난한 사람들이라고 주장했다. 그러나 그는 이 용어를 그 자신의 시대의 용법에 맞추어서 사용하였다.

독일어 | Der heilige Laurentius hat gesagt, daß der Schatz der Kirche ihre Armen seien, aber die Verwendung dieses Begriffes entsprach der Auffassung seiner Zeit.

영어 | St. Lawrence said that the poor of the church were the treasures of the church, but he spoke according to the usage of the word in his own time.

60. 의심할 여지 없이 우리는 충분한 검토를 통해서 그리스도의 공덕에 의해 주어진 교회의 열쇠가 교회의 보화임을 주장하는 바이다.

독일어 | Wohlbegründet sagen wird, daß die Schlüssel der Kirche - die ihr durch das Verdienst Christi geschenkt sind - jenen Schatz darstellen.

영어 | Without want of consideration we say that the keys of the church, given by the merits of Christ, are that treasure.

61. 교황의 권한은 명백히 그 자신에 의해 부과된 징벌과 사건들의 사면을 위해서 충분하다.

독일어 | Selbstverständlich genügt die Gewalt des Papstes allein zum Erlaß von Strafen und zur Vergebung in besondern, ihm vorbehaltenen Fällen.

영어 | For it is clear that the pope's power is of itself sufficient for the remission of penalties and cases reserved by himself.

62. 가장 거룩하고 영광스러운 복음과 신의 은총이 교회의 참된 보화다.

독일어 | Der wahre Schatz der Kirche ist das allerheiligste Evangelium von der Herrlichkeit und Gnade Gottes.

영어 | The true treasure of the church is the most holy gospel of the glory and grace of God.

63. 그러나 이 보화는 가장 혐오스러운 것이기도 하다. 왜냐하면 이는 마태복음 20장 16절에 기록되어 있는 바와 같이 먼저된 자를 나중된 자로 만들기 때문이다.

독일어 | Dieser ist zu Recht allgemein verhaßt, weil er aus Ersten Letzte macht.

영어 | But this treasure is naturally most odious, for it makes the first to be last (Mt. 20:16).

64. 반면에 면벌부라는 보화가 널리 수용되는 것은 당연하다. 왜냐하면 이는 나중된 자를 먼저된 자로 만들기 때문이다.

독일어 | Der Schatz des Ablasses jedoch ist zu Recht außerordentlich beliebt, weil er aus Letzten Erste macht.

영어 | On the other hand, the treasure of indulgences is naturally most acceptable, for it makes the last to be first.

65. 그러므로 복음이라는 보화는 지금까지 부자들을 구했던 그물이다.

독일어 | Also ist der Schatz des Evangeliums das Netz, mit dem man einst die Besitzer von Reichtum fing.

영어 | Therefore the treasures of the gospel are nets with which one formerly fished for men of wealth.

66. 면벌부라는 보화는 오늘날 사람들의 재화를 낚는 그물이다.

독일어 | Der Schatz des Ablasses ist das Netz, mit dem man jetzt den Reichtum von Besitzenden fängt.

영어 | The treasures of indulgences are nets with which one now fishes for the wealth of men.

67. 면벌부 설교사들이 특별한 은총이라고 칭송하는 면벌부는, 이를 통해서 많은 돈을 거두어들인다는 점에서만, 가장 큰 은총이라고 간주될 수 있다.

독일어 | Der Ablaß, den die Ablaßprediger lautstark als außerordentliche Gnaden anpreisen, kann tatsächlich dafür gelten, was das gute Geschäft anbelangt.

영어 | The indulgences which the demagogues acclaim as the greatest graces are actually understood to be such only insofar as they promote gain.

68. 그럼에도 불구하고 이는 신의 은총과 십자가의 용서에 견주어 볼 때 사실상 조금도 중요하지 않은 은총이다.

독일어 | Doch sind sie, verglichen mit der Gnade Gottes und der Verehrung des Kreuzes, in der Tat ganz geringfügig.

영어 | They are nevertheless in truth the most insignificant graces when compared with the grace of God and the piety of the cross.

69. 주교들과 주임 사제들은 모든 예의를 갖추어 교황의 면벌부 판매사들을 환대할 의무가 있다.

독일어 | Die Bischöfe und Pfarrer sind gehalten, die Kommissare des apostolischen Ablasses mit aller Ehrerbietung zuzulassen.

영어 | Bishops and curates are bound to admit the commissaries of papal indulgences with all reverence.

70. 그러나 주교와 주임 사제들은 면벌부 판매사들이 교황이 허용한 바를 넘어서 그들 자신의 생각을 설교하지 못하도록 더욱 더 경계하고 감시해야 할 의무가 있다.

독일어 | Aber noch mehr sind sie gehalten, Augen und Ohren anzustrengen, daß jene nicht anstelle des päpstlichen Auftrags ihre eigenen Phantastereien predigen.

영어 | But they are much more bound to strain their eyes and ears lest these men preach their own dreams instead of what the pope has commissioned.

71. 교황의 면벌부에 관하여 진리를 그릇되게 가르치는 자는 파문과 저주에 처해야 한다.

독일어 | Wer gegen die Wahrheit des apostolischen Ablasses spricht, der sei verworfen und verflucht.

영어 | Let him who speaks against the truth concerning papal indulgences be anathema and accursed.

72. 면벌부 설교사들의 탐욕과 방종에 맞서 싸우는 자는 축복을 받을 것이다.

독일어 | Aber wer gegen die Zügellosigkeit und Frechheit der Worte der Ablaßprediger auftritt, der sei gesegnet.

영어 | But let him who guards against the lust and license of the indulgence preachers be blessed.

73. 따라서 교황이 면벌부 판매에서 어떠한 형태로든 기만을 획책하는 자들에 대해 파문을 명하는 것은 정당하다.

독일어 | Wie der Papst zu Recht seinen Bannstrahl gegen diejenigen schleudert, die hinsichtlich des Ablaßgeschäftes auf mannigfache Weise Betrug ersinnen.

영어 | Just as the pope justly thunders against those who by any means whatever contrive harm to the sale of indulgences.

74. 교황은 면벌부를 거룩한 사랑과 진리에 대해 손해를 끼치는 구실로 삼는 자들을 더욱 엄격히 파문에 처해야 한다.

독일어 | So will er viel mehr den Bannstrahl gegen diejenigen schleudern, die unter dem Vorwand des Ablasses auf Betrug hinsichtlich der heiligen Liebe und Wahrheit sinnen.

영어 | Much more does he intend to thunder against those who use indulgences as a pretext to contrive harm to holy love and truth.

75. 교황의 면벌부가 실로 불가능한 일인, 성모 마리아를 범한 자들조차 사면할 수 있을 정도로 효능이 크다고 생각하는 것은 정신나간 짓이다.

독일어 | Es ist irrsinnig zu meinen, daß der päpstliche Ablaß mächtig genug sei, einen Menschen loszusprechen, auch wenn er - was ja unmöglich ist - der Gottesgebärerin Gewalt angetan hätte.

영어 | To consider papal indulgences so great that they could absolve a man even if he had done the impossible and had violated the mother of God is madness.

76. 오히려 우리는 교황의 면벌부란 죄과에 관한 한 용서될 수 있는 최소한의 범죄조차도 사면할 수 없다고 주장하는 바이다.

독일어 | Wir behaupten dagegen, daß der päpstliche Ablaß auch nicht die geringste läßliche Sünde wegnehmen kann, was deren Schuld betrifft.

영어 | We say on the contrary that papal indulgences cannot remove the very least of venial sins as far as guilt is concerned.

77. 그렇다고 하더라도 성 베드로가 현직 교황으로서도 더욱 은총을 베풀 수 없다고 한다면, 이는 성 베드로와 교황에 대한 모독이다.

독일어 | Wenn es heißt, auch der heilige Petrus könnte, wenn er jetzt Papst wäre, keine größeren Gnaden austeilen, so ist das eine Lästerung des heiligen Petrus und des Papstes.

영어 | To say that even St. Peter if he were now pope, could not grant greater graces is blasphemy against St. Peter and the pope.

78. 역으로 우리는 현직 교황은 물론 모든 교황이 고린도전서 12장 28절에 기록된 바와 같이 복음, "영적인 힘, 병을 고치는 은사" 등의 보다 큰 은총을 베풀 수 있다고 주장하는 바이다.

독일어 | Wir behaupten dagegen, daß dieser wie jeder beliebige Papst größere hat, nämlich das Evangelium, „Geisteskräfte und Gaben, gesund zu machen" usw., wie es 1. Kor. 12 heißt.

영어 | We say on the contrary that even the present pope, or any pope whatsoever, has greater graces at his disposal, that is, the gospel, spiritual powers, gifts of healing, etc., as it is written. (1 Co 12[:28])

79. 교황의 문장으로 장식되었고, 면벌부 판매사들에 의해 칭송된 십자가가 가치에서 그리스도의 십자가와 같다고 주장하는 것은 모독이다.

독일어 | Es ist Gotteslästerung zu sagen, daß das (in den Kirchen) an hervorragender Stelle errichtete (Ablaß-) Kreuz, das mit dem päpstlichen Wappen versehen ist, dem Kreuz Christi gleichkäme.

영어 | To say that the cross emblazoned with the papal coat of arms, and set up by the indulgence preachers is equal in worth to the cross of Christ is blasphemy.

80. 사람들 사이에 이 같은 생각이 확산되도록 한 주교, 주임 사제 그리고 신학자들은 이 점에 대해 책임을 져야 할 것이다.

독일어 | Bischöfe, Pfarrer und Theologen, die dulden, daß man dem Volk solche Predigt bietet, werden dafür Rechenschaft ablegen müssen.

영어 | The bishops, curates, and theologians who permit such talk to be spread among the people will have to answer for this.

81. 면벌부에 대한 이 같은 무분별한 설교는 학식있는 사람들조차 교황을 평신도들의 비난과 날카로운 비판으로부터 구출하여 정당한 외경을 하는 것을 어렵게 만든다.

독일어 | Diese freche Ablaßpredigt macht es auch gelehrten Männern nicht leicht, das Ansehen des Papstes vor böswilliger Kritik oder sogar vor spitzfindigen Fragen der Laien zu schützen.

영어 | This unbridled preaching of indulgences makes it difficult even for learned men to rescue the reverence which is due the pope from slander or from the shrewd questions of the laity.

82. 이를테면 교황이 교회를 짓기 위해 비열하게 모은 돈으로 수없이 많은 영혼들을 구속한다면, 그가 연옥에 있는 영혼들의 절실한 요구와 거룩한 사랑을 이루기 위해 연옥을 비우지 않는 이유는 어디에 있는가? 전자는 매우 사소한 명분이지만 후자는 극히 정당한 이유이다.

독일어 | Zum Beispiel: Warum räumt der Papst nicht das Fegefeuer aus um der heiligsten Liebe und höchsten Not der Seelen willen - als aus einem wirklich triftigen Grund -, da er doch unzählige Seelen loskauft um des unheilvollen Geldes zum Bau einer Kirche willen - als aus einem sehr fadenscheinigen Grund -?

영어 | Such as: "Why does not the pope empty purgatory for the sake of holy love and the dire need of the souls that are there if he redeems an infinite number of souls for the sake of miserable money with which to build a church?" The former reason would be most just; the latter is most trivial.

83. 또는 구속된 자를 위해 기도하는 것이 잘못되었다면, 죽은 자를 위한

장례 미사 및 기념 미사가 계속되어야 하며, 그리고 교황이 이를 위해 조성된 기금을 되돌려주거나 반환을 허락하지 않는 이유는 무엇인가?

독일어 I Oder: Warum bleiben die Totenmessen sowie Jahrfeiern für die Verstorbenen bestehen, und warum gibt er (der Papst) nicht die Stiftungen, die dafür gemacht worden sind, zurück oder gestattet ihre Rückgabe,wenn es schon ein Unrecht ist, für die Losgekauften zu beten?

영어 I Again, "Why are funeral and anniversary masses for the dead continued and why does he not return or permit the withdrawal of the endowments founded for them, since it is wrong to pray for the redeemed?"

84. 또는 돈을 벌기 위해서 불신자와 교회의 적들에게 독실한 영혼을 구매하여 연옥에서 신의 사람들을 나오도록 허락할 뿐, 깊은 신앙심과 사랑스러운 영혼의 요구에 따라 순수한 사랑에 입각하여 인간의 영혼을 구원하지 않으면서, 신과 교황에 대해 새로운 신앙심을 말하는 것은 도대체 무엇인가?

독일어 I Oder: Was ist das für eine neue Frömmigkeit vor Gott und dem Papst, daß sie einem Gottlosen und Feinde erlauben, für sein Geld eine fromme und von Gott geliebte Seele loszukaufen; doch um der eigenen Not dieser frommen und geliebten Seele willen erlösen sie diese nicht aus freigeschenkter Liebe?

영어 I Again, "What is this new piety of God and the pope that for a consideration of money they permit a man who is impious and their enemy to buy out of purgatory the pious soul of a friend of God and do not rather, beca use of the need of that pious and beloved soul, free it for pure love's sake?"

85. 또한 사용되지 않았기 때문에 철폐되었고, 사실상 사문화되었던 교회의 참회 규정들이 오늘날 마치 여전히 유효한 것처럼 면벌부의

부과금을 통해 시행되고 있는 이유는 어디에 있는가?

독일어 | Oder: Warum werden die kirchlichen Bußsatzungen, die „tatsächlich und durch Nichtgebrauch" an sich längst abgeschafft und tot sind, doch noch immer durch die Gewährung von Ablaß mit Geld abgelöst, als wären sie höchst lebendig?

영어 | Again, "Why are the penitential canons, long since abrogated and dead in actual fact and through disuse, now satisfied by the granting of indulgences as though they were still alive and in force?"

86. 또한 매우 부유하였던 크라수스보다도 오늘날 더욱 부유한 교황이 성 베드로 성당을 가난한 신도들의 돈이 아니라 교황 자신의 돈으로 짓지 않는 이유는 무엇인가?

독일어 | Oder: Warum baut der Papst, der heute reicher ist als der reichste Crassus, nicht wenigstens die eine Kirche St. Peter lieber von seinem eigenen Geld als dem der armen Gläubigen?

영어 | Again, "Why does not the pope, whose wealth is today greater than the wealth of the richest Crassus, build this one basilica of St. Peter with his own money rather than with the money of poor believers?"

87. 또한 완벽한 참회를 통해서 이미 완전한 용서와 축복을 받을 권리가 있는 신도들에 대해서, 교황이 무엇을 용서하고, 무엇을 축복한다는 것인가?

독일어 | Oder: Was erläßt der Papst oder woran gibt er denen Anteil, die durch vollkommene Reue ein Anrecht haben auf völligen Erlaß und völlige Teilhabe?

영어 | Again, "What does the pope remit or grant to those who by perfect contrition already have a right to full remission and blessings?"

88. 또한 만약 교황이 모든 신도들에게, 오늘날과 같이 하루에 한 번이 아니라, 하루에 100번씩 용서와 사면을 베푸는 경우에 과연 교회가 더 큰 축복을 누릴 수 있는가?

독일어 | Oder: Was könnte der Kirche Besseres geschehen, als wenn der Papst, wie er es (jetzt) einmal tut, hundertmal am Tage jedem Gläubigen diesen Erlaß und diese Teilhabe zukommen ließe?

영어 | Again, "What greater blessing could come to the church than if the pope were to bestow these remissions and blessings on every believer a hundred times a day, as he now does but once?"

89. 교황이 면벌부를 통해서 돈이 아니라 영혼의 구원을 추구했다면, 과거에 부여되었던 면벌부와 사면장의 효력이 여전히 유효함에도 불구하고 이것들을 중단하는 이유가 어디에 있는가?

독일어 | Wieso sucht der Papst durch den Ablaß das Heil der Seelen mehr als das Geld; warum hebt er früher gewährte Briefe und Ablässe jetzt auf, die doch ebenso wirksam sind?

영어 | "Since the pope seeks the salvation of souls rather than money by his indulgences, why does he suspend the indulgences and pardons previously granted when they have equal efficacy?"

90. 평신도의 이와 같은 날카로운 주장을 힘으로만 억압하고, 이를 합리적으로 해결하지 않는 것은 교회와 교황을 그 반대자들의 조소에 내맡기는 행위로서, 전 그리스도 교도들을 불행하게 만든다.

독일어 | Diese äußerst peinlichen Einwände der Laien nur mit Gewalt zu unterdrücken und nicht durch vernünftige Gegenargumente zu beseitigen heißt, die Kirche und den Papst dem Gelächter der Feinde auszusetzen und die Christenheit unglücklich zu machen.

영어 | To repress these very sharp arguments of the laity by force alone, and not to resolve them by giving reasons, is to expose the church and the pope to the ridicule of their enemies and to make Christians unhappy.

91. 만약 면벌부가 교황의 정신과 의도에 따라 설교되었더라면, 모든 의혹들은 쉽게 해결되었을 것이다. 이 같은 의혹들이 참으로 생겨나지도 않았을 것이다.

독일어 | Wenn daher der Ablaß dem Geiste und der Auffassung des Papstes gemäß gepredigt würde, lösten sich diese (Einwände) alle ohne weiteres auf, ja es gäbe sie überhaupt nicht.

영어 | If, therefore, indulgences were preached according to the spirit and intention of the pope, all these doubts would be readily resolved. Indeed, they would not exist.

92. 그러므로 예레미아 6장 14절에 기록된 바와 같이 그리스도 교도들에게 "평화, 평화"라고 가르치는 예언자들을 모두 물리쳐라. 그렇게 하면 평화는 없을 것이다.

독일어 | Darum weg mit allen jenen Propheten, die den Christen predigen: „Friede, Friede," und ist doch kein Friede.

영어 | Away, then, with all those prophets who say to the people of Christ, "Peace, peace," and there is no peace! (Jer 6:14)

93. "십자가, 십자가"라고 가르치는 예언자들은 모두 복된 자들이다. 그렇게 하면 십자가도 없어질 것이다.

독일어 | Wohl möge es gehen allen den Propheten, die den Christen predigen: „Kreuz, Kreuz," und ist doch kein Kreuz.

영어 | Blessed be all those prophets who say to the people of Christ, "Cross, cross," and there is no cross!

94. 그리스도 교도들은 징벌, 죽음 그리고 지옥을 무릅쓰고라도 그들의 머리 되신 예수를 충실히 따르도록 훈계되어야 한다.

독일어 | Man soll die Christen ermutigen, daß sie ihrem Haupt Christus durch Strafen, Tod und Hölle nachzufolgen trachten

영어 | Christians should be exhorted to be diligent in following Christ, their Head, through penalties, death and hell.

95. 따라서 그리스도 교도들은 사도행전 14장 22절에 기록된 바와 같이 평화에 대한 거짓된 약속을 통해서가 아니라 많은 환난들을 통해서 천국에 들어간다는 사실을 확신하여야 한다.

독일어 | und daß die lieber darauf trauen, durch viele Trübsale ins Himmelreich einzugehen, als sich in falscher geistlicher Sicherheit zu beruhigen.

영어 | And thus be confident of entering into heaven through many tribulations rather than through the false security of peace (Acts 14:22).

찾아보기

지은이 소개 | S. 오즈맹

1939년 미국 출생,
예일 대학을 거쳐 현재 하버드 대학 역사학부 석좌교수
The Age of Reform 1250–1550 (1980)으로 P. Schaffe 저술상 수상
대표적인 저서로 *A Mighty Fortress: A New History of German People* (2004), *Ancestors: The Loving Family in Old Europe* (2001), *Flesh and Spirit: Private Life in Early Modern Germany* (1999), *The Burgermeister's Daughter* (1996), *Religion and Culture in the Renaissance and Reformation* (1989), *When Fathers Ruled: Family Life in Reformation Europe* (1983), *Reformation Europe: a guide to research* (1982), *Reformation in medieval perspective* (1971) 등 다수가 있다.

옮긴이 소개 | 박은구

서울대학교 문리대 서양사학과 및 동대학원 졸업,
미국 뉴욕주립 대학 대학원 수학,
영국 캠브리지 대학 객원교수,
미국 데이비스 엘킨스 대학 및 킹 대학 객원교수,
숭실대학교 인문대학 학장 역임
현재 숭실대 인문대 사학과 교수, 한국 서양중세사학회 회장, 문학박사
저서로 『서양중세 정치사상 연구』(2002 학술원 우수 학술저작) 등이 있다.

프로테스탄티즘 혁명의 태동
S. 오즈맹 지음 | 박은구 옮김

초판 1쇄 인쇄 · 2004년 11월 14일
초판 1쇄 발행 · 2004년 11월 21일
발행처 · 도서출판 혜안
발행인 · 오일주
등록번호 · 제22-471호
등록일자 · 1993년 7월 30일
주소 · ㉾ 121-836 서울시 마포구 서교동 326-26번지 102호
전화 · 3141-3711~12 | 팩시밀리 3141-3710
이메일 · hyeanpub@hanmail.net
값 18,000 원
ISBN 89-8494-232-4 93920